Dar nome ao novo

Uma história lexical da Ibero-América entre os séculos XVI e XVIII

(as dinâmicas de mestiçagens e o mundo do trabalho)

Eduardo França Paiva

Dar nome ao novo

Uma história lexical da Ibero-América entre os séculos XVI e XVIII

(as dinâmicas de mestiçagens e o mundo do trabalho)

autêntica

Copyright © 2015 Eduardo França Paiva
Copyright © 2015 Autêntica Editora

Todos os direitos reservados pela Autêntica Editora. Nenhuma parte desta publicação poderá ser reproduzida, seja por meios mecânicos, eletrônicos, seja via cópia xerográfica, sem a autorização prévia da Editora.

EDITORA RESPONSÁVEL
Rejane Dias

EDITORA ASSISTENTE
Cecília Martins

REVISÃO
Dila Bragança de Mendonça
Lívia Martins

CAPA
Alberto Bittencourt

DIAGRAMAÇÃO
Jairo Alvarenga Fonseca

Dados Internacionais de Catalogação na Publicação (CIP)
(Câmara Brasileira do Livro, SP, Brasil)

Paiva, Eduardo França

Dar nome ao novo : uma história lexical da Ibero-América entre os séculos XVI e XVIII (as dinâmicas de mestiçagens e o mundo do trabalho) / Eduardo França Paiva. -- 1. ed. -- Belo Horizonte : Autêntica Editora, 2015.

ISBN 978-85-8217-535-4

1. Cultura 2. Escravidão 3. Mestiçagens 4. Ibero-Americanos I. Título.

14-12847 CDD-306.08

Índices para catálogo sistemático:
1. Mestiçagens : Cultura : História : Historiografia 306.08

Belo Horizonte
Rua Aimorés, 981, 8º andar . Funcionários
30140-071 . Belo Horizonte . MG
Tel.: (55 31) 3214 5700

São Paulo
Av. Paulista, 2.073, Conjunto Nacional,
Horsa I . 23º andar, Conj. 2301 . Cerqueira
César . 01311-940 . São Paulo . SP
Tel.: (55 11) 3034 4468

Televendas: 0800 283 13 22
www.grupoautentica.com.br

Tava jogando sinuca / uma nega maluca me apareceu / vinha com um filho no colo / e dizia pro povo que o filho era meu / não senhor! / toma que o filho e seu / não senhor! / guarde o que Deus lhe deu
(*Nega maluca* – Evaldo Ruy e Fernando Lobo, 1950)

Ai, mulata assanhada
Que passa com graça
Fazendo pirraça
Fingindo inocente
Tirando o sossego da gente
(*Mulata assanhada* – Ataulfo Alves, 1956)

SUMÁRIO

9. **Índice de figuras**

11. **Prefácio**

19. **Agradecimentos**

23. **Introdução**

31. **Capítulo 1**
    Do léxico consolidado ao início de tudo:
    uma história de trás para a frente

49. **Capítulo 2**
    Formas de trabalho compulsório e dinâmicas
    de mestiçagens – naturalização da
    associação no Novo Mundo

    50. Estratégias para povoar e dominar o Novo Mundo
    58. Casamentos, uniões e linhagens mestiças
    65. Alianças de alta estirpe e o controle da mão de obra
    71. "La perdición desta tierra" e o domínio necessário
    75. Prévias: experiências ibéricas – "De Negra y Español,
        nase Mulato" e outras "qualidades" americanas

83. **Capítulo 3**
    Os "colonizadores" negros do Novo Mundo e a
    "africanização" do trabalho

    93. Formas de trabalho e misturas com os negros –
        escravos, forros e nascidos livres
    105. Crescimento demográfico e mobilidade dos "inferiores"
    112. Urbe, alforria, trabalho e dinâmicas de mestiçagens

123. **Capítulo 4**
    As "grandes" categorias de distinção e os
    grupos sociais no mundo ibero-americano

    125. As "grandes" categorias no mundo ibero-americano:
         "qualidade", "casta", "raça", "nação", "cor" e "condição"
    136. "Casta"

140. "Raça"
144. "Nação"
150. "Cor"
161. "Condição"

171. **Capítulo 5**
O léxico das "qualidades": aportes históricos sobre usos de termos selecionados

    173. Expressar o novo

    177. "Índios" – "mestiços", "mamelucos", "curibocas", "caboclos" e outras designações

    199. A chegada dos negros e o emprego de novas "qualidades"

223. **Conclusões**

229. **Notas**

265. **Acervos, fontes e bibliografia**

    265. Acervos consultados e abreviaturas
    265. Brasil
    265. Exterior
    265. Acervos eletrônicos consultados
    266. Fontes
    266. Documentos manuscritos
    267. Documentos transcritos e impressos
    270. Crônicas, debates, descrições, diálogos, discursos, instruções, literatura, poemas, relatórios, relatos antigos, tratados
    276. Álbuns, atlas, catálogos, dicionários, enciclo-pédias, léxicos, revistas, vocabulários
    278. Bibliografia
        278. *Artigos, dissertações, teses e texto*
        282. *Livros e capítulos*

297. **Anexo**
Arrolamento de termos e expressões relativas a "qualidade", "nação", "cor", categorias "matrizes" e dinâmicas de mestiçagens

ÍNDICE DE FIGURAS

46. Figura 1 - Luis de Mena. Nova Espanha, c. 1750. Museu de América, Madri. Disponível em: <http://goo.gl/dnzEhZ>.

62. Figura 2 - Albert Eckhout. *Mulher mameluca*, 1641. Museu Nacional de Copenhagen. Disponível em: <http://goo.gl/2SBB1X>.

63. Figura 3 - Zacharias Wagener. *Mameluca*, c. 1634-1641. *Thier Buch*. Disponível em: <http://goo.gl/BzyUCx>.

66. Figura 4 - Anônimo. Escola cuzquenha. *Matrimonio del capitán Martin Garcia de Loyola con la ñusta Beatriz y de Juan de Borja con Lorenza ñusta de Loyola*, 1675–1685. Igreja da Companhia de Jesus, Peru. Disponível em: <http://goo.gl/YHYsH6>.

76. Figura 5 - Anônimo. Chafariz d'El Rey em Alfama, c. 1570-1580. Coleção Particular, Lisboa, Portugal.

80. Figura 6 - Anônimo. Vista de Sevilla, c. 1660. Fundación Focus--Abengoa, Sevilha, Espanha.

86. Figura 7 - Anônimo. *Plaza Maior de Lima. Cabeza de los reinos de el Peru año de 1680*. Museu de América, Madri, Espanha.

103. Figura 8 - Franz Post. *Vista da cidade Maurícia e do Recife* (detalhe), 1653. Coleção particular, São Paulo.

108. Figura 9 - Andrés Sánchez Gallque. *Los mulatos de Esmeraldas*, 1599. Museu de America, Madri, Espanha. Disponível em: <http://goo.gl/jgssXh>.

182. Figura 10 - *Mestizo*, Baltasar Jaime Martínez Compañón (1985, fol. 41).

182. Figura 11 - *Mestiza*, Baltasar Jaime Martínez Compañón (1985, fol. 42).

218. Figura 12 - *Mulato*, Baltasar Jaime Martínez Compañón (1985, fol. 45).

218. Figura 13 - *Mulata*, Baltasar Jaime Martínez Compañón (1985, fol. 46).

219. Figura 14 - *Sambo*, Baltasar Jaime Martínez Compañón (1985, fol. 47).

219. Figura 15 - *Samba*, Baltasar Jaime Martínez Compañón (1985, fol. 48).

PREFÁCIO
Nomear, descrever, separar e hierarquizar
Nota breve sobre o livro de Eduardo França Paiva

Carmen Bernand[1]

Todos os povos precisaram ordenar a diversidade natural do mundo para poder controlá-la. Para isso, tiveram que domesticar a realidade exterior – ou seja, os astros, a fauna, a flora, os objetos, as pedras e os povos – e classificá-la de acordo com diferentes critérios. Uns podem estar baseados em qualidades sensíveis como as cores, os odores, as texturas, os sons ou os ritmos, para citar somente algumas das muitas mediações cognitivas que caracterizam o famoso *"pensée sauvage"*, de Claude Lévi-Strauss. Outros critérios se fundam em conceitos racionais, como as nomenclaturas científicas. Claro que essa distinção geral não é tão contundente como pretende: este livro sobre o vocabulário da mestiçagem o demonstra amplamente. Eduardo França Paiva passou muitos anos estudando os escravos e os libertos africanos no Brasil e principalmente em Minas Gerais, uma região onde a riqueza do subsolo transformou a demografia das cidades e em muitos casos, a condição servil dos trabalhadores. Nesse campo, as mestiçagens biológicas sobretudo as culturais chamaram sua atenção. Este novo livro amplia essa temática e propõe um léxico analítico dos termos utilizados para nomear o que ainda não tem nome: os seres híbridos produzidos pela mestiçagem biológica no continente americano. Certamente não se trata de uma curiosidade exótica, mas da construção de um marco explicativo de um fenômeno cuja magnitude caracteriza os reinos ibéricos, agentes da primeira globalização moderna.

[1] Professora Emérita de Paris-Ouest Nanterre La Défense. Membro honorário do Institut Universitaire de France.

A primeira originalidade deste trabalho é justamente incluir a totalidade do mundo ibero-americano, quer dizer, os reinos de Portugal e de Espanha, e comparar o vocabulário da mestiçagem do século XVIII ao XVI, segundo uma ótica historiográfica regressiva, que parte do estabelecido e conhecido para remontar às origens do pensamento classificatório, a fim de entender (e hierarquizar) o ignoto e o novo. Faltava-nos um estudo sintético dos recursos ibero-americanos, comparável ao que Jack D. Forbes realizou para os Estados Unidos – citado várias vezes por E. França Paiva. Daí o interesse deste livro, solidamente documentado a partir de fontes arquivísticas, bibliográficas e iconográficas. Além disso, o leitor apreciará as alusões musicais que encabeçam cada capítulo e que mostram que a mestiçagem está presente tanto nas esferas política e administrativa quanto nas artes.

O léxico das diferenças visíveis entre os homens (a condição, a cor, o temperamento, a estética) é ao mesmo tempo racional, como mostram as diferentes definições que os dicionários e os documentos administrativos oferecem, e impreciso, porque a diversidade humana não pode ser reduzida a um conceito. Nesse caso, as metáforas substituem os conceitos improváveis. É então que afloram os critérios fundados nas percepções sensíveis, como a cor. Ela separa grupos contrastados. Se os ibéricos aparecem como gente de tez clara, é apenas para distingui-los dos negros africanos, ou seja, dos escravos. Os índios têm uma cor indefinida, que vai do "marmelo cozido" à cor de "terra". As mestiçagens se desenvolvem em linhas cromáticas indescritíveis, nas quais a metáfora supre a referência concreta.

As imagens são mais ricas em informações cruzadas. Os célebres quadros de castas (de finais do século XVII sobretudo do século XVIII), pintados nos reinos da Nova Espanha e do Peru, ilustram as múltiplas combinações entre os três troncos fundadores: os espanhóis, os indígenas e os negros. Esses quadros representam a mesma cena: um casal desigual quanto à origem e uma criança, fruto dessa união. O marco varia segundo a qualidade do casal: interior suntuoso ou modesto, cenário bucólico ou das ruas, cozinha ou oficina. Quando a imagem mostra um índio "selvagem" com seu diadema de plumas, o artista coloca ao seu redor frutos da terra (abacaxis, mamões, bananas), elementos metonímicos e indissociáveis da humanidade natural. As séries dos quadros de castas seguem o esquema dos três ciclos de mestiçagens: espanhol com índia, espanhol com negra, negro com índia, mas complicam os cruzamentos, que se degeneram em populacho heterogêneo e mesclado.

O essencial dessa iconografia reside nos detalhes. Um deles é a vestimenta, que incide na qualidade da pessoa, ou seja, em sua aparência, que é também uma essência. Bem diz o provérbio "O hábito faz o monge". As atividades são importantes e determinam o destino dos mestiços: o menino "castiço", que toca violino em um dos quadros pode esperar se casar com uma espanhola, mas se a barreira da mestiçagem é forte, como mostra outro quadro, a mestiça forma um casal com um índio, e o filho é um "coiote". Para determinar o nível e a qualidade, é importante indicar como se alimentam esses homens novos: os mais civilizados (quer dizer, os mais espanholados) têm mesa, toalha, pratos e talheres. Comer de pé sobretudo na rua, é próprio dos índios. Segundo o Terceiro Concílio de Lima, citando a epístola de Paulo aos Coríntios, ser homem político é, entre outras coisas, "ter mesa para comer e leito para dormir no alto e não no chão, como faziam, e as casas com tanta limpeza e ordem que pareçam habitações de homens, e não choças ou pocilgas de animais imundos". Sendo assim, essa iconografia nos mostra que o ciclo geracional da mestiçagem não é o mesmo se a mulher que dá origem à mescla é índia ou negra. Neste segundo caso, apesar de a cor geralmente desaparecer na terceira geração (que dá crianças "albinas"), ela volta a ressurgir na quarta com o "tornatrás", prova da impossibilidade de apagar a marca da condição servil (a cor negra). Quanto ao terceiro ciclo, o das uniões "baixas" entre índios e negros, as mesclas são tão variadas, que os léxicos recorrem a nomes improváveis, como "lobo", cuja cor é "parda", ou "cambujo", ou seja, ave de cor negra e avermelhada. Mas quase todos os cenários mostram um entorno pobre (trajes puídos, portas quebradas, pés descalços).

A pobreza das castas e a pintura de suas distintas atividades indicam a pertinência do trabalho – geralmente mas não sempre, as "artes mecânicas". Essa relação entre mestiçagem e trabalho constitui o aporte fundamental de E. França Paiva.

Nas últimas décadas muito se tem falado sobre etnicidade e alteridade, mas geralmente de maneira abstrata e vinculada à impugnação do racismo. No contexto da última terça parte do século XX, as diferenças étnicas e a raça substituíram, nas discussões acadêmicas, as diferenças de classe, que haviam sido analisadas pela historiografia e antropologia marxistas. Após o colapso da "cortina de ferro" e das sociedades comunistas lideradas pela URSS, a "classe", ligada ao mundo do trabalho e da exploração, deixou de ser um tema relevante para a análise da questão da discriminação. A insistência com que E. França Paiva nos lembra da importância do mercado e do trabalho na construção da mestiçagem constitui um dos aspectos mais importantes deste livro. Ao evocar a concessão de terras e instrumentos de trabalho aos cativos, para poderem produzir sua subsistência e comercializar o excedente, o autor estende a problemática ao mundo rural. Ali os termos para designar (e hierarquizar) esses trabalhadores livres, servos ou escravos são muito variados – *naborías, arrimados, arrendire,* peões, *yanaconas, conciertos,* jornaleiros, etc. – e efetivamente merecem ser incluídos neste trabalho. Porque de todas as posições estatutárias, a mais baixa na prática mas não na jurisdição é a condição camponesa. Daí um pardo ou um negro que vive numa cidade ocupar um lugar superior na hierarquia social.

Isso já era dito por Magnus Mörner há várias décadas, e todos os que temos trabalhado com povos rurais tradicionais, submetidos à pressão da terra dos latifúndios, o sabemos. Uma das obsessões ibéricas pela cor é que esta se encontra não só nos africanos escravos, como também nos camponeses submetidos aos raios do sol. E. França Paiva acertadamente examina os contextos de enunciação: a partir de que posição se nomeia a quem? É necessário levar em conta essa perspectiva, mas não é fácil. O ponto de vista dos proprietários de minas ou de terras aparece na documentação e mostra certa diferença com relação ao do pároco, cuja missão é inscrever nos registros paroquiais a qualidade e a condição do recém-nascido. A esse respeito, a zona do Rio da Prata é interessante porque os religiosos ou bem adotam critérios não estereotipados – "negros com cabelos lisos", etc., ou bem descrevem o que os pais da criança dizem a eles.

A estratificação colonial, em termos de qualidade e de condição jurídica, é o fio condutor deste livro, porém aqui também as definições clássicas nos deixam na incerteza, porque são abstratas e não concordam com as realidades antropológicas americanas. O termo crioulo é talvez o mais ambíguo. Em 1810, no México, crioulos eram os espanhóis nascidos na América. Mas em Buenos Aires, nesse mesmo ano e no mesmo contexto revolucionário, os crioulos são as pessoas de cor, e não os "patrícios", que não querem ser confundidos com aqueles. No final do século XVI, os mestiços que dançam em uma sacristia são "crioulos" para o índio Guaman Poma de Ayala; nas Antilhas francesas, "créoles" são mulatos claros, e no Brasil *crioulo* é o filho dos negros de Angola ou da Guiné, mas o termo também é empregado no sentido de mulato. A *crioulização* ocorre quando uma "língua geral" se torna vernácula; em compensação, o "crioulismo" na Argentina é uma corrente artística e literária do século XIX, que busca o que lhe é "próprio", rechaçando o alheio ou europeu. Nos departamentos franceses do Ultramar, *créolisation* é sinônimo de mestiçagem.

Outra palavra difícil de conceituar e à qual E. França Paiva dedica vários parágrafos é "pardo". Essa palavra costuma aparecer com mais frequência no âmbito das milícias armadas e do exército ("batalhão de pardos"), enquanto "mulato" implica geralmente a ideia de distinguir de "negro" uma apelação marcada pela condição servil e pela fala boçal. Uma forma mais neutra para o mulato é "moreno", que de certo modo pode também se referir a um branco de tez *cetrina* (amarelo esverdeado) e cabelos pretos... "Pardo" é sempre superior a negro e E. França Paiva nos diz que, para uma mãe africana, seus filhos nascidos na América são "pardos".

De fato, todas as categorias ambíguas apresentam problemas. Os três troncos iniciais, índio, negro e espanhol ou português, têm sua visibilidade, mas a proliferação das mestiçagens em todas as suas combinações possíveis produz uma população heterogênea e impossível de classificar. O que define justamente as castas é a transformação constante dos fenótipos e eventualmente a ascensão social; estas não podem se reduzir a um grupo preciso, mas a uma multidão, um populacho, uma plebe. Não é em vão que os quadros de castas já mencionados falam de castas confusas, para além da quarta geração, sobretudo quando as primeiras mesclas dizem respeito a negros com índias – estas também aconteceram entre índios e negras, mas a combinação mais corrente é aquela, já que a índia, sendo de condição livre, tinha filhos livres, e não escravos. Evidentemente, como ressalta Eduardo França Paiva, o léxico da mestiçagem não chegou a impedir certa ascensão social que geralmente passou pela medicina (sangradores, boticários) sobretudo pela música, arte pela qual decolaram os descendentes africanos, em todo o continente. Andrés Sacabuche, de nação Angola, intérprete do Venerável Servo de Deus, citado neste livro, foi um deles, e seu sobrenome decorre do instrumento que dominava.

Se em sua origem a casta se confunde com descendência, no século XVIII domina a ideia de confusão e de desordem. Já não se pode saber quem é quem, sobretudo por duas razões principais: a vestimenta, que pode ser adquirida com dinheiro e, portanto, já não é uma marca obrigatória de *status* étnico, e a proliferação, nas cidades dos vice-reinos, de homens negros porém livres e teoricamente ao lado de crioulos brancos. Várias páginas deste livro tratam dessas situações ambíguas, entre as quais a coartação, situação bem definida pelo costume, mas sujeita a interpretações subjetivas e a dos índios forros, categoria contraditória.

Outros termos são analisados, como a cor, a raça e a nação; em certas situações, tendem a se sobrepor. A cor, por exemplo, é ambígua e subjetiva, como toda categoria que se funda na percepção dos sentidos. Para acrescentar um exemplo aos muitos com que nos brinda o autor, "triguenho", ou seja, "cor do trigo", pode designar uma tez clara portanto bela, como afirma o Inca Garcilaso, falando da mesma mulher a quem considera bela, *apesar* de ser triguenha, ou seja, de tez escura. A "nação" é outro conceito que só pode ser entendido em forma histórica. Teoricamente a "nação" se refere ao lugar de nascimento, portanto é sinônimo de "pátria", como tem demonstrado Juan Antonio Maravall, para a Espanha, mas encontramos essa homologia na América, sobretudo no Rio da Prata, em finais do século XVIII. A palavra "nação", em português, veio a designar os judeus marranos, "gente de nação", sobretudo na América. Do ponto de vista da Inquisição, essa "nação", apesar de haver adotado oficialmente a religião católica, não pertencia à cristandade, em virtude da herança judia, ou seja, o "sangue infecto", segundo os estatutos da pureza de sangue. Essa afirmação transgride os preceitos básicos do cristianismo, enunciados por São Paulo, defensor do proselitismo. Se nada pode apagar essa mancha, essa nação peculiar, constituída pelos judeus convertidos, é essência pura e escapa à história, como o afirma Maurice Olender, em seu livro *Race sans histoire*. Daí que os judeus portugueses convertidos (muitos deles de origem espanhola) sejam o protótipo da "raça", muito antes que o racismo "científico" se difunda na Europa e na América. A etimologia de "raça" originalmente designa em italiano a listra ou traço que aparece no tecido. Em outros dicionários, raça também é o raio de luz que penetra por uma fenda. Quer dizer, o que se vê, o que ressalta, o que destrói a harmonia do conjunto.

    O autor deste livro nos adverte que "nação" não pode ser pensada em termos modernos de comunidade política, tal como aparece nos textos revolucionários de começos do século XIX. Todavia, as coisas não estão tão claras. O quadro de Luis de Mena, pintado em 1750, apresenta em uma mesma tela oito combinações de castas mexicanas, presididas pela Virgem de Guadalupe, em posição central superior. Em ambos os lados da Virgem se acham, respectivamente, duas cenas: uma representa um passeio popular dos arredores da Cidade do México, e a outra, um baile de *matachines*, vestidos de *montezumas*. O artista transforma, assim, a diversidade da mestiçagem em retrato popular de usos e costumes, símbolo da incipiente nação mexicana, sob a proteção do emblema crioulo por excelência, a Guadalupe, uma virgem aparecida, segundo a lenda, a um indígena do vale do México.

    O livro de Eduardo França Paiva termina no século XVIII. No alvorecer de uma nova época anunciada pelas revoluções independentistas na América espanhola e pelo novo Império do Brasil, o termo "africano" começa a ser utilizado para nomear negros, mulatos e pardos dos tempos coloniais, contraposto a "americano" (e não *criollo*), adotado pelos patriotas para se distinguirem dos espanhóis da Europa. No século XIX, em toda a América hispânica, desaparecem oficialmente as nomenclaturas estatutárias de "índios" e de "mestiços" – o caso dos mulatos y pardos é mais complexo e mereceria um estudo detalhado. A homogeneidade teórica da cidadania não supõe o desaparecimento de hierarquias e de exclusões. Nas áreas rurais, que já indicava E. França Paiva, as distinções são numerosas e só desaparecem, embora tardiamente em muitas regiões, no século XX. Nas cidades, outros termos se impõem, como *cholos* ou *lépero*, *chazos* ou "negros" (aqui, sinônimo de mestiços indígenas proletários, como foi o caso na Argentina), que prolongam as castas confusas do século XVIII. No século XXI, ainda que toda forma de racismo seja rechaçada oficialmente, a "raça" é o termo utilizado pelos mexicanos dos Estados Unidos para se autodefinirem. Porém, essa é outra história, cujas raízes, no entanto, se prolongam no universo lexical e laboral, tão bem tratado neste belo livro, cujo conteúdo é também de atualidade para entender o presente.

Agradecimentos

A lista é longa! São muitos os nomes que precisam constar aqui, e espero não me esquecer de nenhum deles. Há anos venho recolhendo material sobre a temática das dinâmicas de mestiçagem e de suas associações com as formas de trabalho nos mundos ibéricos e particularmente na Ibero-América, bem como venho discutindo a temática com colegas e alunos. Sou grato a todos os que me franquearam o acesso a acervos e à bibliografia pertinente e aos que aceitaram dialogar comigo em salas de aula e em inúmeros encontros realizados no Brasil e no exterior.

Desde 2005 constituiu-se o grupo de estudos *Escravidão & mestiçagens*, que venho coordenando. Realizamos vários encontros e publicamos três livros que resultaram das discussões realizadas nessas oportunidades. Muitas vezes, essas discussões se confundiram com as atividades relativas ao *Grupo de Pesquisa Escravidão, mestiçagem, trânsito de culturas e globalização – séculos XV a XIX* (CNPq-UFMG) e ao Centro de Estudos sobre a Presença Africana no Mundo Moderno-CEPAMM-UFMG, os quais dirijo. Muito me valeram as pesquisas apresentadas pelos participantes dos grupos, bem como as reflexões metodológicas, conceituais e historiográficas propostas por eles. Sou grato a todos os que passaram por esses encontros e principalmente aos que foram mais constantes, com quem troquei ideias mais pontuais, e aos que ajudaram na organização dos eventos. Entre eles, gostaria de registrar meu particular agradecimento a Carlos Engemann, Douglas Cole Libby, Eliane Garcindo de Sá, Ilton Cesar Martins, Isnara Pereira Ivo, Jonis Freire, José Newton Coelho Meneses, Marcelo da Rocha Wanderley, Marcia Amantino e Roberto Guedes.

Entre 2006 e 2007 tive a oportunidade de desenvolver estágio pós-doutoral junto ao grupo de pesquisa liderado por Serge Gruzinski (que já em 1997 me fizera ver o "mestiço" na História), na École des Hautes Études en Sciences Sociales-EHESS, Paris, com bolsa da CAPES. Carmen Bernand continuou sendo inspiração, ela que anos antes me presentara com o seu *Negros, esclavos y libres...* e com ele me ensinara sobre a importância de pensar história em perspectiva comparada. Contei também com o apoio de Antonio Almeida Mendes, Jean Hébrard, Myriam Cottias e Sanjay Subrahmanyam. Durante esse período pude pesquisar em bibliotecas de Paris e de Louvain, com a ajuda preciosa de Eddy Stols (e Haydée Stols), Johan Verberckmoes e Werner Thomas, da Katholieke Universiteit Leuven-KUL, e de René Lommez Gomes. Pesquisei também em Sevilha, com o apoio fundamental de Berta Ares Queija (e Marcial Moreiras), Jesús Raúl Navarro García e Salvador Bernabéu Albert, da Escuela de Estudios Hispano-Americanos-EEHA/CSIC, de Igor Perez Tostado e Manuel Herrero Sánchez, da Universidad Pablo de Olavide-UPO. Mais recentemente desenvolvi ricos contatos e reflexões com Manuel Francisco Fernández Chaves e com Rafael Mauricio Pérez García, da Universidad de Sevilla-US, com Maria de Deus Beites Manso, da Universidade de Évora e com Manuel Leão Marques Lobato, do Instituto de Investigação Científica Tropical-IICT, Lisboa. A todos expresso minha gratidão.

Na Universidade Federal de Minas Gerais-UFMG estabeleci diálogos frutíferos com colegas do Departamento de História e do grupo de pesquisa *Coleção Brasiliana*. Sou grato especialmente a Cristina Isabel Abreu Campolina de Sá, Eliana Regina de Freitas Dutra, João Pinto Furtado, Katia Gerab Baggio e Magno Moraes Mello. Agradeço também aos funcionários Edilene Oliveira, Kelly Christina Canesso, Mary Ramos, Maurício Mainart, Valteir Ribeiro e à bibliotecária da Faculdade de Filosofia e Ciências Humanas-FAFICH, Vilma Carvalho de Souza.

Leram este trabalho (a versão apresentada à UFMG em 2012 como Tese de Professor Titular em História do Brasil) e deram muitas sugestões importantes Carla Maria Junho Anastasia, Maria Eliza Linhares Borges e Vanicléia Silva Santos. Registro aqui minha dívida intelectual com elas e meu expresso agradecimento. Ao longo dos últimos anos, a orientação a alunos de graduação, especialização, mestrado e doutorado, bem como a supervisão de estágios pós-doutorais possibilitou o aprimoramento de ideias apresentadas neste estudo. A ajuda que recebi de Matheus Carvalho Costa, Lidiane Gomes da Silva e Átila Augusto Guerra de Freitas foi crucial para que eu pudesse escrever este trabalho. Agradeço a todos a oportunidade de orientá-los e de compartilhar os resultados das pesquisas desenvolvidas.

Finalmente, contei com bolsas e apoios recebidos das seguintes agências e instituições: Conselho Nacional de Desenvolvimento Científico e Tecnológico – CNPq (bolsa PQ); Coordenação de Aperfeiçoamento de Pessoal de Nível Superior – CAPES (Estágio Sênior no Exterior); EEHA/CSIC (Espanha); Fundação de Amparo à Pesquisa de Minas Gerais – FAPEMIG (PPM V e VII); Fundación Carolina (Espanha); KUL (Bélgica); UFMG (diretoria da FAFICH, Departamento de História, Programa de Pós-Graduação em História-PPGH, Fundação de Desenvolvimento da Pesquisa-FUNDEP, Diretoria de Relações Internacionais-DRI); UPO (Espanha); US (Espanha). Sem o auxílio delas eu não poderia ter realizado as investigações que subsidiaram este texto.

Introdução

Moreninha linda, moreninha boa
Quer se casar comigo, ser minha patroa?
Sai fora mulato, vê lá se me passo
Me casar contigo é coisa que eu não faço.
Eu tenho a grana e a minha cor não pega!
Somente a sua grana pode interessar...
Mas pra botar a mão na minha grana você tem que
rebolar, rebolar, rebolar...
(*Tem que rebolar* – José Batista e Magno de Oliveira, 1966)

O mundo estava profundamente mudado quando o mestiço Garcilaso de la Vega (batizado como Gómez Suárez de Figueroa), descendente de princesa inca e de conquistador espanhol e nascido no Peru, escreveu os *Comentarios Reales de los Incas*, publicados em 1609, em Lisboa, época em que ele já havia deixado Cuzco, em direção a Córdoba, na Espanha, onde passou a morar. Ele mesmo era produto da integralização das quatro partes do planeta, que vinha possibilitando a circulação de gente, de conhecimentos técnicos, de objetos, de fauna e flora, de culturas e de línguas, em dimensões inéditas. O Inca Garcilaso, dono de olhar perspicaz e de habilidade ímpar com a pluma, também estava atento às dinâmicas históricas que formavam as sociedades ibero-americanas e impactavam outras partes do mundo. No universo de onde ele vinha produzia-se enorme quantidade de novidades e se dava nomes a elas, classificando-as, distinguindo-as umas das outras e até mesmo hierarquizando-as. Assim, Garcilaso dedicou o capítulo XXXI a alguns desses "novos" e aos nomes atribuídos a eles. Nesse caso, os "novos" eram tipos humanos, e o título dado à seção foi *Nombres nuevos para nombrar diversas generaciones*. As "generaciones", como se verá ao longo deste trabalho, eram as "qualidades" às quais cada indivíduo ou grupo social eram enquadrados ou se enquadravam.

Como *mestizo* (filho de índia e espanhol ou vice-versa), uma das "qualidades" mais recorrentes, e americano, filho do Novo Mundo ou ainda das Índias de Castela, "mi tierra", como ele mesmo declarou, o Inca Garcilaso tinha sensibilidade especialmente aguçada para entender aquele mundo misturado.[1] Ele arrolou os nomes dados às "qualidades" de seus conterrâneos e foi fonte importante para este trabalho, além de inspirar o título que lhe dediquei. O mundo de Garcilaso é parte da dimensão espacial enfocada aqui, à qual chamei de Ibero-América, isto é, as áreas sob o domínio das coroas portuguesa e espanhola no Novo Mundo, que se estendiam do norte do continente até o seu extremo sul (por vezes, quando conveniente, estendi a definição à Península Ibérica). O período abordado é igualmente amplo: do século XVI ao século XVIII; tempo longo, durante o qual o léxico das mestiçagens associadas às formas de trabalho se iniciou, se desenvolveu e se consolidou.

Sem dúvida, a tarefa de não me centrar em algumas poucas áreas e em alguns períodos e, daí, generalizar conclusões para toda a extensão espaçotemporal pretendida, exigiu-me a pesquisa junto a documentação de variada natureza, que informasse sobre muitas regiões – do Brasil à Nova Espanha – e que fosse produzida durante os três séculos. O resultado pode ser conferido na listagem de fontes e na bibliografia apresentadas ao final do texto.

Recorri a documentos manuscritos (e a textos antigos) encontrados em arquivos do Brasil e do exterior, os quais pude consultar ao longo de minha vida acadêmica. Também indiquei essas fontes, assim como os acervos aos quais elas pertencem, no final do trabalho. Vali-me igualmente de transcrições documentais publicadas, tarefa que outrora ocupou dedicados historiadores e que são valiosas contribuições legadas às gerações posteriores, que infelizmente não se preocuparam em dar continuidade a esse trabalho. Busquei em crônicas, em relatos e em outros tipos de textos subsídios importantíssimos para levar à frente uma história tão ambiciosa, em perspectiva comparada. Para tanto, antigos dicionários, vocabulários e léxicos foram fundamentais. Sem eles seria impossível retomar traduções, significados, derivações e usos antigos dos vocábulos que distinguiram, identificaram, classificaram e hierarquizaram gente no Novo Mundo. Já a bibliografia consultada minimizou meu distanciamento em relação aos inúmeros acervos espalhados por cidades da América Latina e da Europa, principalmente. Tomei de empréstimo nacos das valorosas pesquisas documentais realizadas por dezenas de colegas, o que possibilitou minha aproximação com contextos que eu desconhecia completamente. Todos esses trabalhos encontram-se devidamente indicados nas notas e na bibliografia arrolada. Incluí também a indicação de quando os trabalhos mais antigos foram escritos e/ou de suas primeiras edições, bem como dos endereços eletrônicos das obras consultadas *online*, verdadeiros arquivos virtuais que expandiram exponencialmente as possibilidades de fazer histórias comparadas, uma vez que o impensável há poucos anos se fez realidade acessível: consulta rápida e desburocratizada de manuscritos e impressos, muitos deles raros. Isso compensa, pelo menos em parte, nosso descaso contemporâneo pelas transcrições e publicações de documentos antigos.

A consulta aos documentos digitalizados foi para mim um grande aprendizado, pois "descobri" a existência e a importância desses arquivos e bibliotecas *on-line*, bem como as possibilidades de renovação historiográfica que o acesso aos acervos pode viabilizar. De toda forma, a oportunidade de "mergulhar" nessas fontes foi um privilégio e tenho a convicção de estar saindo desse exercício mais seguro de "que nada sei", entretanto muito entusiasmado com as inúmeras possibilidades de análise abertas pelas pesquisas que venho realizando ao longo de anos, das quais este livro é resultado. Ainda assim, vale ressaltar que as análises aqui apresentadas ainda são iniciais e que pretendo continuar e intensificar a investigação de fontes brasileiras e estrangeiras relativas à temática.

Uma característica deste estudo, explicitada desde as primeiras páginas, é a diversidade dos tipos de documentos explorados. Quero sublinhar desde já que pretendi justamente isso, pois entendi que a variedade das fontes, e não a verticalização da análise de um ou dois tipos de documento me permitiria avaliar melhor a circulação dos termos e a apreensão dos significados atribuídos a eles por parte dos diferentes grupos sociais, em toda a extensa área delimitada e durante o período enfocado.

Neste trabalho, a história do Brasil do Quinhentos ao Setecentos (América portuguesa) é concebida em conexões com a América espanhola e vice-versa, pois o tema central abordado não se restringiu a uma ou outra dessas regiões, ao contrário, suplantou fronteiras geopolíticas – demarcadas ou imaginadas – e não conheceu rígidos limites linguísticos. A história da formação do léxico das mestiçagens associadas às formas de trabalho foi resultado de dinâmicas sociais similares e, muitas vezes, únicas, que se espraiaram pela extensa área sob os domínios lusitanos e castelhanos nas Américas. Os vocábulos que o conformaram, assim como os sentidos atribuídos a eles, circularam e foram (re)produzidos nessas áreas de maneira continuada, tornando o processo, em boa medida, um só ou, pelo menos, um processo de desenvolvimento com muitas partes em comum. Essa é, portanto, uma história do Brasil, como é também da América espanhola.

É uma história plena de conexões e em muitos momentos pensada em perspectiva comparada, a que se encontrará nos capítulos que seguem. Entretanto, trata-se de história comparada (e qual história não o é essencialmente?!) que não se inscreve, como se verá, em perspectivas mais antigas, marcadas por eurocentrismos, padrões históricos pré-definidos e sentidos evolucionistas, estruturalistas e economicistas. Pretendi, ao contrário, estabelecer comparações lastreadas em preceitos culturais histórico-antropológicos, que valorizam as historicidades das experiências e do ocorrido, assim como das versões sobre eles, que buscam relativizar processos e resultados produzidos. Afinal, estou convencido de que toda história resulta de comparações explícitas e ocultas, seja em seu primeiro esboço, ainda meio desfocado, e quando os objetos de estudo são construídos, seja durante as pesquisas, as leituras das fontes e a sua escrita sempre tortuosa, seja depois, quando é relida pelo autor ou passa a ser interpretada e criticada por outros leitores.

Em certa medida, este trabalho também se inscreve na herança de estudos clássicos, pioneiros e antológicos que há décadas vêm influenciando o pensamento brasileiro e que buscaram no passado ibérico bases para ser compreendida a história do Brasil. Refiro-me, principalmente, a *Casa Grande & senzala*, de Gilberto Freyre, publicado em 1933, a *Raízes do Brasil*, de Sérgio Buarque de Holanda, de 1936, e do mesmo autor, escrito como tese, em 1958, a *Visão do paraíso*. Neste último, um livro maduro e erudito, Holanda, ao traçar paralelismo entre as Américas portuguesa e espanhola, concluiu:

> [...] no século XVII é um pouco a imagem do império espanhol, das Índias de Castela, que irá empolgar por sua vez os portugueses. Se o alargamento da silhueta geográfica do Brasil se faz muitas vezes em contraste com a direção inicialmente impressa à atividade colonial lusitana, e sobretudo por obra de mamelucos e mazombos, não é menos certo que irá perder terreno paulatinamente entre reinóis, no próprio Reino, aquela visão singela e tranquila da América Portuguesa que se espelhava nos escritos dos seus primeiros cronistas. D. Francisco de Souza já fora quase um taumaturgo. E seu sucessor, D. Diogo Botelho reclama para si o título de vice-rei, como se o enfeitiçasse a esperança de governar outro Peru ou uma segunda Índia.[2]

Circulavam tanto o imaginário como o relativo às riquezas do Peru, entre as áreas portuguesa e espanhola, quanto pessoas, culturas, línguas e linguagens. Havia intensa comunicação, comércio e circulação de gente entre as regiões, e isso fomentou a formação do léxico que nomeava, identificava e servia para distinguir e classificar aquelas realidades ibero-americanas, no que elas tinham de particular e em comum. Entre os aspectos comuns, uma série de termos e expressões nomearam as dinâmicas das mestiçagens biológicas[3] e culturais, as associações entre elas e o mundo do trabalho, mormente o da escravidão, e os seus produtos, incluídos os tipos humanos e os grupos sociais aí formados. Esse objeto de estudo perpassa todos os capítulos, e seu desenvolvimento se lastreou em duas indagações fundamentais. A primeira: quem chama quem de quê? Foi a pergunta que me fez Carlos José Duarte Almeida, colega historiador português, ao final da apresentação de um esboço deste trabalho, em Brasília, em 2011. A segunda foi a resposta em forma de pergunta que lhe apresentei: como cada qual se define e define o outro? Essas questões nortearam as pesquisas, as reflexões e a escrita deste livro. Minha resposta se baseou na experiência com as fontes, nas quais, ainda que não em todas elas, continuam ecoando vozes dos personagens que me ajudaram a elaborar este trabalho, assim como suas crenças, seu imaginário e seus valores. Foi em contato com os documentos manuscritos e com os impressos antigos que o objeto de estudos aqui explorado nasceu, e foram eles que me apresentaram a antiga forma de classificação social. A partir daí, concebi o texto. Parti das fontes, e não, como se poderia imaginar, de discussões mais contemporâneas em torno de categorias e conceitos de estratificação social, não obstante eles também terem agido na conformação de minha atenção e de meus interesses.

No primeiro capítulo, propus uma história em sentido contrário ao cronológico e, por isso, tomei-a de trás para a frente. Iniciei no século XVIII, partindo do léxico consolidado pelo uso, embora não tenha sido escrito e/ou publicado, demonstrando que trezentos anos depois das primeiras conquistas ele regia as relações sociais na Ibero-América. Daí, voltei ao Seiscentos e ao Quinhentos, para chegar aos contextos nos quais essa história se iniciara e o léxico, ainda reduzido e frágil diante das novas realidades, passava gradativamente a ser operado por todos os grupos inscritos nas várias "qualidades" e "condições", elas também (re)nomeadas. Assim, os limites temporais do estudo foram justificados, tão amplos e ambiciosos quanto à extensão espacial, mas igualmente necessários para se compreender mais profundamente essa história.

No segundo capítulo, a cronologia foi retomada em seu sentido sequencial e mais usual. Nele pretendi estudar as associações históricas ocorridas entre as dinâmicas das mestiçagens biológicas e culturais e as formas de trabalho compulsório e livre, especialmente o trabalho escravo de índios, negros, crioulos e mestiços de variados tipos.[4] Assim, ao tratar das associações ocorridas entre essas duas dimensões, arrolei categorias de distinção social e "qualidades" que compunham uma "taxonomia" *avant la lettre* dos tipos e grupos sociais. Abordei também a formação de linhagens mestiças no seio das elites e dos grupos sociais mais poderosos das sociedades ibero-americanas. Dei prosseguimento, no terceiro capítulo, ao exame das dinâmicas de mestiçagens associadas ao mundo do trabalho enfocando, particularmente, as "misturas" ocorridas com negros e crioulos, os quais, desde o século XVI, atuaram como "colonizadores" (construtores, povoadores, defensores e exploradores) nos domínios espanhóis e, mais tarde, nos portugueses. Diante do grande número de africanos escravizados importados, propus pensar na "africanização", mesmo que parcial, do Novo Mundo e da força de trabalho em grande parte das regiões que o conformavam.

As "grandes categorias" ou "categorias gerais" de distinção social foram abordadas no quarto capítulo. Escolhi estudar o emprego histórico de "qualidade", "casta", "raça", "nação", "cor" e "condição", sempre procurando me ater ao recorte espaçotemporal escolhido. E o último capítulo complementou o anterior, pois nele abordei as "qualidades", principalmente. Na impossibilidade de estudar todas elas (ver a listagem apresentada no Anexo), optei por selecionar as principais, as que mais apareceram nas fontes examinadas, para tratar do uso que se fez delas, assim como dos significados atribuídos a elas. Nesses dois últimos capítulos acentuei o enfoque comparativo para melhor compreender a forte circulação de vocábulos e expressões do nosso léxico na Ibero-América, entre os séculos XVI e XVIII, e para estudar também alguns termos de uso restrito a algumas regiões.

A importância hoje de estudar a taxonomia e o léxico do passado é talvez jogar luz sobre os procedimentos generalizantes, simplificadores e anacrônicos que temos adotado quando resolvemos olhar para nossa história de distinções, classificações e hierarquizações sociais. E a lição mais importante desse passado é que não se deve, *a posteriori*, expurgar ou tornar simplificadas as várias formas de distinção ocorridas e operadas outrora, fundindo-as em alguns poucos grupos pretensamente genéricos e radicalmente antagônicos. Esses antigos sistemas de distinção parecem-me ter sido muito mais complexos e mais próximos daquelas realidades multifacetadas e plurais do que os que aplicamos hoje a nós mesmos e à nossa diversidade. Imbuídos das perspectivas racialistas, evolucionistas, cientificistas e eugênicas dos séculos XIX e XX, temos mais dificuldade não apenas de lidar com as diferenças e os diferentes hoje mas também de entender as perspectivas mais pretéritas de distinção e de classificação social. Nosso mundo atual parece ter optado claramente pela diversidade e pelo plural, em substituição à ilusão do singular, do modelar e do pretensamente "igual". O interesse contemporâneo (de certa forma, retomando algumas reações do início do século XX contra a perspectiva cientificista, evolucionista e racialista do projeto eugênico) de várias áreas pelo "mestiço" inscreve-se nesse contexto. Diferenciar a eugenia do período mais recente da taxonomia oriunda das dinâmicas de mestiçagens biológicas e culturais associadas às formas de trabalho na Ibero-América dos séculos XVI, XVII e XVIII é mister e foi, também, uma das motivações deste trabalho (embora não me dedique aqui ao período posterior ao início do século XIX). Outro aspecto importante do estudo reside na oportunidade de compreender como historicamente os discursos e representações sobre a "mistura", sobre o "mestiço" e sobre a "pureza" foram sendo construídos, (re)significados e incorporados ao léxico que até hoje marca nossos julgamentos, classificações e até mesmo projetos e políticas públicas. Portanto, mais do que discutir a existência ou inexistência do "puro" e do "mestiço" (e sua existência é absolutamente real e concreta, mesmo que esteja impressa na dimensão dos discursos e das representações, que compõem a própria realidade histórica), neste estudo dediquei-me à história das palavras e expressões que os nomearam, identificaram, classificaram e lhes deram sentido, assim como à história da circulação e dos usos delas. Não se trata do léxico em si ou de estudo linguístico, o que se encontrará a seguir, mas de um estudo histórico do emprego de vocábulos e de uma linguagem das mestiçagens.

Devo reconhecer, já na introdução, que podem existir muitas lacunas na análise e nas conclusões apresentadas quanto ao uso de um ou outro termo em um ou outro contexto, o que se tornará mais evidente na medida em que este trabalho for comparado às pesquisas documentais nas várias regiões envolvidas. Além disso, na bibliografia usada não estarão incluídos estudos que especialistas da história de cada área considerarão ausências importantes sobretudo, mas não exclusivamente, com relação à América espanhola. São problemas dos quais tenho ciência, mas que não consegui sanar. Entretanto, se o texto servir de incentivo para que as revisões, complementações, diferenciações e divergências se efetivem, ele já terá cumprido um papel importante historiograficamente. É impossível pensar em pesquisa de todos os acervos, tão numerosos e tão diversificados, que guardam os registros históricos sobre todas as áreas aqui enfocadas, durante o longo período escolhido. Assim, os resultados aqui apresentados são certamente limitados, passíveis de ser revistos e contestados. As próprias amplitude e complexidade do objeto investigado, acrescidas da extensão espaçotemporal do estudo são anúncios das falhas. Mesmo estando longe de ser definitivas e completas, as reflexões pretendem, ainda assim, contribuir para o desenvolvimento das discussões históricas em perspectiva comparada, área igualmente longe da consolidação.

Para finalizar, preciso explicar a escolha das epígrafes inseridas na abertura do livro e dos capítulos, aparentemente apartada da temática estudada. As imagens e representações sensuais das negras, crioulas, mestiças e, especialmente, das mulatas foram se constituindo ao longo dos séculos, lastreadas em visões masculinas e dominadoras e em desejos sexuais muitas vezes realizados forçosa e/ou consensualmente. Mas não foram os únicos motivos para que essas imagens e representações fossem sendo produzidas e reproduzidas. A autonomia vivenciada por essas mulheres – o que envolveu suas escolhas sexuais – bem como a capacidade de seduzir em sociedades pautadas pelos pátrio e másculo poderes, além do exercício cotidiano do pragmatismo precisam ser lembrados e considerados nos estudos históricos.

A partir do século XIX, período que não integra este trabalho, mas que marcou nosso pensamento no passado recente e continua marcando nosso olhar contemporâneo e nossa historiografia, o elogio sensual desses tipos femininos ganhou expressão literária, jornalística e artística, intensificando-se no século XX. O imaginário sobre a "morena" ("moreninha") e a "mulata", principalmente, foi recorrentemente expressado nas letras das canções brasileiras e latino-americanas no século passado. O elogio em forma musicada acentuou o discurso sensual e reatualizou o imaginário e o vocabulário produzidos durante os séculos XVI, XVII e XVIII. Por esse motivo, em vez de tomar de empréstimo frases de escritores e da gente simples desse período, resolvi, por meio das epígrafes, introduzir nacos de representações mais recentes, concentrados no cancioneiro. Os trechos foram retirados de canções brasileiras e cubanas, muito reproduzidas até hoje. Assim, pensei novamente em explicitar as similitudes entre os antigos domínios portugueses e espanhóis, por meio de trechos do imaginário sensual sobre os tipos femininos negros e mestiçados, verdadeiras pontes que seguem ligando passados e presentes.

Capítulo 1
Do léxico consolidado ao início de tudo: uma história de trás para a frente

> *Mulata infeliz, tu vida acabó*
> *de risa y guaracha se ha roto el bongó*
> *que oías ayer, temblando de amor*
> *y con ilusión junto a un hombre cruel.*
> *María la O ya no más cantar*
> *María la O hora es de llorar*
> *de tus besos, que tan fugaz ya voló*
> *María la O todo se acabó.*
> (*María la O* – Ernesto Lecuona, 1930)

No final do século XVIII, marcavam-se trezentos anos da conquista ibérica do Novo Mundo, que já deixara de ser comumente chamado assim. América era a denominação mais frequente desses extensos domínios portugueses e espanhóis, cuja história, ainda recente, tinha e representava extraordinária importância para a trajetória da humanidade desde 1492. Talvez pudéssemos pensar nesses três séculos como o longo período em que o mundo ou pelo menos parte significativa dele se foi americanizando. Afinal, o que se produzia nas Américas impactava de alguma forma o cotidiano de milhões de pessoas na Europa e na África, bem como em partes do Oriente e nas várias regiões da própria Ibero-América. O que se produzia nas outras partes do mundo era, por sua vez, consumido pelas populações americanas. No Setecentos, elas já haviam conformado enormes e poderosos mercados, emprestando-lhes as mesmas características essenciais das sociedades locais, tais como a pluralidade de "qualidades" e de "condições".[5] A "qualidade/calidade/

calidad", termo/conceito latinizado possivelmente pelo filósofo romano Cícero e muito empregado durante o Antigo Regime na Europa, distinguia as pessoas que a possuíam das que não eram providas delas ou das que a tinham em menor proporção ou menos intensidade. Os "homens bons", sem sangue infecto ou que não traziam defeito de nascimento nem defeito mecânico, tinham "qualidade" que os distinguia de mouros, judeus, negros e mestiços e que legitimavam seus privilégios.

Elio Antonio de Nebrija, em seu *Vocabulario español-latino*, de 1495(?), definiu: "Calidad o acidente. qualitas. atis."[6] No dicionário de Don Sebastian de Covarruvias Orozco, cuja primeira edição é de 1611, encontra-se: "CALIDAD. Lat. Qualitas, secumdum quam dicimur quales: remitome a los señores Logicos. Perspna de calidad, hombre de autoridad y de prēdas."[7] E no *Hieronymi Cardosi Lamacensis Dictionarium ex Lusitanico in latinum sermonem* aparece apenas "Qualidade. qualitas, atis."[8] nas edições de 1562, 1570, 1592, 1601, 1613, 1619, 1630, 1643, 1677 e 1694. Foi no *Vocabulario Portuguez e Latino* de Dom Raphael Bluteau, publicado em 1712, que apareceu a definição mais completa do vocábulo. No longo verbete dedicado a ele, Bluteau observa:

> Qualidade. Ou calidade. Nas Escolas dos Filosofos tem esta palavra muytas, & muyto diversas accepções. Algũas vezes toma-se por aquella razaõ, que determina a propria essencia da cousa, & assim o que os Logicos chamaõ *Differença*, he chamado dos mesmos *Qualidade essencial*, quando a *qualidade* determina algum ente exteriormente, & fora da essencia , entaõ chama-se *Qualidade accidental*, segundo alguns Thomistas, qualidade he *Accidente, consecutivo à fórma*, segundo outros da dita Escola, qualidade he, *Modo, ou determinaçaõ do subjeyto no seu ser accidental*. A muytos, mais agrada esta definição, *Qualidade he hum Accidente absoluto, que aperfeyçoa a substancia assim no obrar, como no ser*. Mas he necessario confessar, que naõ se póde perfeytamente definir a *qualidade*, porque nenhũa definição della convèm às especies da qualidade todas, sómente, & sempre, requisitos absolutamente necessarios para hũa prefeyta definição. Divide se este Accidente em *qualidades espirituaes*, que saõ proprias do entendimento, como saõ *Setēcia, Opiniaõ, &c.* ou proprias da vontade, como he qualquer virtude moral; *& qualidades corpóreas*, como Figura, movimento, quietação, grandeza. [...] Dizem os Criticos, que foy Cicero o primeyro que alatinou esta palavra; porque os antigos Latino usavão do concreto *quale*, & fugião do abstracto *qualitas*, como de torpe barbarismo. *Vide* na letra C.Calidade.[9]

E, então, definia-se:

> CALIDADE. Accidête natural, ou propiedade de huma cousa. *Qualitas, atis.* [...]
> Calidade. Prenda do corpo, como a belleza, ou da alma, como a ciencia, & a virtude, &c.
> Calidade. Nobreza. *Nobilitas, atis. Fem. Dignitas, atis. Fem.*
> Homem de calidade. *Vir nobilis,* ou *genere clarus.*[10]
> Homem de grande qualidade. *Vir nobilitate præstans,* ou *summa nobilitate præstans. Homo illustres honore, ac nomne. Cic. De Clari. 174.*
> Hum homem desta calidade. *Vir tali dignitati præditus. Cic. pro Cluent.*[11]

Ficam claras as várias definições possíveis para "qualidade" e, apesar da publicação no início do século XVIII, o que se aponta é a situação existente nos séculos anteriores e que se estenderia até o princípio do século XIX, sem muitas alterações. Fica evidenciado também que a categoria era empregada para distinguir a forma do corpo – beleza e figura –, a aparência e a fisionomia. Além disso, associa-se o termo a nobreza e a "genere clarus", isto é, a nobre, branco, ocidental e cristão, em oposição a mouro, oriental e infiel, que teriam pretensamente sangue infecto.

Em contextos fortemente marcados pelas mesclas biológicas e culturais, como a Península Ibérica antes de 1492 e o Novo Mundo depois das conquistas católicas, parece ter ocorrido alargamento na acepção do termo, que passou a ser empregado para designar o "exterior" dos indivíduos que não eram nobres nem *clarus*. Assim, "qualidade", como categoria geral, passou a abranger as várias "qualidades" ou "castas", cada uma lastreada em características físicas e em resultados de cruzamentos – mas por vezes em crenças religiosas, como mouros e judeus, e por outras em origens, confundindo-se, nesse caso, com "nações", como se verá – de índios, negros, crioulos e mestiços (v. t.).

As "qualidades", portanto, diferenciavam, hierarquizavam e classificavam os indivíduos e os grupos sociais a partir de um conjunto de aspectos (ascendência familiar, proveniência, origem religiosa, traços fenotípicos, tais como a cor de pele, o tipo de cabelo e o formato de nariz e boca), pelo menos quando isso era possível. Quando não era possível essa conjunção, os elementos mais aparentes e/ou convenientes eram acionados para que a identificação se efetuasse, o que certamente variou de região para região, de época para época, em uma mesma época e em uma mesma região.

O emprego das "qualidades" dependeu ainda de percepções sociais e individuais (nem sempre padronizadas) de cada autor de registro histórico, das autoridades e de populares. Mais ainda: a "qualidade" de uma pessoa podia ser alterada ao longo de sua vida, de acordo com conveniências e circunstâncias. Essa prática aparece inclusive com alguma renitência na documentação existente.

Não obstante a fluidez das definições, no entanto, devem-se considerar certos padrões identificadores mais ou menos aceitos e adotados coletivamente, que variavam pouco ou nada. Isso impedia classificações então inaceitáveis, baseadas na hierarquia social vigente (como um branco, por exemplo, receber a "qualidade" de negro, um mulato ser indicado como crioulo ou um pardo ser tratado de preto), e, no que tange às "condições" jurídicas, dificultava uma enxurrada de definições contestáveis (por exemplo, um livre ser taxado de forro ou um forro ser enquadrado como escravo).

Todas as "qualidades", em alguma medida, estiveram representadas nas sociedades e nos mercados americanos. Os homens e as mulheres que os integraram eram brancos, *españoles*, portugueses, cristãos, índios, gentios, pretos, negros, Angolas, Minas, Mandingas, Jolofos (entre muitas outras "nações"), *criollos*/crioulos, *mestizos*/mestiços, mamelucos, pardos, mulatos, *zambos*[12], *zambaigos*, cabras, curibocas, caboclos, cafuzos, *coiotes*, *chinos* e *cuarterones*, entre outras denominações menos frequentes.

As "condições/*condiciones*" também eram muitas. O termo podia ser confundido com "estado" e significar "buena cõdicion o mala condicion, ingenium Cõdicion, estado; como si es rico, o pobre, noble, o plebeyo".[13] Entretanto, as condições jurídicas possíveis a um indivíduo, as que nos interessam aqui, eram três: livre, escravo e forro, ainda que subcondições (algumas delas eufemismos) existissem tais como "administrado",[14] para designar no Brasil um índio juridicamente livre e em muitos casos ilegalmente escravizado e coartado, que era um escravo em período de libertação, detentor de "direitos" especiais – como não ser vendido, alugado ou cedido no período da coartação –, assim reconhecido pela Justiça.[15] Os mercados americanos, desde a Nova Espanha até a região do Rio da Prata, incluindo as ilhas do Caribe e o grande território de domínio português, eram compostos por gente de todas essas "qualidades" e "condições" (escravos e trabalhadores forçados também os integraram), ainda que os grupos detivessem importâncias diferentes.[16]

Destaque-se desde já: ao evocar os mercados já no início do capítulo, não quero indicar uma análise economicista nem pretendo superestimar a importância da economia em detrimento da cultura, da política e da sociedade, dimensões que na verdade sempre formaram um todo integrado. Para o período aqui abordado, é importante definir o mercado como uma relação de trocas que transcendeu as simples transações mercantis e monetárias. Por isso, o associo às dinâmicas de mestiçagens e ao conjunto lexical que nomeou detalhadamente os produtos de toda natureza daí surgidos. Este universo se torna ainda mais complexo e instigante quando vinculado ao mundo do trabalho, mormente aos tipos compulsórios. A escravidão o moldou fortemente, mas outras formas de trabalho também o fizeram, como a *encomienda* (cuja hereditariedade foi extinta pelas *Leyes Nuevas*, de 1542, embora tenha persistido durante muito tempo, sobretudo em áreas mais afastadas dos centros principais) a *repartición* e a *mita*.

Mas o que diferenciava o "mercado" aqui enfocado do outro, mais restrito às ações mercantis e monetárias? Muito mais complexo, o "mercado" que ora abordo era também espaço sem fronteiras fixas, constituído pelo trânsito e pela mobilidade – física, cultural, técnica e política. Era lócus de trocas, negociações de toda ordem, de superposições e contatos entre diferentes, de aprendizados e sociabilidades, e crisol de misturas; desse complexo emergiu parte substantiva do léxico relativo às mesclas biológicas e culturais associadas ao trabalho, objeto central deste estudo. Nesse sentido, pensados de maneira expandida, os mercados não apenas eram parte essencial das sociedades ibero-americanas, mas se confundiam com elas, com a vida e com o trabalho de suas populações. Além disso, foram instrumentos fundamentais de conexão entre o *locus* e o *orbis*, isto é, entre os espaços locais americanos – muitos dos quais nos chamados sertões ou nas áreas interiores – e as outras partes do mundo. O funcionamento desses mercados fez circular, em larga escala, objetos os mais variados, conhecimentos, técnicas, práticas, crenças, representações e discursos, que foram também apropriados e ressignificados, assim como fomentou a constituição de novas formas de viver e de pensar.[17] Por eles transitaram gente e culturas e, mais especificamente, vocábulos, línguas e formas de comunicação, pois não se tratava apenas de um mundo novo que se ia desbravando, mas de populações numerosas que não falavam o mesmo idioma. Em meio a tão frenética movimentação, era preciso nomear coisas, lugares, tipos, gentes e o mundo que se organizava em torno de tantas diferenças e tantos diferentes. Além disso, era necessário que os nomes fossem apreendidos e compreendidos pelo maior número possível de pessoas e, a partir daí, que a comunicação cotidiana entre europeus, índios, africanos e seus descendentes pudesse se realizar mais eficazmente.

Um léxico compartilhado era uma das formas mais eficazes de garantir a fruição das relações sociais: permitir que um compreendesse o outro. Caso contrário, imensas confusões e muitos desentendimentos certamente aconteceriam, algo potencialmente perigoso em sociedades nas quais a forte desigualdade jurídica e política e a diferença cultural entre os habitantes eram características marcantes. Isso não era desconhecido dos conquistadores, que, já nos primeiros tempos de domínio, buscaram formas de superar essa dificuldade, logrando êxito desde o início. Como bem observou E. P. Thompson, o fator experiência é crucial nas relações sociais.[18] Para o caso em questão, não é demais lembrar que a experiência por eles adquirida nos contatos mantidos com populações do continente africano e do Oriente lhes serviu perfeitamente no Novo Mundo.[19] "Línguas",[20] isto é, intérpretes, foram empregados precocemente nos contatos com os índios. Além de traduzir, provavelmente (re)interpretaram, (re)criaram e (re)significaram, o que lhes conferia a função de importantes produtores lexicais, involuntariamente, na maioria das vezes. Na ausência deles, durante os contatos iniciais, a compreensão tornava-se menos precisa, mas ambas as partes procuravam superar as dificuldades e sabiam certamente que incompreensões poderiam ser produzidas, inclusive arbitrária e convenientemente. O escrivão Pêro Vaz de Caminha nos legou um bom exemplo de como tudo isso ocorria no início dos contatos entre portugueses e nativos da costa do território que viria mais tarde a ser chamado de Brasil. Dois dias depois de ancorados, mandou Pedro Álvares Cabral que um dos pilotos fosse ao encontro dos nativos na praia e, o fazendo, levou dois deles à presença do capitão-mor Cabral, que os recebeu no navio, "asentado em huũa cadeira E huũa alcatifa aos pees por estrado E bem vestido com huum colar d ouro muy grande ao pescoço".[21] Aqueles "homeẽs da terra"[22]

> [...] entraram E nom fezeram nhuũa mençam de cortesia nem de falar ao capitam nem a njmguem. pero huum deles pos olho no colar do capitam E começou d açenar com a mão pera a terra E despois par o colar como que nos dizia que avia em terra ouro E também vio huum castical de prata E asy meesmo acenaua pera a tera E entam pera o castical como que avia tambem prata. mostran lhes huum papagayo pardo que aquy o capitam traz. tomaram no logo na mão E acenaram pera a terra como que os avia hy. mostraran lhes huum carneiro. nom fezeram dele mençam. mostraran lhes huũa galinha. casy aviam medo dela nom lhe queriam poer a mão E despois a tomaram coma espamtados.[23]

Seguiu-se o encontro, e foram oferecidas comida e bebida àquela "gente", que parece não os ter agradado. Depois disso, narra Caminha, um deles viu

> [...] huũas contas de Rosairo [sic], brancas açenou que lhas desem E folgou muito com elas E lançou as ao pescoço E despois tirou as E

> embrulhou as no braço E acenaua pera a terra E entam pera as contas E pera o colar do capitam como que dariam ouro por aquilo. Jsto tomauamo nos asy polo desejarmos mas se ele queria dizer que leuaria as contas E mais o colar. Jsto nom querjamo nos emtender porque lho nom aviamos de dar E despois tornou as contas a quem lhas deu E entam estiraran se asy de costas na alcatifa a dormir sem teër nhuũa maneira de cobrirem suas vergonhas as quaaes nom heram fanadas E as cabeleiras delas bem Rapadas E feitas.[24]

Fica bem claro que o escrivão Caminha sabia que as circunstâncias e os desejos induziam a compreensões nem sempre corretas e precisas quando as partes que se comunicam não falam a mesma língua e/ou não dominam a mesma linguagem, no caso, a gestual. Para evitar desencontros e mal-entendidos, era necessário que uma e outra parte, assim como outras que se envolvessem, compartilhassem o maior conjunto possível de nomes e significados respectivos e até mesmo línguas comuns, tanto as já existentes, quanto línguas gerais, surgidas e/ou manipuladas no seio dos contatos travados entre os diferentes povos.

Ao longo dos séculos, tudo isso foi se conformando e se consolidando e no final do Setecentos não havia muitos problemas de comunicação entre as populações ibero-americanas. Não havia grandes problemas nem mesmo para entender os negros "boçais", que chegavam sem falar as línguas dominantes nas áreas ibéricas. Lembre-se que o português ou línguas crioulas nele baseadas tornaram-se línguas gerais ou francas em várias áreas africanas entre os séculos XV e XVIII. Em relação às línguas africanas, havia intérpretes para todas elas, que eram muitas vezes escravos,[25] assim como houve os "línguas", que falavam os idiomas indígenas, além dos versados nas línguas gerais que circulavam em toda a área.[26] No fim do século XVIII, já se encontrava consolidado também um léxico específico sobre os mais variados aspectos relativos à escravidão, às demais formas de trabalho e às mestiçagens biológicas e culturais, dimensões que ao longo do tempo foram se associando e produzindo dinâmicas próprias. Embora nenhuma delas seja condição *sine qua non* para a existência da outra, no mundo ibero-americano, desde muito cedo, elas quase se fundiram, fomentando uma a outra, garantindo sua vitalidade e longevidade, como se verá adiante. Houve formas violentas de forçar essa fusão, mas houve acordos, negociações e interesses os mais variados da parte dos conquistadores, dos nativos americanos, dos africanos escravizados, dos crioulos nascidos no Novo Mundo e de seus descendentes profusamente mestiçados, fossem livres, escravos, forros.

Já nessa altura, o léxico emergido das dinâmicas de mestiçagens desenvolvidas nessa vasta área mostrava-se fortemente americanizado e já era largamente reproduzido na Península Ibérica, tanto na fala cotidiana da gente quanto nos registros de letrados e de autoridades que escreviam sobre e para as conquistas americanas. As conexões histórico-culturais já eram profundas e indissociáveis, e o vocabulário comum vinha cumprindo o papel de cimentar as pontes que ligavam as várias partes desse universo.

Nas Minas Gerais do século XVIII empregavam-se em larga medida os resultados desse longo processo de adaptação histórico-lexical que envolvera algumas dezenas de milhões de pessoas originárias das quatro partes do mundo, que vinham se encontrando nas Américas. A circulação desses resultados deveu-se ao intenso trânsito de gente, fomentado em larga medida pelo dinamismo dos mercados americanos. Essa gente, ao se deslocar de uma parte a outra, disseminava nomes, significados e valores associados. Muitas vezes as traduções foram realizadas nesses mesmos processos, pelos mesmos agentes de propagação. Já os significados das palavras, suas adaptações e recriações ficaram a cargo dos usuários, que lograram alterá-los no tempo e no espaço. Não obstante, muitos vocábulos perpassaram tempos longos e se espraiaram sem alterações significativas por extensos territórios, suplantando fronteiras oficiais, preceitos religiosos, visões político-administrativas, composições fenotípicas, dinâmicas demográficas e formas de organização social.

Assim é que foi possível à preta forra Thereza Ferreira, autodeclarada natural da Costa da Mina, moradora no arraial de São Gonçalo, freguesia de Sabará, Minas Gerais, mandar registrar em seu testamento, feito em 1771, que deixava quatro filhos "já homens, todos pardos e hũa filha também parda, já mulher", não obstante tivesse permanecido solteira.[27] A mãe era nascida no continente africano, e seus filhos eram identificados por ela (ou com sua concordância, caso tenha sido o escrivão quem os tenha assim indicado) como pardos, o que contraria a ideia generalizada na historiografia sobre escravidão de que os filhos de africanas eram denominados crioulos, como se verá no capítulo 5, que discutirá o emprego das categorias de "qualidade". De toda maneira, trata-se de exemplo da diversidade e da inexistência de padronização e de universalização do emprego dessas categorias na área e no período aqui enfocados, como passo desde já a ressaltar.

Anos antes, em 1757, longe das Minas Gerais, Bernardino de Brizuea, "protector de naturales" na região de Tucumán, ainda nessa época subordinada ao Vice-Reino do Peru,[28] iniciou a defesa de Juana e Bernarda, irmãs que haviam sido "'desterradas' de la chacra donde vivían en La

Rioja e instaladas en el pueblo de indios de Olta, en Los Llanos, por el encomendero don Santiago de Castro y Frías."[29] Brizuela afirmava que as irmãs eram "pardo-zambas", o que impedia sua integração "a la casta tributaria del pueblo de indios".[30] Para comprovar a situação irregular, o protetor evocou a genealogia das irmãs e nos legou informações preciosas sobre as categorias de "qualidade" empregadas na região, sua classificação e seu emprego. Buscando oferecer dados que comprovassem a irregularidade cometida em relação a Juana e a Bernarda, ele remontou a sequência parental a partir do espanhol Don Diego Gutiérrez Gallegos, "antiguo feudatário de Olta", que teve uma filha *mestiza* – María Gutiérrez – "con una india mocoví de su encomienda de agregados". María acabou se casando com o mulato escravo Pedro Bazán, com quem teve duas filhas legítimas: Juana e Bernarda Gutiérrez, as "pardas-zambas" que estavam sob ameaça de perder a condição de livres.[31]

Mais ao norte de La Rioja, em Guayaquil, situada entre a margem ocidental do Rio Guayas e a costa do Pacífico e subordinada à Real Audiência de Quito, outro personagem nos legou involuntariamente mais subsídios sobre as "qualidades" e "condições" em contexto de escravidão. Em 1794, María Chiquinquirá Diaz reivindicava na Justiça sua liberdade e a de sua filha, alegando ter sido sua mãe, escrava e leprosa, e ela própria abandonada pelo antigo proprietário. Devido ao medo de contágio, a mãe, Maria Antonia, uma africana boçal, fora colocada em uma choça na beira do rio, longe dos demais escravos e da família de Don Alfonso Cepeda y Aguilar, seu senhor. A escrava já agonizava quando nasceu María, que se salvou e foi recolhida pela índia Violante, que cuidou dela e de uma irmã mais velha, mesmo sabendo que pela choça de Antonia passavam vários homens, inclusive o próprio marido. María e a irmã, descritas por María Eugenia Chaves como *zambitas*[32], acabaram voltando para a casa de Don Alfonso e após a morte dele foram incluídas entre os demais escravos. María tornou-se escrava de Doña Estafanía Cepeda, filha de Don Alfonso, e depois da morte dela passou a servir o irmão, o presbítero Don Alfonso Cepeda y Arizcum Elizondo. Em pouco tempo, María se envolveu com o alfaiate José Espinoza, homem livre (mulato?), que alugava uma loja embaixo da se casa do presbítero, em Guayaquil. Ao saber do caso, Don Alfonso obrigou-os a casar, mas manteve María sua escrava, não obstante ela viver como livre com o marido. Daí a poucos anos o casal teve sua única filha, María del Carmen Espinoza, "una mulata clara".[33] María del Carmen foi criada com muito esmero pelos pais e vivia como se livre fosse, andava bem vestida, tinha aprendido a bordar, costurar e cozinhar e recebera aulas de professor de primeiras letras. Sempre controlada pelos pais, a prendada jovem, entretanto, encontrava-se comprometida com um comerciante de tecidos, "un mulato buen-mozo y acaudalado".³⁴ Tudo isso, no entanto, acabou resultando em prejuízo para a jovem: o presbítero decidiu forçá-la, como sua escrava, a servir a uma irmã cega que ele tinha. A partir daí é que Maria Chiquinquirá, que contava com idade próxima a 40 anos, resolveu recorrer à Justiça contra seu proprietário, alegando ter direito de ser livre desde que nascera de mãe abandonada pelo senhor, o que significava dizer que a filha, em consequência, também não era escrava e que, portanto, não era obrigada a se submeter às vontades de Don Alfonso. A batalha judicial se alongou por vários anos em Guayaquil, se encerrando com sentença desfavorável a elas, em Quito.

No volumoso processo, composto por declarações da escrava, do proprietário, de testemunhas, protetores de escravos, advogados, procuradores, escrivães e assessores María Chiquinquirá aparecia por vezes como "zamba-mulata" e outras vezes como negra escrava.³⁵ Dessa vez, pessoas de "qualidades" e "condições" distintas demonstraram operar um léxico específico, relativo ao mundo da escravidão e das mestiçagens. O vocabulário era compartilhado por esses agentes, que não demonstraram discordâncias referentes às classificações, não obstante elas variarem para uma mesma pessoa, como no caso da protagonista, e a demanda judicial envolver essencialmente discordâncias sobre a legítima situação de Chiquinquirá e sua filha.

Destaque-se: vocábulos, significados e valores a eles atribuídos não causavam polêmica em meio a uma demanda judicial, oportunidade ímpar para que detalhes quase imperceptíveis se transformassem em valiosos instrumentos de denúncias que comprovassem injustiças, ilegitimidades, procedimentos maliciosos e ilegais. Não houve de nenhuma parte questionamento com relação às categorias em si, usos e significados, mas apenas ao condicionamento legal de mãe e filha, subsidiado por prática anterior: o abandono pelo senhor de um seu escravo doente. Era esse o ponto. Para atingi-lo, ninguém contestou ou desacreditou o sistema de classificação em pleno vigor, que também servia para identificar, qualificar e hierarquizar pessoas nas profundamente mestiçadas sociedades ibero-americanas.

Entre os termos que integravam o léxico do mundo do trabalho forçado e das mesclas biológico-culturais nas áreas americanas sob o domínio português e espanhol houve alguns mais larga e frequentemente empregados que outros, embora até mesmo eles sofressem sensíveis variações, específicas de certas regiões e épocas. "Mulato" foi um desses termos. Como se verá mais detalhadamente no capítulo 5, era categoria já usada na Península Ibérica antes das conquistas do século XV. Foi uma das categorias de mestiçagem mais presentes na documentação em geral, mas ao mesmo tempo uma das menos claramente definidas e que mais variações sofreram, sendo, inclusive, confundida com outras, como "pardo", "*zambo*", "*zambaigo*" e até mesmo "branco". Em carta escrita em El Cobre (Santiago de Cuba), em 1792, o residente Martín de Salazar nos lega exemplos da indefinição da "qualidade" "mulato" na região. Salazar denunciava os maus-tratos deferidos por Don Fernando Mancebo, "uno de los herederos de dicho pueblo", aos *cobreros*, inclusive aos homens e mulheres honrados e livres. Para cobrar-lhes os impostos devidos, Don Fernando e sua quadrilha empregavam métodos muito violentos, resultando em mortes e muitos castigos físicos impostos aos devedores. Ao relatar os acontecidos, Salazar cita dois casos assombrosos. No primeiro, Don Fernando se dirigira à casa de Jacinto Gonzáles, homem "pardo blanco" e livre para cobrar-lhe. Não o encontrando, manda seus capangas desnudarem a mulher de Gonzáles, diante de seus filhos, a amarrarem e lhe aplicarem mais de cem açoites. Depois disso, impiedoso, "le estuvo metiendo la punta del zapato por sus partes para que su marido no tuviera cópula con ella". Daí passou a outras casas, cometendo mais atrocidades e mandando sua quadrilha recolher animais, utensílios, roupas e joias. Chegou à casa de Sale Cuzata e, não encontrando quem procurava, ordenou que amarrassem o pai do devedor, "que es pardo de color blanco y libre y lo castigó dándole más de cien azotes."[36]

No interior das casas, sobretudo nos espaços comuns das áreas urbanizadas, as dinâmicas de mestiçagens se mantinham vigorosas e se recriavam ao final do século XVIII. Nas casas, em alguma medida, se consumavam possibilidades, alternativas e conveniências negociadas e construídas nas ruas, nas praças e mercados, nas festas e celebrações púbicas, lugares e ocasiões com extraordinário potencial para o desenvolvimento de sociabilidade e para a construção de formas de convivência e de coexistência, para o fomento de trânsitos e de mobilidades e para a produção de interseções e de superposições político-culturais. No espaço comum formavam-se verdadeiras redes de contatos e de informações, que envolviam gente de "qualidades" e "condições" diversas, propiciando o surgimento de relações afetivas, de famílias, amizades e negócios, assim como a circulação de ideias e informações de todos os tipos,[37] além de potencializar o vigor das misturas biológico-culturais.[38] Esse processo, aqui denominado dinâmicas de mestiçagens, não se definiu a partir da fusão entre "puros" (agentes, culturas, "sangue") e diferentes ou entre "puros" e "impuros", por vezes colocados em uma espécie de equação na qual a somatória e a fusão das partes (isto é, das "raças") resultavam em um produto misto, perspectiva ainda frequentemente acionada por esquemas evolutivos que seguem buscando a "civilização".

Para combater as explicações simplistas e reducionistas e para melhor compreender as dinâmicas, é fundamental lembrar que os discursos e as representações – portanto, dimensões históricas, ou melhor, a própria realidade histórica – de pureza foram concretos e determinantes no contexto aqui abordado e que eles sustentaram as classificações e as hierarquizações sociais. Essas dinâmicas resultaram obviamente de mesclas e, insisto, de interseções, de mobilidades e de trânsitos, além de superposições e da coexistência de elementos que não se fundiram e não se transformaram em um novo produto misto. Por isso, não penso em sociedades unificadas ou padronizadas sob um modelo mestiço; ao contrário, penso em realidades nas quais conviveram produtos mistos e "matrizes", muitas vezes tratadas como genuínas ou "puras" – gente, "nações", "castas", "sangue", culturas, tradições. A característica principal, portanto, era a diversidade de um conjunto, e não a sua unicidade, ainda que formada a partir de vários elementos. Daí ressaltarem-se as dinâmicas, e não o estático ou o dado e o imóvel. Daí também indicar-se claramente que essas dinâmicas de mestiçagens não se definiam apenas pelos produtos mestiços – seres, objetos, imagens, formas de viver e de pensar, culturas. Elas emergiam do seio de um processo complexo, do qual não se excluía aquilo que se queria ou se definia como impermeável e imaculado, isto é, como não misturado, como "puro". Essas dinâmicas, então, não se restringiam ao misto e, para existirem, abarcavam e incorporavam ao seu fazer-se as "matrizes", ainda que representadas e/ou autodeclaradas como "puras" e imutáveis.

As dinâmicas de mestiçagens, então, foram as práticas históricas que moldaram o cotidiano das relações sociais na Ibero-América, forjando sociedades profunda e indelevelmente mestiçadas. Mas elas, neste estudo, são mais que isso, pois se transformam aqui em um conceito a partir do qual se pretende estudar os processos históricos de mesclas biológicas e culturais ibero-americanos, e não apenas o produto final misto. Foi esse conceito que me permitiu compreender a importância vital de agentes históricos não mestiços (índios, brancos e negros, que não eram definidos nem se definiam como mestiços) nos processos de mestiçagens ibero-americanas. O conceito me ajudou a perceber claramente a plena integração desses agentes ao universo mestiço e solucionou um problema *mater*:

como compreender, definir e identificar os construtores não mestiços de sociedades marcadamente mescladas biológica e culturalmente. A intensa e frenética presença de mestiços e não mestiços em quadros sociais que se repetiam em várias regiões ibero-americanas, principalmente nas mais urbanizadas, resultaram, por exemplo, em incontáveis núcleos familiares e/ou de convivência, dois fundamentos dessas sociedades, que ao longo do tempo fomentaram mais e mais as mesclas entre gentes e entre culturas.

Em Antequera, Oaxaca, Nova Espanha, o censo de 1777 revelou esses arranjos nucleares que acabavam retratando, pelo menos parcialmente, as formas de organização adotadas pelos grupos sociais. A viúva espanhola, Doña Petra Casarín, parece ter conseguido construir uma rede de relações que se converteram, de alguma forma, no aglomerado de gente de "castas" diferentes que morava em sua casa. Ela tinha 40 anos de idade, e junto dela viviam sua filha, Doña María Francisca Sáenz, donzela, com 17 anos; María Jacinta Saucedo, uma mulata, donzela, de 30 anos; Petrona Arrazola, mulata, de 17 anos e solteira; Francisco Vicente, índio, de 12 anos e Marcial López, índio, de 18 anos e solteiro. Não apareceu nenhuma indicação sobre a condição de escravos ou servos para as mulatas e para os índios, nem sobre parentesco entre elas e eles. Possivelmente eram livres ou talvez libertos, mas nada sobre essa última possibilidade foi dito. A companhia a uma viúva, como Doña Petra, não foi o único pretexto para a formação desses núcleos multifacetados. Famílias "fraturadas" pelo abandono, por prisão ou pela ausência de um homem compartilhavam a mesma casa, como a de Santa Catarina, localizada na periferia de Antequera. Dividiam o mesmo espaço a viúva María Antonia del Corro, uma mulata de 60 anos de idade; Manuela Antonio Ortiz, mulata, 27 anos, cujo marido encontrava-se ausente, e seus filhos María Mauricia, 5 anos, María Tomasa, 1 ano e 6 meses, María Josefa, 6 meses. Além delas, moravam na casa Clara Josefa, órfã, 20 anos; María Rosa, 7 meses; María Gertrudis, índia, 30 anos, cujo marido encontrava-se ausente; Josef Antonio Gómez, mulato, sua mulher María Apolinaria Mendoza, *mestiza*, 20 anos e a filha do casal, Dorothea, 3 meses e, finalmente, a mulata viúva María de la Encarnación, de 54 anos.[39] Aparentemente há casos de parentesco – mãe e filho, por exemplo – nesses grupos, que, talvez por conveniência social e familiar, foram ocultados.

Outra observação importante é que havia jovens e adultos solteiros ou desacompanhados vivendo muito proximamente em espaço relativamente pequeno, e isso certamente facilitou contatos sexuais, mesclas biológicas, além das culturais, e nascimentos de mais mestiços. Aqui se encontra um dos mecanismos propulsores das dinâmicas das mestiçagens, da formação e da consolidação lexicais, nem sempre facilmente visíveis, resultantes também das conexões perpetradas entre os espaços comuns e as casas. Resta ainda sublinhar que casos semelhantes aos reproduzidos aqui, mas capitaneados por homens, parecem ter sido mais raros, o que indica talvez a prática de organizações matrifocais,[40] como ocorria em outras regiões ibero-americanas.

As mesclas, que parecem ter resultado na organização de núcleos familiares restritos e extensos em algumas regiões, também conduziram em outras a aparente desestruturação das organizações familiar e grupal mais antigas. O cura de Tango, na região de Santiago do Chile, parecia assim ver as coisas nos anos próximos a 1780. Segundo ele,

> De estos [feligreses] los más son Indios y mestizos y éstos muchos más por que de cuatro pueblos de Indios que existen dentro de este curato que eran el Carrizal, Talagante, y Llopeu [sic] se han extinguido y estan los dichos pueblos desolados y ellos se han vuelto mestizos, cholos y zambos y algunos Indios que puedan andan dispersos y no tienen cacique.[41]

As categorias que conformaram as famílias nucleares ou extensas, ou os núcleos de convivência, como os existentes em Antequera, ou as que suplantaram, no fim do século XVIII, a população de índios no Chile aparecem reiteradamente em outra fonte muito importante para os estudos da temática aqui proposta. Trata-se da iconografia no geral, e em particular dos célebres *cuadros de castas*.

A produção dos extraordinários "retratos" de agentes de mestiçagem e de ambientes mestiços hispano-americanos iniciou-se ainda no século XVII, mas se concentrou no Setecentos, principalmente na Nova Espanha e no Vice-Reino do Peru. São pinturas de fatura popular muitas vezes, o que não significa importância menor, pois são preciosos "retratos" daquelas sociedades e de seus habitantes – identificados, um por um, pela "casta" ou "qualidade" respectiva e em grupos quase sempre familiares: pai, mãe e filho –, a partir das mesclas biológicas e do resultado de cada uma delas. Além dessas informações, as imagens são riquíssimos documentos sobre costumes, indumentária, ofícios e ocupações, instrumentos, técnicas e locais de trabalho, cômodos, mobiliário e utensílios das casas, alimentos, frutas e legumes e o mais importante, as categorias "matrizes" e a categoria resultante da mistura entre elas, tudo isso condensado em pequenos quadros sequenciados. Não há padrão nessa sequência de quadrinhos que se repita em todas as pinturas de castas que adotam essa fórmula, mas algumas delas se iniciaram com o seguinte modelo: "De Español y d India produce mestiso". Em seguida, apareciam representada inúmeras configurações, envolvendo "qualidades" ou "castas" de emprego comum, outras raramente usadas no dia a dia e ainda outras que sequer têm definições conhecidas até hoje ("Ahí te estás", "tente em el aire", "torna atras", "no te entiendo"). Entretanto, mesmo constando categorias pouco ou nada funcionais, os *cuadros de castas* eram (e continuam sendo para os historiadores modernos) instrumentos pedagógicos fundamentais para se conhecer, nos salões e palácios espanhóis, um pouco mais sobre as terras, os homens e as culturas na América. Naquele contexto em que a "pureza de sangue" era, pelo menos oficialmente, condicionadora de ascensão social, ocupação de cargos, afiliação a confrarias e agremiações, inscrição em universidades, enfim, indicativo fundamental para a participação nas mais qualificadas dimensões sociais, os *cuadros de castas* ajudaram também na identificação dos "tipos" americanos e na classificação deles. Essa taxonomia ilustrada foi empregada para associar o nome do "tipo" à sua imagem (à representação de cada um deles), explicitando cor de pele, fenótipo, tipo de cabelo, de nariz e lábios, estatura, entre outras características. A partir daí, foi possível, mesmo que a distância e por quem não conhecia a diversidade americana *in loco*, inventariar aspectos físicos, promover interdições, subsidiar normas e leis, estabelecer classificações, qualificar e desqualificar pessoas e grupos sociais e preconizar comportamentos. Foi possível também arrolar traços biológicos (cor de pele e tipo de cabelo, por exemplo) que poderiam, de acordo com interesses específicos e conveniências, ser ocultados e tolerados em circunstâncias especiais, como ocupação de postos, ordenação de religiosos e ingresso em academias.

Boa parte das pinturas de castas foi enviada para a Europa, onde permanece até hoje integrando acervos públicos e coleções particulares.[42] Um belo exemplo desse documento imagético é o que segue. Trata-se de pintura realizada na Nova Espanha, por Luis de Mena, próximo a 1750. Além de retratar aquela realidade novo-hispana o artista a elaborou a partir de uma série de estratégias visuais que nos interessa neste trabalho. Talvez a principal delas tenha sido representar as várias "misturas" humanas iluminadas e abençoadas pela Virgem de Guadalupe, devoção culturalmente mestiça e de origem local (aparição da Virgem ao índio Juan Diego Cuauhtlatoatzin, canonizado em 2002), e sustentadas pela natureza pródiga da terra, igualmente diversa.[43] Outro "jogo" de composição: entre o índio representado como "selvagem" (primeiro quadro) e o índio "misturado" (último quadro – "De Yndia y Lobo nase Yndio") e já integrado socialmente pelo trabalho, como é aí apresentado, Luis de Mena arrolou em imagens e em identificações escritas as principais "qualidades" que compuseram as populações ibero-americanas e que são recorrentemente evocadas neste estudo.

Figura 1 - Luís de Mena. Nova Espanha, c. 1750. Museu de América, Madri.

A maior parte das "qualidades" que aparecem literalmente retratadas nas pinturas de castas é igual às que se encontram registradas nas fontes oficiais, assim como em documentos nos quais as "vozes" dos mais simples (brancos pobres, índios, negros, crioulos, mestiços de todos os tipos, tanto os nascidos livres, quanto escravos e libertos) ecoam direta e/ou indiretamente. Nesse sentido, as fontes iconográficas não apenas corroboram informações recolhidas em manuscritos da época e em documentos impressos, mas atestam também o emprego generalizado das "qualidades", legitimando a prática. Sublinhe-se que algumas dessas categorias tinham origem entre índios e mestiços, podendo em alguns casos ter surgido antes da chegada dos ibéricos: *ahí te estás* (México), *calpamulo* (México), *chino* (do *quéchua china: sirvienta*), *cholo* (do *nahuatl chololán*: cholula),[44] *coyote* (do *nahuatl coyotl*), *jíbaro* (provavelmente do indígena americano), *no te entiendo* (americana).[45]

De sul a norte do Novo Mundo de ocupação ibérica, como se viu aqui, ainda que por amostragem, categorias "matrizes" e de mestiçagem foram empregadas. A maior parte dessas categorias era a mesma em todas as áreas, ainda que seus significados, como se verá mais especificamente no capítulo 5, não seguissem igual regularidade. A repetição de seus usos não se deu por acaso nem apenas por imposição das coroas ibéricas ou da coroa unificada, entre 1580 e 1640. Tampouco se tratou de exclusiva imposição da visão de escrivães, da aplicação de regras universais ou de um modelo único adotado pelas autoridades, que teriam obrigado sua prática em toda a região.

Trata-se, sim, de taxonomia usual, adotada por todos os grupos sociais, aplicada por eles nas ações cotidianas, em suas falas corriqueiras, nos espaços comuns e no recôndito das casas. Essa taxonomia *avant la lettre* (o termo aparece posteriormente ao período focado aqui) foi construída em conjunto ainda que parcialmente e adaptada no mundo ibero-americano pelos vários grupos sociais, que o fizeram de forma compartilhada.[46] Tratava-se de se identificar e de identificar o "outro", ainda que ele fosse seu próprio filho, cônjuge, parente, afilhado ou irmanado, marcando as diferenças socioculturais e biológicas e os diferentes, juridicamente falando. Isso ocorreu frequentemente no seio das famílias, mas também nas agremiações religiosas e milicianas, entre escravos de um mesmo proprietário e entre trabalhadores que se concentravam em um mesmo quarteirão ou bairro.

Ao final do século XVIII as dinâmicas sociedades e os frenéticos mercados ibero-americanos já podiam contar com um conjunto lexical consolidado, prestes a tornar-se tricentenário. Ele vinha nomeando o mundo das mestiçagens biológicas e culturais em associação às formas de trabalho compulsório, mormente a escravidão de índios, negros, crioulos e mestiços (v. t.). Vocábulos e respectivos empregos (ainda que variados) haviam se generalizado no mundo ibero-americano, e os mecanismos de divulgação ainda continuam merecendo maior atenção por parte dos historiadores. Entretanto, as perspectivas nacionais e nacionalistas, desde o século XIX, vêm dificultando estudos integrados e comparados, principalmente porque as fronteiras nacionais aí constituídas parecem com grandes obstáculos. Essas fronteiras que hoje tomamos como referências e que costumamos projetar sobre esse passado ibero-americano nem sempre existiram. Por isso mesmo, foi grande a circulação de gente, de suas falas e vocabulários, assim como se adotaram formas similares de exploração do trabalho e práticas semelhantes que resultavam em mestiçagens biológicas e culturais.

Diante disso, faz sentido hoje pensar em uma história ibero-americana que foi fortemente conectada e que precisa ser estudada pelos historiadores contemporâneos na dimensão ampliada e na complexidade em que se produziu. Por isso, neste trabalho, recorri intensivamente aos estudos regionais, alguns deles produzidos recentemente. Eles forneceram boa quantidade de dados e informações a partir dos quais busquei pensar de maneira integrada as dinâmicas de mestiçagens associadas às formas de trabalho ocorridas nessa extensa região. Não obstante haver incontáveis diferenças nos processos históricos engendrados em todo o continente, houve também muitas proximidades e similitudes, o que nos permite sustentar a hipótese de ter se conformado um mundo ibero-americano no período aqui enfocado.

Como já ressaltei, em boa medida, a base lexical que ainda hoje usamos na historiografia sobre a temática e no nosso dia a dia já se encontrava formada nos últimos anos do Setecentos, embora, durante os séculos seguintes, os significados e os valores atribuídos tenham continuado a se transformar. Entretanto, a maioria dos vocábulos que empregamos hoje já estava em uso nesse período. Explica-se, portanto, a direção adotada aqui: iniciar o estudo no momento em que o vocabulário *grosso modo* está dado, as formas de trabalho, mormente a escravidão, estão profundamente incorporadas ao cotidiano dessas sociedades, e as dinâmicas de mestiçagens lhes servem de amálgama e fomento, para, em seguida, analisar seu processo de conformação compartilhada. Isso compreendido, observe-se: essa história está apta a retomar o curso cronológico mais tradicional, voltando ao princípio – fim do século XV, com as conquistas ibéricas do Novo Mundo – para perseguirmos, nos séculos seguintes, o desenvolvimento de nosso léxico.

Antes, porém, é necessário aclarar o processo de constituição da população ibero-americana a partir da chegada dos primeiros conquistadores.

Capítulo 2

Formas de trabalho compulsório e dinâmicas de mestiçagens – naturalização da associação no Novo Mundo

India bella mezcla de diosa y pantera,
doncella desnuda que habita el Guairá,
arisca romanza curvó tus caderas
copiando un recodo de azul Paraná.
De su tribu la flor
montarás guayakí,
Eva arisca de amor
del edén guaraní.
(*India* – José Asunción Flores e Manuel Ortíz Guerrero, déc. 20, séc. XX)

Embora, como já disse anteriormente, não sejam pré-condições uma em relação à outra, para coexistirem, formas de trabalho compulsório e dinâmicas de mestiçagens biológica e cultural se associaram precocemente no Novo Mundo e se transformaram em suportes recíprocos. Inicialmente, para além dos casamentos e relacionamentos mantidos entre conquistadores e seu *entourage*, por um lado, e da elite nativa, seus familiares e agregados, por outro, as conexões ocorreram em torno dos contatos efêmeros, forçados ou voluntários,[47] e da necessidade de contar com contingente humano cristianizado que povoasse, protegesse e explorasse os territórios americanos. Já em torno de 1574, o vice-rei do Peru, Francisco de Toledo, acabou deixando registro sobre essas mesclas biológicas ocorridas em quantidade. Referindo-se aos *mestizos*, ele escreveu: "no dejan éstos de tener pretensiones juzgando que por parte de las madres es suya la tierra y que sus padres la ganaron y conquistaron."[48] Eram eles, naquela altura, grandes interessados em proteger os territórios, e o vice-rei percebeu que essas "pretensiones" podiam ser vantajosas para a coroa.

O índio Guaman Poma de Ayala, em texto de 1615, captou bastante bem o quadro social e demonstrou, mesmo que com algum nível de exagero, como os primeiros espanhóis, "chapetones" (recém-chegados, sem domínio das línguas e códigos culturais locais) agiam, segundo ele, com relação às mulheres índias.

> [...] como después de haber conquistado y de haber robado comenzaron a quitar las mujeres y doncellas, y desvirgar por fuerza, y no queriendo le mataban como a perros y castigaba sin temor a Dios ni de la justicia, ni había justicia.[49]

Os nativos do Novo Mundo foram gradualmente perdendo o domínio sobre o território, e os conquistadores foram interiorizando sua presença, ampliando os impérios, extraindo e produzindo mais riquezas, mas, ao mesmo tempo, dependiam de mais gente para trabalhar e para proteger as posses. Os *mestizos*/mestiços, filhos de europeus e índios, o que equivale a dizer os primeiros "americanos", desempenharam papel importante nesse contexto. Muitos deles eram filhos legítimos ou bastardos – nesse contexto, "bastardo" significava, além de ilegítimo, ser mestiço/*mestizo*/mameluco[50] – dos conquistadores e, ao longo do tempo, assumiram postos administrativos importantes, frequentaram universidades e mantiveram o poder das famílias originais.[51] Formaram a elite, principalmente na América espanhola, junto com os *criollos* (nascidos no continente, mas filhos de espanhóis), com os próprios espanhóis e portugueses e com remanescentes índios de antigas famílias dominantes, caciques e seus descendentes.[52] Já os *mestizos*/mestiços pobres, bastardos de soldados ibéricos e gente de escalão inferior (com o passar do tempo, filhos dos próprios mestiços) com as índias engrossaram o *corpus* de trabalhadores.

Estratégias para povoar e dominar o Novo Mundo

Desde muito cedo, na América espanhola, a escravidão de índios foi proibida (excetuando-se, oficialmente, canibais, idólatras, hereges e rebelados, a quem se poderia fazer guerra justa e cativar), não obstante a prática persistir ilegalmente em várias partes.[53] Segundo Konetzke,

> La aplicación abusiva de este derecho de guerra daba lugar a muchas quejas y, al fin, la cédula de Carlos V del 2 de agosto de 1530 prohibió en

principio cautivar a los indios como esclavos. Sin embargo, otra cédula del 20 de febrero de 1534 restableció el derecho general de cautiverio para indios capturados en guerra justa, pero exceptuando expresamente a las mujeres y los niños de catorce años para abajo. Las Leyes Nuevas de 1542 vedaron otra vez la esclavitud de los indios, y esta disposición se insertó en la Recopilación de Leyes de las Indias (libro VI, tít. 2, ley 1). No obstante, en varias regiones del Nuevo Mundo se hacía caso omiso de estas restricciones y prohibiciones.[54]

Já na América portuguesa a escravização dos índios existiu concretamente até o século XVIII, apesar da legislação que reiterou a proibição durante todo o período.[55] Inclui-se aí uma Carta Régia, datada de 1696, na qual se reconhecia o direito dos colonos, sobretudo na Capitania de São Paulo, à administração particular dos índios, um eufemismo ou uma "distinção meramente formal", segundo Monteiro, para ocultar a escravização deles.[56] Em toda a região a mão de obra indígena foi essencial, principalmente no primeiro século de ocupação. Foram escravizados legal e ilegalmente e como livres serviram a *encomenderos*, administradores, religiosos e indivíduos que ascenderam econômica e socialmente. Entre estes últimos, havia índios, *criollos*, *mestizos*/mestiços, pardos, mulatos e mesclados de diferentes "castas" ou "qualidades", além dos europeus, obviamente.

Houve índios livres que trabalhavam por jornal (assim como depois negros e mestiços fizeram). Na Nova Espanha, os *naborias* "eran de ordinario criados para el servicio doméstico, legalmente libres, pero obligados a trabajos forzados", inclusive submetendo-se a essa condição "por su volontad y consentimiento de sus caciques", como lembrou Konetzke.[57] Categoria similar existia no Peru. Aí eles eram nomeados *yanaconas*. Konetzke, novamente, os definiu originariamente como

> [...] indios huidos o vagabundos que se habían obligado a servir para siempre en las casas y heredades de los europeos y recibían en recompensas salario, vestido y, a veces, algunos pedazos de tierra para labrarlos por su cuenta. [...] Por otra parte, su poseedor no los podía vender, donar o enajenar, sino que quedaban como parte inalienable de las heredades, traspasándose con ellas a otro propietario. La legislación colonial española, por medio de varias cédulas, trataba de mejorar su condición, y desde el año 1541 insistió en la facultad de los naborias y yanaconas de cambiar de amo, en cuanto lo quisieran. Estas indias adjudicadas a los españoles para sus servicios personales y viviendo en sus casas, se amancebaban muchas veces con sus amos, de la misma manera que las criadas libres.[58]

Os administrados, os aldeados e os índios das reduções no Brasil guardaram algumas semelhanças com relação aos *nabórias* e *yanaconas*, ainda que o estatuto jurídico e os costumes estabelecessem diferenças essenciais. Ademais, como se verá mais detalhadamente à frente, alguns aspectos relativos ao cotidiano desses hispano-americanos se assemelham aos observados junto a escravos coartados[59], tanto nas áreas espanholas quanto nas portuguesas, e ao que se definiu como "escravidão voluntária"[60] e como "brecha camponesa".[61] Tudo isso sugere interseções existentes entre essas formas de trabalho e as condições jurídicas, que foram ao longo do tempo migrando de categoria para categoria e se adaptando de acordo com necessidades e conveniências, o que corrobora a importância dos estudos comparados e conectados.

Índios e *mestizos* (muitos deles rebentos naturais e ilegítimos) pobres e, com o passar do tempo, os filhos de mestiços de diferentes "castas" ou "qualidades" e os deles com índias e negras e vice-versa formavam boa parcela dos trabalhadores domésticos e dos que atuavam nas minas, nas áreas urbanas e nas rurais. A mão de obra que a empresa ibérica demandava cada vez mais era gerada, nos primeiros tempos, nas *encomiendas*, *repartimientos*, reduções e aldeamentos, além de ser buscada nos "sertões" da América portuguesa e nas áreas interiores das conquistas espanholas, depois dos grupos das áreas costeiras terem sido subjugados. Nos séculos posteriores, como se verá à frente, ocorreram algumas mudanças. A entrada de africanos foi multiplicada, e parcela importante da mão de obra necessária à empresa ibero-americana passou a nascer nas fazendas, nos engenhos e sobretudo nas casas dos proprietários urbanos: eram os crioulos, mestiços/mamelucos, mulatos, pardos, cabras, *zambos*, entre outros. No século XVI, entretanto, o braço índio e *mestizo*/mameluco predominou. Muitos desses *mestizos*, como indicou Richard Konetzke, nasciam das relações efêmeras e dos concubinatos ocorridos entre *encomenderos* e índias, entre elas e os familiares e os subordinados de *encomenderos*, *repartidores de indios* e demais envolvidos nessas formas de exploração do trabalho. Nos aldeamentos, nas fazendas e talvez nas reduções jesuíticas, por exemplo, as mesclas biológicas entre índias e colonos e, mais tarde, negros, produziram muitos rebentos mestiços.

Desde o início da conquista americana registrou-se a presença dos filhos de europeus e de índias, o que configurava um problema para as autoridades. Afinal, eram filhos de espanhóis e portugueses, ainda que nascidos longe dos reinos. Na documentação relativa à Nova Espanha do século XVI aparecem casos de *mestizos* cujos pais, espanhóis, haviam morrido ou se ausentado e, por isso, passaram a viver com as mães índias e com os parentes dela. Além de ser criados nos costumes de índios, o que escandalizava os representantes da coroa, vários deles, denunciava-se, eram enganados pelos tutores indicados pelos pais já falecidos, que, na verdade, se apropriavam indevidamente das fortunas por vezes legadas aos bastardos.[62] Para as autoridades religiosas, essa realidade desregrada era catastrófica, como advertia o bispo do México, Don fray Juan de Zumárraga, em carta escrita ao príncipe Don Felipe, em 1547. Lastimava o religioso

> [...] que yo y México habemos menester, de tales letras y espirencia en la judicatura que le teman el clero y pópulo desta gran Babilonia en que por mis pecados gran confusión hay de malos ejemplos que se dan a estos naturales, de muchos vicios y pecados públicos y poco castigo si no es en los que se acogen a las iglesias, y gran desorden y superfluidad y vanidad en trajes y atavíos de casas. Ni en la cámara de la Emperatriz bienaventurada vuestra madre vi tantas tapicería, cama y tantas almohadas de sedas. Y a dos desposorios que aquí se han hecho este año me dicen que han concurrido a cada uno cuarenta o cincuenta mujeres que han llevado a cuestas atavíos que valen lo de cada una tres y cuatro mil pesos. Digo como me lo han certificado. Ni en las casas veo honestidad sino gran soltura. Domingos y fiestas más van fuera a las huertas y campo dejando de oír misa y sermones, que quedan en las iglesias y quieren que lo sean sus casas. Y sobre haberles quitado las misas en ellas, salvo en tiempo de enfermedad y en lugar decente y honesto, estoy puesto en cruz y no sé para qué fin dí yo la memoria por mandado de V. A. de los casados que están apartados de sus mujeres tantos años, ellas allá perdidas, ellos acá más, cuasi todos con indias cargados de hijos, y en no lo poder remediar e ver tanto vicio y pecado me hace desmayar *et quia hominem non habeo qui rumpere baleat iniquitates,* alguna vez deseo la muerte en ver lo que veo entre estas nuevas plantas que con obras los habíamos de edificar, y con los malos ejemplos los pervertimos.[63]

Mancebia, concubinatos, relações efêmeras e filhos ilegítimos, *mestizos* se produziam sob os olhos impotentes do bispo que acusava os espanhóis de não dar aos índios e aos seus bastardos o bom exemplo cristão que deveriam oferecer. O vício e o pecado grassavam tanto no ambiente novo-hispano, observado por Don fray Juan de Zumárraga, quanto em seu relato delator.

Poucos anos antes, em 1534, outro morador da "gran cibdad de mexico", o conquistador (de escalão mais baixo, certamente) Jerónimo Lopez, escrevia ao imperador do Sacro Império Romano-Germânico,

Carlos V, e rei Carlos I da Espanha. O motivo era reclamar do desamparo e da miséria em que viviam os *vecinos* que, como ele, tinham chegado ali para "poblar y perpetuar en la tierra y trabajar por la conservacion e bien de los naturales y por su yndustria a nuestra fee a cuya cabsa la tierra a venido".[64] Entretanto, as notícias sobre as riquezas do Peru que chegavam ao México tinham provocado a migração de muitos aventureiros, diminuindo o número de espanhóis. Ele, no entanto, demonstrava o desejo de permanecer e, obediente, dizia, "me case como vuestra magestad lo mando y tengo ya una hija",[65] provavelmente uma *mestiza*, embora (e talvez por isso) não precisasse sua "qualidade". Para se manter na cidade e cumprir a vontade do imperador, Jerónimo, então, solicitava-lhe que os remediasse com brevidade, pois "bibo en grand trabajo y nescesidades por no tener yndios ni rrepartimiento ninguno estoy como todos los pobres estan clamando a nuestro señor dios...".[66] Assim, os *mestizos* iam nascendo: uns para integrar as camadas privilegiadas e muitos outros para engrossar a horda de trabalhadores.

O governador da província da Nicarágua, Francisco de Castañeda, atestava situação semelhante, em 1545. Escrevia ele: "han acaecido en dicha provincia muy grandes suciedades, que los que han tenido repartimientos han tomado en las plazas de sus repartimientos indias con quien se han echado sin saber si eran cristianas o no e sin mirar que fuesen parientes o ahijadas."[67] E os exemplos multiplicavam-se. Em 1586, o

> [...] hijo de un encomendero de San Miguel de Tucumán "estaua seis años amancebado con tres o quatro yndias de los pueblos de su padre e no hazia vida con su mujer". [...] Las haciendas de los encomenderos, situadas las más de las veces muy distantes de las poblaciones europeas, eran el lugar natal de muchos mestizos. Así se escribe de la isla Española [em 1533]: "Aquí hai muchos mestizos hijos de Españoles e Indias, que generalmente nacen en estancias y despoblados".[68]

Além do mais, a concubinagem e o amancebamento nos quais *encomenderos*, familiares e protegidos encontravam-se envolvidos acercavam-se de costumes dos ibéricos e das elites nativas. Como ressaltaram Carmen Bernand e Serge Gruzinski,

> [...] con algunas excepciones, los encomenderos no se casaban con sus concubinas indígenas, pero se tomaban con esas mujeres unas libertades que habrían sido inconcebibles en la Península Ibérica. Los conquistadores, reproduciendo en tierra americana el sistema de linajes de fines del siglo XV, mantenían grandes mansiones que

reunían bajo un mismo techo a sus bastardos, ahijados, domésticos e hijos legítimos. El concubinato en que se complacía la mayor parte de los encomenderos – as seis esposas de Alonso de Mesa no eran un secreto para nadie – sólo podía ser visto por las elites de Cuzco como la versión hispánica de las mansiones polígamas de los *kuraka*. Bajo el gobierno de los incas toda alianza entre señores, toda prenda de amistad, implicaba el donativo de una mujer.[69]

Na América portuguesa não se passava história muito diferente. Era igualmente necessário prover o território de moradores que o protegessem e o explorassem e que nele se multiplicassem. Dom João III, "O Piedoso", rei de Portugal, deu início ao regime de capitanias hereditárias nas conquistas americanas, em 1534, pretendendo garantir a integridade delas a partir de investimentos realizados por particulares (como no caso dos conquistadores espanhóis). Um dos mais exitosos donatários, Duarte Coelho Pereira, fidalgo da casa real, que havia recebido do rei a Capitania de Pernambuco – nas cartas do donatário, nomeada a Nova Lusitânia – ressaltava reiteradamente a importância de se povoá-la de forma adequada, o que significava ver-se livre de mercenários e de degredados, fazer com que os moradores se casassem e inserir "escravos de Guine". Nessas cartas, que escreveu da Vila de Olinda a Dom João III, entre 1542 e 1550, a temática foi recorrente, deixando sempre registradas as dificuldades que enfrentava para consolidar as iniciativas. Na missiva de 1549, Duarte Coelho explicitava suas estratégias para povoar e explorar as terras.

> Outro si dizem llaa e levantam outro sologismo que não hão de gozar das liberdades os moradores e povoadores que de qua mandam açuqueres ou algodoes senão os que forem de sua lavra e colheita, isto Senhor parece abuzão porque em todas as terras do mundo se custuma e huza o que eu aqi custumo e huzo e tenho posto em ordem .s. [a saber] que entre todos os moradores e povoadores huns fazem enjenhos daçuquer porque são poderosos para isso outros canaveaes e outros algodoaes e outros mantimentos que he a primcipall e mais necesaria cousa para a terra outros huzão de pescar que outrosi he mui necesario para ha terra outros huzão de navios que andam buscando mantimentos e tratando pella terra comforme ao regimento que tenho posto, outros são mestres d´emjenhos outros mestres d´açuqueres carpinteiros ferreiros pedreiros oleiros e oficiaes de formas e sinos para os açuqueres e outros oficiaes que ando trabalhando e gastando o meu por adqerir para terra e os mando buscar a Portugall e a Galiza e as Canareas as minhas custas e alguns que os que vem

a fazer os enjenhos trazem, e aqi moram e povoam delles sollteiros e delles casados aqui e delles que cada dia caso e trabalho por casar na terra, porque toda esta ordem e maneira Senhor se ha de ter para povoar terras novas e tão alomgadas do Reino e tão grandes como estas e de que se espera tamto bem e proveito asi para ho serviço de Deus como de Vossa Alteza e para bem de todos seus Reinos e senhorios e pollas mais rezoes que Vossa Alteza sabe por cuja causa me qua mandou.[70]

Fica bem claro: para plantar e colher cana-de-açúcar e transformá-la em açúcar, para a fortuna do rei, era necessário povoar a terra com gente especializada, trazida da Península Ibérica e das Ilhas Canárias, sobretudo homens. Os que vinham solteiros casavam-se com o beneplácito do donatário e, muito provavelmente, os enlaces se davam com as índias e, nessa altura, também com mestiças e, quem sabe, com alguma negra que tivesse chegado irregularmente à Nova Lusitânia de Duarte Coelho. Além dos imigrantes cristãos e de seus descendentes nascidos no Brasil (muitos deles mestiços), os nativos eram empregados, por exemplo, na extração do brasil (pau-brasil), que se achava "mui lonje polo sertão a demtro e mui trabalhoso e mui peligroso de aver e mui custoso, e os imdeos fazem no de ma vontade".[71] O donatário tentou introduzir oficialmente os escravos negros, mas aparentemente eles somente chegariam com a autorização real anos mais tarde.

Com a estratégia explicitada por Duarte Coelho, buscava-se garantir a existência, a permanência e a procriação da gente tão necessária para o sucesso de sua "empresa" e de seu "trabalho e emdustria"[72] no Novo Mundo. Mas suas palavras são mais esclarecedoras ainda: elas apresentam a conectividade entre várias partes do mundo fomentada pela demanda americana e revelam o importante mecanismo de circulação de gente e culturas.

O léxico das mestiçagens associadas ao universo do trabalho lastreou-se fortemente nas condições favoráveis às mobilidades e ao ímpeto construtor. A presença marcante de portugueses instalados em várias áreas das conquistas espanholas, principalmente a partir da união das coroas ibéricas, ocorrida em 1580, foi elemento igualmente intensificador das circulações, adoções e adaptações lexicais, que, afinal, nomeavam aquele mundo novo em conexão direta com os mais velhos. Práticas e nomes dados a elas e suas derivações iam se consolidando em processo que não se restringiu a fronteiras imaginadas ou efetivas nas Américas e mais amplamente, no planeta. Nesse contexto de ocupação e reorganização dos territórios e das sociedades no Novo Mundo, ainda tão recentemente iniciadas, já estava clara a potencialidade da associação entre as formas de organização do trabalho e a mescla biológica e cultural entre os vários grupos humanos que passavam a ocupar toda a região. Claro que os aldeamentos, por exemplo, não pretendiam ser uma espécie de laboratório para a produção de mestiços nem na verdade eram os mestiços o objeto de atenção principal. Os índios, sua evangelização, sua conversão em trabalhadores livres e sua proteção em relação aos apresadores eram o foco de missionários, de autoridades reais, de conquistadores e até mesmo de índios principais e ilustrados, em alguns casos. Entretanto, como venho sublinhando, precocemente a população de descendentes mestiços experimentou crescimento notável, ao mesmo tempo que o contingente de nativos se reduzia.

Em torno de 1570, certo português descendente de flamengos, que estivera no Brasil, resolveu escrever uma das primeiras histórias dessa parte do Novo Mundo. Pero de Magalhães de Gândavo produziu um detalhado relato sobre a terra, publicado sob a forma de livro, em Lisboa, em 1576: *História da Província de Santa Cruz a que vulgarmente chamamos de Brasil*. Seu testemunho sobre a Capitania de São Vicente, em poucas linhas, expõe com precisão a simbiose entre a forma de organização do trabalho dos índios pelos jesuítas e as dinâmicas de mestiçagens aí processadas.

> A outra [povoação] mais avante ao longo do rio uma légua é São Vicente; também há nela outro mosteiro de padres da Companhia. Pela terra dentro dez léguas edificaram os mesmos padres uma povoação entre índios que se chama – o Campo, na qual vivem muitos moradores, a maior parte deles são mamelucos filhos de portugueses e de índias da terra. Aqui e nas mais Capitanias têm feito estes padres da Companhia grande fruto e fazem com que a terra vá em muito crescimento, trabalham por fazer Cristãos a muitos índios e metem muitas pazes entre os homens; também fazem restituir as liberdades de muitos índios que alguns moradores da terra têm mal resgatados: assim que sempre acodem aos que se desviam do serviço de Deus e de S. A.[73]

Antes que findasse o século XVI, os jesuítas já haviam se espalhado por aldeamentos, fazendas, engenhos, mosteiros e colégios instalados em várias capitanias, do norte ao sul do Brasil. Cronistas como Gândavo e Gabriel Soares de Sousa testemunharam a atuação deles e escreveram sobre isso. Esses escritores quase sempre localizaram os aldeamentos próximos a engenhos e vilas. Ficava claro nesses relatos que os índios aí encerrados, além de cristãos, tinham sido libertados e ajudavam os moradores e povoadores a plantar suas roças e canaviais e a produzir açúcar.[74] Na costa e afastados dela, os aldeamentos já contavam também com populações de mestiços, que foram aumentando ao longo do tempo, fruto da inserção de índias e mestiças nos núcleos colonizadores.

Casamentos, uniões e linhagens mestiças

Os tipos de cruzamento biológico ocorridos entre gente de origens diferentes eram, entretanto, diversos. Além das formas já mencionadas antes, a junção das índias com náufragos e desertores também resultou em contingente mestiço, que povoou as regiões conquistadas, que produziu membros da elite e a mão de obra necessária para explorar o território. Um caso célebre foi o de Diogo Álvares Correia, um português que chegou à costa do Brasil, em região dominada pelos tupinambás, na futura Bahia, depois de provável naufrágio ocorrido nos primeiros anos do século XVI. Viveu entre os índios, recebeu o nome de Caramuru, casou-se com uma filha do principal, chamada Paraguaçu, teve mais de uma mulher e constituiu família mestiça/mameluca.[75] Gabriel Soares de Sousa o designou "grande língua do gentio",[76] pois servia de intérprete entre os tupinambás e os portugueses. Tornou-se homem poderoso, o mesmo que se sucedeu a vários de seus descendentes. Foi levado à França junto com a índia Paraguaçu, com quem se amancebara, casando-se aí com ela. A tupinambá Paraguaçu foi, então, batizada e recebeu dos franceses o nome de Catarina, o mesmo de sua poderosa rainha – Catarina di Medici. A ascensão de Caramuru sobre os índios e mestiços da região teve continuidade, aparentemente, entre os seus descendentes, que eram eles próprios mestiços. Um de seus netos, Antonio Dias Adorno, descendente de mameluca e de genovês, adentrou os sertões em busca de esmeraldas, em 1574, segundo Sérgio Buarque de Holanda, "à frente de uma tropa de cento e cinquenta brancos e mestiços, além de quatrocentos índios";[77] informações tomadas de Gabriel Soares de Sousa[78] e de frei Vicente do Salvador.[79] O descendente de Caramuru encontrou as pedras verdes em áreas que futuramente pertenceriam às Minas Gerais. As tais pedras foram consideradas de boa qualidade por lapidários de Lisboa, mas não se organizaram novas expedições para explorá-las. Isso levou frei Vicente do Salvador a concluir que "havião lá ido mais a buscar peças que pedras", pois, segundo o franciscano, Adorno voltara com "sete mil almas dos Gentios Topiguaens", nativos apresados, obviamente.[80]

Já o frei Santa Maria Jaboatão, nomeando os benfeitores do convento franciscano da Bahia, acabou oferecendo genealogia que mostrava a associação dos descendentes de Caramuru à elite do império português. Segundo esse franciscano, "Vicente Dias de Beja, Fidalgo da caza do Infane D. Luiz Duque de Beja e filho terceyro do Segundo Matrimonio do venturozo, e memoravel Rey D. Manoel, o qual Vicente Dias passando á Bahya no principio da sua fundação, cazou ahi com Genebra Alvares filha Segunda legitima de Catharina, e Diogo Alvares Caramurû, bem celebrado e famozo na Bahya."[81] O primogênito de Vicente Dias de Beja e de Genebra Álvares viria a casar-se com Izabel de Ávila, filha natural do poderoso Garcia de Ávila Pereira (o terceiro, "Pessoa nobre, que veyo á Bahya com o primeiro Governador e fundador da Cidade Thomé de Souza"), "que sendo primeyro cazada com hum fidalgo Genovez que a tirou por justiça, por morte deste cazou a ditta Izabel de A'vila com Diogo Dias".[82] E continuava detalhando a descendência mestiça de Caramuru.

> 41. A esta caza se segue ainda, que não na antiguidade, a de D. Izabel Guedes de Britto, viúva que ficou de Antonio da Sylva Pimentel, e se continúa em sua filha D. Joanna Guedes de Britto, molher que foi de Dom João Mascarenhas, filho do Conde de Caculim, e por morte deste cazou com Manoel de Saldanha da Gama, filho de João de Saldanha da Gama, Vice-Rey que foi da India. Fóra das particulares e comuas, costumaõ dar taõbem os Senhores todos os annos pelas suas fazendas de gados, que naõ são poucas pelos Sertões[83] hum boy de esmola em cãs huã. Tambem a estes últimos Manoel de Saldanha, e D. Joanna sua consorte, que vivem ainda, se fez a graça de serem nomeados nossos irmãos da confraternidade no capitulo Provincial de dous de Dezembro de 1752. A mesma graça se havia feito a D. Izabel Guedez de Britto sobreditta no capitulo de trinta e hum de Dezembro de 1707. Falleceo a 13 de Julho de 1733, e foi sepultada no collegio em capella própria. Foi D. Izabel filha e herdeyra do Mestre de campo Antonio Guedes de Britto, e por esta via, era quarta Neta dos assima nomeados Catharina e Diogo Alvares Caramurû pela terceyra filha legítima destes, chamada Apolonia Alvares, a qual cazou com João de Figueiredo Mascarenhas, Fidalgo da caza de Sua Magestade, e natural da Cidade de Faro do Reyno do Algarve.[84]

Nessa altura, os descendentes mamelucos do náufrago Caramuru haviam se mesclado com duas das famílias mais poderosas da Bahia: os Garcia d'Ávila, da Casa da Torre, e os Guedes de Britto, da Casa da Ponte. O poder e a fortuna apagaram a origem mestiça de vários desses potentados e ressaltaram a origem fidalga, cristã e europeia deles. Isso de resto, ocorreu com várias outras famílias importantes que se formaram nesse mesmo período, a partir de mesclas entre brancos e cristãos, de um lado, e índias e mamelucas gentias (várias foram batizadas e se casaram diante da Igreja), de outro.[85] Dona Izabel Guedes de Britto, por exemplo, descendente de Caramuru e de Paraguaçu foi também herdeira de vastas extensões de terra e de várias fazendas de gado na margem direita do Rio São Francisco, desde a Bahia até o Serro do Frio e Curvelo, nos sertões das Minas Gerais. Seu procurador nesse extenso território foi o célebre e temido Manuel Nunes Viana, potentado que se envolveu diretamente nos episódios que ficaram conhecidos como Guerra dos Emboabas (1707-1709) e como Revolta de Vila Rica (1720). Viana havia alcançado tamanho poderio a partir, entre outros estratagemas, da atuação da milícia comandada por ele, composta por negros mandingueiros, que amedrontavam os moradores, os expulsando de suas terras.[86] De Caramuru a Viana, representante de Izabel Guedes de Brito, o tronco mestiçado dominou o cenário político do Brasil e controlou parcela importante da economia entre os séculos XVI e XVIII.

Outros casos semelhantes ficaram conhecidos. O do português Jerônimo de Albuquerque é um deles. Cunhado do donatário da Capitania de Pernambuco, Duarte Coelho Pereira, Albuquerque, na segunda metade do século XVI, teve com sua esposa, Dona Filipa, dez filhos legítimos, mas nasceram vários outros de suas concubinas. Um de seus filhos legítimos declarou serem mais de vinte "bastardos que o dito seu pai houve com brasilas" e outro deles mencionou os filhos que "o dito seu pai fez em diversas negras brasilas, que foram muitos"[87] (mestiços/mamelucos/bastardos, portanto), fato confirmado pelo franciscano frei Vicente do Salvador, em sua *História do Brasil*, de 1627.[88] Com a índia Arco Verde (Dona Maria do Espírito Santo), o português Jerônimo tivera algumas filhas mamelucas "que foram legitimadas [...] e fizeram bons casamentos com dois fidalgos estrangeiros e quatro portugueses de boa estirpe."[89] Jaboatão, continuando sua lista biográfica dos benfeitores do convento franciscano da Bahia, incluía o nome de Dona Joanna Cavalcanty de Albuquerque, do "ramo illustre dos Albuquerques e Cavalcantys de Pernambuco", que haviam passado à Bahia durante a guerra contra os holandeses. Dona Joanna descendia pela parte de pai de Jerônimo de Albuquerque, da seguinte forma: Dona Catharina de Albuquerque era filha bastarda de Jerônimo e de Dona Maria do Espírito Santo Arco Verde ("filha do Principal, ou como dizem outros, Princeza dos Indios Tobayaraz de Pernambuco") e se casou com o fidalgo florentino Phelipe

Cavalcanty. Desse casal nasceu Dona Catharina de Albuquerque (mesmo nome da mãe), que se casou com Christovaõ de Olanda, natural de Utreque, cuja filha era Dona Joanna Cavalcanty de Albuquerque, de quem eram "quartos Avós Paternos, por via de Pernambuco", Dona Maria de Arco Verde (uma índia) e Jerônimo de Albuquerque.[90]

Já os mestiços menos ilustres dessa região foram retratados de maneira detalhada e idealizada pelos pintores holandeses que integraram a corte de Johan Maurits van Nassau-Siegen, no século XVI. Os registros de mamelucas que seguem reproduzidos tornaram mais ricos os "retratos" dessa América. As pinturas de Albert Eckhout e as aquarelas de Zacharias Wagener, embora não reproduzissem (ao que se sabe, ao menos) personagens específicos e identificados, eram a segunda leva dos "retratos" de tipos americanos, depois que o pintor índio Adrián Sánchez Galque, em 1599, produziu o célebre "*Los mulatos de Esmeraldas*", pintura que integra o acervo do Museu de América, em Madri (ver Figura 9), e antecipavam em algumas décadas os *cuadros de castas* frequentemente produzidos na América espanhola, durante o século XVIII. Mais que os portugueses, os holandeses pareciam estar preocupados em registrar em imagens a terra, a flora, a fauna e a gente no Brasil, inventário que circularia na Europa e impactaria ainda mais o imaginário sobre o Novo Mundo e seus habitantes, sendo largamente reproduzido a partir daí.[91]

Já mais ao sul, na Capitania de São Vicente, nos primeiros anos do século XVI, outro português náufrago passou a viver entre os índios Tupiniquins, aprendendo a língua e incorporando os costumes da terra, como a poligamia. João Ramalho acabou se casando com Bartyra (M'bicy ou Isabel Dias, nome católico),[92] filha do chefe Tibiriçá e tendo com ela e com outras mulheres vários filhos mamelucos, que por sua vez tiveram outros. Seu caso escandalizou jesuítas, como Manuel da Nóbrega, que lhe dedicou muitas linhas desqualificadoras nas cartas que escreveu. Ramalho apoiou os portugueses na captura e escravização de índios, e isso lhe rendeu discórdia com os jesuítas, que se instalaram na região a partir de 1553. Ele teve filhas mamelucas casadas com principais indígenas, mesclou-se biológica e culturalmente com os índios Tupiniquins e, ao mesmo tempo, fomentou o apresamento de nativos de outras "nações", empregados como mão de obra na ocupação portuguesa da Capitania de São Vicente. Nesse sentido, Ramalho transformou-se em um perfeito produto das conquistas ibéricas nas Américas, verdadeiro *passeur* entre os mundos velho e novo e entre ibéricos, índios e mestiços. Integrou-se concomitantemente ao mundo dos nativos e à conquista dos católicos. Não deixou de ser português, mas

Figura 2 - Albert Eckhout. *Mulher mameluca*, 1641. Museu Nacional de Copenhagen.

Figura 3 - Zacharias Wagener. *Mameluca*, c. 1634-1641. *Thier Buch*.

americanizou-se profundamente, a ponto de pertencer à primeira geração progenitora de mestiços.[93]

Ainda mais ao sul da região de Ramalho, semelhante processo ocorria. Gabriel Soares de Sousa finalizou a primeira parte de seu *Tratado Descritivo* dedicando-se a essas partes do Brasil. Áreas de fronteiras entre as possessões portuguesas e espanholas, mesmo durante o período de União Ibérica, eram também áreas de distinção entre a permissão e a proibição da escravização de índios. Elas eram alvo de muita disputa entre jesuítas e suas missões, por um lado, e os apresadores de nativos, por outro, sobretudo os paulistas mamelucos que desciam até aí para capturá-los. Mais ao sul, junto à boca do Rio da Prata – área de muito contrabando – a terra, segundo Sousa, era de qualidade, "onde se dará também grandemente o gado vacum e tudo o mais que lhe lançarem". Por isso, despertava o interesse por parte de muita gente, incluindo "castelhanos que escaparam da armada que se nele [no Rio da Prata] perdeu há muitos anos, os quais se casaram com as índias da terra, de que nasceram grande multidão de mestiços que agora tem povoado muitos lugares, o qual Rio da Prata é povoado muitas léguas por ele acima dos Tapuias atrás declarados".[94]

Castelhanos em terras portuguesas e portugueses em várias áreas espanholas da América, na Nova Espanha, em Cartagena de Indias, na Ciudad de los Reyes (Lima), em Buenos Aires: o trânsito intenso e constante de gente de muitas origens, "qualidades" e "condições" era marca indelevelmente incorporada já no século XVI. O mundo estava conectado em definitivo, e isso ecoava fortemente no universo americano, principalmente na época em que escreveu Gabriel Soares de Sousa e nas décadas que se seguiriam, pois, com as coroas ibéricas unidas, uma enorme porção do planeta passava à submissão de um único soberano. Um império de extensão e riquezas extraordinárias sob o comando ibérico, sustentado pelo trabalho forçado, pela população crescentemente mestiçada e pelo ideário evangelizador. O mundo ibero-americano reinventou-se sem cessar para manter-se e desenvolver-se e contou, desde o século XVI, com a entrada ininterrupta e progressiva de negros africanos, cuja presença tonificou exponencialmente as dinâmicas de mestiçagens e sua associação com as formas de trabalho empregadas – sobretudo a escravidão. Mas esse é o tema do próximo item.

Antes, porém, voltemos às interseções produzidas pelos e nos domínios portugueses e espanhóis no Novo Mundo. O povoamento e o domínio dos novos territórios demandaram estratégias que foram além das até aqui tratadas.

Alianças de alta estirpe e o controle da mão de obra

As mesclas entre "qualidades", como venho demonstrando, envolveram voluntária e involuntariamente gente simples e membros das elites. Entre as camadas mais privilegiadas, houve desde o início casamentos entre conquistadores e filhas dos governantes mais poderosos, dos quais não escaparam parentes dos religiosos conversores de almas. Assim foi que, em 1572, se realizou o matrimônio entre Don Martín García Óñez de Loyola, sobrinho de Ignacio de Loyola, fundador da Companhia de Jesus, feito santo católico em 1622, e a ñusta (em quéchua, designava princesa inca) Doña Beatriz Clara Coya (já batizada na ocasião), sobrinha de Túpac Amaru, o último inca, capturado nesse mesmo ano pelo próprio Martín de Loyola. O casamento foi orquestrado pelo vice-rei do Peru, Don Francisco Álvarez de Toledo, e a noiva fez parte da premiação de Loyola por seu êxito militar, assim como a *encomienda* de índios que recebeu. Anos depois das bodas, elas apareceriam nos poemas do clérigo secular Don Barco de Centenera:

> Doña Beatriz la Coya en esto ha ido
> a Lima, do se halla gran señora
> por haber el bautismo recibido,
> bien muestra ser del Inca sucesora.
> Al muy sabio Loyola por marido
> le cupo, de quien es merecedora.[95]

Do casamento entre o espanhol e a princesa Beatriz Coya nasceu Doña Ana María Lorenza García Sayri Tupac de Loyola, *mestiza*, que passou a morar na Espanha depois da morte dos pais (ele em 1598, e ela em 1600), embora tivesse herdado fortuna e a *encomienda* de Sayri Tupac em sua terra natal (mesmo depois das proibições das *Leyes Nuevas* de 1542). Casou-se na Espanha com Don Juan Enríquez de Borja y Almansa, em 1611, e em 1614, recebeu do rei Felipe III da Espanha e II de Portugal o título de Marquesa de Santiago de Oropesa – "una de las cuatro aldeãs de la encomienda de Yucay, en Perú, que ella había heredado de su abuelo", segundo Bernand y Gruzinski.[96] Novamente celebrou-se matrimônio entre o sobrinho de um influente jesuíta e futuro santo católico, o valenciano Francisco de Borja, canonizado em 1671, e uma descendente dos soberanos incas. Junto com o esposo, a marquesa retornaria ao Peru em 1616, na comitiva do vice-rei Don Felipe de Borja y Aragón, onde morreria poucos anos mais tarde. Mesclas entre a elite conjugavam-se com a influência extraordinária da Companhia de Jesus e com o domínio sobre as terras americanas, assim como sobre a mão de obra nativa (incluída a mestiça) e importada, essenciais para o sucesso da empresa ibérica.⁹⁷

Os enlaces entre os poderosos foram abençoados pelos santos jesuítas, frutos da contrarreforma, como anacronicamente se observa na imagem reproduzida abaixo. Para o pintor (anônimo) e para a nata da sociedade em Cuzco, o retrato do século XVII, retroagindo ao passado glorioso, compartilhado pelos altos dignitários, expunha o casamento dos mundos católicos – o de Roma e o dos convertidos e mestiços americanos – e o dos personagens centrais, destinos paralelamente traçados por inspiração divina. Daí o tempo múltiplo dos acontecimentos registrados: passado, presente e futuro importavam menos que sua fusão escatológica. A filha adulta e já casada assistia ao casamento dos pais, que, na verdade, já haviam morrido quando ela se casou; os jesuítas, canonizados muito depois do matrimônio encenado, foram inseridos em território que jamais pisaram e representados com as auréolas santificadoras; personagens que jamais se viram pessoalmente, incluindo ancestrais, engrossavam a cerimônia encimada pela insígnia da Companhia de Jesus: nada disso invalidava a fusão entre o reino de Deus e o dos Homens que se processava no Novo Mundo.

Antes das bodas de Incas e Habsburgos do fim do século XVI e do início do XVII, dois conquistadores de primeiras hora e grandeza já haviam iniciado a prática e dado exemplos de alianças estratégicas com as linhagens dirigentes nativas: Hernán Cortés, na Nova Espanha, e Francisco Pizarro, no Peru. Cortés, depois de fundar Veracruz e conquistar o território dos astecas, entre 1519 e 1521, teve um relacionamento com a princesa asteca Tecuichpotzin, batizada como Doña Isabel Moctezuma. Senhora de uma

Figura 4 - Anônimo. Escola cuzquenha. *Matrimonio del capitán Martin Garcia de Loyola con la ñusta Beatriz y de Juan de Borja con Lorenza ñusta de Loyola*, 1675–1685. Igreja da Companhia de Jesus, Peru.

importante *encomienda*, ela era filha do antigo imperador Moctezuma II, morto em 1521, durante o vitorioso processo encabeçado pelo espanhol; ela se casou, portanto, com o assassino do pai. Desse relacionamento, nasceu em 1528 a *mestiza* Doña Leonor Cortés Moctezuma, que herdou fortuna dos pais e se casou com o espanhol basco, Juan de Tolosa, um dos descobridores das minas de prata de Zacatecas. Seus descendentes integraram a elite da região e alguns migraram para a Espanha.[98]

Já Francisco Pizarro, o conquistador do *Tawantinsuyu* (em quéchua, "quatro partes do mundo"),[99] depois de triunfar sobre Atahualpa (Atabaliba, para López de Gómara, que escreveu antes de 1552),[100] em 1532-1533, recebeu do próprio Inca mantido em cativeiro a jovem e bela Quispe Sisa, filha de nobres da terra. A intenção de Atahualpa era tentar se conciliar com Pizarro, o que não aconteceria, pois seria morto por ordem do conquistador. Pizarro não dispensou a oferta de seu prisioneiro soberano e mandou batizá-la como Doña Inés Huaylas Yupanqui. Do enlace entre o conquistador e a nobre inca nasceram os *mestizos* Doña Francisca Pizarro e Don Gonzalo. Pouco tempo depois o casal se separou, e Pizarro a fez casar-se com seu pajem Francisco de Ampuero. O lugar de Doña Inés estava ocupado por outra princesa, Doña Angelina Añas Yupanqui.[101] Vários outros conquistadores desse período tiveram concubinas e filhos *mestizos*, assim como os soldados, administradores e, até mesmo, sacerdotes, como denunciou insistentemente Guaman Poma.[102]

A organização nos vice-reinos espanhóis de repúblicas de Indios e de Españoles, não impediria as mesclas biológicas e culturais, tanto entre as elites quanto entre os populares, o que significa terem continuado intensas as relações entre os vassalos de ambas as partes. Não obstante essa política resultar em separações dos grupos, inclusive física (em bairros) e administrativa, ela não foi suficientemente restritiva e não logrou impedir ou mesmo diminuir o ritmo das dinâmicas de mestiçagens. Entre as camadas mais pobres, a implementação das "repúblicas" também não inibiu as associações entre as formas de trabalho e as mestiçagens, uma vez que a dos índios continuava fornecendo mão de obra para sua congênere, facilitando contatos e relacionamentos, inclusive sexuais, entre os partícipes das "repúblicas".

O projeto binário também esbarrou precocemente em um dos elementos que garantiram a formatação nova do mundo ibero-americano: o grupo multifacetado de mestiços, que não cessou de crescer e de diversificar as composições que o fomentava, sobretudo a partir da chegada maciça dos escravos negros, como se verá à frente. Afinal, esse contingente cada vez maior de vassalos mesclados não podia ser enquadrado facilmente em uma das "repúblicas" propostas. Como escreveu Berta Ares Queija, "la sola existencia del mestizo cuestionaba este modelo".[103] Índios e *mestizos*, assim como as demais "qualidades" mescladas e os negros que chegaram já no século XVI, acabaram conformando o que os soberanos ibéricos pretenderam desde os primeiros tempos das conquistas: uma população de moradores, povoadores, trabalhadores e defensores dos territórios americanos.[104]

O controle de toda essa gente demandou esforços, estratégias e ações das autoridades.[105] Nesse conjunto incluíam-se leis, organização militar, civil e religiosa, atuação de câmaras e de *cabildos*, ordenação da urbe, domínio dos caminhos, portos e registros fiscais, taxação das atividades econômicas, formação educacional das elites e flexibilização dos mecanismos de ascensão social. Além disso, como já venho demonstrando, incentivaram-se alianças entre famílias poderosas, já solidamente instaladas no Novo Mundo.

Em pleno período de união das coroas ibéricas, famílias governantes das áreas portuguesas e espanholas se uniram por casamentos e, assim, estenderam seu poder por territórios muito amplos, controlando, inclusive, o grande estoque de mão de obra existente nessas áreas. Foi o caso de Salvador Correia de Sá e Benevides, nascido em Cádiz, na Espanha, filho de mãe espanhola de alta estirpe, Doña Maria Mendonça e Benevides, e de pai fidalgo, nascido no Rio de Janeiro, Martin Correia de Sá, que veio a ser governador da Capitania entre 1602 e 1608 e entre 1623 e 1632. O próprio Salvador de Sá, seguindo os passos do avô e de parentes mais antigos, foi, também, governador do Rio de Janeiro entre 1637 e 1642, voltando ao cargo entre 1647 e 1648 e, depois, entre 1658 e 1661, segundo Luiz Felipe de Alencastro[106], chegando a governar também as capitanias do Sul, no Brasil, e Angola.

As relações comerciais no Novo Mundo nunca tiveram fronteiras absolutamente rígidas, muito menos elas o foram durante o período da União Ibérica. Salvador de Sá, nesse contexto, viajou para a região do Paraguai e de Tucuman (atual Argentina), onde combateu indígenas e se casou, em 1631, com Doña Catalina de Ugarte y Velasco, neta de Don Luis de Velasco y Castilla, que havia sido vice-rei da Nova Espanha e do Peru. A partir daí, ele passou a se ocupar, inclusive, da *encomienda* de índios que sua esposa possuía e chegou a declarar-se, quando nomeado governador, em 1637, morador e *encomendero* em Tucuman. Poucos anos antes, em 1628, sua prima Vitória de Sá havia se casado, no Rio de Janeiro, com o capitão-geral do Paraguai, Don Luís Céspedes Xeri'a, que adquiriu engenhos de açúcar na Capitania, tocados com mão de obra indígena. Além disso, os parentes Benevides de Salvador de Sá ocupavam postos importantes em Buenos Aires. Assim, os acordos estabelecidos também aproximavam Potosí, o Chaco, o Prata e o Rio de Janeiro – mais tarde, Luanda –, vinculando engenhos de açúcar, prata e mão de obra indígena, mestiça e africana em lucrativas alianças de famílias, feitas em nome do rei de Espanha e Portugal, em nome da fé de Roma e visando proveitos muito particulares.[107] A extensão e o poderio dessas alianças, que, de resto, envolveram muito mais gente, lugares e interesses e se alongaram no tempo, permeando as descendências, as fizeram ser chamadas por Serge Gruzinski de "primeiras elites mundializadas".[108] Diga-se, como complemento, foi ela, ao longo do tempo, se tornando parcialmente misturada com índios, *mestizos*/mestiços/mamelucos, mulatos e pardos (ainda que essa marca tenha sempre tendido a desaparecer), em termos biológicos, e em termos culturais, essencialmente mesclada. Parte substantiva do léxico conformado e, em particular, do relativo às mestiçagens ibero-americanas surgiu do trânsito intenso dessa elite entre as partes do globo e das atividades de toda ordem bancadas por ela. Outra porção expressiva desse vocabulário desenvolveu-se entre a multidão de homens e mulheres livres, libertos e escravos que sustentaram durante séculos essas atividades.

Já durante o século XVII o crônico problema de falta de gente para trabalhar, procriar e defender as conquistas ibéricas havia sido contornado, pois se o número de nativos diminuíra acentuadamente e o de europeus não constituía propriamente uma multidão, o de negros e o de mestiços de várias "qualidades" aumentara em grande medida. A constatação do que se passava em termos demográficos e o prognóstico do que viria para o futuro já estavam sendo feitos desde, pelo menos, o último quartel da centúria anterior. Em 1570, Tomás López Medel, um espanhol originário de Tendilla, Guadalajara, que passou ao Novo Mundo em 1549, escreveu linhas muito esclarecedoras sobre esse tema. Medel chegou à Guatemala e atuou como juiz de comissão, visitador e taxador de tributos em Chiapas, Yucatán, Tabasco, Honduras e na Costa do Pacífico da Guatemala, transferindo-se, mais tarde, para o Novo Reino de Granada, de onde retornou à Espanha, em 1562. Sua experiência no Novo Mundo e as informações que acumulou *in loco* possibilitaram-lhe visão geral e privilegiada de toda a região, bem como escrever o seu *De los tres elementos*. Quase finalizando-o, indicava o autor com a autoridade de quem vivenciara aquela realidade:

> [...] hablando de las Occidentales Indias, que habían de cargar tantos españoles y hombres de otras naciones y tantos mestizos y negros sobre ellas que totalmente habían de consumir y acabar a los indios y naturales de ellas; lo que va ya muy encaminado en muchas partes y con ejemplo de algunos lugares, en que está ya verificado y ha acontescido, lo podemos bien probar y tener por cierto que ansí será.[109]

No final do século XVII, quase 130 anos depois das palavras de Medel, outro espanhol passado às Índias, o religioso Baltasar de la Fuente, registrou o mesmo "problema", dessa vez localizado na província de Cartagena de Indias e sentenciou o mesmo fim. Quando voltou à Espanha, em 1690, ele escreveu às autoridades sobre o que havia constatado durante o período em que permaneceu no Novo Reino de Granada. Sobre a população da região, escreveu de la Fuente:

> Entre estas gentes reconocí había muchos indios de diversos pueblos y provincias fugitivos de sus poblaciones, los unos casados en ellos y mal amistados con indias ajenas y fugitivas, y otros solteros en el mismo estado con indias zambas, negras y mulatas casadas y fugitivas de sus maridos, y otras robadas de diferentes poblaciones, por cuya causa se van acabando los pueblos de naturales.[110]

Essa composição demográfica dava novos contornos às sociedades ibero-americanas e forçava a adaptações políticas, administrativas, jurídicas e culturais que atendessem as demandas dessas "novas" populações. Tomando a questão de forma mais ampla, não se tratava apenas de escravos e de serviçais submissos, mas, também, de alforriados e não brancos nascidos livres, que, desde o século XVI, passaram a formar, por exemplo, camadas médias nas áreas urbanizadas. Eram, inclusive, consumidores importantes de um mercado igualmente mundializado.

"La perdición desta tierra" e o domínio necessário

Os "vícios" comportamentais e políticos dos grupos mestiçados e de índios, negros e crioulos escravos, libertos e nascidos livres foram reiteradamente denunciados por autoridades, religiosos e por outros observadores. Os mestiços (v. t.), muito úteis de início, iam se transformando em ameaças à ordem natural e à social. Afinal, não se deve esquecer, esses "filhos da América" descendiam em grande número de migrantes espanhóis e portugueses que fizeram fortuna nas conquistas e que, em larga medida, não retornaram aos reinos. Ao contrário, esses migrantes ibéricos permaneceram nas conquistas, acumularam riquezas, formaram famílias e distribuíram o patrimônio adquirido entre a horda de bastardos e filhos legítimos que tiveram com mulheres não brancas.[111] O resultado era a formação de sociedades parecidas com as europeias em alguns aspectos e muito diferentes em vários outros. O grau, a frequência, o dinamismo e a extensão das mestiçagens e a quantidade enorme de mestiços, assim como a escravidão que se espalhara por quase todo o mundo ibero-americano rompiam com a ordem estamental rígida e hierárquica do Antigo Regime e impunham desconfiança e receio às autoridades. Por isso, deu-se a construção da imagem geral depreciativa desses grupos sociais, sem os quais, no entanto, não existiria tanta fortuna.

Já na segunda metade do século XVI, em 1574, o vice-rei da Nova Espanha, Don Martín Enriquez de Almanza, preocupava-se com o crescimento da população de negros e de seus descendentes, que, segundo ele, poderiam se transformar em "la perdición desta tierra"

> [...] si dios e el rei no le ponían remedio al aumento de mulatos, los que por simple hecho de ser hijos de negros [...] adquirían las malas artes, "y como personas libres, hacen de sí lo que quieren y muy pocos se aplican a officios y casi ninguno á cultivar la tierra, sino a guardar ganados y otros oficios adonde anden con libertad".[112]

Um século e meio mais tarde, na década de 1730, quando o ouro luziu intensamente nos sertões da América portuguesa e uma multidão multicolorida estabeleceu-se nas Minas Gerais, as palavras do segundo governador (1732-1735) da terra de riquezas ecoavam esse passado ainda recente e marcante. Temendo o que poderia emergir de ajuntamento tão multiforme, André de Mello e Castro, o Conde das Galveas, enviou informe ao rei Dom João V, "O Magnífico", no primeiro ano de seu governo, e sentenciou:

> Senhor. O que se oferece dizer a Vossa Majestade em ordem aos negros forros é que estes ordinariamente são atrevidos, mas no mesmo tempo trabalham todos nas lavras do ouro, nas dos diamantes, nas roças e comumente faíscam para si de que se segue a Vossa Majestade a utilidade de seus quintos que seriam menos se eles não minerassem, o número desses como os não distingue a cor nem o serviço dos mais escravos não é fácil o saber-se porque não houve até agora quem o examinasse [...] os mulatos forros são mais insolentes porque a mistura que têm de brancos os enche de tanta soberba, e vaidade que fogem ao trabalho servil com que poderiam viver, e vive a maior parte deles como gente ociosa que escusa de trabalhar.[113]

Parecia mesmo que daquele momento para frente, como já se fixara muita gente em toda a região, tanto nascida nela quanto vinda de outras partes, buscar-se-ia oficialmente desincentivar mesclas entre "qualidades" e grupos sociais. Mas não foi bem esse o percurso do ocorrido durante o Setecentos. Não obstante a visão pejorativa que permeava ações, discursos e representações, quando se tratou de "colonizar" novas regiões, os dirigentes não hesitaram em recorrer pragmaticamente às antigas práticas de mistura entre as gentes, incentivando o nascimento de muitos mestiços. A partir da política pombalina de povoamento da Amazônia e do *"Directório que se deve observar nas povoações de Índios do Pará e Maranhão"*, de 1757-1758, por exemplo, os antigos aldeamentos jesuíticos que contassem com população grande o suficiente seriam transformados em vilas, não mais se submetendo ao poder temporal dos missionários. A mescla biológica entre índios e brancos (mestiços/mamelucos) passava a ser oficialmente adotada e incentivada nessas novas vilas, como nos informa Renata Malcher de Araújo:

> Entre as determinações expressas na lei constava que se deveriam extinguir totalmente as distinções existentes entre brancos e índios. Mais ainda, afirmava-se que "entre os meios, mais proporcionados para se conseguir tão virtuoso, útil, e santo fim, nenhum he mais efficaz, que procurar por via de casamentos esta importantíssima união". Recomendava-se assim que se facilitassem os meios para que tais casamentos mestiços se pudessem realizar, afirmando explicitamente que "deste modo acabarão de compreender os Índios com toda a evidência, que estimamos as suas pessoas; que não desprezamos as suas alianças, e o seu parentesco; que reputamos, como próprias as suas utilidades; e que desejamos, cordial, e sinceramente, conservar com elles aquella recíproca união, em que se firma, e estabelece a sólida felicidade das Repúblicas".[114]

Nos aldeamentos e fazendas jesuíticas, desde o século XVI até o século XVIII, houve, por meio de inúmeros subterfúgios e diante de contingências, bastante mestiçagem biológica entre os índios e colonos portugueses, bem como com escravos negros, crioulos e mestiços. Houve igualmente legislação que durante todo o período tentou regulamentar e controlar os casamentos e as aproximações entre esses grupos, embora com eficácia parcial ou, em alguns períodos e regiões, quase nula.[115]

Casamentos amparados legalmente ou não, relações efêmeras e duradouras, estratégias individuais e práticas senhorias, aventuras e desejos fugazes permearam o cotidiano das populações ibero-americanas e produziram muitos mestiços. Se isso foi aporte importante para a formação do contingente necessário de povoadores e de defensores das conquistas foi, ao mesmo tempo, combustível das dinâmicas sociais e da moldagem de sociedades adaptadas a essas condições, como já sublinhei anteriormente. O léxico desse mundo novo, que tanto nos interessa analisar historicamente, também emergiu desse emaranhado de gente, que transformou as áreas ibero-americanas em um grande crisol cultural, em verdadeiros laboratórios sociais e políticos, enfim, em um universo próximo às "matrizes" indígenas, europeias e africanas, mas ao mesmo tempo muito mais diverso e complexo. Os mercados (no sentido que defini anteriormente) mundializados bancaram, em boa medida, toda essa dinâmica americana, que por sua vez subsidiou a integração planetária, tanto na dimensão econômica quanto na cultural, na política e na demográfica. Era um movimento um tanto sincronizado e de mão dupla ou talvez fosse melhor pensar em muitas direções.

De norte a sul do continente, índios, europeus, *mestizos*/mestiços/mamelucos, negros e seus descendentes povoaram, protegeram e exploraram as conquistas ibéricas e garantiram o dinamismo social, econômico, cultural e demográfico dessa extensa área. As fronteiras políticas entre as unidades administrativas muitas vezes inexistiram na prática, e o território continuava contínuo, como havia sido antes. Todo o trânsito de gente, culturas, objetos, saberes e palavras que ocorreu entre essas áreas beneficiou-se da fluidez dos limites para se concretizar. O povoamento intensificava-se em processo sem volta e em ritmo que não existira antes dos ibéricos. Nesse mundo aberto, ainda mais entre 1580 e 1640, a circulação intensa fertilizava o solo com hibridismos. Na preparação do terreno, contribuíram autoridades, elites e trabalhadores livres e forçados. O português e o castelhano, já assemelhados historicamente, junto com as línguas nativas, fundiam-se mais profundamente e/ou complementavam-se, resultando em línguas gerais e em vocabulário específico, em grande medida original, nas dimensões fonética, semântica e ortográfica e nomeavam o novo americano. As mestiçagens biológicas e culturais, suas associações com o mundo do trabalho e os deslocamentos populacionais constantes, voluntários e forçados, foram essenciais para a formação, a difusão e o uso do novo léxico. Todo esse processo, já muito frenético, acelerou-se ainda mais e tornou-se muito mais complexo a partir da chegada maciça de homens e mulheres africanos, acontecimento resultante de um dos mais extraordinários processos de migração forçada já produzidos na história da humanidade. Antes de se completarem 100 anos da chegada de Colombo, o Novo Mundo já contava com grande quantidade de negros, mulatos e pardos e a paleta de pigmentos e o quadro de tipos e "qualidades" já eram muito mais amplos e complexos do que os similares conhecidos nas outras partes do mundo.

Prévias: experiências ibéricas – "De Negra y Español, nase Mulato" e outras "qualidades" americanas

A Península Ibérica do século XV, anteriormente à conquista de Granada e à do Novo Mundo, contava com importante população de negros provenientes do continente africano, de seus descendentes, nascidos na própria Península – filhos de pais e mães africanos e de mestiços –, além dos africanos de cor de pele mais clara e até mesmo de brancos vindos da Berbéria. A presença dessa população nas cidades mais importantes – Lisboa e Sevilha, além de Viana, Évora, Lagos, Valencia, Barcelona, Córdoba e Cádiz – não era excepcional, e os moradores já estavam acostumados com eles, com os trabalhos que exerciam, com suas formas de viver, com seus ritmos musicais, com suas crenças religiosas e com as línguas faladas.[116] A entrada dos africanos negros na Península deveu-se fortemente aos portugueses, que desde 1479 (com o Tratado de Alcáçovas) e 1494 (com o de Tordesilhas) detinham o monopólio do comércio com a região ao sul do Rio do Ouro, isto é, com o "país dos negros" ou "terra dos negros".[117]

Os portugueses detinham o monopólio do tráfico e comércio de escravos negros e transformaram a cena cotidiana de cidades europeias do Quatrocentos e do Quinhentos dotando-as de muitos desses negros, que circulavam por suas ruas e praças. Ficou recentemente conhecida a cena, de autor anônimo, que retrata a Lisboa quinhentista como uma cidade negra, em perspectiva claramente depreciativa e cômica, numa espécie de teatralização absurda e burlesca do dia a dia de um dos mais importantes portos europeus do período.[118] Provavelmente uma visão escandalizada de puritanos do norte sobre o pretenso desleixo moral dos católicos do sul, a imagem expõe ao mesmo tempo o frenesi dos contatos, das misturas potenciais e da sociabilidade dinâmica das cidades que receberam e acolheram esses grupos humanos, ainda que como escravos.

Lisboa tornara-se nesse período um enorme crisol de gente e culturas dos quatro continentes, concentrando no Velho Mundo o que já ocorria de forma muito mais espalhada e diversificada nas conquistas americanas. Em postura municipal de 1551 lê-se:

> Constando ao Senado que há homens brancos, negros que vão às bicas do chafariz de El-rei a vender água a quem vai buscar, de que se seguem brigas, ferimentos, e mortos faz a sua postura para a repartição das ditas

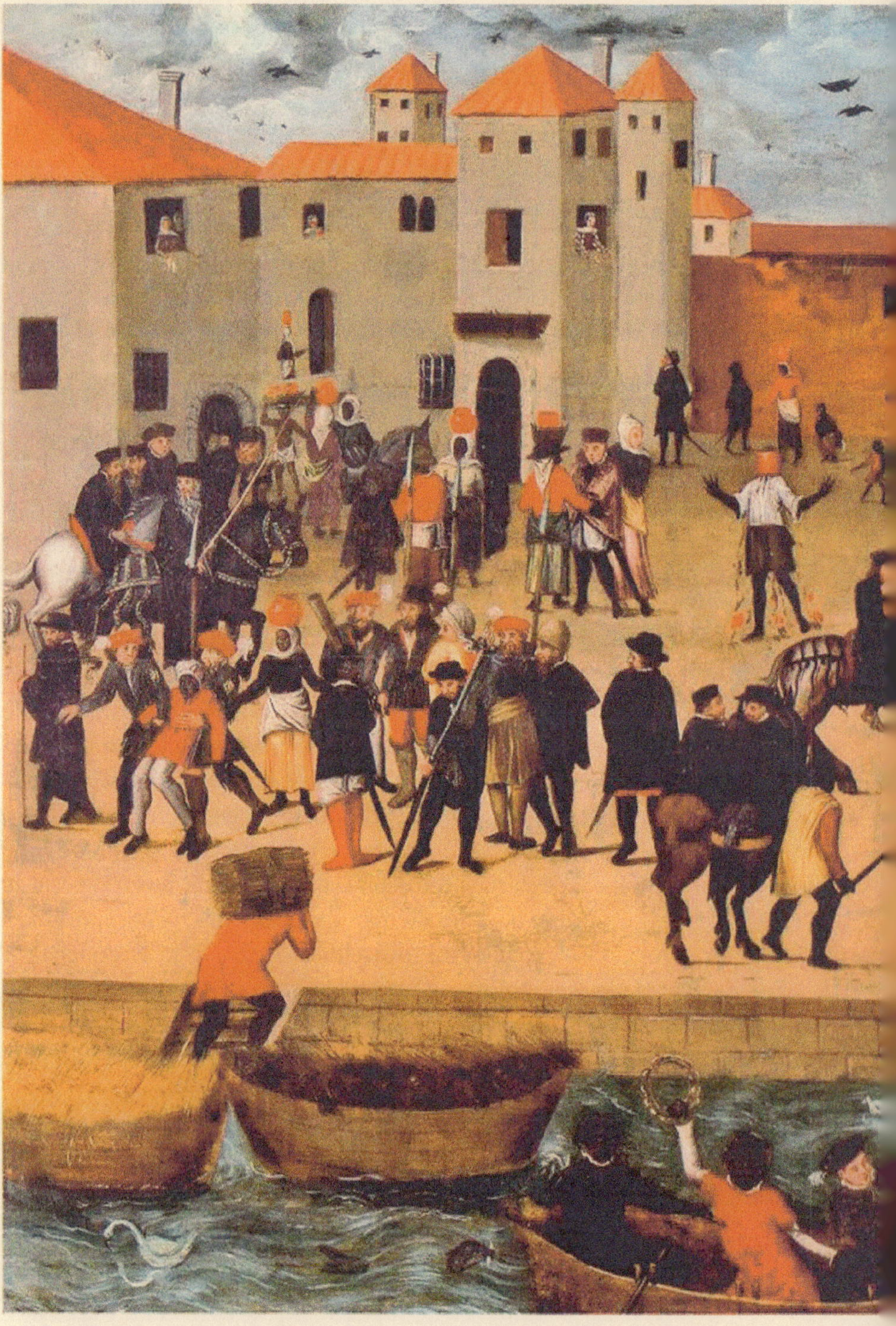

Figura 5 - Anônimo. Chafariz d'El Rey em Alfama, c. 1570-1580.
Coleção Particular, Lisboa, Portugal.

> bicas pela maneira seguinte: na primeira bica indo da Ribeira para elas, encherão pretos-forros e captivos, e assim mulatos e indios e todos os mais cativos, que forem homens. Logo na segunda seguinte poderão encher os mouros das galés sómente a água que for necessária para as suas aguadas, e tendo os seus barris, ficará a dita bica para os negros e mulatos conforme a declaração atráz. Na terceira e quarta que são as duas do meio, encherão as mulheres pretas, mulatas, indias forras e captivas – e na derradeira bica da banda de Alfama encherão as mulheres e moças brancas [...][119]

Em Portugal, não era apenas Lisboa que se "africanizava" nessa época. No início do século XVI, antes da resolução transcrita acima e do anônimo retrato lisboeta, Nicolás Cleynaerts, um letrado flamengo que se tornara preceptor do príncipe Dom Henrique de Portugal, futuro Dom Henrique I, "O Cardeal-Rei", descreveu Évora de maneira singular. Em carta de 1535, Cleynaerts declarava que "desde que puse los pies en Evora, me creí transportado a una ciudad de infierno; en efecto, por todas partes yo no encontraba más que negros."[120]

Os portugueses também forneciam escravos negros para os espanhóis e a exclusividade acordada desde o século XV permaneceu vigorando durante o século XVI e durante o período da união das coroas. Sevilha recebeu muitos negros, talvez menos que Lisboa. Na pujante cidade andaluza, vários deles permaneceram, e muitos outros foram "exportados" dali para as conquistas americanas. Já em 1505, Don Fernando II de Aragão mandava responder a carta do governador da Ilha Espanhola, Don fray Nicolás de Ovando y Cáceres:

> A lo que dezis que se enbien mas esclauos negros pareceme que es bien y avu tengo determinado de embiar asta cient esclauos negros para que estos cojan oro para mi con cada diez de ellos ande vma persona de rrecabdo que aya alguna parte de oro que se hallare e que se prometa a los esclauos e que si trabajaren bien que los hahorraran cierto tiempo e desta manera creo que podran aprovechar deveys proveer esos que alla estan para que trabajen en coger oro desta manera para ver como lo hacen e avisadme dello.

E a isso ajuntava:

> [...] por vuestra carta escriuis que es mucho trabajo en acarrear mantenimiento e otras cosas e las minas e de los puertos por la tierra porque todo lo mas lo acarrean hombres acuestas e porque mejor e mas sin pena se haga yo he acordado de mandar enbiar a esa ysla cient asnas e cinquenta asnos e asy lo escriuo a los oficiales de Sevilla para que se enbien lo mas presto que ser pueda.[121]

De forma semelhante a Lisboa, os negros – escravos e libertos – eram encontrados pelas ruas, praças e, como se pode observar na imagem de autor anônimo reproduzida a seguir, ainda que datada do século XVII, na margem direita do rio Guadalquivir. Eles se concentravam em Triana, de onde se vê Sevilha no retrato seiscentista (ver Figura 6). Aí moravam, prestavam serviços gerais e trabalhavam em olarias, misturando-se aos ciganos e trabalhadores mais pobres de Sevilha, que também se concentravam naquele bairro.

Como deixava claro Don Fernando, "O Católico", respondendo positivamente ao governador da Ilha Espanhola, 100 negros sairiam de Sevilha para as *Indias Occidentales* e junto com a decisão ia também uma importante recomendação: prometer a alforria aos escravos que trabalhassem bem. Portanto, escravidão e alforria, assim como havia na Península Ibérica, foram também transportadas para o Novo Mundo, junto com os próprios negros escravizados. Nesse sentido, a experiência do escravismo luso-espanhol nos respectivos territórios peninsulares, no seu sentido mais amplo e complexo, o que incluía as formas de manumissão e a formatação urbana da escravidão, foi logo empregada nas conquistas americanas, não obstante, precocemente sofrerem muitas transformações no novo ambiente.

Foi mesclando a experiência afro-europeia acumulada por traficantes, mercadores, administradores e gente comum e o desafio de implantar no Novo Mundo sistemas de trabalho, de povoamento e de defesa que os escravos negros começaram a desembarcar aí com regularidade. Os primeiros negros já haviam chegado com os conquistadores pioneiros, mas foram necessários alguns anos para que a escravidão de africanos em mais larga escala fosse efetivamente colocada em prática. Entretanto, a grande demanda por gente nas conquistas, aliada aos interesses da coroa e dos comerciantes de escravos logrou, já na primeira década após a chegada de Colombo, conseguir "importar" os africanos, que a cada ano entraram em maior número e em diversas áreas. Somava-se a esses aspectos o discurso de religiosos, que defendiam os índios contra o trabalho forçado e, assim, sugeriam a introdução do braço africano escravo como forma de compensação. Segundo José Antonio Saco, os

> [...] primeiros religiosos de la orden de Predicadores que pasaron a la Española en 1510, abrazando la defensa de los indios con un fervor digno de los primitivos tiempos de la Iglesia, expusieron al rey la necesidad de aliviar la suerte de aquellos infelices. Dictáronse al intento varias providencias, en 1511, y una de ellas fue, que como el trabajo de un negro era más útil que el de cuatro indios, se tratase de llevar a la Española muchos negros de Guinea.[122]

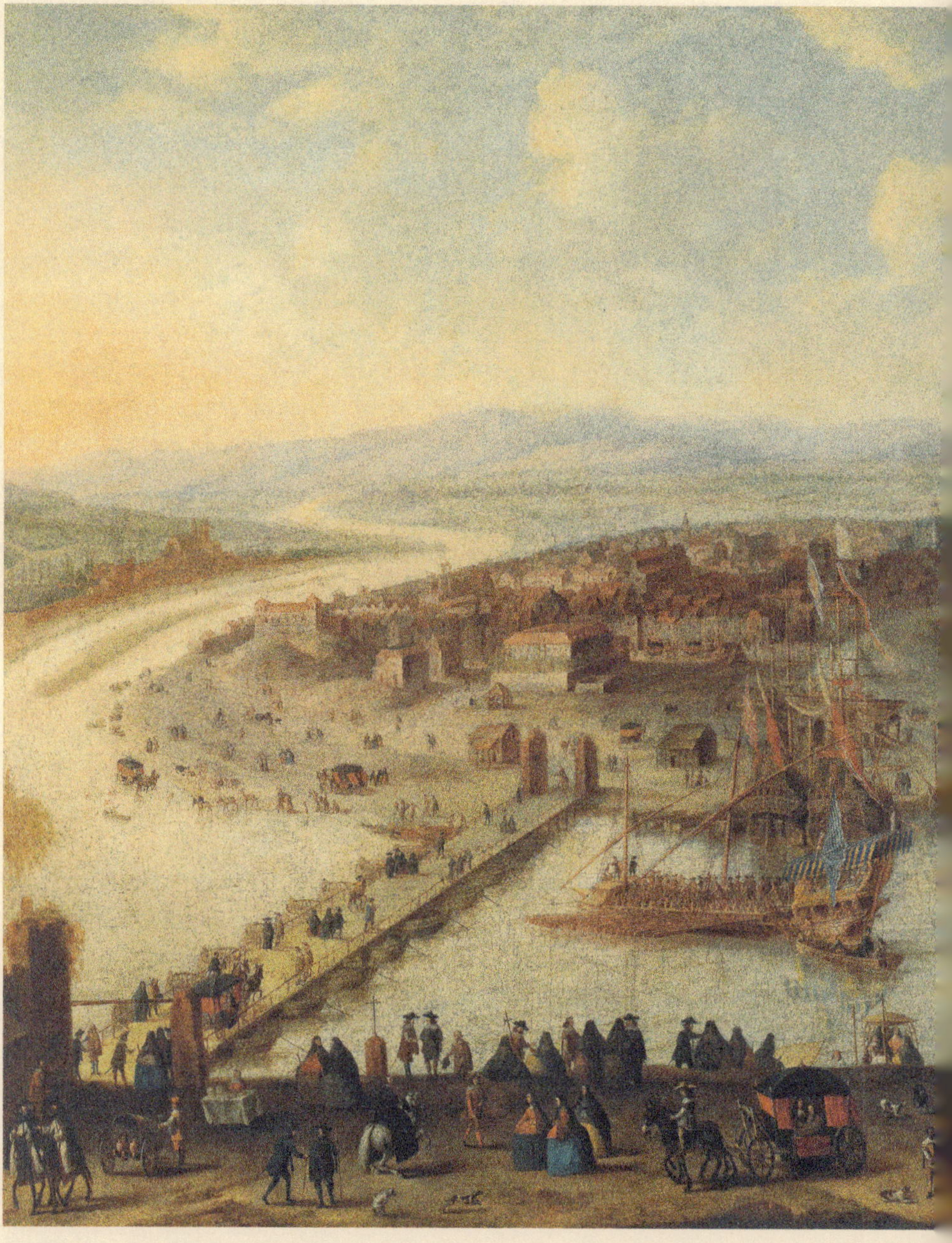

Figura 6 - Anônimo. Vista de Sevilla, c. 1660. Fundación Focus-Abengoa, Sevilha, Espanha.

Entre os Predicadores de São Domingos, encontrava-se o mais célebre de todos, o frei Bartolomé de las Casas, que empunhou o discurso favorável aos índios e nem tanto aos negros africanos, opinião compartilhada na época com religiosos de outras ordens, tais como jerônimos e franciscanos.[123] Daí para frente, as Américas não apenas se tornaram território dos negros, "africanizando-se" forte e rapidamente, mas nelas nasceram outros de seus "filhos" genuínos, que se juntaram aos *mestizos*/mestiços e mamelucos: refiro-me aos *criollos*/crioulos, mulatos e pardos. Assim, as conquistas ibéricas do Novo Mundo se transformaram rapidamente em enormes e complexos laboratórios culturais, aos quais corriam gente das quatro partes do planeta, formando-se aí um igualmente enorme contingente de mão de obra, que se assemelhava a um mosaico de origens, fenótipos, "qualidades" e "condições".

CAPÍTULO 3
Os "colonizadores" negros do Novo Mundo e a "africanização" do trabalho

Babalú Babalú,
Babalú ayé
Babalú ayé
Ta empesando el velorio
Que le hacemo Babalú
Dame diecisiete velas
Pa ponerle en cruz,
Dame un cabo de tabaco Mayenye
Y un jarrito de agua ardiente,
Dame un poco de dinero Mayenye
Pa que me de la suerte.
Yo quiero pedi que mi negra me quiera
Que tenga dinero
Y que no se muera!ay!
Yo quiero pedi
Babalú
Una negra muy santa
Como tu
Que no tenga otro negro
Pa que no se fuera
(*Babalú* – Margarida Lecuona, década de 1940)

Um dos mais importantes pesquisadores brasileiros do início do século XX (malgrado o desprezo e a má vontade até hoje a ele endereçados) estava interessado em conhecer a história dos africanos no Brasil para melhor entender a história do próprio país e projetar um futuro mais "evoluído" e "civilizado", conforme as ideias dominantes na época. Para tanto, Raimundo Nina Rodrigues ousou considerá-los como "colonos".[124] Assim, ele reconhecia o importantíssimo papel desempenhado pelos antigos escravos na construção do Brasil, ainda que em sua visão isso tenha produzido boa parcela dos impedimentos brasileiros de civilização. Rodrigues, na verdade, estava ciente de que testemunhava nos anos posteriores à abolição da escravatura o ocaso incômodo de uma longa história, que marcara profundamente o processo de formação da sociedade brasileira e, por extensão, das sociedades americanas. A presença dos "africanos" colonizadores ia se extinguindo sem deixar memória registrada, sem que sua história fosse devidamente conhecida. Em perspectiva antropológica, que já flertava com certo culturalismo, isso também comprometia o futuro da nação, que buscava modernizar-se e civilizar-se (embranquecer-se) rapidamente apagando seu passado imediato. Ele não pretendia esconder a escravidão brasileira das futuras gerações, mas queria demonstrar como os negros escravos, para além dessa condição, foram agentes responsáveis pela construção do Brasil, que, por isso, na perspectiva dele e da época, como é sabido, carecia de aprimoramento e de civilização.[125]

Os primeiros "colonos" e "conquistadores" negros, tanto escravos quanto libertos, chegaram cedo ao Novo Mundo, no início da tomada do território. Logo, entraram os africanos, como os requeridos em 1505 pelo governador da Ilha Espanhola, Don fray Nicolás de Ovando y Cáceres, que já havia antes disso os introduzido na área.[126] Daí para frente as entradas de negros escravos tornaram-se regulares. Segundo Alejandro E. Gómez,

> Desde un primer momento, negros y mulatos estuvieron presentes en el proceso de invasión y conquista del Nuevo Mundo. Muchos vinieron en un principio a este territorio como esclavos de los conquistadores, y más tarde de las autoridades hispanas nombradas por el Consejo de Indias (a quienes se les permitía traer entre tres y ocho esclavos). También hubo casos de algunos negros que, previamente emancipados, hicieron la travesía transatlántica por voluntad propia siguiendo a sus antiguos amos como sirvientes o como parte de las huestes conquistadoras. Algunos de éstos acompañaron a Aguirre, Almagro, Cortés, Losada y Pizarro en sus "*correrías por tierras de Indias*", llegando incluso a convertirse ellos mismos en verdaderos conquistadores. Tal es el caso del desafortunado Juan Bardales, un negro que en 1544, luego de 20 años de conquistas, todavía no había recibido del Rey ni "*...siquiera [...] un jarro de agua*". Otros tuvieron mejor suerte pues lograron alcanzar altos rangos en las milicias, lo que les permitió hacer fortuna a través de la adquisición de encomiendas.[127]

Houve negros que ficaram célebres nesse período, como Juan Garrido, que nasceu no oeste do continente africano, em torno de 1480, e veio para o Novo Mundo no início do século XVI. Em 1508 integrou as forças auxiliares espanholas nas campanhas de conquista de Porto Rico e Cuba e em 1519, participou das forças comandadas por Hernán Cortés, que invadiram a capital asteca de Moctezuma, Tenochtitlán, e que conquistaram o México.[128] Entre os mulatos (ou *zambos*?), Juan Beltrán, "hijo de negro, y de india, digno de eterna memoria por los Grandes hechos, que hizo entre aquellos bárbaros", segundo Vázquez de Espinosa, impôs-se sobre índios do Chile, na região de Villarica, na última década do século XVI. Em 1592 foi nomeado capitão de infantaria do Don Martín García Oñez de Loyola, governador do Chile, concedendo-lhe 500 índios, os quais foram mantidos no forte Maquegua ou Makewa, próximo de Villarica. Casou-se com uma mulher mapuche e foi, conforme Vázquez de Espinosa,

> [...] digno de eterna memoria por los Grandes hechos, que hizo entre aquellos barbaros; el qual era humildissimo con los Espanoles, y les era muy obediente, y leal; y con los indios valentissimo, temido, y respetado de ellos, tanto que solo su nombre, vastaba en muchas ocasiones, con que se atemorizaban los indios, y huyan sus esquadrones, y los Espanoles, quando se vian apretados en muchas ocasiones, daban a entender que venia con ellos el Gapitan Joan beltran, con que alcansaban vitorias, que tanta autoridad tenia con ellos, y tanto respeto, y temor le tenian.[129]

Integrados à empresa das conquistas americanas, alguns negros e mulatos ascenderam econômica e socialmente já no primeiro século de ocupação, suplantando e por vezes suprimindo os índios.

Nas cidades hispano-americanas a grande quantidade de moradores africanos e de seus descendentes ficava mais evidente e mais importante a cada ano. Lima, por exemplo, cinquenta anos depois de fundada, tornara-se uma cidade fortemente marcada pela presença deles. Herbert Klein compilou dados demográficos e concluiu que de

> [...] 4 mil escravos em 1586, o número de africanos e afro-peruanos chegou a 7 mil na década de 90, a 11 mil em 1614, e a cerca de 20 mil em 1640. Este crescimento foi, inicialmente, mais rápido que o da participação branca e indígena na cidade. Assim, na última década do século XVI, Lima era metade negra, e assim permaneceria na maior parte do século XVII.[130]

A importância desses grupos populacionais no dia a dia da cidade foi indicada inclusive em fontes iconográficas, como se pode certificar na

A MAIOR DE LIMA CABEZA DE LOS

Figura 7 - Anônimo. *Plaza Maior de Lima. Cabeza de los reinos de el Peru año de 1680*. Museu de América, Madri, Espanha.

Figura 7. O comércio ambulante, realizado nas ruas pelas negras, crioulas e mestiças, parece ter sido notável também em Lima, de forma similar ao que ocorria em muitas outras cidades ibero-americanas.

Já no território português, no que se refere à entrada dos primeiros negros, a história parece ter sido diferente. Não há registros sobre a chegada de homens negros, livres, libertos ou escravos nos primeiros tempos da ocupação. O "estoque" de índios moradores da costa atlântica, menos organizados política e administrativamente que os congêneres do *Tawantinsuyu* e do império de Moctezuma, parece ter servido às pretensões iniciais dos portugueses e ter inibido a chegada dos "africanos". Em paralelo, entretanto, os lusitanos mantinham o antigo monopólio do comércio de escravos negros na costa africana e continuavam a levá-los para a Península Ibérica. Eles também passavam a fornecer os negros, desde a primeira metade do século XVI, às áreas espanholas no Novo Mundo, intensificando o negócio a partir de 1594, durante a União Ibérica, a partir do novo regime de *asientos* implantado pela coroa.[131] Eram, em suma, os grandes traficantes modernos de escravos. Eles dominaram o negócio de ponta a ponta, incluindo os sistemas de captura no interior africano (o qual geriram de maneira indireta, principalmente) e a distribuição interna nas regiões americanas (da qual participaram diretamente).[132] Havia muitos portugueses, incluindo cristãos novos e judeus, ligados direta e/ou indiretamente ao comércio legal e ao contrabando de escravos africanos, instalados em Buenos Aires, Cartagena de Indias, Guayaquil, Havana, Lima, México, Montevidéu, Panamá e Veracruz, sobretudo a partir de 1580, início do período de união entre as coroas ibéricas.[133]

Mas a partir da divisão da conquista americana em capitanias hereditárias, em 1534, a história começou a mudar. Os investimentos dos donatários demandavam mão de obra, por exemplo, a plantação de cana-de-açúcar, sua moagem e a transformação em açúcar, a construção das casas nos engenhos e na urbe, a produção de alimentos, os transportes e as milícias, assim como as atividades daí derivadas, isto é, o comércio, os serviços e as tarefas domésticas. Durante boa parte do primeiro século de ocupação os nativos e os mestiços pobres foram a resposta à necessidade crescente de trabalhadores. Entretanto, os "negros da Guiné", designação geral usada para os escravos vindos do que hoje chamamos de África Ocidental – subsaariana, até o Congo-Angola –,[134] começaram a ser solicitados ainda na primeira metade do século XVI.[135] Duarte Coelho, da Vila de Olinda, na Nova Lusitânia (Pernambuco), escreveu a Dom João III, "O Piedoso", em 1542, suplicando-lhe novamente a mercê da licença para "aver alguns escravos de Guine por meu resgate". O pedido vinha sendo feito havia três anos (desde, portanto, 1539), sem, no entanto, ser atendido pelo rei português, que mandara avisá-lo, em 1541, "que ate não se acabar o contrato que era feito se não podia fazer" e seguia comentando Duarte Coelho, "dando me a entender que como fose acabado seria provido polo quall já la esprevi a Vossa Alteza sobre iso não sei se me fez esta mercê por que os navios não sam ainda vindos".[136] Nas demais cartas conhecidas de Duarte Coelho, que continuaram sendo enviadas até 1550, nem uma só linha foi novamente dedicada ao tema e, pelo visto, os escravos negros não haviam chegado legalmente a Pernambuco até essa data. De fato, o início do tráfico de escravos africanos para Pernambuco teria se iniciado provavelmente em 1560, mais de vinte anos depois da primeira solicitação feita por Duarte Coelho.[137]

Ainda que registros da presença de negros africanos na América portuguesa anteriormente a 1560 não sejam conhecidos, ao contrário do que se tem para as conquistas espanholas, dificilmente a entrada deles não havia ocorrido bem antes dessa época.[138] Basta relembrar a forte presença dos negros em Lisboa e em outras localidades portuguesas, o monopólio português do comércio de escravos na costa africana e o tráfico realizado por eles. Os mercadores lusitanos singravam o Atlântico em direção aos portos das conquistas espanholas do Novo Mundo, promovendo a entrada de hordas de escravos africanos (vindos de Cabo Verde e da Guiné sobretudo) no Peru e em Buenos Aires. Comerciantes, administradores, conquistadores e aventureiros instalados nessas regiões e os que se encontravam no Brasil já transitavam por mar, rios e terra entre uma parte e outra; além disso, mantinham contatos entre eles.[139] Assim, não é absurdo inferir que os primeiros africanos – escravos ou libertos – entrados no Brasil tenham talvez vindo ilegalmente dos domínios espanhóis, para onde haviam sido levados, muito provavelmente, por negreiros portugueses. Contrabandeados, náufragos, acompanhando seus proprietários aventureiros ou até mesmo fugidos, eles podem ter sido produtores e disseminadores de conhecimentos, práticas e vocábulos que nomeavam aquele mundo novo, muitas vezes servindo para autodefinições, é possível continuar inferindo.

De toda forma, na segunda metade do Quinhentos, os escravos africanos já se faziam notar na América portuguesa, enquanto nas áreas espanholas já eram muito numerosos. Foram estimadas as entradas de cerca de 35.000 a 50.000 deles no Brasil e de 75.000 a 250.000 na América espanhola, até o ano 1600.[140] Essa diferença a favor dos espanhóis continuou claramente perceptível até o século XVII: haviam ingressado muito mais negros escravos nos territórios dos castelhanos e por obra dos contratadores e navegadores lusitanos, que nas terras portuguesas do Novo Mundo. E isso se deu antes da unificação dinástica de 1580 e durante todo o período em que ela se manteve vigorando. Não obstante, posteriormente a 1640, quando assumiu Dom João IV, "O Restaurador", esse quadro sofreu profunda transformação, e a população de negros aumentou vigorosamente no Brasil, que, rapidamente, se africanizou, como ocorrera antes e tão fortemente em várias áreas hispano-americanas, desde a Nova Espanha, Ilha Espanhola e Panamá até o Peru, Cartagena de Indias e Buenos Aires.[141] Africanizavam-se as maneiras de viver no Novo Mundo e intensamente, a força de trabalho empregada no continente. Brandônio, o personagem dos *Diálogos das grandezas do Brasil*, de Ambrósio Fernandes Brandão, finalizados em 1618, respondeu às indagações de Alviano, seu interlocutor, sobre os motivos dos negros africanos terem cor preta e cabelo retorcido e, ao fazê-lo, atestou estar testemunhando com clarividência a "africanização", parcial que fosse, do Novo Mundo:

> Não cuido que nos desviamos de nossa prática (que é tratar somente das grandezas do Brasil) com nos meter em dar definição à matéria que tendes proposta; porquanto neste Brasil se há criado um novo Guiné, com a grande multidão de escravos vindos dela, que nele se acham; em tanto que, em algumas das Capitanias há mais deles que dos naturais da terra, e todos os homens que nele vivem têm metida quase toda sua fazenda em semelhante mercadoria. Pelo que, havendo no Brasil tanta gente desta cor preta e cabelo retorcido, não nos desviamos de nossa prática em tratar dela.

Ao que, então, Alviano complementa:

> Assim é, mas antes convinha que se não passasse isto em silêncio, pois todos os moradores do Brasil vivem, tratam e trabalham com esta gente vinda de Guiné [...][142]

Entre 1601 e 1700, estimam-se cerca de 560.000 a 865.000 africanos os destinados ao Brasil, incluindo os endereçados ao Pernambuco holandês.[143] De uma centúria para a outra, mesmo subtraindo os mortos antes de entrarem no Novo Mundo (no caso da segunda cifra), o grupo de africanos foi multiplicado por 11 a 24 e variara positivamente em cerca de 1500% a 2370%! Mesmo imprecisos, os dados não escondem o que eles, de toda maneira, têm para mostrar: sua extraordinária grandeza e importância. Em um período não muito longo, isso representou impacto demográfico e cultural absurdo, que merece ainda muita atenção por parte dos historiadores e é por causa desse perfil impressionante que decidi acima conjugar o verbo africanizar. Já para a América espanhola, os números não foram tão expressivos, embora nada desprezíveis. Durante o século XVII, devem ter entrado cerca de 199.000[144] a 292.500[145] negros, menos que o número de escravos africanos importados pelo "Caribe não ibérico" no mesmo período, conforme as estimativas de Herbert Klein, e talvez menos que os escravos comprados pelos próprios domínios espanhóis no século anterior.[146] O ritmo de importação dessa parte do Novo Mundo, considerando um e outro resultados, não acompanhou a aceleração observada na América portuguesa, o que resultou na inversão dos destinos mais importantes no Seiscentos e, obviamente, em alterações nas dinâmicas sociais nessas regiões, principalmente no Brasil.

Durante o século XVIII, a entrada de escravos africanos no Brasil aumentou muito devido principalmente ao ouro e aos diamantes encontrados em várias partes do interior do território, sobretudo na grande área que, mais tarde, seria transformada na Capitania das Minas Gerais.[147] O desenvolvimento da economia (diversificando-se) e das sociedades a partir daí pressionou ainda mais a necessidade de mão de obra. A demanda por braço escravo foi, então, multiplicada, e apenas uma parte dela foi suprida pela importação de africanos. A outra parte, cada vez mais intensamente, com o avançar das décadas, foi contemplada com escravos crioulos, mestiços (v. t.), mulatos, pardos, cabras, mamelucos, caboclos e curibocas, isto é, com os nascidos no Brasil. Esse fenômeno social resultava de conjunturas favoráveis à reprodução natural com taxas positivas, que se acentuaram no Setecentos brasileiro, principalmente nas áreas mais urbanizadas. Não obstante o aumento do número de escravos nascidos na América portuguesa, os negros vindos da África ainda eram mais numerosos. Até 1800 esses cativos eram mais frequentemente designados como Mina e Angola (os mais numerosos), Benguela, Cabinda, Cabo Verde, Congo, Moçambique, entre outros,[148] embora já se aplicasse o termo "africanos" desde antes, quando se desejava mencioná-los no coletivo.[149] Durante o Setecentos entrou 1.677.135 de negros africanos no Brasil, segundo Eltis e Richardson,[150] e 1.700.300, segundo Alencastro.[151] Nesse caso, os números apresentados pelos autores estão mais próximos e indicam, igual e claramente, a pujança do sistema escravista da "idade de ouro do Brasil", parafraseando Boxer.[152] A população africana no Brasil, que já era muito expressiva no século anterior, praticamente dobrou de tamanho depois do ouro, das pedras preciosas e da economia fortificada e diversa que se instalou em todo o território. Não há estudos nem estimativas gerais sobre a população escrava nascida no Brasil nesse período, incluindo a de índios ilegalmente submetidos, que devem ser adicionados aos números acima, embora se saiba que pequena não era. Teria ela somado algo como 1/3 dos africanos entrados na centúria?[153] Não se conhece também a quantidade de forros, que, entendo, devem compor o conjunto da população que conformou o extraordinário sistema escravista no Brasil setecentista. Sabe-se, entretanto, que esse agrupamento, que era muito diversificado, na verdade, foi igualmente importante, chegando, em Minas Gerais, a mais populosa das capitanias brasileiras no período, a somar, junto com os não brancos nascidos livres, algo em torno de 120.000 pessoas na década de 1780. Isso significava aproximadamente 33% da população total de 362.847 indivíduos e 69% do conjunto mancípio das Minas Gerais, que alcançara 174.135 indivíduos em 1786.[154] Tomando esses dados, resta saber em que medida eles podem servir de base para se projetar o quadro geral da América portuguesa, procedimento dificultado pela enorme variação das realidades históricas nas várias regiões brasileiras do período.

Enquanto no Brasil os números dobraram, na América espanhola Setecentista entraram muito menos africanos que no território português. Novamente, as duas cifras apresentadas aqui voltam a ficar muito diferentes. Para Eltis e Richardson, entraram no período 139.080 indivíduos e para Alencastro, a quantidade foi quase 4 vezes maior: 512.700 escravos. Mesmo se considerarmos esta última cifra, ela significa, mais ou menos, a terça parte do contingente de africanos existente no Brasil, no mesmo período. Vale lembrar que se tratava de quatro vice-reinos na América espanhola e de dois Estados na América portuguesa até 1774, mas que, neste último caso, desde o século anterior, quando o tráfico de escravos começou a ter alguma expressão no Estado do Maranhão e Grão-Pará, a quantidade de africanos aí foi ínfima, comparada ao contingente do Estado do Brasil. Enquanto o total de escravos africanos era fragmentado nos domínios espanhóis, o contrário ocorria na América portuguesa.

Não restam dúvidas sobre o grande impacto socioeconômico, cultural e político ocorrido a partir da entrada maciça de africanos no território luso-americano desde o século XVII. Tudo foi alterado, desde o banal de todos os dias, como os alimentos produzidos e consumidos, os sons e ritmos e as formas de comunicação, até a organização do trabalho, a demografia das regiões e a estrutura de administração local, regional e geral. Embora tenham chegado menos africanos nas áreas espanholas e não tenham sido espalhados por todo o extenso território, como ocorreu no Brasil, o impacto causado pela entrada deles aí foi igualmente importante. Aliás, muito do que se observaria na América portuguesa se iniciara antes na espanhola, principalmente durante o século XVI e parte do XVII. Se é verdade que a importação do braço africano escravo declinou vertiginosamente nos vice-reinos hispano-americanos entre 1640 e o fim do século XVIII, isso, por outro lado, não impediu que os aí introduzidos tivessem notável atuação social. Mesmo que mais concentrados em algumas áreas e cidades, a presença dos negros se reverteu em transformações semelhantes às ocorridas no território lusitano vizinho. Em uma e outra parte das conquistas ibéricas, desde as primeiras entradas no século XVI, os africanos fomentaram, forçada e/ou voluntariamente, as dinâmicas de mestiçagens biológicas e culturais e incrementaram o grande crisol americano.

Formas de trabalho e misturas com os negros – escravos, forros e nascidos livres

Já se iam os anos, quase 40, que o Brasil tinha sido integrado ao império espanhol por causa de problemas na sucessão do trono português. A administração continuava portuguesa, e a língua castelhana não havia sido imposta pelos reis Felipes, "O Prudente" e "O Pio". Não obstante, o português Brandônio, principal personagem dos *Diálogos das grandezas do Brasil* (escritos em 1618), morador em Pernambuco durante muitos anos, ao conversar com o conterrâneo recém-chegado ao Brasil, Alviano, explicava-lhe sobre as grandezas da terra, comparando-a e vinculando-a à "nossa Espanha". Brandônio não deixava, ao mesmo tempo, de exaltar os feitos dos portugueses, como se pretendesse não se indispor com partido algum. Como se tratava de personagem autobiográfico do cristão-novo Ambrósio Fernandes Brandão, esse pertencimento ampliado era mesmo mais conveniente. Instalado na Capitania que "muita fama tem adquirida no mundo, de grande, rica e abundante de tudo",[155] segundo Alviano, seu outro personagem, Brandão deixou registradas suas observações e avaliações sobre o Brasil daquele início de centúria. Ele era proprietário de escravos (embora não indique se índios, "mamalucos" ou africanos) e possuía terras. Assim como muitos outros conterrâneos seus, instalara-se na América em busca de fortuna, pois, contava ele nos *Diálogos*: "havia de ser uma opulenta província, refúgio e abrigo da gente portuguesa". Brandão assistiu provavelmente às primeiras chegadas de escravos africanos e, como via sempre oportunidades de maior produção no território, acabou falando, um pouco longamente, pela boca de seu personagem Brandônio:

> [...] que este Estado do Brasil todo, em geral, se forma de cinco condições de gente, a saber, marítima, [...] mercadores [...] oficiais mecânicos [...] homens que servem a outros por soldada [...] daqueles que tratam da lavoura, e estes tais se dividem ainda em duas espécies: a uma, dos que são mais ricos, têm engenhos, com título de senhores deles, nome que lhes concede Sua Majestade em suas cartas e provisões, e os demais têm partidos de canas; a outra, cujas forças não abrangem a tanto, se ocupam em lavrar mantimentos e legumes. E todos, assim uns como outros, fazem suas lavouras e granjearias com escravos de Guiné, que para esse efeito compram por subido preço. E como o de que vivem é somente do que granjeam com os tais escravos, não lhes sofre o ânimo ocupar a nenhum deles em cousa que não seja tocante à lavoura que professam, de maneira que têm por tempo perdido o que gastam em plantar uma árvore, que lhes haja de dar frutos em dois ou três anos, por lhes parecer que é muita demora. Porque se ajunta a isto o cuidar cada um deles que logo, em breve tempo, se hão de embarcar para o Reino e que lá hão de ir morrer, e não basta a desenganá-los desta opinião mil dificuldades que, a olhos vistos, lhes impedem podê-lo fazer. Por maneira que este pressuposto que têm todos em geral de se haverem de ir para o Reino, e com a cobiça de fazerem mais quatro pães de açúcar e quatro covas de mantimentos, não há homem em todo este Estado que procure nem se disponha a plantar árvores frutíferas, nem fazer as benfeitorias acerca das plantas, que se fazem em Portugal, e, pelo conseguinte, se não dispõem a fazerem criações de gados e aves; e se algum o faz é em muito pequena quantidade e tão pouca que a gasta todo consigo mesmo e com sua família. E daqui nasce haver carestia e falta destas cousas, e o não vermos no Brasil quintas, pomares e jardins, tanques de água, grandes edifícios, como na nossa Espanha, não porque a terra deixe de ser disposta para todas estas cousas, donde concluo que a falta é de seus moradores, que não querem usar delas.[156]

Brandão exagerava um pouco quando dava a entender que a maioria dos reinóis não investia na terra porque pretendia voltar rapidamente para Portugal. Ele mesmo, na primeira parte de seu sexto e último diálogo, acaba indicando situação bem distinta. Assim, o personagem Brandônio explicava a Alviano que

> [...] o Brasil tem já hoje em si tanta gente que basta para o povoar, e, ainda, antes de poucos anos, lhe ficará sendo sobeja [...] nossos portugueses, dos quais, os que não são mercadores, se ocupam de suas lavouras, como tenho dito, e para o efeito fazem a sua habitação pelos campos, aonde têm sua família, em casas que para isso fazem fabricar,

umas de telha e outras de pindova ou sapé, que é uma rama com que se fazem semelhantes coberturas; e posto que têm suas casas de moradas nas vilas e cidades, não fazem residência nelas, porque no campo é a sua ordinária habitação, aonde se ocupam em granjearem suas fazendas e fazer suas lavouras, com a sua boiada e escravos de Guiné e da terra, que para o efeito têm deputados, porque a maior parte da riqueza dos lavradores desta terra consiste em terem poucos ou muitos escravos; sustentam-se de suas criações, tendo de ordinário um pescador que lhes vai a pescar ao mar alto e também aos rios, donde lhes traz pescado bastante para sua sustentação.[157]

O exagero inicial não se repete com relação a outros aspectos enfocados nos *Diálogos*. Brandão testemunha e faz seus personagens explicitarem a mundialização e a "africanização" da mão de obra no Brasil do início do Seiscentos, o que, de resto, mesmo que menos intensamente, ocorria em várias outras partes do território ibero-americano. Em toda essa quarta parte do mundo os nativos já eram muito menos numerosos e seu braço era, paulatinamente, substituído pelo dos negros africanos, ainda que isso não ocorresse em todas as regiões e com a mesma intensidade. Entretanto, no geral, era o que estava acontecendo, e Brandônio tinha toda a razão quando afirmava que se estimava a riqueza de alguém pelo número de escravos que se possuía. No Brasil filipino, muito mais que na América espanhola e malgrado as leis proibitivas, essa posse de escravos incluía índios.[158] No entanto, os negros da Guiné se tornavam a cada dia mais numerosos e mesmo custando muito, como ele denunciava, eram adquiridos pelos moradores e possivelmente não apenas por europeus ou por seus filhos brancos nascidos no Novo Mundo, mas também por *mestizos/* mestiços e mamelucos.

Os escravos africanos eram empregados em toda a sorte de ocupações, mas os tipos de trabalho realizados por eles foram também realizados por libertos, pobres livres e servos, incluindo brancos. Não era o tipo de trabalho realizado que definia a "condição" jurídica de escravo, livre ou liberto,[159] não obstante, uma pessoa poder ser, nessa época, obrigada a realizar um trabalho devido à sua condição jurídica. Mas houve casos de não escravos obrigados a certos tipos de trabalho, geralmente não realizados pelos que podiam escolher o que fazer, como os índios submetidos aos sistemas de *encomiendas*, *repartimientos* e *mitas*. Não eram escravos, mas eram concedidos a um conquistador ou a um cacique *encomendero* que os forçava a trabalhar, pelo menos até a promulgação das *Leyes Nuevas*, de 1542 (cuja aplicação, na verdade, variou no tempo e espaço).

A partir daí a coroa extinguiu a hereditariedade das *encomiendas* e nos anos que se seguiram os índios já não eram mais obrigados a trabalhar, mas a pagar tributos aos *encomenderos*. Os índios dos *repartimientos* trabalhavam por temporada para os espanhóis, alguns dias por mês, quando eram substituídos por outros índios, e recebiam pagamento, na verdade ínfimo. Eram índios tributários e trabalhavam compulsoriamente em fazendas, casas e minas, aproximando-se ao antigo sistema da *mita*, já usado entre os incas e mantido pelos conquistadores.[160]

As pessoas eram submetidas a esses sistemas, e daí se diz trabalho forçado ou compulsório ou ainda "trabalho escravo", que era uma das formas de obrigá-los ao labor. O emprego quase exclusivo dessa gente em algumas tarefas específicas foi contingencial. Na ausência dos escravos ou dos *mitayos*, por exemplo, assumiram-nas ou as assumiriam gente livre e liberta, fosse forçadamente ou por alguma remuneração. Quanto mais urbanizada a região escravista, por exemplo, menos exclusividade houve no tipo de trabalho realizado pelos escravos, dada a quantidade quase sempre grande de forros e de não brancos nascidos livres que se formou, principalmente a partir do século XVII.

O carmelita espanhol Antonio Vázquez de Espinosa, que chegou ao Novo Mundo em 1612, viajou pela América espanhola, desde a Nova Espanha até Buenos Aires e Santiago do Chile e descreveu detalhadamente as várias regiões pelas quais passou no inacabado *Compendio y Descripción de las Indias Occidentales*, redigido entre 1628 e 1629. Trata-se de excelente testemunha das formas de trabalho organizadas e de como negros, índios e mestiços desempenharam atividades muitas vezes de maneira compartilhada em várias regiões que visitou e comparou. Sobre a Ilha Espanhola, "que los Indios llamaron Haiti, que significa tierra de aspereza, a quien tambien llamaron Quisqueya, que quiere decir tierra grande"[161], informava o autor: "ai en la Isla para las crias del ganado, y beneficio de las demas haciendas más de 4,000 esclauos de los vecinos de Santo Domingo, y muchos mulatos libres."[162] Já sobre Porto Rico: "tiene esta isla mui buenos ingenios, y trapiches de azucar en los quales y en los hatos de vacas, y demás sementeras, por falta de los naturales ai negros y mulatos libres en cantidad de dos mil, que tienen los vecinos de la ciudad, e isla para el beneficio de las dichas haciendas".[163] De Caracas escreveu que "tiene trecientos vecinos Españoles, sin cantidad de negros y mulatos libres y esclauos, y Indios de seruicio";[164] "San Christoual de la Habana, la qual tendra más de mil y dozientos vecinos Españoles, sin grande cantidad que tiene de gente de seruicio de negros y mulatos, sin la gente que de ordinario ai de flotas y galeones, y demas nauios y fragatas, por ser el puerto y ciudad el paradero de todos los que vienen de todas las partes de las Indias, de mucho trato y correspondencia con las demás islas de Barlouento y otras partes";[165] "y assi mesmo de ganado menor como son cabras, ouejas, y ganado de cerda, que todo se cria con abundancia en la isla [Jamaica], para lo qual, y el seruicio de sus haciendas, y sembrados tienen más de 1,000 esclauos negros, y mulatos, que se ocupan en el campo en las estancias del ganado, hatos, y labores del mais, tabaco, de que se coge cantidad en la isla, arros, casabe, y algunos trapiches de miel, que todo se da con abundancia por ser la tierra a proposito y grasa".[166]

Sobre a grande Cidade do México observou Vázquez de Espinosa: "tendra más de 15,000 vecinos Españoles, y más de 80,000 indios vecinos que viuen dentro de la ciudad, y en el barrio, o ciudad de Santiago de Tlatellulco, y en los demás arrabales, o chinampas, sin los quales ay más de 50,000 negros, y mulatos esclauos de los españoles, y libres, con que la habitación de la ciudad, es muy grande, y estendida [...] ay muchas, y gruesas tiendas de mercaderes, officiales de todos officios, Españoles, y indios, que con primor los usan, y exercitan."[167] Da Cidade da Guatemala, o autor salientava que não havia "muchos esclauos negros, y mulatos, y ai muchos indios de seruicio",[168] o que ocorria em outras localidades como Valladolid, no Bispado de Honduras, que tinha "más de 200 vecinos españoles sin los mestizos, que son hijos de españoles, y de indias, y sin muchos negros, mulatos, y indios gente de seruicio"[169] e em outras que ele listou na Nova Espanha, em Honduras, Nicarágua, Panamá, Nova Granada, Peru e Chile. Mesmo para apontar a presença modesta desses grupos nessas regiões o autor quase sempre os listou aproximando-os e indicando como semelhantes os serviços que eles prestavam. Isso também foi uma constante para as cidades e localidades que possuíam maior quantidade de negros, mulatos e índios, como Papayan, Quito, Callao, Cuzco, Potosí e estâncias próximas a Santiago do Chile.

Em áreas de mineração de ouro no Peru, negros e índios trabalhavam juntos, segundo Vázquez de Espinosa. Perto de Pamplona, por exemplo, havia "dos valles, llamado el vno Bucarica, y el otro de los Cañauerales, donde ay muchos labaderos de oro en que se ocupan 17. quadrillas de Negros, y Indios, ocupados en labar, y sacar oro, de donde se ha sacado, y saca grande riqueza de oro, el qual es de 22. quilates y medio. Estos labaderos descubrio el Capitan Ortun Velasco, donde estan sus haciendas, que gozan sus hijos."[170] Em outros tipos de atividade econômica esses trabalhadores estiveram juntos também. No distrito de Guayaquil havia "toros muy fieros, y brabos criados por aquellas seluas, y espesuras sin ver gente, y con ser tan feroses son más diestros los indios, negros, y mulatos vaqueros, que con la mayor facilidad cogen al toro más brabo, que ay, que el modo no lo sé, y lo derriban en el suelo, y con vn cuchillo, v otro instrumento le horadan las ventanas de las narizes, que se comuniquen, y por ellas le pasan vn látigo o cordel pequeno, y de esta suerte lo lleuan tras de si al toro más brabo como si fuera vn cordero."[171] Já no porto de Callao, "entran todas las tardes, muchos barcos de pescadores, assi de Españoles, como indios, y negros cargados de diferencias de pescados regalados [...]".[172] Espanhóis, negros, índios e mestiços ainda estiveram envolvidos conjuntamente em outras atividades, tais como criação de animais, plantações de cana, vinhas e trigo e fabrico de açúcar e vinho, tudo atestado pelo olhar perspicaz do cronista carmelita. Em casos como os anotados por ele, além da proximidade física dos grupos (incluindo mulheres vinculadas direta e/ou indiretamente com essas atividades), o que gerava muitos mestiços, houve, certamente, muito mais interseções. Houve troca de conhecimento técnico e conformação de práticas híbridas, compartilhadas por esses e por outros grupos, o que, de resto, foram dinâmicas e resultados comuns na história da formação das sociedades ibero-americanas.

A "metropoli de los Reynos del Piru", a Ciudad de los Reyes ou Lima, contaba "de 9,000 a 10,000 vecinos Españoles, sin los entrantes, y salientes [...] sin más de 50,000 negros, mulatos, y otra gente de seruicio y sin gran numero de indios, assi naturales de la tierra, como de todo el Reyno muchos de ellos officiales de todos officios, que viuen en los arrabales de la ciudad, y por toda ella."[173] Na capital do Vice-Reino, a quantidade de negros parece ter sido a mesma indicada para a Cidade do México, embora a capital da Nova Espanha fosse muito maior, o que faz de Lima uma cidade mais fortemente africanizada.[174] Nesse ambiente, a aproximação entre negros se dava em espaços e momentos religiosos também. Segundo Vázquez de Espinosa,

> [...] ay otra congregacion de indios, y otra de negros, y todas estas se juntan los Domingos, despues de medio dia en Capillas diferentes, donde despues de algun rato de lectura espiritual, que en publico se lee, tienen su platica, y algunos dias el padre que les tiene a su cargo conuida a otros para que tengan la conferencia espiritual, y por que los esclauos que tienen los Cauallos, que son muchos, y estan en la calle delante de las puertas del colegio de San Pablo, no queden sin la

> buena doctrina, y enseñanza, sale vn padre y puesto en vn lugar alto les hace su platica. todas estas congregaciones en particular la de los seglares, que es del titulo de la expectacion hacen cada mes su fiesta, y comunion descubierto el Santissimo Sacramento con notable grandeza de adorno, y curiosidad.[175]

O carmelita Vázquez de Espinosa estava vivenciando, talvez sem perceber totalmente, o processo de substituição da mão de obra indígena pela africana em várias partes da América espanhola e a manutenção das formas mais tradicionais de organização do trabalho em outras. A presença mais forte ou menos notável de negros e mulatos, além de *zambaigos*, *mestizos* e dos próprios índios, foi registrada por ele em quase todas as cidades e regiões de interior que passou e que incluiu em seu *Compendio*, o que denota a extraordinária expansão do emprego do braço africano em toda a conquista espanhola, inclusive em regiões mais afastadas da costa, em áreas rurais e fora das capitais, cidades e vilas mais importantes.

Mas desde o fim da primeira metade do século XVI, a forte presença dos africanos impusera incômodos e novos problemas às autoridades espanholas nas Índias. Segundo Lucena Salmoral, em 1541, no Peru, buscara-se proibir a existência de negros nas *encomiendas* de índios.[176] Dez anos mais tarde, em uma Real Cédula de Carlos V (reiterada por Felipe II, em 14 de junho de 1589, "después Ley VII, Tít. V. Libro VII de las Leyes de Indias") se resolvia:

> Prohibimos en todas las partes de nuestras Indias que se sirvan los negros y negras, libres o esclavos, de indios o indias, como se contiene en la ley XVI, tít. XII, lib. VI y porque hemos entendido que muchos negros tienen a las indias por mancebas, o las tratan mal y oprimen, y conviene a nuestro Real Servicio y bien de los indios poner todo remedio a tan grave exceso: Ordenamos y mandamos que se guarde esta prohibición, pena de que si el negro o negra fueren esclavos, les sean dados cien azotes públicamente por la primera vez, y por la segunda, se le corten las orejas, y si fuere libre, por la primera vez le sean dados cien azotes, y por la segunda, sea desterrado perpetuamente de aquellos Reinos: y al aguacil u otro cualquier denunciador asignamos diez pesos de pena, los cuales le sean pagados de cualesquier bienes que se hallaren de los negros o negras delincuentes, o de gastos de justicia, si no los tuvieren. Y ordenamos que los dueños de esclavos o esclavas no les consientan ni den lugar a que tengan indios ni indias, ni se sirvan de ellos, y cuiden de que así se haga, pena de cien pesos, en que no puedan alegar ignorancia, ni falta de noticia:

> y nuestras justicias Reales tengan el mismo cuidado respecto a los negros y negras libres.[177]

Tratava-se de procedimento coercitivo de prática corriqueira, que se alastrava nas áreas escravistas das Índias Ocidentais. Não era, portanto, tentativa de prevenção de problemas que poderiam advir da entrada maciça de africanos escravos, da autonomia que eles eventualmente adquirissem e da imaginada exploração dos índios, por parte desses negros, incluídos os que se alforriassem, e de seus descendentes. Pelo que se lê na Cédula Real, a servidão de índios era imposta por escravos negros e não apenas pelos libertos ou pelos nascidos livres, o que revela também que desde o século XVI africanos cativos adquiriram meios, talvez financeiros, de subjugar índios. Mais ainda: essa submissão indígena envolvia a mancebia, e aí se explicita outra via das dinâmicas de mestiçagens biológicas e culturais, além de se constatar a incorporação, entre os escravos, da prática de exploração do trabalho de outrem. Isso não constituía exceção, pois há vários casos conhecidos de escravos que possuíam escravos, fato aceito socialmente sem grandes restrições, mas indicava que os africanos eventualmente julgavam os índios inferiores a eles e, assim, os transformavam em servos. Entretanto, não era exclusividade dos negros, além dos brancos e dos mestiços, a busca por benefícios auferidos com a exploração do trabalho alheio.

Os índios também parecem ter assimilado rapidamente a perspectiva escravista em voga e buscaram adquirir escravos negros. De maneira semelhante isso preocupou os administradores, que tomaram providências para impedir ou, pelo menos, inibir esse quadro. Diante de uma população negra em pleno crescimento no Peru da segunda metade do Quinhentos, o vice-rei Toledo, como escreveu Lucena Salmoral,

> [...] anotó en sus Instrucciones a los Corregidores del 30 de mayo de 1580 que "ningún cacique, ni principal, ni otro indio, pueda tener mulato, ni negro, esclavo, ni los horros puedan residir en los dichos pueblos", añadiendo que si algún ahorrado permaneciera en ellos más de dos días, se le darían 200 azotes y se le enviaría luego preso a la Justicia "para que los hagan servir y asienten a oficios y con amos". El ahorrado, por consiguiente, volvía prácticamente a la esclavitud.[178]

E concluía o autor:

> Finalmente el mismo año 1580 se dio la prohibición de que los negros vivieran con los indios. Se hizo mediante una cédula general para los Virreyes y las Audiencias, concedida el 23 de septiembre de 1580 que

señaló "tengáis mucho cuidado de ordenar que los dichos negros no vivan entre los indios, ni tengan contrataciones con ellos". La normativa se justificó con estas palabras: "porque demás de que los tratan muy mal y se sirven de ellos les hacen muchas molestias, les quitando lo que tienen y las mujeres e hijas, sin que puedan, ni se atrevan, a resistirlo, y demás de esto son corruptores de las costumbres y Evangelio y apostatan con los dichos indios".[179]

O que se pode observar a partir daí e durante as décadas subsequentes é que se tratava de nova conformação social que surgia no Novo Mundo, resultante da mundialização da escravidão e da "africanização" da força de trabalho e do universo cultural nas Américas. Já nas primeiras décadas do século XVII, em pleno período de união das coroas ibéricas, esse quadro se consolidava, auxiliado fortemente pelas ações de portugueses no trato atlântico de escravos africanos e na distribuição deles no Novo Mundo.

No Brasil, onde também já se havia iniciado a substituição dos índios pelos negros, o que se passava era no geral algo semelhante. No século XVII, a entrada de escravos africanos aumentou exponencialmente, enquanto o emprego de mão de obra indígena começava a decair, uma realidade que novamente se parecia com a registrada pelo carmelita Vázquez de Espinosa para a América espanhola. Era um período em que as fronteiras entre as conquistas espanholas e portuguesas, além de ter demarcação um tanto imprecisa, eram fluidas. As similitudes identificadas se alimentavam, portanto, de idas e vindas dos moradores, e de sua plasticidade cultural, bem como do vigor dos mercados americanos, que se integravam internamente e se conectavam com as outras partes do mundo. E como já frisei, parte substantiva das mesclas surgidas desse grande laboratório americano circulava entre ambos os territórios e era apropriada semelhantemente por suas populações.

Nesses tempos de transição da escravidão dos índios para a dos negros, ambos, juntos com crioulos e mestiços, chegaram a conviver e a compartilhar atividades nas unidades de trabalho em todo o território ibero-americano. Outros observadores, além de Antonio Vázquez de Espinosa, registraram tal cumplicidade.[180] No Brasil holandês, em vésperas da restauração portuguesa, o pastor calvinista e ex-frade agostinho, Vicente Joaquim Soler, natural de Valência, na Espanha, descreveu alguns aspectos da vida de índios, negros e mestiços habitantes na área. Em vários momentos procurou diferenciar o tratamento a eles dispensado pelos holandeses da violência aplicada pelos portugueses. Sobre os nativos, escreveu que havia 13 aldeias de brasilianos nas 120 léguas quadradas que a Companhia das Índias Ocidentais possuía, e que nelas havia cerca de 20.000 almas. E continuava acusando os antigos conquistadores do território: "a bárbara crueldade dos portugueses tem forçado um número infinito deles a refugiar-se no Maranhão, pelo fato de os portugueses os tratarem como escravos, se é que não como bestas. Nós o tratamos como gente livre e os empregamos com grande proveito na guerra, até o ponto que, quando o nosso exército está em campanha, conta geralmente com um regimento de doze companhias completas formadas por eles e equipadas com as nossas armas."[181]

Soler procurava distinguir as ocupações de escravos e de livres e, para tanto, acusava os portugueses de não o praticarem, isto é, de escravizarem índios e de lhes ocuparem com pesadas tarefas de escravos; leia-se: de negros africanos. Estes últimos também, segundo o pastor protestante, eram muito mais bem tratados pelos holandeses, mesmo que os mantivessem escravizados e nas mesmas ocupações originalmente destinadas pelos portugueses, fato que ele se esqueceu de mencionar. Ao contrário da distinção pretendida por Soler entre brasilianos e negros, o dia a dia nos engenhos, roças, campos e urbe da área invadida pela Companhia das Índias Ocidentais era marcado pela proximidade entre os vários grupos sociais existentes ali.[182] Franz Post registrou bem esse ambiente compartilhado em várias de suas pinturas sobre o Brasil holandês, no que se refere tanto ao trabalho quanto a festejos, vida urbana, religião e cotidiano. Pintada em 1653, depois do retorno de Post à Holanda, *Vista da cidade Maurícia e do Recife* é um retrato fiel ao que ele presenciou e que continuaria marcando toda a sociedade brasileira até o século seguinte: o cotidiano compartilhado por gente de distintas "qualidades" e "condições".

Algumas décadas mais tarde, já passado o período da invasão holandesa, a coroa restaurada contaria com excelente notícia, buscada desde os primórdios da ocupação: seria encontrado ouro em grande quantidade no Brasil. Na verdade, sabia-se das minas de ouro e das pedras preciosas que existiam nos sertões, e há notícias de expedições de busca desde o século XVI, mas a exploração sistemática, com afluxo de enorme contingente de aventureiros, povoadores e escravos só ocorreria a partir dos anos 1690. A maior parte das áreas auríferas integrava o território que rapidamente passou a ser chamado de Minas Gerais, que se transformaria, em poucas décadas, em capitania das mais populosas do Brasil, áreas das mais importantes de todo o império português e das mais ricas em todo o mundo. Guardadas as diferenças, que não são poucas, as Minas Gerais se transformariam em uma espécie de Peru

Figura 8 – Franz Post. *Vista da cidade Maurícia e do Recife* (detalhe), 1653. Coleção particular, São Paulo.

do Brasil setecentista, e sua capital, Vila Rica de Ouro Preto, em uma Potosí luso-brasileira[183] ou, como já em 1732 afirmava Francisco Tavares de Brito, "hum Potosí de Ouro".[184] Cronista de primeira hora, o jesuíta André João Antonil (João Antônio Andreoni, era o nome verdadeiro) acompanhou atentamente os acontecimentos relativos às descobertas auríferas e relatou detalhadamente como se organizavam o Brasil e as Minas Gerais no fim do século XVII e no início do XVIII. Seu *Cultura e opulência do Brasil por suas drogas e minas* foi publicado originalmente em Lisboa, em 1711, e desde então vem sendo muito consultado. Sobre a proximidade de negros, índios e mestiços nas atividades cotidianas ele deixou informações importantes. Ao discorrer sobre a distribuição de datas minerais feitas em nome do rei, explicou: "as que chamam datas inteiras são de trinta braças em quadra, e tais são a de El-Rei, e as do descobridor e guarda-mor. As outras, que se dão por sorte, têm a extensão proporcionada ao número dos escravos que trazem para estar, dando duas braças em quadra por cada escravo ou índio, de que se servem nas catas; e assim, a quem tem quinze escravos se dá uma data inteira de trinta braças em quadra."[185] Quando falou sobre a lucratividade da mineração, atestou: "como os negros e índios escondem bastante oitavas quando catam nos ribeiros e nos dias santos e nas últimas horas do dia, tiram ouro para si, a maior parte deste ouro se gasta em comer e beber, e insensivelmente dá aos vendedores grande lucro [...]".[186] E, finalmente, ao mencionar o transporte "das boiadas do sertão do Brasil", anotou: as "que ordinariamente vêm para a Bahia de cem, cento e cinquenta, duzentas cabeças de gado; e, destas, quase cada semana chegam algumas a Capoame, lugar distante da cidade oito léguas, aonde têm pasto e aonde os marchantes as compram; e em alguns tempos do ano há semanas em que, cada dia, chegam boiadas. Os que as trazem, são brancos, mulatos e pretos, e também índios, que com este trabalho procuram ter algum lucro".[187] É possível que esses agentes tivessem a destreza de "los indios, negros, y mulatos vaqueiros" do distrito de Guayaquil, apontada por Vázquez de Espinosa e mencionados aqui, anteriormente. De toda forma, os comentários dos autores apontam para uma coincidência dos tipos de atividades desempenhadas compartilhadamente por esses grupos sociais nas áreas ibero-americanas, fato que parece ter perpassado pelos trezentos primeiros anos de ocupação do território.

Em outra área de mineração de ouro que se desenvolveu no século XVIII – o Mato Grosso – índios e negros também trabalharam juntos. Jovan Vilela da Silva afirma que nas primeiras décadas do Setecentos o número de negros introduzidos na região "aparece em muitas descrições misturado aos índios no trabalho das lavras". E, mais além, informa sobre o quilombo de Quariteré: que era chefiado por uma mulher denominada "a viúva Tereza", quando foi destruído, em 1770, e que contava com "79 negros e mais 30 pessoas entre índios e negros".[188] Isso indica, talvez, associações voluntárias entre esses grupos, como parece ter ocorrido em algumas *encomiendas* e *pueblos* na América espanhola, como se viu acima.

Tanto nas partes espanholas do continente quanto nas portuguesas, como descreveram administradores, cronistas e artistas, pessoas de distintas "qualidades" e "condições" trabalharam lado a lado na construção das sociedades. Isso facilitou as misturas[189] biológicas e culturais entre elas, e daí nasceram muitos rebentos, sem que Estado e Igreja chegassem a controlar eficazmente os concubinatos, os relacionamentos efêmeros e a bastardia generalizada, não obstante as muitas tentativas de fazê-lo. Em toda a Ibero-América, mulatos, pardos, cabras, cafuzos e *zambos* (entre outros tipos incluídos em categorias denotativas de mescla com negros) tornavam-se numerosos e engrossavam tanto o grupo dos escravos quanto o de libertos e de nascidos livres. Muitos, como já chamei a atenção, eram bastardos. Entre eles, não eram poucos os filhos de pais ricos e remediados, e isso significou ao longo dos anos certa redistribuição das fortunas acumuladas entre descendentes não brancos de portugueses enriquecidos no Brasil. Na maior parte das vezes, entretanto, os mestiços descendentes de negros, crioulos e dos próprios mulatos, pardos, cabras e *zambos* foram incorporados ao contingente de trabalhadores braçais. E entre os que nasceram escravos, apenas uma parcela conseguiu a libertação. Na escala social, esses grupos ocupavam as camadas mais baixas, ainda que tenha havido ascensões econômicas e sociais desde os primeiros tempos.

Crescimento demográfico e mobilidade dos "inferiores"

Em 1639, o já citado pastor protestante Vicente Joaquim Soler, um tanto contrariado com as práticas sexuais das populações do Brasil holandês, o que feria seu puritanismo, acabou nos legando impressões e definições esclarecedoras sobre as misturas biológicas e culturais ali processadas. Suas palavras não deixam dúvidas sobre a classificação geral relativa aos homens e mulheres pertencentes a esses grupos e, embora ele faça alguma distinção, os índios são também incluídos entre esses inferiores. Escrevia, então, o pastor dos holandeses:

> Neste Estado [o Brasil dos holandeses] abundam os portugueses naturais, quer dizer, os que vieram de Portugal e os filhos deles; também existem muitos negros de Angola e da Guiné, e os filhos deles, chamados de crioulos. Dos cruzamentos de portugueses e mulheres brasilianas nascem os mamelucos; e com mulheres negras, nascem os mulatos. São duas categorias de pessoas inferiores. Também há cruzamentos de brasilianos e negras e de negros e brasilianas; todos de matizes diferentes. Os negros misturam-se como cachorros. Atualmente são obrigados a casar, embora a grande custo. Caso-os com freqüência e, em conseqüência disso, trazem-me os filhos para batizar. São astutos, inclinados para o mal e mui desajeitados no bem, embora moralmente bons. Geralmente têm tendências para a libertinagem, a embriaguez, os bailes e a gatunagem.[190]

A visão de Soler era compartilhada no geral pelas autoridades e pelos "homens bons" católicos nas áreas portuguesa e espanhola, não obstante membros da elite indígena e *mestiza*/mestiça/mameluca, como já demonstrei, terem se casado com integrantes da elite ibérica e *criolla* e cm seus descendentes brancos e católicos. Essas alianças de poder garantiram a preservação de privilégios entre os indígenas, a herança de seus descendentes e o controle de parte importante da economia das regiões, incluindo a gerência de grandes contingentes de mão de obra – tanto índios quanto negros, crioulos e mestiços (v. t.). Já nos casos dos negros e crioulos, a mesma política não vigorou, pelo menos nas Américas, embora nas áreas africanas de domínio português, por exemplo, a política tenha sido fortemente implementada.[191] A explicação passa obviamente pelo desprezo social em relação ao escravo e pela pecha da escravidão suportada por libertos negros e crioulos (nesse caso, ainda que nascidos livres). Além disso, conta o fato de não formarem grupos de elite em território americano; mulatos e pardos devem ser excluídos dessa afirmativa, principalmente por sua origem mesclada com brancos (assim definidos quase sempre). Estes sim, com o passar dos anos foram sendo incorporados às elites e foram embranquecendo também, mesmo que a cor da pele denunciasse a constituição mesclada e a existência de algum antepassado escravo. Ao longo do século XVII e principalmente do XVIII, o clareamento da cor de pele de uma pessoa se dava de acordo com a ascendência socioeconômica, sobretudo do pai, e com a conveniência de alterar a "qualidade" do filho.

Um documento importante sobre a possibilidade de ascensão de mestiços e de mudança de "qualidade" deles é o que produziu o pintor índio Andrés Sánchez Galque, em 1599, no qual três mulatos (*zambos*)[192] aparecem vestidos e em pose de fidalgos (ver Figura 9). O retrato foi realizado para ser enviado ao rei Felipe III de Espanha (II de Portugal) e para celebrar a pacificação de áreas da Província de Esmeraldas, Audiência de Quito, onde aconteciam rebeliões. No centro do retrato aparece Dom Francisco de Arobe, 56 anos; à esquerda, Dom Pedro, 22 anos, e à direita Dom Domingo, 13 anos.[193] Imagem extraordinariamente rica em informações e detalhes, ela é o retrato mais antigo que se conhece de mestiços americanos, como já ressaltei. Registraram-se detalhadamente mesclas biológicas e culturais, explicitando resultados ímpares produzidos pelo grande crisol americano. É muito provável que o artista tenha pretendido reproduzir a realidade, mesmo que desse a ela alguma oficialidade e pompa suplementar. Não lhes pareceu, a ele e aos retratados, nada absurdo enviarem ao rei um documento com signos de poder de culturas muito diferentes, portados por homens quase negros! Não lhes teria ocorrido a ideia de que a cena pudesse despertar receio ao rei e às autoridades que em nome dele governavam a região? Como explicar esses pacificadores mulatos (*zambos*), vestidos de espanhóis e adornados como índios pré-colombianos, tudo ao mesmo tempo e em nome do rei?

Algumas respostas podem ser encontradas talvez em relato feito quase três décadas depois da pintura realizada por Galque, mais precisamente entre 1628 e 1629. Novamente recorro ao carmelita Vázquez de Espinosa para tentar esclarecer a situação que envolveu os três pacificadores mulatos. O religioso do Carmo escreveu:

> [...] tiene junto assi la prouincia de las barbacoas, y esmeraldas de indios gentiles ricas, de grandes montanas y arboledas, y junto a ellas la prouincia de los Mulatos gentiles, que son de vn nauio que se perdió en aquel parage de negros, de donde a resultado esta nación, son muy dispuestos y todos traen moquillos de oro en las narizes, y patenas en los pechos, y orejeras, porque assi los vi y las esmeraldas es cierto que ay minas muy rica de ellas en esta prouincia y que son mas finas que las de Muso, no se pacifican estas prouincias porque los que pudieran hacerlo, no quieren gastar sus haciendas, auenturandolas, y los pobres que lo desean no pueden, esto se auia de encomendar a la audiencia de Quito, lo hiciesse pacificar, offreciendo algunas honrras, y que se le haria merced a quien lo pacificasse, que cierto importaria mucho, ayudandole.[194]

Pelo que parece, a pacificação celebrada em 1599 não havia sido definitiva e a região convivia ainda com rebeliões no final da década de

DON P.º Z ZA Sº.

Figura 9 - Andrés Sánchez Gallque. *Los mulatos de Esmeraldas*, 1599.
Museu de America, Madri, Espanha.

1820. Pelo fato de estar sempre se deslocando entre as regiões da América espanhola, é possível que Vázquez de Espinosa não tenha visto o retrato dos pacificadores mulatos, que, na época da passagem dele pela Província de Esmeraldas, já devia ter sido enviado ao rei. De toda forma, as observações do carmelita corroboram as imagens do índio pintor, e ambas indicam a complexidade da formação daquela sociedade, profundamente marcada pela diversidade cultural, mobilidade física, mestiçagens biológicas e culturais e pelas formas de trabalho forçado.

A pressão no Quinhentos pelo aumento de "moradores e povoadores" das terras, como enfatizava Duarte Coelho,[195] parece ter sido controlada no início do século XVII com a entrada regular de africanos e com o crescimento natural positivo de mestiços de várias "qualidades". Em algumas áreas, como na Nova Espanha, desde a década de 1530, apareceram indicações de superpopulação. Em 1533, Dom Luis de Velasco, vice-rei da Nova Espanha, escreveu ao imperador Carlos V sobre esse tema, solicitando-lhe que "se entresaque parte de la gente española y mestizos e negros, que hay sobrada en la tierra, para alguna conquista; y si esta no se ha de hacer, que mande V. M. cerrar la puerta con toda manera de españoles, para que no pasen a esta Nueva España y que lleven los mestizos que se pudieren enviar en los navíos que fueren a España, porque son muy prejudiciales para los indios: los que quedaren escarmentarán viendo que se echan algunos de la tierra".[196] A população da Nova Espanha e da Cidade do México cresceria muito mais a partir daí, incluindo muitos mestiços de todas as "qualidades", o que colocava em cheque a capacidade do vice-rei de ter projetado o futuro breve daquelas conquistas. Mas a sobra de gente que parece ter existido na Nova Espanha não se repetia na maior parte das províncias da América espanhola ainda no início da segunda metade do Seiscentos, como denunciava o jesuíta Bernabé Cobo nas primeiras linhas de seu *Historia del Nuevo Mundo*, de 1653.[197] Ao contrário, necessitava-se de mais povoadores e de mão de obra, ainda que o mesmo religioso sublinhasse as áreas povoadas adequadamente nessa época: "como a de México en la América setentrional, y en esta austral la de Santa Fé de Bogotá en el Nuevo Reino de Granada, las de Cuzco y Quito, en el Perú, Chile e algunas otras".[198] Nessas regiões, a população total já era, na época de Bernabé Cobo, formada por substantivo número de mestiços nascidos de mesclas ocorridas com índios e negros e dos próprios mestiços cruzados entre si e com gente de outras "qualidades".

Em alguma medida, pode-se afirmar a partir do que se viu nas transcrições parciais de fontes e crônicas antigas, o crescimento natural positivo do qual resultaram tantos crioulos e mestiços, foi induzido a partir, sobretudo, da organização que se fez da força de trabalho; inicialmente indígena e *mestiza*, seguindo-se a introdução dos negros e o emprego de seus descendentes. Para compensar a diminuição da população de índios, que se acentuou com o passar dos anos, cresceu a de negros importados e a de *mestizos*/mestiços/mamelucos, crioulos, mulatos, pardos, cabras e *zambos*.

A procriação desregrada, as relações efêmeras e os concubinatos foram (ainda que indiretamente) tolerados e até incentivados durante o século XVI, diante da necessidade de gente para ocupar, explorar e proteger as conquistas e a tática, junto com a importação humana, parece ter sido exitosa. Assim, o personagem Alviano dos *Diálogos das grandezas do Brasil*, demonstrando sua ignorância sobre a América portuguesa, aonde chegara recentemente, provocava Brandônio ao afirmar: "quando totalmente o Brasil se pudera sustentar sem o provimento que lhe vem todos os anos de Portugal, nunca o poderá fazer se lhe não vier gente, por ser o com que ele se povoa."[199] A resposta do personagem Brandônio vale a pena ser evocada novamente neste texto: "enganai-vos nisso, porque o Brasil tem já hoje em si tanta gente que basta para o povoar, e, ainda antes de poucos anos, lhe ficará sendo sobeja".[200] Corria o ano 1618 quando Ambrósio Fernandes Brandão escreveu os diálogos entre os dois personagens. Suas constatações, no que se refere à demografia, eram compatíveis com os esforços de cristianização dos índios e de sua escravização, com o crescimento do número de crioulos e mestiços e com a entrada, que já se tornara expressiva, de escravos africanos no Brasil. Entretanto, o autor se referia ao Brasil da costa atlântica (e nem toda ela!), e não ao dos sertões imensos, muito pouco povoados nessa época.

Faltava à perspectiva de Brandônio prever o maior desenvolvimento econômico do Novo Mundo no século que se iniciava e nos vindouros e, por isso, a maior demanda de mão de obra, cada vez mais negra e misturada com negros. A tolerância oficial com relação aos "desregramentos" morais e sexuais diminuíra desde o fim do século XVI,[201] mas, na prática, a população nascida dos costumes comportamentais menos rígidos e já arraigados cresceria muitíssimo. Toda essa dinâmica social e cultural produziu novas demandas de toda ordem nas conquistas americanas e, entre elas, as formas de distinção e de hierarquização entre grupos sociais, "qualidades" e "condições".

Tanto para as autoridades quanto para a gente comum, aquelas sociedades não eram igualitárias e harmônicas, mas, por outro lado, não se lastreavam exclusivamente em conflitos e disputas. A distinção e a classificação dos povos naturalizaram-se e foram incorporadas, mais ou menos intensamente, até mesmo por africanos, índios, crioulos e mestiços escravizados. Portanto, mesmo no seio de tão intensas e profundas misturas era preciso identificar cada um, cada tipo, ainda que os "diferentes" compusessem o mesmo grupo, como o familiar, por exemplo. Mestiçagens não significaram indistinção social e cultural nem a rigor, seria isso uma contradição. Ao contrário, o ambiente social ibero-americano emergira generalizadamente múltiplo e todos compartilhavam no cotidiano as práticas de distinção, que nunca foram exclusivamente uma imposição de poderosos conquistadores sobre pobres e indefesas vítimas da expansão do mundo moderno.

No México de 1601, as palavras do capelão do convento de Santa Catalina de Sena, em Puebla, denunciado à Inquisição por suas ideias controversas, adquiriam sentido realista, pois provinham, certamente, da observação atenta da realidade em que vivia e que era semelhante no restante do continente. Disse ele diante do tribunal mexicano: "[...] depois que se descobriram as Índias Orientais e Ocidentais e a Guiné, as nações haviam se mesclado e não se soldaram nem se conformaram umas às outras, como diz [o Profeta] Daniel, o que se via porque a uns chamam de cão índio, cão mulato, cão mestiço, e assim via que tinham discórdia entre si e que estávamos como que à espera do que havia de vir".[202] Mais do que a discórdia apocalíptica vista pelo capelão, o que se expressava, na verdade, eram as distinções produzidas no dia a dia das sociedades ibero-americanas, que concomitantemente conjugaram diferença e conveniência, descendência e pragmatismo, normas e adaptações, tradições e mudanças de forma extraordinária, qualitativa e quantitativamente. E desde o século XVI a urbe se mostrou espaço privilegiado para a sólida constituição desse ambiente multifacetado, dinâmico, mutante e de solo fertilíssimo para as misturas biológicas e culturais associadas às formas de trabalho empregadas na empresa ibérica. E muito precocemente, à escravidão de índios, negros, crioulos e mestiços, no geral, imposta pelos conquistadores, corresponderam formas de libertação dela.

Urbe, alforria, trabalho e dinâmicas de mestiçagens

Como já demonstrei antes, desde os primeiros anos de ocupação espanhola e desde as primeiras entradas de negros escravos, a possibilidade de alforria para os que trabalhassem bem era uma realidade possível. Pelo menos, foi essa a recomendação de Dom Fernando II de Aragão ao governador da Ilha Espanhola, Dom fray Nicolás de Ovando y Cáceres, em 1505, já transcrita neste capítulo.[203] Entretanto, efetivar essas alforrias nesse período, quando o número de negros ainda era ínfimo e o valor deles muito elevado, pode ter sido algo pouco ou nada praticado. Na verdade, a alforria (vocábulo derivado do árabe) ou a manumissão (derivado do latim) era prática comum no mundo ibérico, antes das conquistas americanas,[204] assim como o era muito antes no mundo greco-romano da Antiguidade e no mundo árabe, mesmo antes do advento do islã.[205] Na Península Ibérica, esse tipo de libertação de escravos existiu tanto por influência do passado romano e da adoção do Direito Romano como parâmetro jurídico quanto pela longa e forte presença dos muçulmanos em boa parte do território. Não foi nada extravagante, portanto, sua transladação às Américas junto com a prática da escravidão.

Os escravos negros que chegaram nas primeiras grandes remessas às Índias Ocidentais espanholas, com a autorização da Casa de Contratación de Sevilha, foram empregados na recolha de ouro, como aparece na documentação do período,[206] substituindo e/ou compartilhando com índios (inclusive escravizados) essa tarefa.[207] No entanto, eles também foram usados em outras atividades, tais como construções, tarefas em áreas militares,[208] serviços domésticos, transportes, plantações e criações de animais e até no "saqueo de las tumbas y santuários del Zenú"[209] (grupo de nativos da região que se tornou o Novo Reino de Granada). As primeiras alforrias de negros nas Américas ocorreram, muito provavelmente, entre esses imigrados de Sevilha, forçadamente levados para a Ilha Espanhola e para Cuba, embora não seja possível precisar quando e onde se iniciaram e quem foi o primeiro forro. Não se trata de inferência absurda, inclusive considerando-se a antiguidade da prática da alforria na Península Ibérica, em geral, e em Castela, em particular.

Carmen Bernand escreveu que "en los primeros años de Santo Domingo, se dictaron las primeras ordenanzas de Hispanoamérica destinadas a sujetar a la población de color que había adquirido la libertad, para 'sosiego de la ciudad', después del alzamiento de esclavos que tuvo lugar en 1522."[210] A presença dos forros se espalhou pelas outras áreas ibero-americanas já durante o século XVI, principalmente pelas cidades e vilas, onde a dinâmica socioeconômica fomentou as alforrias, incluindo as autocompras.[211]

Muitos escravos conseguiam acumular pecúlio, com o qual pagavam a própria libertação e a de seus familiares, por vezes. Em Lima, em 1597, segundo Bernand, viviam negros "fuera de casa de sus amos, que es un trato que llaman ganar [con el cual] andan los negros ganando un tanto cada semana para el amo, y así júntanse muchos y andan bellacos, y son más en número que los españoles."[212] Eram os escravos jornaleiros, isto é, que trabalhavam por jornadas e que, a partir de acordos firmados com seus senhores, geralmente pequenos proprietários, permaneciam períodos afastados, durante os quais assumiam ocupações variadas, pagando, ao final do tempo previamente estipulado, o valor combinado (jornais). O que sobrava era apropriado pelo escravo e muitos, assim, conseguiram acumular pecúlio suficiente para comprar a alforria e para iniciar a vida de libertos. Nas áreas urbanizadas da América portuguesa, a presença dos escravos jornaleiros ou "escravos de ganho"[213] foi muito comum desde, pelo menos, o século XVII. Fica novamente patente a proximidade e a complementaridade da organização escravista nas regiões ibero-americanas, o que justifica a preocupação em se desenvolver, cada vez mais, histórias em perspectivas comparadas.

A dinâmica das alforrias influiu diretamente no tamanho da população liberta e não branca nascida livre em cada região ibero-americana, mas sua importância não terminava aí. As manumissões foram responsáveis por produzir a ascensão econômica e social de uma parte dos ex-escravos e de seus descendentes nessas regiões. Segundo Jean-Pierre Tardieu, baseando-se nas informações retiradas do memorial escrito em torno de 1642 pelo capitão Cristóbal de Lorenzana, depois de retornar de Santiago de Guatemala e de voltar a Madri,

> [...] así pues los libertos son imprescindibles para el buen funcionamiento de la arriería. Sin ellos no existiría la extensísima red del transporte que une la provincia de Guatemala a Veracruz y a México. De peones llegan a dueños de recuas, a mercaderes "con buenos caudales", e incluso a propietarios de estancias de ganado mayor. Esta promoción, nota Lorenzana, acarrea una adhesión a las estructuras sociopolíticas que la auspiciaron. Prueba de ello es el alistamiento de los libertos en las milicias de mulatos cuya motivación no estriba sólo en el deseo de aparentar, sino también en un valor innegable que se manifestó, por ejemplo, durante el ataque de la región de Acapulco por los piratas: "Los mulatos y negros se dice defendieron la entrada a los enemigos pelearon con ellos, mataron muchos y hicieron prisioneros a otros.[214]

Nas cidades, vilas e povoados, pode-se dizer, essa gente constituiu grande parcela de uma camada média ou intermediária urbana, peça importante da sustentação dos mercados ibero-americanos. Além dos negros libertos, foram agregados a esse agrupamento crioulos, mulatos, pardos, *zambos,* índios e mestiços.[215]

Houve, portanto, índios entre esses grupos médios urbanos, embora, no Brasil, de uma maneira geral, eles não tenham se conformado em grupo verdadeiramente expressivo. Não obstante, as referências a "índios forros" na América portuguesa, desde o século XVI, foram constantes nos documentos e nas crônicas, mesmo que isso não tenha se revertido em ascensão socioeconômica. Assim, Pero de Magalhães de Gândavo, no *Tratado da terra do Brasil*, escrito em torno de 1570, referindo-se aos jesuítas instalados na Capitania da Bahia de Todos os Santos, informava que havia "cinco igrejas pela terra a dentro entre os índios forros, onde residem alguns padres para fazerem cristãos e casarem os mesmos índios para não estarem amancebados".[216] Continuando seu relato, Gândavo informava sobre a grande quantidade de âmbar "que o mar si lança fora, as mais das vezes quando faz tormenta" e sobre mandarem os senhores que seus escravos os buscassem na praia "e muitas vezes acontece enriquecerem alguns assim do que acham seus escravos como do que resgatam aos índios forros."[217] O cronista registrava, ainda no Quinhentos, atividades econômicas às quais se dedicavam esses índios forros e talvez as que permitiram a libertação de alguns deles e, quem sabe, de alguns negros escravos.

Já no relato da campanha de conquista da Paraíba, o *Summario das Armadas*, escrito entre 1585 e 1590, diz-se sobre uma das ações militares ocorridas no primeiro dia de março:

> [...] e ao Capitão que no dia tocava a retaguarda tivese obrigação de mais uha hora ante manhã com alguns Indios comerem e descobrirem o campo e asim com toda ordem pocivel e de conterem irem alguns homens de confiança com mamelucos e Indios por descobridores diante e pellas Ilhargas do exército metidos pello mato levando por cabeça hum Manoel Leitão com mais sete ou oito de cavallo e alguns arcabuzeiros que são doze aos quaes seguiram os nosos Indios forros e a elles as companhias da vanguarda em sua ordenança com ordem de nenhum butim a pé donde os cometesem...[218]

Por seu turno, Gabriel Soares de Sousa, em *Tratado descritivo do Brasil em 1587*, informava que na Bahia "os padres da companhia têm neste direito uma aldeia de índios forros Tupinambás, a qual se chama de Santo Antônio, onde haverá mais de trezentos homens de peleja".[219] E não era a única aldeia que os jesuítas tinham:

> Toda esta terra até o rio de Joanne, três léguas do mar para o sertão, está povoada de currais de vacas de pessoas diversas; e nesta comarca, três léguas do mar, têm os padres da companhia duas aldeias de índios

forros Tupinambás, e de outras nações, em as quais terão setecentos homens de peleja pelo menos; os quais padres doutrinam, como fica dito, da aldeia de Santo Antônio. Estas outras se dizem, uma de Santo Espírito, e a outra de S. João; onde têm grandes igrejas da mesma advocação e recolhimento para os padres, que nelas residem e para outros que muitas vezes se lá vão recrear.[220]

Não é possível precisar as formas a partir das quais esses índios se tornaram forros ou se se tratou de expressão empregada para indivíduos que não foram escravos legalmente. Stuart Schwartz ponderou sobre o assunto:

> Várias expressões eram utilizadas para designar os índios não escravizados mas submetidos ao controle e direção dos portugueses. Chamam-nos "índios aldeados", "índios sob a administração" ou, mais comumente, "forros". Este último termo dá margem a uma certa confusão, pois era igualmente usado para o escravo alforriado, porém, no século XVI a palavra em questão não foi empregada exclusivamente nessa última acepção. "Índios forros" eram não só os libertos, mas também os que, apesar de não terem sido escravizados, estavam submetidos aos portugueses, em especial, embora não exclusivamente, aos jesuítas. Os engenhos da Bahia utilizaram essas três categorias de índios durante o século XVI.[221]

Administrados, resgatados por jesuítas e outros religiosos ou por senhores de engenho e moradores, libertados pelos proprietários ou por intervenção de autoridades ou libertos por autocompra, o que mais importa aqui é constatar que a antiga prática de alforria já se encontrava implantada na América portuguesa, incluindo o vocábulo, ainda que tenha sido usado genericamente. Durante o século XVII, muito mais alforrias seriam conquistadas, negociadas, compradas e concedidas e cada vez mais envolvendo negros, crioulos, mulatos e pardos. Na centúria seguinte, fomentadas pelo frenesi do ouro, dos diamantes e de toda a economia que se aqueceu e se ampliou em torno dessas riquezas minerais, elas se multiplicariam, efetivando-se por meio de variadas formas. As alforrias deixadas em testamento, por exemplo, foram tão ou mais numerosas que os filhos ilegítimos (na maioria, mestiços) nascidos das escravas, cujos pais eram também os proprietários ou parentes dele.[222] Nas áreas mais urbanizadas, esses nascimentos e essas formas de libertação foram muito frequentes, e parte significativa dos pais, diante da morte iminente e da incerteza da salvação da alma, procurou minorar as penas no além, reconhecendo os filhos bastardos, alforriando-os e provendo-os materialmente. A proximidade de proprietários e escravos nesses ambientes urbanizados facilitava os relacionamentos sexuais efêmeros, e houve também os duradouros que se iniciaram aí. Muitos ex-escravos e seus descendentes forros e nascidos livres tornaram-se proprietários de escravos, principalmente no século XVIII. Esses homens e mulheres engrossaram o maior grupo de senhores escravistas dessa época: os que possuíam pequenas posses – de 1 a 5 cativos. Nesses casos, pelo que se pode averiguar em testamentos, por exemplo, uns e outros chegavam a trabalhar lado a lado, além de compartilhar o mesmo teto. Em regiões com grande população escrava e liberta e com várias vilas e arraiais, como as Minas Gerais do Setecentos, essa situação repetiu-se e foi muito comum.[223]

A existência de uma grande quantidade de alforrias estava quase sempre ligada ao vigor socioeconômico de uma região, mais do que a eventuais crises que pudessem liberar a mão de obra e desonerar os proprietários. Nesse contexto, de maneira geral, quanto mais libertações houve, mais acentuada foi a mobilidade social, mais importante tornou-se a organização do universo do trabalho, mais dinâmicas tornaram-se as economias regionais, e maiores e mais atuantes foram os grupos de crioulos e de mestiços surgidos desse ambiente integrado.

Nas Américas, as dinâmicas de mestiçagens associadas à escravidão e aos demais tipos de trabalho forçado, se articularam igualmente às manumissões de escravos e ao marcante fomento das relações sociais que elas acarretaram. Formas de exploração da mão de obra e mecanismos de libertação de escravos eram partes complementares do mesmo mundo do trabalho no qual as mesclas encontraram terreno fértil para crescerem e se reproduzirem.

Entre os tipos de manumissão desenvolvidos nas conquistas, um se destacou desde o século XVI e, mais que os outros, lastreou-se na pujança econômica, na notável mobilidade social e no dinamismo urbano americanos: a coartação. Era, acima de tudo, um acordo estabelecido entre escravo e proprietário, assentado em costumes, que garantia condições especiais de libertação, como já explicitei anteriormente: pagamento parcelado do valor da autocompra e, geralmente, o impedimento de ser vendido, emprestado, alugado, legado ou penhorado durante o período da coartação, que se estendia por três ou quatro anos e até mesmo por mais tempo. O coartado passava a viver afastado do domínio direto do senhor, responsabilizando-se por sua saúde, alimentação, vestuário, moradia e tipos de trabalho. Isso significava autonomia para ir e vir, para conformar verdadeiras teias de contatos com outros escravos, com libertos e livres e de relacionamentos com gente de outras "qualidades" e "castas". No caso das mulheres, que exploraram acentuadamente as coartações, os filhos nascidos durante esse período seguiam o ventre e eram escravos, situação que promoveu muitos desentendimentos e resultou em processos judiciais.

Claro que alguns aspectos que constituíam os processos de coartação, por vezes incluídos em documento específico que normatizava o acordo – as Cartas de Corte –, variaram de região para região e de época para época. Mas impressiona como, no geral, esse direito costumeiro foi praticado nas áreas espanhola e portuguesa guardando seus traços básicos e, novamente, indicando as similitudes do cotidiano nesses territórios. No fim do século XVIII, o panamenho Don Manuel Josef de Ayala compilou legislação sobre as Índias Ocidentais desde o fim do século XV até os dias em que viveu e sobre a coartação ele escreveu:

> Ocurridas varias disputas en la Isla de Cuba y Ciudad de la Habana sobre El pago de este dro [derecho] causado con las ventas voluntarias ó involuntarias de parte de los Amos de los Negros y Mulatos; expedida Rl Cedula en 21 de Junio de 1768 a fin de que se observase en dha Isla El mismo método y reglas que en Nueva España y el Perú [...] Que los Dueños de Esclavos no coartados tuviesen libertad de venderlos por el precio en que conviniesen con los Compradores según su menor ó mayor estimación [...] Que los Esclavos coartados no se pudieren vender en mas precio que el de la coartacn, o el del resto de ella, pasando con este mismo gravamen al comprador, y en todos estos casos satisfaciese el vendedor el dro de Alcabala segun el importe en que se verificase la venta, procurando siempre precaver todo fraude. Que se el esclavo coartado diese con su mal proceder motivo a su enagenacn, calificado su culpa pudiere aumentar el amo al precio de la coartacn el importe de Alcabala que satisfaría en los términos referidos u finalmente, que n devian pagar este dro los Esclavos enteros ni los coartados que se rescatasen a si propios con dinero adquirido por medios lícitos, quedando obligados los Amos conforme a la costumbre a darles sin detención la libertad, siempre que aprontasen el precio correspte regulándose este en los no coartados por el valor que en la actualidad tuviesen a justa tasación si Dueño y siervo no se conviniesen, pues los coartados no debian satisfacer mas cantidad por su libertad que la que faltare para completar el precio de la coartacn [...] Cedula de 8 de Abril de 1778. *Cedulario* tomo 30, fol. 86, nº 72.[224]

Poucos anos antes da legislação evocada por Ayala em seu *Diccionario*, e em território português, um personagem ímpar havia nos legado involuntariamente esclarecimentos sobre como funcionavam os processos de coartação na perspectiva dos escravos e na dos senhores e, em certa medida, sobre o relacionamento entre ambos diante de desacordos relativos à alforria. Tratava-se do escravo crioulo Cosme Teixeira Pinto de Lacerda, que morava no arraial do Paracatu, localizado a noroeste da Comarca do Rio das Velhas, na Capitania de Minas Gerais, quando teve início seu primeiro acordo de coartação. Alfabetizado, o crioulo trabalhava "escrevendo nos cartórios daquele arraial, para o que tem inteligência", segundo ele próprio. O escravo foi coartado mais de uma vez e afirmava ter quitado tudo, fato negado por seu primeiro proprietário, que dizia não ter sido pago nem pelo coartado nem pelos fiadores, acusando-o de bêbedo, "porque tudo quanto ganhava era pouco para o gastar em se vestir e emborrachar com peralvilhadas". Cosme foi, então, vendido para outro senhor, indo morar na Vila de Sabará, onde foi novamente coartado. Outra vez, alegava ter pagado o valor acertado, fato negado pelo novo senhor, contra quem, finalmente, ele entrou com requerimento judicial, acusando-o de "conservá-lo em cativeiro contra todas as leis pelas quais aqueles contratos são válidos e logo que o suplicante deu fiador a eles ficou livre por lei e só obrigado a pagar o preço como qualquer homem livre e na falta do suplicante, os seus fiadores". Assumindo o papel de vítima, "escravo desvalido, miserável", como ele mesmo se definiu, e demonstrando o quanto conhecia sobre o direito costumeiro da coartação e sobre o acesso à Justiça, o crioulo parece ter levado a vida, durante anos, mudando de proprietário e de região de moradia e amealhando relacionamentos que lhe forneceram fiadores e companheiros de bebedeira.[225] Não encontrei o resultado final do processo, mas os documentos (quem sabe escritos pelo crioulo!), assim como a legislação compilada por Ayala, nos mostram como os direitos costumeiros se impuseram sobre vastas regiões e entre gente de distintas "qualidade" e "condições" na Ibero-América.

A frequência com que as coartações foram praticadas, a relativa facilidade para se estabelecer o acordo, que era acertado diretamente entre as partes envolvidas, e sua longevidade denotavam as possibilidades de acúmulo de pecúlio por parte dos escravos em sociedades que permitiram e incentivaram esses caminhos de libertação. Para pagar as parcelas da libertação e para se sustentarem, os(as) coartados(as) exerciam variados serviços que ofereciam aos moradores, comercializavam alimentos e bebidas, catavam ouro e se prostituíam também. Mulatos, pardos e demais mestiçados recorreram também à coartação, mas foram os(as) africanos(as) os(as) que mais apareceram nos documentos sobre esse tipo de manumissão. E quanto mais os coartados africanos adquiriram mobilidade, mais fortemente se consolidaram como agentes de mesclas biológicas e culturais. Assim, um aspecto acabava vinculando-se a outros nessa cadeia de práticas, costumes, procedimentos e estratégias na qual se associaram dinâmicas de mestiçagem e trabalho.

A autonomia e a mobilidade dos coartados eram experimentadas também pelos escravos de ganho e por outros que buscavam, até mesmo dentro das casas, desempenhando tarefas domésticas, formas de alcançar a manumissão, de ascender econômica e socialmente e, ainda, de se transformarem em proprietários de escravos. São incontáveis os exemplos encontrados na documentação de natureza variada que existe nos arquivos, museus e bibliotecas de vários países e que foi trabalhada na extensa bibliografia aqui evocada em vários momentos. Procedimento que, aliás, amplia enormemente sua importância diante da variedade de fontes, da quantidade de acervos espalhados por dezenas de cidades, em vários países, e da dificuldade de toda ordem para se realizar estudo que pretenda abordar o tema em perspectiva comparada.

Insistindo no diálogo com os autores que analisaram os registros históricos relativos às dinâmicas de mestiçagens em associação às formas de trabalho desenvolvidas nas Américas e com aqueles que produziram esses registros, muitas vezes descrevendo o que vivenciavam, recorro novamente a eles para finalizar este capítulo. Volto a evocar o tal capitão Cristóbal de Lorenzana, cujo Memorial[226] foi transcrito parcialmente por Jean-Pierre Tardieu. Lorenzana escrevera, então, ressaltando a mobilidade de negros e mulatos observada por ele e, de acordo com Tardieu, renunciando "a la coerción en pro de la integración del hombre de origen africano dentro de la sociedad colonial hispanoamericana".[227]

> Multiplícanse tanto los negros que ay muchas casas de españoles que de sólo una negra se an llenado de negros y mulatos, hijos y niettos, y si se aberigüase la parentela de las negras viejas se allaría que de cada una an procedido más de cinquenta pieças.[228]

Ainda que pudesse haver algum exagero na observação, ela revelava práticas que foram muito comuns, principalmente nas cidades ibero-americanas. A formação de famílias matrifocais ou mesmo das constituídas por casamentos consolidados dentro das posses de escravos foi até mesmo incentivada pelos senhores (incluídos os não brancos) e daí se originaram muitas alforrias e mesclas biológicas. As mulheres exploraram fortemente as possibilidades oferecidas pelo cotidiano doméstico, e disso faziam parte os relacionamentos efêmeros e a geração de bastardos mestiços, como já mencionei. Não por outro motivo, em uma Real Cédula de Dom Felipe II, "O Prudente", datada de 1563, já se recomendava: "algunos españoles tienen hijos en esclavas, y voluntad de comprarlos para darles libertad: Mandamos que habiéndose de vender se prefieran los padres que los quisieren comprar para este efecto."²²⁹ Na América portuguesa, essa foi prática costumeira – pais libertarem seus filhos bastardos, nascidos escravos – e nos testamentos mineiros do século XVIII esses casos eram registrados constantemente, incentivados pelo receio dos pais de morrer e deixar cativos os próprios filhos e, às vezes, sem nem mesmo assumirem a paternidade. As penas por esses delitos metiam medo nesses cristãos pecadores, que temiam por sua alma e, por isso, muitos "mulatinhos", "pardinhos" e "cabrinhas" acabaram recebendo as respectivas alforrias e, não raro, algum recurso, bens móveis e imóveis.

Alforrias e coartações imprimiram ainda maior dinamismo aos processos de mestiçagens biológicas e culturais e ao universo do trabalho. Ao findar-se o século XVIII, o quadro que nascera havia 300 anos encontrava-se já bastante desenvolvido, apresentava grande complexidade e se revelava como um conjunto de realidades que haviam se adaptado fortemente aos produtos e às demandas de sociedades profundamente mestiçadas, integradas em nível global via mercados e trânsito intenso de gente e culturas. Enfocando o caso brasileiro, Stuart Schwartz escreveu, em 1985, um parágrafo que misturava hipótese e constatação irrefutável. Suas palavras, ainda que envolvidas em perspectiva marcadamente baiana, dada a temática do estudo clássico e a documentação investigada por ele, podem certamente extrapolar seus limites originais. Elas se aplicam ao Brasil, assim como explicam o que se passou em muitas regiões hispano-americanas, nas quais a escravidão africana se engendrara de maneira mais ou menos dominante. O parágrafo sumaria bem as ideias desenvolvidas neste capítulo e, por isso, encerram esta parte:

> Se todos os negros tivessem sido escravos e todos os cativos permanecido cativos, a situação brasileira poderia ter-se ajustado com pouquíssimas alterações aos princípios tradicionais de organização social. A complexidade originou-se da alforria de escravos e do nascimento de indivíduos mestiços, alguns nascidos livres e outros, escravos, estes últimos sendo favorecidos no processo de manumissão. Esses indivíduos criaram novas categorias sociais que precisaram ser ajustadas à hierarquia social.
> Um sistema que combinava definições e graduações sociais baseadas em estado, função, identidade corporativa, religião, cultura e cor poderia ter-se revelado tão confuso e sujeito a contradições inerentes a ponto de nem chegar a tornar-se um sistema. Porém não era esse o caso. A tendência era de sempre os vários critérios de graduação consubstanciarem-se correntemente em cada indivíduo.²³⁰

Capítulo 4
As "grandes" categorias de distinção e os grupos sociais no mundo ibero-americano

> *Estoy tan enamoráo de la negra Tomasa*
> *Que cuando se va de casa*
> *Que triste me pongo*
> *Ay, ay, ay*
> *Esa negra linda*
> *Que me tiene loco*
> *Kikiribu Mandinga*
> (*Bilongo* – Guillermo Rodriguez Fife, 1907)

Palavra e conceito não são sinônimos, e seus significados podem variar no tempo e no espaço. Os conceitos, muito mais que as palavras, dadas a sua capacidade simplificadora e a sua função *stander*, podem induzir a anacronismos se forem aplicados indiscriminadamente a qualquer sociedade e época e como modelos universais de análise. É importante lembrar que uma e outro são produtos históricos e culturais e, assim, suas historicidades devem sempre ser consideradas, tanto as de suas "origens" quanto as de seus usos feitos *a posteriori*. São esses os pressupostos da reflexão que pretendo desenvolver em torno de "qualidade", "casta", "raça", "nação", "cor" e "condição" categorias tão presentes na documentação em geral existente para o mundo ibero-americano dos séculos XVI, XVII e XVIII.

Neste capítulo, as categorias/conceitos serão analisados, levando-se em consideração seu uso generalizado no período em foco – até mesmo pelas camadas mais pobres, por índios, por escravos e ex-escravos –, as adaptações que receberam no Novo Mundo e as associações feitas a eles ao longo do tempo. Em algumas ocasiões, quando for necessário, eles serão contrapostos aos usos e definições feitos *a posteriori*, principalmente por historiadores e outros estudiosos do século XX. O objetivo aqui é chegar mais próximo das clivagens sociais empreendidas nos três primeiros séculos de ocupação ibérica das Américas e dos significados mais expressivos atribuídos às "grandes" categorias (categorias gerais) de distinção social e biológica. Nenhuma delas nasceu no Novo Mundo, mas todas se transformaram em ferramentas essenciais para ordená-lo, organizá-lo, classificá-lo e compreendê-lo. Voltar a elas, a partir da documentação de variada natureza, é optar por mergulhar nesse mundo pretérito com os equipamentos que nele já existiram e não por meio de conceitos construídos *a posteriori*, que descaracterizam e, às vezes, extinguem os sentidos construídos e operados anteriormente. Mesmo que se possa considerar cientificamente legítimo esse procedimento (e o é em muitos casos – a aplicação de conceitos a tempos e a épocas que não os conheceram), aqui a opção foi mesmo usar as categorias/conceitos "antigos". Eles eram compreendidos e evocados nas sociedades ibero-americanas, servindo a elas como tradutores de sua complexidade, e este é o principal motivo da opção.

O anacronismo é um "pecado" que os historiadores não devem cometer, mas é preciso atentar para o fato de lidarmos com ele no fazer de nossa produção. Isso pode ocorrer durante a construção de ideias, argumentos e projetos, durante a leitura das fontes e o desenvolvimento das problematizações, comparações e análises ou ainda durante a elaboração dos textos e das (re)leituras deles. Enfim, convivemos diuturna e intimamente com nosso inimigo e somos responsáveis em muitos casos pelo seu êxito. Um dos procedimentos mais importantes de nosso trabalho e, ao mesmo tempo, um dos mais propensos à produção de anacronismos é o emprego de conceitos, categorias analíticas e modelos teóricos. Esse procedimento não é um mal moderno, é bom ressaltar, mas foi opção desenvolvida também no passado.

Um dos caminhos historiográficos pelos quais devemos passar necessariamente é o que valoriza as historicidades dos conceitos, categorias e teorias. Com isso, quero ressaltar a imprescindibilidade de considerarmos cada um deles no tempo e na época em que foram criados e aplicados, assim como nos tempos e épocas posteriores em que foram redefinidos, relidos e associados a outras perspectivas. Como produtos históricos e culturais, insisto, categorias/conceitos não são acabados e imutáveis, mas imperfeitos e falíveis, assim como Thompson definiu a "lógica histórica".[231] Eles tendem a ser sempre mais pobres que as realidades nas quais aparecem ou sobre as quais são aplicados.

A historiografia produzida a partir da segunda metade do século XX abriu-se a revisões importantes, fundamentou-se menos em modelos preestabelecidos, valorizou a polissemia e a interdisciplinaridade, aproveitou-se pragmaticamente do poder indagador dos conceitos, mas os cotejou com fontes e os reformulou a partir daí. O remédio contra as generalizações indevidas, as simplificações e os anacronismos produzidos pelo emprego indiscriminado dos conceitos e dos modelos teóricos, aprendemos, residia no respeito às historicidades deles, bem como às dos objetos de estudo, dos personagens, das fontes e das nossas próprias leituras.

Neste capítulo procurei desenvolver reflexões sobre as categorias/conceitos "qualidade", "casta", "raça", "nação", "cor" e "condição", enfocando seu desenvolvimento histórico e as historicidades de seus usos entre os séculos XVI e XVIII, ainda que de maneira panorâmica. Os chamei de "grandes" categorias, as quais abarcavam gente e grupos sociais de diferentes origens, culturas, extratos e características fenotípicas, além de cada uma das "qualidades" específicas ou "castas" que são o objeto de estudo do capítulo 5. Novamente, a análise de textos, crônicas e documentos do período em foco demonstrou como essas "grandes" categorias foram empregadas em todo o mundo ibero-americano, às vezes mais em uma parte que em outra, mesmo assim, indicando certa organicidade administrativa, lexical e classificatória. Retomá-las e compreendê-las, em vez de substituí-las por categorias (re)elaboradas pelas ciências modernas, tais como classe, estamento, etnia ou diáspora, facilita a nossa aproximação com as realidades passadas, abordadas aqui. Afinal, trata-se de categorias e conceitos (re)produzidos e operados no mundo ibero-americano do século XVI ao XVIII, em consonância com esse contexto, com os valores e códigos que vigoravam nessas sociedades fortemente marcadas pelas dinâmicas de mestiçagens que aí se associaram precocemente ao mundo do trabalho.

As "grandes" categorias no mundo ibero-americano: "qualidade", "casta", "raça", "nação", "cor" e "condição"

O ambiente era solidamente moldado sobre a distinção, a classificação e a hierarquização sociais. Assim se conformaram as sociedades ibero-americanas. A diferenciação já existia entre os nativos do continente e já estava codificada, mesmo que não de maneira universal e padronizada, antes dos ibéricos chegarem no fim do século XV e no início do XVI. Mas a parte mais substantiva dessa concepção de mundo veio acompanhando os conquistadores. Como explicou Antônio Manuel Hespanha,

A ideia de ordem é central na imaginação política e jurídica moderna. Numa sociedade profundamente cristã, o próprio relato da Criação (*Génesis*, I) não pode ter deixado de desempenhar um papel estruturante. Aí, Deus aparece, fundamentalmente, *dando ordem* às coisas: separando as trevas da luz, distinguindo o dia da noite e as águas das terras, criando as plantas e os animais "segundo as suas espécies" e dando-lhes nomes distintos, ordenando as coisas umas para as outras (a erva para os animais, estes e os frutos para os homens, o homem e a mulher, um para o outro e ambos para Deus).[232]

E concluiu mais à frente: "esta pré-compreensão da sociedade como um todo ordenada de partes autônomas e desiguais constitui a moldura explicativa do modo de ser das estruturas institucionais modernas, tanto metropolitanas como coloniais."[233]

A distinção entre os vários elementos que conformavam as sociedades modernas ibero-americanas e a hierarquização deles foram expressas, no âmbito geral, por meio das "grandes" categorias operadas generalizadamente principalmente por autoridades e administradores. Imbuído desse espírito, por exemplo, é que em 1726, o rei Dom João V escreveu ao governador da Capitania de Minas Gerais, Dom Lourenço de Almeida. Na carta, o monarca explicitava sua intenção de garantir que a administração de região tão importante estivesse em mãos de gente "de limpo nascimento", que, no contexto, parecia ser referência a homens brancos, cuja "qualidade" se opunha ao "defeito" (de sangue) de ser mulato (ou pardo). A ordem real, entretanto, representava mais que impor a primazia dos homens de "limpo nascimento". Na verdade, tratava-se, ao mesmo tempo, de discurso que, indiretamente, posicionava-se de forma contrária ao que vinha ocorrendo na região, isto é, à governança exercida por gente destituída da "qualidade" pretendida pelo monarca. Assim, determinou Dom João V,

> [...] que sendo uma grande parte das famílias dos seus moradores de limpo nascimento era justo que somente as pessoas que tiverem esta qualidade fossem eleitas para servirem de vereadores e andarem na governança porque se a falta de pessoas capazes fez a princípio necessária a tolerância de admitir os mulatos nos exercícios daqueles ofícios, hoje tem cessado esta razão se faz indecoroso que lhes sejam ocupados por pessoas em que haja de semelhante defeito.[234]

A "qualidade" (assim como a "casta"), no geral, congregava as dezenas de "qualidades" ou "castas", entre as quais as pessoas e os grupos sociais eram distribuídos e às quais eram vinculados. Assim, sob essa categoria alargada se abrigavam as "qualidades" ou "castas" específicas, tais como índio, branco, negro, preto, crioulo/*criollo*, mestiço/*mestizo*, mameluco, mulato, *zambo*, *zambaigo*, pardo, *cuarterón*, cabra, curiboca, *coiote*, *chino*, entre várias outras.

Etimologicamente, como já expliquei no capítulo 1, o termo "qualidade" deriva do latim *qualitas, atis* e Elio Antonio de Nebrija, em seu *Vocabulario español-latino*, de 1495(?), acrescentava: "Calidad o acidente. qualitas. atis."²³⁵ Por acidente, entenda-se natureza exterior de um indivíduo ou estado, ou até mesmo "dignidade". Em carta de 1454, o rei português Dom Afonso V, "O Africano", doava ao

> [...] muy ilustre yfamte dom Anrique meu muito prezado e amado tio [...] prayas terras portos costas abras rios ylhas mares pescarias que elle asy comquistou e descobriu des o cabo ate o mais longe logar a que chegaram suas caravellas hou chegarem e conquistarem per guera ou per trato de paz [...] asy por noso serviço e bem da dicta comquista lhe damos e outorgamos toda juridição civell sobre quaesquer d´estado e degnidade e condição que seja [...].²³⁶

Alguns anos mais tarde, em 1470, Dom Afonso regulamentou o trato da Guiné e escreveu em uma carta:

> [...] por nosso serviço e pello de nossos rregnos e bõa ordem e aviamento dos dictos nossos trautos de Ginee detriminamos decraramos mandamos e defendemos que em privilegio ou licença algũa que aatee ora tenhamos dada nem daqui em diamte demos a quaesquer lugares ou pesoas parteculares de quallquer estado e condiçam que ssejam pera os dictos nossos trautos e terras de guinea poderem rresgatar sse nom entemdam as dictas cousas nem cada hũa dellas [...].²³⁷

Na 1ª edição do *Dictionarium ex Lusitanico in latinum sermonem*, de Jerónimo Cardoso, de 1562,²³⁸ aparece a mesma etimologia, mas restrita apenas à palavra "qualidade". Já em sua 2ª edição, de 1592, aparece "A qualidade",²³⁹ diferentemente da anterior. E Dom Raphael Bluteau, em seu *Vocabulario Portuguez e Latino*, de 1712, define: "CALIDADE. Accidẽte natural, ou propriedade de huma cousa. *Qualitas, atis.*"²⁴⁰

Na documentação produzida no Novo Mundo ou na relativa ao continente, a categoria aparece desde o século XVI. Em 1503 a rainha da Espanha emitiu documento sobre a liberdade e não servidão dos índios da Ilha Espanhola e Terra Firme, no qual escreveu:

> Doña Ysabel por graça de Dios y por quanto el Rey mi señor e yo por la ynstrucion que mandamos dar a don frey Nicolas de Ovando comendador mayor de Alcantara al tiempo que fue por nuestro Governador

> a las yslas e tierra firme del mar oceano [...] mande dar esta mi carta en la dicha rrazon por la qual mando a vos el dicho nuestro gobernador que del dia que esta mi carta vierdes en adelante conpelays e apremieys a los dichos yndios que traten e conversen con los xpianos de la dicha ysla e travajen en sus hedeficios en coger e sacar oro e otros metales e en hazer granjerias e mantenimientos para los xpianos vecinos e moradores de la dicha ysla e fagays pagar a cada vno el dia que trabajere el jornal e mantenimiento que segund la calidad de la tierra e de la persona e del oficio vos pareciere que deviere aver mandado a cada cacique que tenga cargo que cierto numero de los dichos yndios para que los haga yr a trabajar donde fuere menester [...].[241]

O índio Guaman Poma de Ayala, em livro finalizado em 1615, informava sobre o modo de organizar os fiéis dentro das igrejas do Peru, sobre a diferenciação que se fazia entre eles e sobre a distinção que cada um portava.

> En las iglesias de este reino se asiente, en la mano derecha de las dichas iglesias, primero el corregidor, luego el teniente, administrador, protector, y juez, y escribano de cabildo, alcaldes ordinarios, alguacil mayor, y regidores, y fiscales de la Santa Madre Iglesia; en la isquierda el encomendero y los caballeros de la encomienda, y vecinos cristianos viejos, y caciques principales y segundas personas, y los hermanos de los principales, asimismo las señoras, mujeres principales y segundas, conforme la calidad en todo el reino es ley y orden.[242]

Não apenas o discurso de ordem e distinção aparecia na obra do índio Guaman Poma, mas esses valores haviam sido incorporados por ele, o que se torna claro ao longo de seu texto. Ainda que se julgasse descendente de "grandes señores y reyes" e filho de "cápac apo que es príncipe y señor de la provincia de los lucanas andamarcas y circamarcas y soras y de la ciudad de Guamanga y de su jurisdicción de Santa Catalina de Chupas, príncipe de los chinchaysuyos y segunda persona del Inga de este reino del Perú"[243] e membro da elite, Guaman Poma era um índio e seu texto demonstra o quão profundamente a perspectiva ibérica de organização e hierarquia sociais estava vigorando no início do Seiscentos.

Passados os anos, no final do século XVIII, uma legislação específica sobre a temática entrou em vigor. Tratava-se da *Real Cédula de Gracias al Sacar* (1795), que emergira no seio das Reformas Borbônicas, e que possibilitava aos que tivessem méritos suficientes solicitarem uma "dispensa de calidad". Ao consegui-la, os requerentes eram liberados de seus defeitos, incluindo os de sangue.[244]

No que tange à América portuguesa, a noção de natureza distinta das pessoas e dos grupos sociais também aparecia sob a "grande" categoria de "qualidade". Em 1611, Dom Felipe III de Espanha e II de Portugal promulgou lei, escrita em português, que reiterava a proibição do cativeiro dos índios do Brasil e que introduzia nas aldeias indígenas a figura dos capitães, que deveriam ser escolhidos entre "pessoas Seculares cazados, E de boa vida E costumes".[245] E, em seguida, dispunha:

> Hey p^r bem que todas as pessoas de qualquer calidade, E cõdicaõ q sejaõ que contra forma desta ley trouxerem gentios da serra, ou se servirem delles como catiuos, ou os uenderem emcorrão nas penas q por dr^{to} comum em minhas ordenaçoẽs imcorrerem os que catiuaõ E Vendem pessoas Liures [...][246]

A determinação real estendia-se a todos, sem exceção. Independentemente da "qualidade" e da "condição" (livres, libertos e escravos) dos potenciais escravizadores de índios e de acordo com a ordem, eles seriam punidos caso a desobedecessem.

Já Ambrósio Fernandes Brandão, em 1618, fazia seu personagem reinol Alviano usar palavras que denotavam claramente a perspectiva da distinção natural das gentes. Intrigado pelas diferenças fenotípicas entre os naturais da Guiné e os do Brasil, Alviano elencava opiniões que já havia escutado e que pretendiam explicar a origem da "cor preta" e do cabelo retorcido dos negros africanos. Assim, ele relatava a Brandônio, o português mais experimentado em Brasil e seu interlocutor nos *Diálogos*: "e entre estes achei outros que diziam que alguns homens, depois do universal dilúvio das águas deviam de ter semelhante cor e cabelo, ou por qualidade ou natureza, e deles se comunicaria aos filhos e netos, que são os que habitam pela costa africana." [247]

Brandônio, então, convencido que os raios de sol eram os responsáveis pela "cor preta" e pelos cabelos retorcidos, afirmava a Alviano que

> [...] é tanto isto assim, que os nossos portugueses que habitam por toda aquela costa, posto que houvessem sido por qualidade e natureza alvos e louros, mostram em breve tempo a cor mais baça, em tanto que por ela é conhecido na nossa Lusitânia qualquer homem que houvesse andado pela costa de Guiné, somente pela cor que levam demudada no rosto.[248]

Ora, nesse diálogo, assim como ocorria na América espanhola, a perspectiva ibérica de distinção e de "qualidade" aparecia colocada claramente e correspondia à fórmula de expressão dessa classificação social que, daí para frente, se tornaria cada vez mais usual na documentação produzida em todo o continente. Desde o século XV, pelo menos, as indicações de pessoas não brancas feitas nos documentos de diversos tipos adotaram a fórmula nome+"qualidade"+"condição", ainda que variações tenham ocorrido muitas vezes. Escrevia-se, por exemplo, fulano preto forro ou cicrana parda, escrava de beltrano; por vezes, confundia-se "qualidade" e "cor", como o fez Brandônio, ou acrescentava-se a "nação" do implicado. As categorias "cor" e "nação" serão enfocadas mais à frente.

Precocemente, já em 1454, essa prática aparecia registrada. Nesse ano, Martim Gil, da chancelaria de Dom Afonso V, passou, em nome do rei, carta de alforria a "Fatima moura natural de terra d´Arzique que ao presente he nosa cativa teemos por bem e foramo-la e avemos por quite e issenta do dicto nosso cativeiro".[249] Em 1472, em Sevilha, a prioresa do mosteiro de Santa Maria la Real vendeu "una su esclava de color negra, natural de Guinea, de hedade de veynte e cinco años, poco mas o menos, que há nombre Fátyma".[250] No mesmo ano, "Johan Sanches, mercador, vesino de Sevilla en la collación de Santa Cruz" vendeu "un su esclavo canario de color loro, que ha nombre Johan".[251] Nesses casos, ajuntavam-se à fórmula categorias que fundiam caracteres distintos, como o religioso (moura, o que podia significar negra ou negro muçulmano ou islamizado da Mauritânia; com o passar dos séculos generalizou-se como negros muçulmanos ou islamizados no geral) e cor de pele ("*color negra*" e "*color loro*", que, talvez, tenha sido semelhante à de mulatos[252]), que se transformavam em "qualidades": moura, negro e *loro*.

Com essa fórmula sendo praticada tanto na escrita quanto na fala cotidiana, como se pode presumir com base na documentação dos séculos XVII e XVIII, principalmente, a identificação, a classificação e a qualificação de cada indivíduo tornavam-se exercício banal, cotidiano, generalizado e profundamente incorporado pela população como um todo. Antes, porém, ela apareceu, por exemplo, nos testamentos do Chile, no final do século XVI. Assim, em 1596, uma testadora deixou registrado: "yo, Catalina, india, natural que soy de la ciudad de Angol, residente en esta ciudad de Santiago de Chile...". Declarava ainda que "me dejó el dicho mi amo [o capitão Juan Baraona, com quem tivera um filho natural] un indio viejo, llamado Juan macho, y una vieja llamada Beatriz...".[253] Em outro desses documentos, datado de 1602, escreveu-se: "yo, don Diego Pichunpangui, cacique principal que soy del pueblo de Lora, de la encomienda del capitán Pedro Gómez Pardo, vecino encomendero desta ciudad de Santiago...".[254] Era desnecessário, nesse caso, explicitar a "qualidade", automaticamente vinculada ao sobrenome e aos títulos – *don* e *cacique principal*.

Em 1696 recolheram-se em Cartagena de Indias vários depoimentos que testemunharam sobre a vida, atos e milagres do jesuíta Pedro Claver, no intuito de promover sua santificação por Roma, o que ocorreria quase dois séculos mais tarde, em 1888. Entre as testemunhas listadas estavam, por exemplo, "Andrés Sacabouche, de nación angola intérprete del venerable siervo de Dios, de edad de 45 años", "Antonio Monterato esclavo del señor capitán Juan de Rueda, de edad de 50 años", "Diego Falupo, esclavo del Colegio e intérprete del Venerable Siervo de Dios, de edad de 48 años", "Francisca, de nación angola, esclava de doña Mariana Bellido, de edad de 60 años", "Francisca Alfonsa, negra libre, de edad de 60 años", "Francisco Yolofo, esclavo del Colegio e intérprete del venerable siervo de Dios, de edad de 50 años", "Ignácio de nación angola, esclavo de Colegio de la Comapañia de Jesús e interprete del venerable siervo de Dios, de edad de 40 años" e "Jacinto de Medina, negro libre, de edad de 60 años", entre vários outros.[255] A "qualidade", como se observa em alguns dos exemplos listados, podia vir subentendida: no lugar de "negro" ou de "preto" (mais usual no Brasil, embora *prieto* fosse usado em espanhol[256]) aparecia o local de origem ou de embarque: "Falupo", "Yolofo" ou "nación angola", por exemplo. Entretanto, permanecia a fórmula básica: nome+"qualidade"+"condição".

Em Lima, em testamento de 1651, ficava declarado: "yo, Juana Barba, morena libre, vecina desta ciudad de los Reyes y natural della, hija de Domingo Hernández y Simona Barba..."; era a testadora que se definia assim. Juana declarava possuir "una negrita, mi esclava, que nació en mi casa, nombrada María de la Cruz, criolla, que está en edad de diez años, poco más o menos", "Laura Carabalí, mi esclava, casada con Alejandro Carabalí" e registrava ainda: "tengo por mi esclava una negra nombrada Clara, de casta bran, casada" e "tengo por mi esclava una negra nombrada Juana, de casta bran, que será de edad de treinta años".[257]

Com relação à América portuguesa o quadro era semelhante. Em 1591, na Bahia, diante do visitador do Santo Ofício, Heitor Furtado de Mendonça, Jerônimo de Barros, "cristão velho, natural desta cidade, de idade de trinta anos" confessou o pecado de não ter se submetido à carta de excomunhão que havia sido publicada contra ele. O motivo era ter incendiado a lenha e destruído as lavouras de um certo Manuel Ferreira. Para executar esse crime, confessava, levara

> [...] consigo a Bastião, negro de Guiné, e a Gonçalo, Antônio Arda, Antônio Molec, Simão Egico, Pedro Ongico, Rodrigo Angola, Lourenço Ongico, Joane Ongico, Duarte Angola, Cristóvão Angola, todos negros da Guiné, Francisco da Terra e Manuel da Terra, todos ao presente

vivos, escravos cativos do dito seu cunhado Pedro Dias, e outrossim um negro por nome Antônio de Guiné, cativo também do dito seu cunhado, que haverá quatro meses que o mataram.[258]

No século seguinte, essa fórmula continuou sendo empregada como antes. Até essa época, os índios eram chamados de "negros" ou "negros da terra" ou, ainda, "negros tapuias", "qualidades" que serão discutidas no capítulo seguinte. Em carta escrita em 1617 ou em 1618, Cristóvão da Rocha informava ao governador-geral do Brasil, Dom Luís de Souza, o segundo Conde do Prado, sobre os negros (índios) do sertão, uns que viviam em aldeia de padres franciscanos, outros que eram "negros de guerra" e sobre um índio que ele recomendava ser preso em Recife. Escrevia, ainda:

> [...] da aldea de una uenha ho manissa prinçipal con outros sincoenta q he aldea que tem mais de duzentos frecheiros. antre estes que qua uierað ueo hũ negro por nome Sapucaia pode uir con a sua gente que he bom indio e hos mais pª a contia donde pareçer bem ao sor g^{dor}.[259]

No início do século XVIII, na Capitania do Ceará, houve concessão de patentes, títulos e honrarias, além de sesmarias, aos "principais" de grupos indígenas da região, que vivenciara até essa época uma guerra de conquista dos sertões e contra os índios que ocupavam o território. Os agraciados receberam títulos e alguns deles passaram a ser tratados de "Dom". Mesmo com esse "enobrecimento", a "qualidade" deles era sempre explicitada. Assim, em 1708, o capitão Thomé da Silva Campellim, "índio de nação Cabedelo, filho do principal Algodão, e neto do principal Algodão da ribeira do Cocó" recebeu uma sesmaria de 3 léguas.[260] Não era escravo, nem forro e, portanto, sua "condição" de livre não era mencionada, o que era a prática quando se tratava de indivíduos brancos. A "nação", assim como a "casta" e a "raça", quando aparecem associadas nos registros, detalhavam a "qualidade" da pessoa, suas procedência e crença religiosa (ou de seus antecedentes), além do fenótipo e da cor de pele. Entretanto, a "qualidade" (ou a "casta", muitas vezes, principalmente na América espanhola) dos não brancos parecia capitanear todas essas informações e essa primazia grassou por todo o universo ibero-americano nesse período.

Na interiorana Capitania de Goiás, em 1781, segundo Gilka de Salles, "a preta mina Tomásia negociou a liberdade com sua dona".[261] Já no livro da Visitação do Santo Ofício da Inquisição ao Estado do Grão-Pará, ocorrida entre 1763 e 1769, apareciam, entre muitos outros confessos denunciados e citados a "India Adriana Segundaves Cazada Com o Indio Euzebio Pereyra",[262] "residente na Freguesia de N. Senhora da Conceição (do lugar de Benfica), Bispado do Pará – Mãe do índio Francisco, denunciado com o índio Ancelmo e outros";²⁶³ "Antonia mulata casada com o Indio Alexandre damesmaFazenda";²⁶⁴ "Indio Ancelmo Solteyro terá vinte annos pouco mais oumenos filho Legitimo dos Indios Custodio daSylva Carpinteyro, ede Maria do Rozario Natural dadita Freguesia deBenfica [Belém do Pará]";²⁶⁵ "Ignes Maria de JEsus Mulata Solteira filhanaturaldeIgNacio deAndra dehomembranco já defunto que foi advogado EValeria Barreta Cafuza Solteira quevive daSuacustura Erenda Natural Emoradora destacidade naRua deSamVicente EdisseSerdeSinCoentaAnnospoucomaisoumenos";²⁶⁶ "AnnaBazilia mosabranca Solteira naõ Sabe dequem he filha Natural do-Maranhaõ Emoradora desta cidade naRua que SeSegue adeSanto Antonio en Caza daRozinha poresteNome bemConhecida".²⁶⁷

Um grupo grande de homens africanos de distintas procedências e idades, todos escravos de Domingos Serrão de Castro, viúvo e natural do Maranhão, também foi arrolado no livro da Visitação. Eles denunciaram o proprietário por obrigá-los a atos de sodomia. Entre os queixosos encontravam-se "ospretos Joaõ Primeiro, de nassaõ Mixicongo; Joaõ Valentim denassaõ Mixicongo, Gracia damesma nasçaõ todostres Solteiros, EDomingos Joze damesma nassaõ cazado com apreta Francisca Ehum destes Se queixaõ mais Joze ____; Domingos ___; Manoel Bexiga; Florencio Domingos Antonio; Miguel Joze; Miguel daCosta todos demesma nasçaõ E do Reino de Angola; Joaõ digo da Angola todos Solteiros Joaõ damesma ___ hoje cazado Naõ Sabe onome da mulher escrauo daFazenda doCabresto dosReligiozos deNoSsaSenhora do Monte doCarmo, Enamesma fazenda aSsistente. ESequexaraõ emquanto uiuos ospretos Joaõ Gomes, Domingos Beicinho; Affonço + e Pedro; Eactual mente Seguiraõ Osrapazes Florencio, e Antonio Moleques denasçaõ Angola do ServiSso do Mesmo Engenho [da Boa Vista, freguesia da Sé].²⁶⁸

Outro caso arrolado no livro foi protagonizado por "Raymundo Jose deBitencurt Ajudante do Terco dos Auxiliares daCapitania de S. JosedoRyoNegro Cazado ComDonaMaria JosephadeBriSsos Natural daCidade de Angra da Ilha Terceyra Morador Aope da Igreja deSam Joaõ Freguesia daSe destacidade detrinta Equatro annos deidade". Ele denunciou por feitiçaria a "India chamada Sabina", que havia elaborado "humabebida de Agoardente" para a mulher dele, fazendo-a beber "napreSença deSeosIrmaõs Antonio ELuís de Auilla, Eamay delles Florencia Mamaluca."²⁶⁹ Além de serem exemplos da fórmula de identificação e distinção (nome + "qualidade" + "condição"), os registros explicitam também o quanto essas categorias e a concepção taxionômica de mundo faziam parte do cotidiano de mestiços, como o denunciante Bitencurt, que não se definia como tal, mas que indicava a "qualidade" da mãe (mamaluca) e, indiretamente, a dos irmãos (mestiços), além de sublinhar a da denunciada, a índia Sabina.

Já no codicilo de testamento escrito em São João del Rei, nas Minas Gerais, em 1758, o capitão João de Matos mandava que seus testamenteiros comprassem

> [...] dous muleques Angollas no Rio de Janeiro por presso que postos nestas Minas ha quem pouco mais ou menos duzentos e sincoenta mil reis os quais entregarão a meu sobrinho o Reverendo Padre Manoel Ribeyro do valle [...] Declaro mais e o mando que se compre outro mulleque da mesma qualidade e peço e que se entregue a João de Faria Silva morador nesta villa em caza de Pedro Gonsalvez Chaves os quais dois Legados ditos negros deixo pello o amor de Deus [...][270]

Na mesma Vila de São João del Rei, anos antes, em 1753, iniciou-se o inventário dos bens do doutor Antonio Martins Couto de Meireles, na presença da viúva e inventariante, Dona Clara Antonio de Vilhena. Já iniciado a arrolamento, registraram-se doze "tamboretes de encosto dos quais so meya duzia se inventarião e mandou o doutor provedor que a outra meya duzia ficassem para o ornatto da ditta inventariante por ser essa peçoa de qualidade e distinção [...]".[271]

Nos trechos acima ficam evidenciados os diferentes usos que se fazia, em uma mesma região e época, do termo "qualidade" e como a categoria era empregada para identificar e qualificar os indivíduos, como no caso dos moleques de Angola. A "qualidade" de "negro" foi substituída por "Angola", tomados como sinônimos, assim como a procedência, que, neste caso, tornou-se "qualidade". Esse tipo de registro aparece com frequência na documentação produzida no período. Em 1733, em Vila Rica, sede da Capitania de Minas Gerais, os

> [...] Juiz Vereadores e Procurador do Senado da Câmara [...] por repetidas vezes se tenhão posto idittaes para evitar as continuas queixas que a este Senado vem das vendagens do Morro como Esttes não querem seçar se fas precizo repetillo por este Edital dizendo que toda a pecoa de qualquer qualidade ou condição que seja que constar venda no dito Morro publicamente ou oculta assim de molhados como fazenda seca mantimentos a comicão(?) frasqueiras ____ Negras de taboleiro ou os que andao na faisqueira para que com esse pretexto vendão incorrerão no bando de Sua Excelência que são quorenta outavas ____ de condenação e três mezes de cadea pois o seu sentido he evitar absolutamente todo o gênero de vendagens sem rezerva alguma e outrosim incorrera

> na mesma pena toda a negra que se achar no dito Morro sem instromento de minerar o que fazemos publico por Este Edittal e novamente por Este o prohibimos [...] mandamos que não hajão no dito Morro ranchos de beira no chão em que asistão negros sem branco porque desta desordem rezultão varias desgraças e he justto que seos donnos o recolhão em suas cazas ou os tenhão em caza em que asista feitor branco [...] Antonio Falcão.[272]

Entre as pessoas de qualquer "qualidade" e "condição", como se ressaltava no Edital, estavam incluídos negros e negras escravos e forros, que faiscavam ouro no Morro (um dos que rodeavam Vila Rica, dos quais se tirava muito deste metal em pó) e/ou que desenvolviam ali alguma forma de comércio. Este era um problema que os oficiais da Câmara de Vila Rica enfrentavam naquele período, o que rendeu enorme quantidade de documentos. Em 1732, por exemplo, o escrivão da Câmara, Valentim Nunes de Souza, ajuntou a um processo a certidão que segue parcialmente transcrita.

> [...] certifico que revendo o livro dos rezistos dos bandos de Sua Excelencia nelle a folhas trinta e tres se aça hum rezistado de cujo theor e forma he o seguinte// Dom Lourenso de Almeida do Conselho de Sua Magestade que Deos goarde governador e Capitam general das Minas do ouro. Fasso saber aos que este meu bando virem que tendo respeito as repetidas queixas que me fizeram os officiais da Câmera desta Villa Rica o requerimento dos moradores dela e dos do morro que lhe reprezentavão o gravíssimo dano e prejuízo que se lhes seguia a huns e outros de que no dito morro ouvessem vendas [...] Hey por bem prohibir que nenhuma pessoa de qualquer qualidade e condicam que seja possa ter nos lugares do morro ouro podre ouro fino Ouro bueno Corrigo Seco Rio das pedras e Campinho nenhuma casta de venda de seco ou de molhado ou seja publica ou particullar como também da mesma sorte nenhuma casta de pessoa poderá vender aos negros ou aos brancos qualquer gênero que seja com cominacam de que a pessoa que tiver as ditas vendas ou publicas ou particulares ou vender por sy ou pellas pessoas de seus escravos qualquer gênero que seja terá hum mes de prizão na cadea desta Villa e pagará cem oitavas de ouro das quais seram secenta para a fazenda real vinte para a câmera desta dita villa das quais darão dez ao denunciante se o ouver.[273]

No caso, "pessoa de qualquer qualidade" equivalia a "nenhuma casta de pessoa" e a todas elas estava interditado o acesso aos morros próximos à Vila. "Qualidade" e "casta" se conjugavam no interior da América portuguesa setecentista, assim como vinha ocorrendo em todo o mundo ibero-americano.

O modelo de identificação, de classificação e de distinção adotado desde o século XVI no Novo Mundo havia se generalizado por todo o continente, tanto nas áreas espanholas quanto nas portuguesas. A variedade da natureza documental nos demonstra como foi empregado por autoridades e administradores. Mas ele foi usual também entre a gente mais simples, incluídos índios, negros, crioulos e mestiços (v. t.), o que se pode verificar, principalmente, nos testamentos e documentos de caráter mais privado, ditados e/ou escritos pelos próprios envolvidos. Novamente estamos diante de fórmula e de prática generalizadas nos domínios espanhol e português das Américas, o que corrobora, insisto, a necessidade de histórias ampliadas, conectadas e em perspectiva comparada, em detrimento das de cunho nacional e nacionalistas e das que pretendem bastar-se em seu localismo.

"Casta"

Muitas vezes, como venho indicando, confundiu-se e/ou associou-se "qualidade" e "casta" e, em outros casos, vinculou-se essas duas categorias a "raça" e a "nação". A palavra "casta" também era empregada em castelhano e em português antes da conquista do Novo Mundo. No *Vocabulario* de Nebrija, o vocábulo aparece da seguinte forma: "Casta buen linage. genus. eris." [274] Vê-se agregado ao termo um adjetivo: "buen" e "casta" é definida como "boa linhagem", provavelmente referindo-se a animais irracionais. O uso do termo, entretanto, pode não ter se generalizado nessa época e em português parece ter sido ainda menos frequente, pelo menos na documentação oficial. Não obstante, seu emprego atravessou o Mar Oceano com os imigrantes espanhóis das primeiras décadas do século XVI.

Dom fray Juan de Zumárraga, bispo do México, por exemplo, escreveu, em 1540, para o imperador Carlos V, relatando-lhe as punições que ele impusera a clérigos envolvidos em casos de perversões, explicitadas em sua carta. Assim, registrou: "Y allá tengo desterrados otros, especialmente, a un Francisco de Alegrias, celeratísimo, diz-que de casta de moros, flagiciosísimo, que llevó cuatro indias mozas en hábito de mochachos; y quien se las vió en su posada y camara en Sevilla, está en esta casa, buen sacerdote de más crédito que yo."[275]

Poucos anos depois, na edição de 1562 do *Dictionarium latino lusitanicum et vice versa lusitanico latinum*, de Jerónimo Cardoso, o vocábulo aparecia assim em língua portuguesa: "Casta. Soboles, progenies, ei."[276] Embora não se agregasse um adjetivo, como em espanhol, a associação à descendência biológica fica evidente. Ainda no século XVI, Gabriel Soares de Sousa escolheu o termo para diferenciar os diferentes grupos de índios do Brasil. Segundo o autor,

> [...] ao longo deste rio [de São Francisco] vivem agora alguns Caités, de uma banda, e da outra vivem Tupinambás; mais acima vivem os Tapuias de diferentes castas, Tupinaés, Amoipiras, Ubirajaras e Amazonas; e além delas, vive outro gentio (não tratando dos que comunicam com os portugueses), que se atavia com joias de ouro, de que há certas informações.[277]

Daí para frente, aplicou-se a palavra "casta" aos vários grupos de índios, como se pode ver no exemplo de Gabriel Soares de Sousa, além de outros grupos sociais. Camen Bernand definiu assim o termo: "Le terme *castas* désignait les nuances que séparaient les grupes de sangs-mêlé, un dixième d'entre eux était de condition libre".[278] Alejandro E. Gómez, em artigo sobre o estigma africano nos mundos hispano-atlânticos, recorreu a dicionários antigos para definir "casta" e escreveu: «Según el *'Diccionario de Autoridades'* de 1729, 'castas' es un término histórico usado para calificar la 'calidad' del individuo, y también asociado a personas irracionales."[279]

Guaman Poma de Ayala, em 1615, por seu turno, observou:

> Como los negros de los corregidores y de encomenderos son muy atrevidos, que fuerzan a las indias casadas o doncellas, y los dichos sus amos lo consiente y con color de ella tiene muchos hijos mulatos y mulatas [...] Como las dichas mulatas que paren mulato cuarterón o zambaigo cuarterón, que ya aquel tiene todo de español, sola una oreja tiene de casta negro; que por la ley de derecho de justicia es tan libre el caballero como caballero, el pechero como pechero, el indio como indio pechero, el principal como principal, el príncipe como príncipe. El hijo de mulato en la negra es esclavo fino, que toca la mitad de negro cautivo a buena razón; a esta casta se a quieren ahorrar, se la ha de dar parte ahorrarle la mitad y la mitad es suya. Que esto es la ley pura: hijo de la cautiva mulata y el hombre mulato es cautivo fino. Es la pura justicia y ley de cristiano.[280]

O índio cronista do Peru seiscentista já registrava as diferentes castas que compunham a população do Vice-Reino. Outro que também fez isso foi o jesuíta sevilhano[281] Alonso de Sandoval. Entre Lima e Cartagena de Indias, ele escreveu um tratado sobre escravidão e sobre os povos negros do continente africano, iniciando seu *Naturaleza, policía sagrada i profana, costumbres i ritos, disciplina i catecismo evangélico de todos los etíopes*, mais conhecido como *De instauranda Aethiopum salute*, em 1617, finalizando-o em 1623; a obra foi editada em 1627, em Sevilha.[282] Referindo-se aos negros da África (que chegavam em grande quantidade ao porto de Cartagena), afirmava Sandoval, que deixava também o registro da confusão frequente entre "casta" e "nação":

> Y del Reyno de Benir, tengo cierta y fidedigna información que muchas negras de esta casta y generación, cuyos maridos son también negros, paren los hijos tan blancos, que de puro albos salen cortos de vista y con los cabellos plateados: y los hijos destos blancos suelen con variedad volver a nacer negros, pero todos unos y otros afeminados y para poco; y que solo sirven de hechizeros.[283]

E mais à frente:

> De Loanda vienen de ordinario estas castas: Angolas, Congos o Manicongos, que es lo mesmo: Angicos, Monxiolos y Malembas; todas las cuales castas, y otras que también en poco numero, vienen aunque entre si son diversas, suelen de ordinario ser cada una general *ad invincem* entre si, principalmente la Angola, la cual casi todas essotras naciones entienden. Son los negros destas castas los de menor valor y menor suerte, los mas innutiles y para poco de todas essotras naciones: los mas expuestos a enfermedades, que menos las resisten, pusilánimes de corazón y que mas fácilmente mueren.[284]

Na América portuguesa, nessas primeiras décadas do século XVII, o termo aparece associado aos índios. Em 1618, o ex-capitão-mor da Capitania do Ceará, Martim Soares Moreno, na época já retornado a Lisboa, escrevia ao rei Felipe III da Espanha (II de Portugal) suplicando-lhe mercês como recompensa dos serviços prestados no Brasil. Para tanto, relatava o que havia realizado.

> No ano de 1611 cheguei ao Ceará com seis homens em minha companhia e um clérigo [...] No dito ano fiz pazes com três castas de tapuias ali vizinhos e por meio deles tive novas do Maranhão [...].[285]

Na mesma época, o franciscano frei Vicente do Salvador também empregou a categoria "casta", indicando igualmente a variedade delas entre os Tapuias. Segundo frei Vicente, que finalizou a sua *História do Brazil* em 1627, o

> [...] que de presente vemos é que todos são de cor castanha, e sem barba, e só se destinguem em serem huns mais barbaros, que outros / posto que todos o são assaz/. Os mais barbaros se chamão in genere Tapuhias, dos quaes ha muitas castas de diversos nomes, de diversas lingoas, e inimigos huns dos outros.[286]

Em 1688, em uma Cédula Real sobre os "negros apalencados" (palenques corresponderam, na América espanhola, aos quilombos da América portuguesa) de Cartagena de Indias, escreveu-se: "[...] suplicóme fuese servido de conceder licencia para que todos los negros y negras, mulatos y otras castas que llaman zambos que se cogieren de dichos palenques, de que no se conocieren dueños a quien entregárselos, y los nacidos allí, los pueda vender la ciudad y embarcar para otras partes...".[287] Charles Boxer, por sua vez, traduziu parte do discurso do bispo de Caracas, Dom Antonio Gonzáles de Acuña, um crioulo nascido em Lima, proferido em sua catedral, em 1681. O bispo, segundo Boxer, ao abençoar cada candidato à ordenação teria repetido a "declaração de que não ordenaria e não estava ordenando nenhum *mestizo*, mulato ou pessoa dessas castas (de sangue miscigenado)".[288]

Durante o século XVIII, o emprego do vocábulo já era corriqueiro, embora talvez fosse mais usado em espanhol que em português. Um indicativo disso, além de sua frequência maior ou menor nos documentos, foi o desenvolvimento notável na Nova Espanha e no Peru da pintura dos *cuadros de castas*, como expliquei no capítulo 1. Esses documentos pictóricos resultavam também do emprego corrente do termo nessas áreas, tanto por escrito, quanto nas imagens (ver Figura 1) e talvez no imaginário e ainda nas falas cotidianas, é presumível.

A categoria "casta", como se viu no bando de Dom Lourenço de Almeida, transcrito acima, servia para designar coisas e pessoas (e animais também). Embora talvez não tivesse uso tão corriqueiro no Brasil quanto o ocorrido na América espanhola, o termo integrava o léxico do governador das Minas Gerais no Setecentos. Em relação a essa centúria, Maria Leônia Chaves de Resende acusa ter encontrado a expressão "casta da terra" aplicada a índios, tanto nos assentos de paróquia quanto nos relatórios das visitações das Minas Gerais.[289]

Anos mais tarde, em torno de 1751, Dom Antônio Rolim de Moura, governador da Capitania de Mato Grosso, escreveu sobre a população das vilas e arraiais da região, ressaltando que não havia "mais que duas castas de pessoas que são homens falidos, ou os que têm carijós. Aos falidos é necessário ajudá-los e defendê-los dos credores e das justiças".[290]

Mais ao sul do continente, na região do Rio da Prata, a gente que ali chegava para explorar as oportunidades de comércio era constituída de várias "castas", de acordo com um texto anônimo, publicado pela primeira vez em 1794. O autor do texto referia-se à riqueza dos campos platinos, da enorme quantidade de gado vacum e dos couros que se preparavam na região de Montevidéu. Tratava-se, claro, de atrativo poderoso para o comércio legal e para o contrabando (que se fazia através do território brasileiro). O autor anônimo escreveu:

> Era, pues, consiguiente a este abandono, que, corriendo por toda la tierra la fama de este tesoro, acudiesen gentes de muchas castas a esquilmar esta heredad a la cual tenía derecho todo el que careciese de conciencia.[291]

"Qualidade" e "casta" haviam sido incorporadas ao léxico do Novo Mundo e diante da enorme e diversificada população americana foram evocados talvez muito mais intensamente que na Península Ibérica, anterior e posteriormente às conquistas. Juntamente com elas outras duas "grandes" categorias povoaram, como já pude indicar, os documentos produzidos, as imagens elaboradas (sobre algum suporte concreto e também no imaginário coletivo) e as falas do cotidiano: "raça" e "nação". Não é demais insistir que se tratava de categorias/conceitos já existentes e transpostos para o Novo Mundo, onde encontraram solo fertilíssimo para se reproduzirem e assumirem dimensões e contornos inéditos até então.

"Raça"

Em dicionários antigos de português e de espanhol o termo "raça" aparecia, inicial e exclusivamente, em expressão composta: "raça de sol", grafado com "ç" nas duas línguas. Não se explicava o significado da expressão (eram vocabulários português-latim e espanhol-latim), mas se traduzia para o latim como "solis radius" ou "radius solis", o que nos leva a inferir que se referiam ao raio de sol. Em espanhol, o termo ainda aparecia associado em "raça del paño", isto é, tipo de pano, provavelmente em referência a raio, fio, fiada ou listra específica do tecido. Essas definições apareciam no *Vocabulario español-latino*, de Elio Antonio de Nebrija: "Raça del sol. radius solis per rimam" e "Raça del paño. panni raritas".[292] *Na língua lusitana a primeira expressão apareceu apenas em 1562, no Hieronymi Cardosi Lamacensis Dictionarium ex Lusitanico in latinum sermonem*: "raça do sol. solis radius."[293] Esse significado se repetiu nas edições de 1570, 1592, 1601, 1613, 1619, 1630, 1677 e 1694 do *Dictionarium*.

Continuando no âmbito de dicionários e léxicos antigos, vejamos como o vocábulo foi apresentado. Ainda no século XVII, "raça" e "raza" foram incluídos no famoso dicionário de Don Sebastian de Covarruvias Orozco, cuja primeira edição data de 1611.[294] Novos significados foram associados aí: *"RAÇA, vide infra verbo raza."*²⁹⁵ e *"RAZA, la casta de cavallos castizos, a los quales señalan con hierro para que sean conocidos; raza en el paño, la hilaza que diferencia de los demás hilos de la trama. Parace averse dicho quasi Razza; porque aza en lengua Toscana vale hilo, y la razza en el paño sobrepuesto desigual; raza en los linages se toma en mala parte, como tener alguna raza de Moro, o Judio."*²⁹⁶ "Raza" era, então, o vocábulo usado para identificar e julgar pejorativamente a origem moura ou judia de indivíduos e de linhagens biológicas. Parece ter sido esse, inclusive, o sentido empregado pelo célebre poeta espanhol do século XVII, Francisco de Quevedo, no livro *Historia de la vida del Buscón llamado don Pablos, ejemplo de vagamundos y espejo de tacaños,* finalizado em torno de 1620. Escreveu Quevedo, em uma passagem de sua novela picaresca:

> Llegó el día y salí en uno como caballo, mejor dijera en un cofre vivo, que no anduvo en peores pasos Roberto el diablo, según andaba él. Era rucio, y rodado el que iba encima por lo que caía en todo. La edad no hay que tratar, biznietos tenía en tahonas. De su raza no sé más de que sospecho era de judío según era medroso y desdichado. Iban tras mí los demás niños todos aderezados.²⁹⁷

Em língua portuguesa, aparentemente, a palavra demorou um pouco mais para ser incluída em um dicionário. Foi no início do século XVIII que ela apareceu no *Vocabulario Portuguez e Latino,* de D. Raphael Bluteau, que definiu "Raça. Casta" e, depois, "Rasa, ou Raza" de maneira semelhante à espanhola:

> Diz-se das especies de alguns animaes, como cavallos, cães, &c. Querem que Raça se derive de Radix, em Portuguez Raiz, Genus, eris. Neut. Vid. Casta. (Onde no tempo de agora ha gentil Raça de cavallos. Mon. Luft. tom. I. na Geograph. no fim pag 3. col. 1.) (He certo, que a generosa Raça dos cavallos. Cunha, Hist. Dos Bispos de Lisboa, part. 1. pag. 5. col. 1.)

> Raça. Fallando em gerações, se toma sempre em mà parte. Ter Raça (tem mais nada) val o mesmo, que ter Raça de Mouro, ou Judeo. (Procurarseha, que os servidores da Misericordia não tenhão Raça. Compromisso da Misericordia, pag. 26. vers.)²⁹⁸

> Rasa, ou Raza. Certa casta de panno de lã, de que ha differentes especies, como Rasa entrapada, Raza de Montalvão, Rasa de nome, que he muyto estreyta, & grossa.²⁹⁹

Se à "casta", como se viu anteriormente, dera-se em espanhol a definição de "buen linage" (*Vocabulario* de Nebrija), o que não incluía, obviamente, mouros, judeus, negros e mestiços, a "raça", em português, associou-se a noção depreciativa de "Mouro, ou Judeu". Talvez se possa inferir que, até o século XVII, no Novo Mundo, o termo preferencial para marcar a desqualificação de origem (inclusive religiosa, além do "sangue infecto" e talvez em alguma medida, do "defeito mecânico") tenha sido "raça/raza", estendendo-se sua aplicação a animais irracionais. No século seguinte, possivelmente pela menor presença e pela memória menos próxima de mouros e de judeus nas Américas e pelo aumento generalizado de mestiços, o termo tenha perdido vigor e sentido cultural, passando a intensificar-se o uso de "casta" e de "qualidade", que se aplicavam mais adequadamente à maioria dos habitantes.

O sentido pejorativo de "raza" é, portanto, bastante antigo. Embora não seja tão comum encontrar o termo empregado nos documentos produzidos nas Américas espanhola e portuguesa ou nos que tratavam delas, pode-se afirmar que essa noção depreciativa estendeu-se ao continente. Alejandro Goméz lembra o caraquenho franciscano frei Juan Antonio de Navarrete, que no final do século XVIII considerara os pardos "[...] la raza más fea y abominable, y aún extraordinária."[300] Em 1776, a *Pragmática Sanción para evitar el abuso de contraer matrimonios desiguales*, ordenada pelo rei espanhol Carlos III, "El Político", e adaptada no México, em 1778, à realidade das Índias, excluía da normatização matrimonial "mulatos, negros, coyotes e individuos de castas y razas semejantes tenidos y reputados públicamente por tales". As adaptações de 1778 ocorreram "Teniendo presente que los mismos y mayores perjudiciales efectos se causan de este abuso en mis reynos y dominios de las Indias por su extensión, diversidad de clases y castas de sus habitantes y por varias causas que no concurren en España".[301] Na realidade, o mundo hispano-americano (e o luso-americano também) desse período encontrava-se profundamente marcado pelas mesclas entre "qualidades" e "castas", além de solidamente constituído sobre práticas de concubinato e mancebia. Isso deve ter representado barreira concreta para a validação da cédula real no cotidiano dos súditos de Carlos III, o que deve ter promovido as exceções.

Como já disse acima, o emprego do termo "raza/raça" não foi tão comum como "calidad/qualidade" ou "casta". Entretanto, na historiografia dos séculos XIX e XX, e na mais recente há inúmeros casos de aplicação anacrônica do conceito "raza/raça" a ambientes nos quais ele não aparecia originalmente. Mais do que isso, o conceito inserido, quase sempre, foi o que se constituiu a partir de noções racialistas, evolucionistas e eugênicas inexistentes ou irrelevantes antes do Oitocentos. A introjeção dessa versão do conceito ocorreu com tal intensidade no pensamento contemporâneo que é necessário atentar para as traduções de textos antigos realizadas no período e revê-las cuidadosamente. A título de exemplo, traduziram-se as palavras originais do jesuíta José de Acosta, publicadas em 1576, em latim, sobre os "atunlunas" – "genus hominum agreste" –, por "raza de hombres sin cultura".[302] Evidentemente, a versão em espanhol é muito mais lida e consultada que a original. Dessa forma, é preciso atentar para uma racialização *a posteriori* de textos e contextos anteriores que não conheceram essa dimensão, não obstante a palavra e seu uso depreciativo já existirem naquele momento.[303]

Cabe aqui uma rápida digressão, mesmo não sendo este tema tampouco a leitura científica e intelectual dos séculos XIX, XX e XXI os objetos de estudo deste texto. Entretanto, sua importância é evidente e está ancorada em procedimentos metodológicos que também motivaram este estudo. Embora nas últimas décadas várias vozes tenham se levantado contra a manutenção do uso de "raça" como um conceito legítimo e correto para as humanidades e para as ciências biológicas,[304] é impossível e incorreto decretar seu fim e seu banimento de nossos procedimentos científicos e de nosso vocabulário cotidiano. Independentemente de sua inadequação, posto que não mais se aceita nas áreas científicas a divisão e a classificação hierarquizada dos seres humanos em raças, trata-se de conceito que tem largo emprego em outras áreas, como em dimensões da política (políticas públicas, partidos políticos, movimentos sociais, ONGs, associações e agrupamentos civis e religiosos) e do cotidiano. "Raça" é categoria de análise ainda fortemente evocada e é termo amplamente empregado no dia a dia por milhões de pessoas, não obstante toda a argumentação contrária que vem se desenvolvendo há anos no campo das humanidades e as "provas" contrárias à existência biológica das várias "raças", produzidas pela genética moderna. Portanto, lembremo-nos de que empregar esse conceito em nossas pesquisas hoje é escolha cada vez menos sustentável e adequada, mas tomá-lo como objeto de estudos é opção absolutamente legítima. Além disso, reconheçamos nossa impotência no sentido de imprimir rapidamente mudanças mais profundas ao imaginário, às mentalidades, aos costumes e ao cotidiano. Essa dimensão de nossa fragilidade é aspecto importantíssimo em nossa reflexão, pois norteia discursos e práticas na busca de estratégias de produção científica, assim como nas denúncias e na atuação político-cultural.

Os significados atribuídos no Novo Mundo ao termo "raça/raza", embora fossem pejorativos e acusassem clara discriminação de mouros e judeus (sangue infecto), de negros e de mestiços, não têm correspondência absoluta com as definições mais recentes. Eles não tinham, por exemplo, o poder classificatório e hierarquizante, de cunho eugênico, evolucionista e cientificista, que assumiram no século XIX e na primeira metade do século XX e que seguem existindo até hoje. Discriminação e desqualificação no passado e racismo e racialismo nos tempos mais recentes são coisas semelhantes, mas não são a mesma coisa. Aliás, "castas" e "qualidades" foram ferramentas de distinção dos grupos sociais muito mais complexas, detalhadas e próximas da realidade vivenciada pelas populações americanas do que as teorias raciais e racialistas produzidas nos tempos mais recentes. Não se devem confundir essas realidades históricas nem as categorias e os conceitos produzidos para explicá-las e analisá-las ou julgá-las. Não é procedimento correto, mas absolutamente anacrônico projetar sobre o passado ibero-americano, entre os séculos XVI e XVIII, o racialismo e o racismo inventados no século XIX.

Os usos dos conceitos/categorias, que foram se alterando e agregando novos significados ao longo dos séculos, conformaram a dinâmica linguística no mundo ibero-americano (como ocorreu em outras realidades) e expressaram as novas sociedades aí organizadas, os povos e culturas que se desenvolveram e as dinâmicas de mestiçagens biológicas e culturais processadas. Novos vocabulários conformaram-se, ecoando as novas realidades surgidas do contato entre tantas e tão distintas culturas, ocorridos em meio a conflitos, negociações, acordos, conveniências, prazeres, contingências e acasos também. Não reinventar esse universo *a posteriori* sob a égide de conceitos estranhos a ele é resguardar, então, as historicidades dos acontecimentos e esse é um dos procedimentos que justifica o estudo da formação e dos usos históricos do léxico das mestiçagens associadas às formas de trabalho, o que se busca aqui.

"Nação"

Mas retomemos as reflexões sobre as "grandes" categorias empregadas no período em foco. Entre as que se associaram à de "qualidade" e, por vezes, se confundiram com ela ou a complementaram, incluía-se "nação", categoria também usada na Europa, na África e no Oriente durante o período abordado aqui, principalmente pelos conquistadores, administradores, navegadores e comerciantes. Em 1734, o padre jesuíta Joseph Cassani, referindo-se aos índios da Luisiania, no Canadá, definiu "nação" assim: "yà hemos dicho en otra parte, que esta voz Nacion en America, se entiende comunmente por aquel agregado de Indios, que hablan una misma lengua, y entre sì se goviernan independentes de sujecion, liga, y amistad, ò congresso de otros Indios".[305] Mas na verdade o entendimento de "nação" não se mostrava assim tão limitado na documentação, tanto na americana quanto na relativa às outras partes do mundo. Tratava-se da região, província, "país" ou reino de origem, tais como "natio nigra" (Confraria de Sant Jaume dos negros libertos e escravos de Barcelona, de 1455, e "documentación notarial, al menos en la de la Barcelona tardomedieval");[306] "nostra nation" (Aluise de cha damosto/Luís de Cadamosto, 1463, referindo-se ao cônsul de Veneza em Portugal);[307] "naciones" de "español", de "negros" e "india" e "naciones" "mezcladas de todas maneras" (Inca Garcilaso de la Vega, 1609);[308] "nação courano" (testamento, Minas Gerais, 1739);[309] "nação mina" (testamento, Minas Gerais, 1745);[310] "nación Ethiopica" (Frei Benito Jerónimo Feijoo y Montenegro, 1742),[311] por exemplo. Referiam-se à "qualidade" e ao grupo de procedência, tais como "nação mameluca" (Summario das Armadas, c. 1585-1590);[312] "nação de gente bárbara, a que chamam Ubirajaras" (Gabriel Soares de Sousa, 1587, referindo-se a esses índios que viviam no "sertão da Bahia, além do rio de S. Francisco");[313] "nacion Caribes" (Antonio Vázquez de Espinosa, 1628-1629);[314] "nação Tabajara da serra da Ibiapaba" (doação de sesmaria, Ceará, 1706);[315] "nasam Creoullo" (inventário *post-mortem*, Minas Gerais, 1785),[316] por exemplo. Tratava-se ainda da filiação ou ancestralidade religiosa, tais como "nação de negros tida e havida entre eles por judeus" (capitão André Álvares d'Almada, 1594, referindo-se aos negros que moravam "em toda esta terra dos Jalofos, Barbacins, e Mandingas")[317] e "nação de Mouros Arabios desta casta Naiteas" (Diogo do Couto, c. 1602-1628),[318] por exemplo.

A categoria "nação" parece, no entanto, ter sido mais usualmente aplicada aos escravos e libertos – índios, inclusive e primeiramente, no caso da América portuguesa. Entre os escravos e forros, além dos índios, a categoria foi mais frequentemente empregada aos provenientes da África. Entretanto, em crônicas, relatos, histórias e mesmo em documentos administrativos escritos no século XV e nas primeiras décadas do século XVI sobre regiões e povos da África, assim como nos que foram escritos sobre o Novo Mundo, a partir do fim do século XV e durante o Quinhentos, geralmente, não se empregou a categoria "nação" aos negros africanos.[319] No caso americano, nesse período, "nação" foi reservada aos diferentes grupos de nativos. Os africanos eram tratados como "negros", "mouros", "etíopes", "negros de Guiné" ou "guineus", "cafres" ou, ainda, simplesmente como Angolas, Congos, Guinés, Jolofos, Mandingas, entre outras nomeações.

Aparecem, na documentação em geral, além das designações dos índios e dos africanos, menções a "nação crioula", como mostrei acima, "nassaõ cabra",[320] "nação mameluca",[321] mas não encontrei a mesma aplicação para mulatos, pardos e mestiços. Já no caso dos africanos, recorde-se, um extenso e detalhado arrolamento de "nações" foi realizado em Lima e em Cartagena de Indias, no início do século XVII. O jesuíta Alonso de Sandoval dispensou especial atenção à feitura dessa listagem, que continua sendo referência para os estudiosos atuais, baseado em sua intensa experiência de catequese dos escravos africanos chegados em massa naquele porto, que era "la principal y derecha descarga de todo el mundo", segundo ele.[322]

No século XVIII, a identificação dos africanos por "nações" já se tornara prática arraigada. Na documentação de cunho serial, como testamentos e inventários *post-mortem*, nos quais apareciam de maneiras diferentes a constelação de "qualidades" e "castas" que constituíam as sociedades ibero-americanas, pode-se constatar o uso regular e ostensivo do termo "nação", assim como do repertório de "nações" africanas. Em torno dessas "nações", escravos e forros africanos organizaram-se em irmandades e em agremiações de variada natureza, como também ocorria entre os grupos de outras "qualidades". Preservação de identidades antigas e construção de novas aconteceram em paralelo nesse processo de organização social, no qual se conjugaram, em alguma medida, dependendo dos contextos e das conveniências, certas impermeabilidades e blindagens "étnicas" e identitárias, por um lado, e contatos e mesclas por outro.

As "nações" eram, portanto, fortes marcas de identificação e de classificação dos escravos provenientes da África e dos que se alforriaram na Ibero-América, que se não foram aplicadas majoritariamente a eles nos primeiros anos das conquistas, parecem ter sido nos séculos seguintes. As "nações" desses homens e mulheres deslocados forçadamente para as Américas foram nomeadas a partir da região de origem, do porto ou região de embarque nos navios negreiros, de mercados e rotas do tráfico, do nome dos maiores grupos "étnicos", das designações dadas ainda na África por grupos inimigos, de fatores linguísticos e dos *Cabildos de Naciones*.[323] Além disso, as "novas nações africanas" constituídas no "exílio", isto é, nas Américas, como propôs João José Reis,[324] também foram marcas que possibilitaram organizá-los/organizarem-se e distribuí-los/distribuírem-se nos territórios de destino; isso foi válido para escravos e forros. Essas formas de organização a partir das "nações" ocorreram para atender vários aspectos, inclusive os relacionados a demandas específicas de certos conhecimentos técnicos e de certos tipos de mão de obra, por exemplo, na mineração, além de práticas religiosas, como as já mencionadas irmandades.[325]

Entre os testemunhos colhidos sobre as ações pias e os milagres realizados por Pedro Claver, na Cartagena de Indias do final do século XVII, encontrava-se o de "Ignacio, de nación angola, intérprete del venerable siervo de Dios, de edad de 40 años", que declarou:

> Y sabe este testigo que con su ejemplo, amonestaciones y exhortaciones redujo a tres de aquellos negros a nuestra fe, probándoles con razones manifiestas y claras la falsedad de la secta de Mahoma que seguían. Y sabe que en efecto se bautizaron. No recuerda en particular sus nombres, sólo de uno que se llamaba Juan, que ya ha muerto. Y recorriendo su memoria recuerda que uno de ellos, olivastro y de nación negro turco, hoy vive y le parece que se llama Francisco y sirve al señor gobernador que hoy está en esta plaza, llamado don Juan Pérez de Guzmán, y el negro era muy obstinado y pertinaz y de los más convencidos en la secta de Mahoma.[326]

Além de destacar a "nação" ("turco") do convertido, o testemunho, ele mesmo indicado como de "nação angola", ainda o identificava associando-a à "qualidade" ("negro") e à "cor" ("olivastro", que queria dizer, segundo nota dos tradutores, "color aceitunado o cetrino", isto é, cor de azeitona ou amarelo-esverdeado, de cidra). O testemunho, ainda que traduzido para o latim e depois retraduzido para a publicação em espanhol, não inspira desconfiança, pois o tipo de informação se repete em vários outros testemunhos que compõem o alentado volume. Criou-se aí certo repertório de informações, que afinal condiziam com as características observáveis naquela sociedade e se repetiam em outros documentos, informes e crônicas. Registros como esse demonstram também que nem sempre houve fusão ou confusão entre as "grandes" categorias de identificação e que gente de todas as "qualidades" e "condições" sabiam operá-las perfeitamente.

Em 1681, o alcaide ordinário de Caracas, na Província de Venezuela, inventariou os bens que haviam sido legados em testamento pelo capitão Alonso Suárez des Castillo ao convento de Nossa Senhora das Mercês ("Patrona del Cacao") de Caracas. O capitão legara uma fazenda de cacau com seus 37 escravos "entre hombres, mujeres y niños, unos de nación angola y otros criollos", segundo Lucas G. Castillo Lara, que apresentou detalhadamente o inventário *post-mortem* em livro dedicado à história dos mercedários em Caracas.[327]

Mas a "categoria" "nação" não foi exclusiva dos escravos africanos, como já ressaltei, sendo aplicada também a outros grupos sociais, como os índios. Ao referir-se aos "índios da terra", no *Tratado da Terra do Brasil*, escrito em torno de 1570, Pero de Magalhães de Gândavo destacou o constante estado de guerra que imperava entre eles.

> Estes índios são muito belicosos e têm sempre grandes guerras uns contra os outros; nunca se acha neles paz nem é possível haver entre eles amizade; porque umas nações pelejam contra outras e matam-se muitos deles, e assim vai crescendo o ódio cada vez mais e ficam inimigos verdadeiros perpetuamente.[328]

Outro autor quinhentista, Gabriel Soares de Sousa, também registrou a variedade de "nações" de índios existentes na região dominada pelo Rio das Amazonas e em outras áreas do Brasil. No *Tratado descritivo do Brasil em 1587*, esse português, estabelecido na Bahia, onde era senhor de engenho de açúcar, deixou registrado:

> A este rio chama o gentio Mar doce por ser um dos maiores do mundo, o qual é muito povoado de gentio doméstico e bem acondicionado, e segundo a informação que se deste rio tem, vem do sertão mais de mil léguas até o mar; pelo qual há muitas ilhas grandes e pequenas quase todas povoadas de gentio de diferentes nações e costumes, e muito dele costuma pelejar com setas ervadas.[329]

Vê-se nesse trecho como no primeiro século de ocupação ibérica os nativos eram tratados como "gentios" e como se lhes viam em sua diversidade "étnica" e cultural, distinguindo-os em várias "nações". O próprio Gabriel Soares de Sousa, em outro trecho do livro, associava os "gentios" a "bárbaros" e antropófagos (o que justificava a guerra justa e a escravização) e os classificava em uma "nação" específica. Segundo ele,

> [...] pelo sertão da Bahia além do rio de S. Francisco, partindo com os Amoipiras da outra banda do sertão, vive uma certa nação de gente bárbara, a que chamam Ubirajaras, que quer dizer "senhores dos paus", os quais se não se entendem na linguagem com outra nenhuma nação do gentio: têm contínua guerra com os Amoipiras, e cativam-se, matam-se, e comem-se uns aos outros sem nenhuma piedade.[330]

Houve também certa confusão entre a "grande" categoria "nação" e uma outra delas, isto é, a "casta". Os testamentos e inventários *post-mortem* se revelaram fontes particularmente ricas para esse tipo de estudos, dados, insisto, sua abrangência de temas abordados, a inclusão das várias "qualidades" e "castas" e o caráter serial desses documentos. Assim, em 1666, "María de Huancavelica, morena libre, de casta folupa, natural de Etiopía en Guinea, residente en esta ciudad de los Reyes del Perú, hija de padres no conocidos", declarava que lhe devia "Jacinta, de casta folupa, cuatrocientos pesos de a ocho reales" e "María, de casta conga, de cantidad de pesos". Declarava, ainda, que eram seus escravos "María, de casta folupa" e "María, de casta mandinga", mas, em seguida, simplificava-se a fórmula ao serem listados "Ambrosio Folupo" e "Antón Folupo", seus outros dois escravos, e outras pessoas que mantinham alguma relação com ela: "Gracia de la Paz, Folupa", "Miguel Folupo", "Juliana Folupa".[331] "Nação", nesse caso e em outros da mesma época e região, havia sido transformada em "casta", que continuava marcando a "qualidade" de cada um dos citados, mesmo que não se tenha agregado o qualificativo "negro" às indicações. Entretanto, a "condição" de escravo, nos devidos casos, iniciou cada citação e isso era suficiente para se identificar os personagens.

Já nas Minas Gerais do século XVIII, as referências explícitas ou ocultas à "nação" envolveram também os libertos de origem africana. No processo de inventário *post-mortem* de Manoel Gomes Ferreira, finalizado em 1780, no arraial de Santo Antônio do Itaberava, termo da Vila de São João del Rei, na Comarca do Rios das Mortes, foi transcrito o testamento dele, de 1779, no qual se havia registrado: "Thereza Benguella preta forra [?] direito de [?] erdar de meus bens com meus filhos legitimos na parte prorata que por direito lhe tocar".[332] No testamento do português Jeronimo Ferreyra Guimarães, escrito em 1780, na Vila de São João del Rei, estava registrado: "he fora e liberta livre de toda escravidao desde que nasceo hua cabra por nome Maria filha da minha escrava Marcella tambem cabra cuja liberdade lhe dei por ajuste que fiz com hua preta de nascao Mina por nome Joana...", que, provavelmente, era liberta, embora a "condição" dela não tenha sido explicitada.[333] E em seu testamento, feito no arraial de São Gonçalo, freguesia da Vila de Sabará, na Comarca do Rio das Velhas, em 1754, Ignacio Pinto, preto forro, declarou ser natural da Costa da Mina e ser casado com "Roza Maria da Conceição nação mina e forra".[334]

No caso dos forros, a "nação" era incorporada à fórmula de identificação dos indivíduos, na maioria absoluta das vezes, quando eles eram provenientes da África; em menor quantidade, quando eram índios, mamelucos e cabras, não se aplicando, portanto, salvo exceções possíveis, aos casos de crioulos, mulatos, *zambos* e pardos. A preta forra Theresa Teyxeyra de Souza, por exemplo, declarou em seu testamento, escrito em 1749, no arraial do Tejuco:

> [...] sou natural do Reyno do Congo e fui cativa de demeu Senhor e Testamenteyro ocoronel Joaõ Teyxeyra de Souza e hoje forra por esmolla que odito Senhormefes// Declaro que fui cazada com Luis Monteyro nassaõ cabra dequem nunca tive filho.[335]

No período enfocado aqui, a categoria "nação" (assim como a "raça") não tinha muitas semelhanças com a "nação" e o "nacional" produzidos pelo Estado Nação do século XIX, que se definiam a partir da unidade territorial e política de um povo e em torno de língua e cultura próprias. Por isso mesmo, como já sublinhei anteriormente, aquele que era originário ou proveniente de alguma região ou de alguma "nação" era designado "natural" e não "nacional", opondo-se, desde essa época, ao "estrangeiro".[336] No emaranhado da "qualidade" e da "casta", a "nação" foi marca distintiva, sendo, por vezes, denotativa de gentilidade, de barbarismo e de infidelidade, podendo indicar, também, a supremacia da cristandade. Nesse conjunto de marcas identitárias e taxionômicas que se confundiam e se complementavam existia ainda a "cor", categoria empregada desde os primeiros tempos da conquista.

"Cor"

Mas afinal, por que os africanos da Guiné e da Etiópia eram pretos, com cabelos retorcidos, e os naturais do Brasil eram de cor baça (e cabelos corredios)[337] se todos habitavam a "tórrida zona", "que tão continuamente era acompanhada e visitada de raios retos do sol" e que era para "Ptolomeu, Lucano, Averroes, com outros filósofos [...] inabitável"?[338] Essa era a indagação que movia a curiosidade de Alviano e de Brandônio, personagens já evocados anteriormente. Independentemente da explicação elaborada nos *Diálogos das grandezas do Brasil*, em 1618, a preocupação deles era eco de perguntas e comparações que vinham sendo feitas desde os primeiros dias posteriores à chegada dos ibéricos no Novo Mundo.[339] Explícita e/ou implicitamente, a cor da pele dos povos nativos do continente conquistado era comparada com a dos conquistadores e a dos negros da África e do Oriente, ressaltando-se as diferenças e, por vezes, semelhanças.[340]

No *Diario* de Cristóvão Colombo, de 1492, lê-se sobre os "indios":[341]

> Muy bien hechos, de muy hermosos cuerpos y muy buenas caras. Los cabellos gruesos casi como sedas de cola de caballos, y cortos. Los cabellos traen por encima de las cejas, salvo unos pocos detrás que traen largos, que jamás cortan. De ellos se pintan de prieto, y ellos son de la color de los canarios, ni negros ni blancos, y de ellos se pintan de blanco, y de ellos de colorado, y de ellos de lo que fallan.[342]

Pero Vaz de Caminha, por seu turno, na carta que escreveu em 1500, relatou o encontro com os habitantes da terra em que haviam chegado os navegadores:

> [...] acudiram pela praia homens, quando dous, quando três, de maneira que, quando o batel chegou à boca do rio, eram ali 18 ou 20 homens, pardos, todos nus, sem nenhuma cousa que lhes cobrisse suas vergonhas.[343]

Mais à frente, completou:

> A feição deles é serem pardos, maneira de avermelhados, de bons rostos e bons narizes, bem feitos. Andam nus, sem nenhuma cobertura, nem estimam nenhuma cousa cobrir nem mostrar suas vergonhas.[344]

Já na carta apócrifa atribuída a Américo Vespúcio, a célebre *Mundus Novus*, na qual se relata a viagem realizada em 1501-1502 às novas terras conquistadas pelos ibéricos, encontra-se escrito:

> Noi adunque alli 7. di Agosto del 1501. forgemmo nel lito di quel paese, e rendendo a Iddio massimo quelle maggior grazie [...] La terra ritrovata ci parve non Isola, ma terra ferma: perciocchè si estendeva larghissimamente, e non se vedeva termini alcuno, ed era molto fertili, e molto piena di diversi abitatori [...].[345]

Mais à frente, sobre os habitantes das terras, escreveu-se:

> Questo paese è più abitato di niuno, che per alcun tempo io abbia veduto, e le genti sono molto dimestiche, e mansuete, non affendono, alcuno, vanno del tutto nude, come la natura le ha partorite, nude nascono, e nude poi muoiano: hanno i corpi molto ben formati, e di modo fatti a proporzione, che possono meritamente esser detti proporzionati. Il colore ichina alla rossezza, e ciò avviene, perchè estendo nudi facilmente sono riarsi dal caldo del Sole: hanno i capelli negri, ma lunghi, e distensi; nel camminare, e ne' giuochi sono quanto altri, che siano, sommamente destri. Hanno la faccia di bello, e gentile aspetto, ma la sanno divenir brutta con un modo incredibile; perciocchè la portano tutta forata, cioè le gote, le mascelle, il naso, le labbra, e gli orecchi; nè di un solo, e picciol foro, ma di molti, e grandi [...].[346]

Duarte Pacheco Pereira, no seu *Esmeraldo de Situ Orbis*, de 1505, também reproduziu a comparação que mais tarde instigaria a conversa entre Brandônio e Alviano. O autor seiscentista observou sobre as cores de pele da gente da Guiné e do Brasil:

> [...] os homens deste promontório de Lopo Gonçalves e toda a outra terra de Guiné são assaz negros, e as outras gentes que jazem além do mar oceano ao aucidente (que tem o grau do Sol por igual, como os Negros da dita Guiné) são pardos quási brancos; e estas são as gentes

que habitam na terra do Brasil, de que já no segundo capítulo do primeiro livro fizemos menção.[347]

Menos de trinta anos depois, em 1531, Pero Lopes de Souza também escreveria sobre os índios da "Bahia de Todolos Santos". O navegador, irmão de Martim Afonso de Souza e participante da expedição por ele chefiada à costa do Brasil, ocorrida entre 1530 e 1532, escreveu em seu diário: a "gente desta terra he toda alva; os homês mui bem dispostos, e as molheres mui fermosas, que nam ham nehûa inveja ás da Rua Nova de Lixboa."[348] Qual significado teria esse "ser alvo" para Lopes de Souza? Alvo em relação a que e a quem? Em relação ao que vira em Lisboa mesmo, como se pode imaginar, considerando-se a Figura 5, reproduzida no capítulo 2? Em relação à cor de pele dos negros de Guiné? Talvez em relação à cor de pele da própria tripulação da expedição, gente que passara tanto tempo sob o sol atlântico?

A observação do navegador é ensejo para refletirmos sobre os relativismos das percepções em relações de alteridade, quando se compara diferenças e diferentes. E junto com isso, pensarmos mais detidamente sobre as imprecisões e as variações dos conceitos operados por pessoas as mais distintas, no tempo e no espaço, isto é, historicamente.

A percepção e a descrição das cores de pele dos nativos das Américas, malgrado as diferenças existentes, variaram de baça e parda a avermelhada, cobre e alva na paleta dos cronistas que, assim, produziram seus retratos. Por vezes, impressiona as semelhanças nas descrições sobre povos que habitavam regiões muito distanciadas entre si, mas outras vezes, as diferenças é que desconcertam nossa lógica contemporânea de compreensão. Diante disso, reafirmo que as historicidades devem ser o nosso "fiel da balança", porque podem ser a nossa maior chance de apreensão daquelas realidades em sua composição complexa e polissêmica.

As primeiras certificações sobre o Novo Mundo e seus habitantes ressaltavam (explícita e/ou implicitamente), como já disse, as diferenças e as semelhanças com relação ao mundo ibérico e às conquistas que se havia realizado até então. O olhar dos navegadores era marcado por aquilo que se aproximava e pelo que se distanciava das referências portadas por eles. As conquistas e os contatos no continente africano e no Oriente geravam informações que se incorporaram ao imaginário da época e ao que traziam os navegadores que chegaram à quarta parte do mundo a partir de 1492. Por exemplo, o cronista português Gomes Eanes de Azurara, que terminara de escrever sua célebre *Crónica do descobrimento e conquista da Guiné*, em 1448, havia registrado no texto uma partilha de cativos mouros, trazidos da África pelo capitão Lançarote, que ocorrera na Vila de Lagos, no Algarve, em 1443. Azurara descreveu a partilha dos 235 cativos mouros e nos legou riqueza de detalhes relativos à cor da pele dos cativos e ao fenótipo deles, claro, tudo imbuído de um olhar europeu e de um padrão de beleza igualmente ocidental e ocidentalizante:

> [...] os quais [cativos], postos juntamente naquele campo, era uma maravilhosa cousa de ver, ca entre eles havia alguns de razoada brancura, formosos e apostos; outros menos brancos, que queriam semelhar pardos; outros tão negros como etiópios, tão desafeiçoados, assim nas caras como nos corpos, que quase parecia, aos homens que os esguardavam, que viam as imagens do hemisfério mais baixo.[349]

Ainda no século XV, os escravos africanos vendidos em Sevilha, cujos casos já foram aqui explorados, tiveram a "cor" como um dos elementos de identificação e talvez de avaliação de seus preços. Assim, foram vendidos Fátyma, uma "esclava de color negra, natural de Guinea", em 1472, e Johan, um "esclavo canario de color loro", no mesmo ano.[350] No início do século seguinte, continuava-se aplicando a mesma forma de identificação em Sevilha. Em 1511, o capitão Vicente Yañez Pinzón e sua mulher, Ana de Trogillo, declaravam possuir "vna esclava de color negra que ha nombre Juana de edad de veynte e çinco annos poco mas o menos".[351] Boa parte do repertório ibérico de cores de pele seria transposto para o Novo Mundo já no final do século XV, acentuando-se nas primeiras décadas do Quinhentos.

Também no caso africano, as descrições dos povos feitas por viajantes e religiosos estrangeiros recorreria à "cor" como forma de distingui-los e de marcar sua singularidade e essa prática, assim como ocorreu no caso americano, seguiria vigorando durante os séculos seguintes. Um bom exemplo é o do frei dominicano João dos Santos, nascido em Évora, que missionou na África Oriental, no início do século XVII. Frei João dos Santos não deixou de registrar a cor de pele e outros traços físicos dos habitantes das regiões por onde passou. Palavras dele: "os mais destes cafres são pretos como azeviche, de cabelo crespo, e gentis homens, e mais particularmente o são os mocarangas que vivem nas terras do Quiteve." [352] E no final do século XVI, um crioulo nascido em Cabo Verde, o capitão André Alvares d´Almada, fez comparações entre as cores dos habitantes da Guiné e a dos naturais do Caribe e do Brasil. Inicialmente ele atestou as cores "preta" e "negra" da gente da África subsaariana ou da Guiné, como ele designa toda a região. Escreveu ele: "estão estes Arriatas e Falupos por amansar, e são muito negros [...]";[353] "tornando a estes Falupos, que habitam nesta terra de 12 graus, ao longo do mar, são negros pretos; chamo pretos [a] muitos negros";³⁵⁴ "os negros Buramos são bons serviçais pretos"³⁵⁵ e "os negros Bijagós são muito pretos",³⁵⁶ atestando, além de diferenças entre as tonalidades da pele dos negros pertencentes a distintos grupos, a forma de tratamento dispensada aos habitantes da Guiné – negros – e a cor de pele deles – preta. Sobre os habitantes de Serra Leoa, região, cuja exploração era pretendida pelo capitão e pelos moradores de Cabo Verde, ele vaticinava:

> [...] parece que por alguns pecados ocultos desta nação, ainda que gentios, quis o Fazedor das coisas castigá-los de maneira que ficassem mais abatidos que todas as outras nações da Guiné, e para isso, se posso dizer, o não quis mandar fazer por outros senão pela própria natureza deles, porque ainda que não são da própria nação, quando a ela chegaram já se entendiam uns aos outros; não quis que viessem os Caribes das Índias nem o gentio do Brasil, porque posto que sejam bárbaros, são de diferente cor; nem quis mandar animais ferozes com que os pudera bem castigar, senão com os de sua própria natureza e cor [...]³⁵⁷

Nas Américas, as "cores" dos naturais das terras passavam a ser registradas nas crônicas, cartas e documentos administrativos. Nem brancos (ibéricos), nem negros (africanos e orientais), eles passavam a integrar a paleta universal, mesmo que os termos usados para identificar suas "cores" já existissem. O mais importante aqui, entretanto, é constatar que a categoria "cor", que já era aplicada como instrumento de identificação e classificação sociais antes de 1492, foi incorporada e frequentemente usada no Novo Mundo, com as mesmas funções, desde os primeiros tempos de ocupação ibérica. Um verdadeiro caleidoscópio de origens, mesclas biológicas e cores de pele na Ibero-América pode, desde o início, ter incentivado o uso dessa categoria, que, de resto, não apenas coloriu aquele universo, mas serviu de marcador social de distinção, de vivência, de convivência e de mobilidade.

Pero de Magalhães de Gândavo, em 1576, referindo-se às terras da Capitania de Ilhéus, que iam até as da Capitania do Espírito Santo, informava que se achava nelas

> [...] uma certa nação de gentio que veio do sertão há cinco ou seis anos [...] que andam pela Costa. Chamam-se Aimorés, a língua deles é diferente dos outros índios, ninguém os entende, são eles tão altos e tão largos de corpo que quase parecem gigantes; são muito alvos, não têm parecer dos outros índios na terra nem têm casas nem povoações onde morem, vivem entre os matos como brutos animais....³⁵⁸

E aqui, o "ser alvo" para Gândavo, diferentemente de Pero Lopes de Souza, está claramente expresso em relação aos demais índios da terra. Isso se encontra, ressalte-se, em outras crônicas coevas.

Gabriel Soares de Sousa, poucos anos depois, em 1587, descreveu fisicamente vários grupos indígenas do Brasil. Sobre os potiguares ("pitiguares"), escreveu: "este gentio é de má estatura, baços de cor,[359] como todo o outro gentio; não deixam crescer nenhum cabelo no corpo senão os da cabeça, porque eles nascendo os arrancam logo".[360] Sobre os "caités": "este gentio é da mesma cor baça, e tem a vida e costumes dos Pitiguares, e a mesma língua que é em tudo como a dos Tupinambás, em cujo título se dará muito de suas gentilidades."[361] Já sobre os "guaitacazes", dizia: "este gentio tem a cor mais branca que os que dissemos atrás, e tem diferente linguagem; é muito bárbaro; o qual não granjeia muita lavoura de mantimentos...".[362]

Ambrósio Fernandes Brandão, nos *Diálogos das grandezas do Brasil*, de 1618, informava que no Pará ou Rio das Amazonas habitava "gentio de cabelo corredio e de cor baça, e que usa da mesma língua de que usam os demais do Brasil."[363] Já frei Vicente do Salvador, em 1627, afirmava sobre os índios do Brasil, no geral,

> [...] que de presente vemos é que todos são de cor castanha, e sem barba, e só se destinguem em serem huns mais barbaros, que outros / posto que todos o são assaz/. Os mais barbaros se chamão in genere Tapuhias, dos quaes ha muitas castas de diversos nomes, de diversas lingoas, e inimigos huns dos outros.[364]

E sobre as índias do Brasil, frei Vicente observava que "nas festas se tingem todas de genipapo, de modo que se não he no cabello parecem negras de Guiné, e da mesma tinta pintão os maridos".[365]

Richard Konetzke compilou algumas descrições dos índios das áreas espanholas das Américas, realizadas nos primeiros tempos da ocupação dos territórios. O autor observou que a "cor" não foi obstáculo para as relações entre espanhóis e nativas e que as diferenças de cor de pele entre eles eram pouco consideráveis, sendo que em vários relatos as índias eram descritas como brancas ou com tez clara, como se via na Espanha. Aqui também ficava claro o eixo das comparações realizadas – entre europeus e índios –, embora resultassem de operação estereotipada, pois generalizava para ambos a pele clara, o que não correspondia às realidades ibéricas e americanas. Konetzke escreveu:

> Cuando en su tercer viaje [Colombo] había hecho rumbo más al sur y se había acercado a unos 10 grados del Ecuador, se sorprendió de no encontrar negros en la isla de Trinidad, sino indígenas de una piel más

> clara que en las islas descubiertas antes en las Indias Occidentales. Pedro Mártir [de Angleria] refiere, basándose en las relaciones recibidas de la exploración de las costas del golfo de Paria por Colón: "Los indígenas de ambos sexos son blancos como en nuestra tierra, excepto los que pasan la vida al sol". Según [Antonio de] Herrera, en Nicaragua son "los hombres más blancos que loros", y en un memorial al rey se dice de los naturales de la provincia de Costa Rica: "Es gente de raçon, bien dispuestas y blancas". En la provincia de Santa Marta "toda es gente muy morena, aunque en unas partes más quen otras". Los peruanos se describen igualmente en general como 'morenos, pero hay regiones donde una piel más blanca realza el atractivo y la gracia de las mujeres. "Son estos indios naturales de Chachapoyas los más blancos y agraciados de todos cuantos yo he visto en las Indias que he andado, y sus mujeres fueron tan hermosas [...] y así vemos hoy día que las indias que han quedado deste linaje son en estremo hermosas, porque son blancas y muchas muy dispuestas" [Pedro Cieza de León].[366]

Já no mapa-múndi de Sebastian Caboto, datado de 1544, há descrição sobre os habitantes da região do Rio da Prata. Na legenda 7, segundo José Toribio Medina, que a transcreveu na íntegra, declarou-se: "la gente de la dicha tierra es muy diferente entre sí, porque los que viven en las haldas de las sierras son blancos como nosotros, y los que están hacia la ribera del río son morenos."[367]

Se, de início, as "cores" dos naturais chamaram a atenção dos estrangeiros, provocando as várias comparações, em seguida, essa categoria foi aplicada a outras "qualidades". O mais comum foi indicar-se a "cor" dos africanos: "cor/color negro"[368], "cor preta"[369] ou, até mesmo, "color Ethiopico". Neste último caso, é muito interessante o discurso do frei beneditino Benito Jerónimo Feijoo, de 1742, ainda que se referisse a um caso ocorrido na Espanha. Ele desenvolveu argumento que lastreava a "negrura" da pele de um certo "Caballero", "de familia muy noble, y de padre, y madre blancos", nascido na Espanha, ao "influxo da imaginação materna" sobre o feto. As reflexões do religioso afastavam a possibilidade de adultério, pois o tal "Caballero", nesse caso, sairia mulato, segundo ele, e, assim, atribuíam a razões emocionais-psicológico-religiosas (para usar uma perspectiva de hoje) a geração de uma criança negra por parte de mãe e pai brancos. Embora extensa, vale a pena reproduzir a passagem.

> 30. Lo que acabo de discurrir a favor del influyo de la imaginación materna en el feto, basta para que ya mire sin desplacer alguno la opinión, que atribuye el color Ethiopico a aquel principio. Pero una noticia, que poco ha me comunicó el Licenciado Don Diego Leandro de Guzmán y

> Márquez, Presbítero, Abogado de los Reales Consejos, y de Presos del Santo Oficio de la Inquisición de Sevilla, y su Comisario en la Ciudad de Arcos, me extrajo del estado de indiferente, inclinándome no poco a aquella opinión. El citado Don Diego me escribió haber conocido en la Villa de Marchena, distante nueve leguas de Sevilla, a un Caballero llamado Don Francisco de Ahumada y Fajardo, de familia muy noble, y de padre, y madre blancos, el cual, no obstante este origen, era negro atezado, con cabello ensortijado, narices anchas, y otras particularidades, que se notan en los Ethiopes: que al contrario, dos hermanos suyos, Don Isidro, y Don Antonio, eran muy blancos, y de pelo rubio: que se decía, que la singularidad de Don Francisco había nacido de que la madre, al tiempo de la concepción, había fijado con vehemencia la imaginativa en una pintura de los Reyes Magos, que tenía a la vista en su dormitorio: finalmente, que habiéndose casado dicho Don Francisco con una mujer muy blanca, los hijos salieron mulatos.
> 31. Siendo hecho constante, como yo no dudo, la perfecta negrura de aquel Caballero, es claro, que no puede atribuirse al indigno comercio de su madre con algún Ethiope. La razón es concluyente. Si fuese ésa la causa, no saldría enteramente negro, sino mulato, como salen todos aquellos que tienen padre negro, y madre blanca; y como por la propia causa salieron mulatos los hijos del mismo Don Francisco. ¿A qué otra causa, pues, podemos atribuir el efecto, sino a la vehemente imaginación de la madre, clavada al tiempo de la concepción en la pintura del Mago negro, que tenía presente?
> 32. Pero debo advertir, que para adaptar este principio a la negrura de la Nación Ethiopica, no es menester que en todas las generaciones de aquella gente intervenga, como causa inmediata, la vehemencia de la imaginación; pues puede suponerse, que al tiempo que se estableció aquel color en el primero, o primeros individuos, se estableció también un principio (sea el que se fuere) capaz de comunicarle a otros mediante la generación. Es cuanto ahora me ocurre sobre la materia, y que me hace más fuerza, que todo lo que en contrario opone Jacobo Blondél, y aun más que lo mismo, que yo he dicho en el Discurso sobre el color Ethiopico; mas no basta para que me atreva a dar en el caso sentencia definitiva. Soy de Vmd. &c.[370]

Os demais tipos ou demais "qualidades", individualmente, tiveram sua "cor" registrada mais raramente. São incomuns as referências à "cor" branca,[371] não obstante serem frequentes as menções a "homens brancos"[372] e "gente branca",[373] pelo menos nas fontes relativas ao Brasil, onde parece ter sido mais usual a verbalização da "qualidade" de branco, chegando mesmo a aparecer em um documento a expressão "brancos naturais do Brasil".[374] Nesse caso, marcava-se claramente a diferença entre eles e os vindos de

Portugal ou da Europa, indicando-se talvez tratar de descendentes destes últimos, mas nascidos no Brasil.[375] Costume similar parece ter sido menos comum na América espanhola, embora o uso da categoria geral "blanco" ocorresse, como se viu logo acima.

De toda forma, é necessário desconfiar dos dados, uma vez que a percepção das cores, insisto, é algo intimamente definido em cada contexto e em comparação a outras tonalidades e referências. Assim, "branco natural do Brasil" era menos uma "cor" de pele e mais uma indicação de descendência e o fato de ser considerado branco não significava que o indivíduo tinha a mesma cor branca, que, pretensamente, um português ou um espanhol teriam, o que, na verdade, era igualmente relativo.[376] Como dizia Brandônio, os portugueses que viviam na costa da Guiné, em pouco tempo deixavam de ser alvos e louros e adquiriam cor baça. A "cor", portanto, era histórica, produzida no tempo e no espaço. Além da percepção social e cultural da "cor", as particularidades climáticas e as condições materiais de vida definiam-na, e isso não valia apenas para o "branco".

A "cor" das outras "qualidades" foi algo menos presente na documentação e textos pesquisados, não obstante, vez por outra, aparecerem indicações um tanto raras. Em 1637, em Lima, por exemplo, o escrivão e notário público Alonso Sánchez de Figueroa enfrentou um processo judicial motivado por sua "qualidade" de mulato. Um dos testemunhos do processo depôs a seu favor e declarou: "y sin embargo del color que tiene de mulato es muy fiel, legal y de confiança...".[377] Em Quito, em 1576, algo semelhante já aparecera em um relato feito por oficiais:

> [...] hay muchos mulatos hijos de negros y de indias que llaman çambayiyos, los cuales son libres de toda sujeción y servidumbre forzosa, no tributan ni hacen contribución ninguna. Sirven a soldada por concierto de todo género de servidumbre, muchos de ellos son oficiales de todos los oficios, cada uno como se inclina, y las mujeres de esta color hacen lo mismo en las cosas de su profesión.[378]

Já na Buenos Aires dos últimos anos do Setecentos, os "negros de la nación conga" encaminharam solicitação para que se lhes permitissem dançar e festejar a entrada do vice-rei na capital. A petição foi encaminhada por "Domingo de Sena y Alfonso Galacete, por si y a nombre de los demás morenos de la nación conga, residentes en esta capital".[379] E em Santiago de Cuba, em 1792, como já citei no capítulo 1, um "pardo de color blanco y libre" fora cruelmente açoitado.[380]

A "qualidade" pardo raramente aparece como "cor", isto é, não encontrei muitas menções a alguém que fosse descrito como de cor parda. Muito mais comuns, em toda Ibero-América, foram indicações nos documentos de escravos pardos, pardos forros ou pardos simplesmente, o que indicava possivelmente serem nascidos livres. É interessante perceber essas particularidades, pois a "cor/color baça", nas definições de antigos vocabulários e dicionários espanhóis e portugueses, aproxima-se, justamente da tonalidade "parda". Entretanto, pelo que se encontra frequentemente nas fontes consultadas a "cor" era baça, enquanto a "qualidade" era parda;[381] e isso parece ter prevalecido nas Américas espanhola e portuguesa até o século XVIII, pelo menos. Isso nos faz ressaltar a importância de não confundirmos essas categorias – "qualidade" e "cor" –, como é habitual, não obstante a sua complementaridade usual registrada nos documentos e crônicas dos séculos XVI, XVII e XVIII.

Além da aplicação da categoria "cor" às pessoas, foi muito comum estendê-la a outras coisas, principalmente a animais irracionais, com os quais, aliás, houve íntima aproximação dos mestiços (v. t.), quando se tratou de cunhar termos que os designassem (mulato, cabra, *lobo*, *coyote*, *zambo*). Como ser verá no capítulo 5, não foi nada incomum, mesmo antes das conquistas americanas, a "animalização" desse tipo humano e as próprias noções de mescla, mistura ou hibridação provinham do universo animalesco ou *animalia*, além da ideia recorrente de esterilidade dos híbridos humanos.[382] Entretanto, não apenas dos mestiços (v. t.) foram animalizados. Aos índios e negros também foram dispensadas descrições e designações que se inscreviam nessa prática. Assim, por exemplo, em uma carta escrita em torno de 1737, nas Minas Gerais, informava-se sobre índios brancos e animalizados:

> [...] chegaram aqui 50 gentios bárbaros da conquista do mestre-de-campo João da Silva Guimarães e é prodígio de Deus ver a ânsia com que este paganismo pede batismo entre eles. Vinha uma criança de três para quatro anos branquíssima, feições miúdas, cabelo louro e olhos azuis, esta com mais de quatro pouco mais ou menos da mesma idade são de outra nação chamada Catajós que o gentio depois aprisionou em um encontro que com ele teve saída para estas Minas, e dão a notícia de que há outra nação que não tem palmas de mãos e que por todo o corpo tem cabelos como na cabeça e o couro duríssimo, em termos que a maior parte as flechas lhe não fazem dano. O comandante e o dito mestre-de-campo João da Silva, a força querem que leve um dos prisioneiros para mostrar ao senhor Vice-rei mas eu ainda estou irresoluto.[383]

Com relação aos negros, ainda na Capitania das Minas Gerais, na fazenda do Caxambu, próxima à Vila de São João del Rei, em 1763, fez-se o inventário dos bens que deixara o falecido Mathias da Costa Homem. No documento ficou registrado que entre os 26 escravos que ele possuía encontrava-se "Miguel nação Congo, por alcunha macaco".[384]

Já nos casos de registro da cor dos animais, houve, possivelmente, menos confusão com as "qualidades". A referência, aparentemente, era à cor do pelo ou das penas. Assim, Pero Vaz de Caminha, em 1500, destacou o "papagaio pardo" que o capitão Pedro Álvares Cabral trazia no navio, assim como os "papagaios pardos" que existiam nas matas da terra recém-conhecida (além dos "vermelhos muito grandes" e verdes) e "outras aves pretas".[385] No início do século XVII, em plena união das coroas ibéricas, homens jovens portugueses entravam no porto de Buenos Aires, "contra las realles cédulas y hordenes de smg^d", para se irem dali ao Peru. Em 1617, havia chegado a notícia de que esses viajantes se dirigiam a pé ou a cavalo ao Peru e que um deles, um português chamado Francisco Parente, que levava um cavalo "castaño ébano". Outros dois portugueses foram encontrados no mesmo caminho e "lleuauam dos mulas una blanca y outra negra".[386] O já mencionado Mathias da Costa Homem, que parecia nutrir a prática de animalizar escravos, como se viu, aplicava a categoria "cor" aos animais de sua propriedade. Em seu inventário *post-mortem* constavam um "cavalo russo" e um "cavalo castanho".[387]

Mas, a aparente simplificação do uso da "cor" para os animais esbarrou em um documento setecentista. Em 1753, "na paragem da Cachoeira do Brumado arabaldes do olho da água", termo da Vila de São José del Rei, Capitania de Minas Gerais, fez-se inventário *post-mortem* dos bens que deixara o paulista João Batista Sobral, morador na mencionada "paragem", que havia falecido pouco antes, solteiro e sem filhos. Ente os bens arrolados, constava gado vacum e cavalos que foram assim descritos: uma junta de bois de carro –34$; "outra dita" "cor rabeiro" – 24$; "outra dita" "crioulos" – 33$600; "outra dita" "crioulos" – 24$000; "outra dita" "crioula" – 28$800; um cavalo – 11$; um "dito russo" – 30$; um "dito queimado" – 18$; "outro dito russo" – 20$; "outro dito queimado" – 23$; "outro dito moleque – 18$; "outro dito castanho" – 18$".[388] As cores de alguns animais foram explicitadas, mas o emprego dos termos "crioulo" e "moleque" suscita dúvida. Seriam referências às cores dos pelos ou estaríamos diante do emprego da categoria "qualidade" também a animais irracionais? Neste caso, a reprodução da taxonomia humana no mundo do trabalho poderia envolver também os animais de carga, além dos escravos, forros e livres que o compunha.

Não obstante as imprecisões e o relativismo de suas definições, a categoria "cor" foi aspecto de existência histórica efetiva, aplicada social e culturalmente pelos indivíduos e grupos nas sociedades ibero-americanas. Nessas realidades, ela adquiriu significados variados e funções, como a de ajudar a classificar e a distinguir pessoas e grupos e a de demarcar os lugares sociais de cada um. Muitas vezes foi associada à fórmula nome+"-qualidade"+"condição", foi peça importante na conformação de dinâmicas de mestiçagens, subsidiou a organização das formas de trabalho e, desde o início, foi importante elemento constitutivo do léxico ibero-americano referente às mesclas biológicas e culturais.

"Cor", "raça", "nação" e "casta" eram, então, as "grandes categorias" que se confundiam e que também complementavam uma das duas mais importantes dessas "grandes categorias", isto é, a "qualidade". A segunda delas era a "condição" jurídica, que, no geral, junto com a anterior, definiam um indivíduo, informavam sobre seu passado, sua ascendência, suas origens e suas posições sociais. Nas sociedades de distinção, hierarquizadas e estratificadas do mundo ibero-americano, elas podiam também indicar o futuro dos indivíduos ou, pelo menos, podiam apontar probabilidades e alternativas.

"Condição"

A "condição" era o certificado jurídico da pessoa: livre, escrava ou forra. Pode-se pensar em duas outras "condições", ou melhor talvez, "subcondições" existentes nessas sociedades. O "administrado"[389] era um índio submetido à administração particular de um homem livre, prática comum entre os paulistas, por exemplo, desde a primeira metade do século XVII, mas que envolveu religiosos, como os jesuítas, que administravam aldeias, além de interesses dos governos locais e da própria coroa portuguesa. Depois de muitos debates e indefinições, mesmo diante de legislação que proibia a escravização dos índios, a Carta Régia de 1696 formalizou o sistema de administração particular, institucionalizando a prática, que, na verdade, se diferenciava muito pouco da escravidão, não obstante o índio administrado permanecer livre.[390] A outra "subcondição" era a coartação, que, diferentemente da administração particular, não foi oficialmente regulamentada até o século XIX. Desde o século XVI, na América espanhola e, mais tarde, na América portuguesa, a coartação permaneceu essencialmente uma prática acordada diretamente entre proprietário e escravo, lastreada em costumes e em "direitos" conformados no dia a dia e tradicionalmente aceitos por senhores, administradores e juízes, como já expliquei nos capítulos 1 e 3.[391] Juridicamente, coartado não deixava de ser escravo em momento algum antes de receber do proprietário a carta de alforria, depois de saldada a dívida inicial e outras contraídas ao longo dos anos de coartação. Existiram, por exemplo, dívidas suplementares relativas ao pagamento de parcelas pertencentes à coartação de filhos gerados por mulheres coartadas (que nasciam escravos) durante o período combinado com o senhor.

O administrado era livre e o coartado era escravo, considerando-se a perspectiva jurídica. Assim, as "subcondições" foram mais um elemento que ajudou a tornar multifacetadas as realidades ibero-americanas, não obstante as "condições" principais permanecerem três. Os livres, por vezes confundidos equivocadamente com "brancos", constituíram contingente que ao longo do período aqui enfocado foi se tornando mais numeroso, sobretudo nas sociedades com maior presença de índios e *mestizos* e naquelas mais urbanizadas e escravistas, nas quais os descendentes dos forros formaram expressiva população. Portanto, salvo exceções e empregos muito particulares da "qualidade" em contextos igualmente específicos, todo "branco" era livre, mas nem todo livre era "branco".

Áreas portuárias, enclaves comerciais, regiões com intensa atividade mineradora foram privilegiadamente as que abrigaram a maior quantidade de livres: índios, brancos, crioulos, *mestizos*/mestiços e mamelucos, mulatos, pardos, cabras, *zambos*, *cuarterones*/quarteirão e demais "qualidades" ou "castas". A expressão "negro libre", usual nas áreas de domínio espanhol, não corresponde, na verdade, à "condição" da quase totalidade dos negros (nascidos no continente africano, como é corrente considerar-se) que haviam sido trazidos para as Américas. Entre eles, os que não eram escravos eram, na realidade, *horros* (forros) *libertos* ou *liberados*, o que não era sinônimo de livre. Eles não haviam nascido nas Américas sob a "condição" de livres, e mesmo que tivessem nascido livres em alguma parte da África, foram escravizados e introduzidos do outro lado do Atlântico. Já os filhos que nasciam na América espanhola de mãe africana liberta não eram habitualmente chamados de "*criollos*" (como ocorreu no Brasil, para marcar a ascendência imediata e/ou a cor de pele provavelmente mais escura) nem de forros.[392] Mas a categoria "negro libre" foi largamente empregada nos documentos e textos antigos, o que causa equívocos de compreensão; talvez por isso, ela tenha sido amplamente reproduzida na historiografia mais recente, abrangendo mulatos inclusive. Isso gera certa confusão relativa às identidades e às classificações sociais desses agentes históricos quando pensados em suas próprias realidades e quando estudados *a posteriori*.

Em 1623, o jesuíta sevilhano Alonso de Sandoval, que se encontrava em Cartagena de Indias, terminou de escrever o seu célebre tratado, muito preocupado com o batismo dos africanos escravizados que chegavam àquele porto. Para o melhor controle de tão intenso movimento de "gente prieta"[393] ou "de los negros que vienen de Guinea, Angola y otras Provincias de aquella Costa de Africa"[394] asseverou:

> En todas las Parrochias hagan los Curas un padron o Catalogo, en que se escrivan todos los negros, varones y mugeres, captivos y libres: escrivase el nombre del negro, declarando si es libre, y si es captivo, declarando cuyo es. Y de todos escriva y si fue baptizado en España, o no, y si es casado.[395]

Pouco depois, Antonio Vázquez de Espinosa escreveu sobre a cidade de Puertobelo, na Audiência do Panamá:

> La ciudad de Puertobelo es donde van a parar los galeones para traer la plata del Piru a Espana, dista de Cartagena 80 leguas de nauegacion. [...] La ciudad tendra 150 casas de Espanoles, Negros libres, y Mulatos, donde se recogen las mercaderias de flotas, y galeones, y demas partes [...] A media legua de Puertobelo está el pueblo de los Negros Mogollones, libres, con su Capitan Espanol, que es juez destos Negros, los quales siruen para el auio, y seruicio de la ciudad. Y para no consentir, que Negro ninguno se huya de su amo, porque luego se lo lleuan. Han sido estos Negros en muchas ocasiones de importancia, porque demas de ser diestros, y vaquianos en la tierra, son valientes, y leales en el seruicio de su Magestad.[396]

Por sua vez, o jurista espanhol Juan de Solórzano Pereyra, que durante alguns anos foi ouvidor da Real Audiência de Lima, escreveu o célebre *Política indiana*, publicada em 1647, sobre o universo das leis na América espanhola, contendo inúmeras e preciosas definições de categorias, conceitos e termos empregados na época. O capítulo XXX é particularmente importante: *DE LOS CRIOLLOS, MESTIZOS, Y MULATOS DE LAS INDIAS, sus calidades, condiciones: y se deben ser tenidos por Españoles*. Aí deixou registrado o jurista:

> 36. Los hijos de Negros, y Negras libres se llaman *morenos*, ó *pardos*, y estos suelen vivir arregladamente, y en algunas partes hay Compañias milicianas de estos, que sirven muy bien en las Costas, y deben ser atendidos. l. 10. y 11. tit. 5. lib. 7. Recop.

> [...]
> 39. Mulatos, y Mulatas libres deben pagar tributo conforme á su caudal, y respecto á la riqueza del País, y que vivan con amos conocidos para ello. l. 13. y 15. titulo 5. lib. 7. Recop.
> [...]
> 41. Los Negros, y Negras libres deben pagar tributo según su hacienda, y atendiendo a la Region en que viven, y tambien sus hijos, habidos en matrimonio con Indios, ó Indias, y si son pobres, que sirvan con amos, para que tributen. l. 1. 2. 3. Y 25. titulo 5. libro 7. *Recopilacion, y capitulo 20. numer. 24. y numer. 3. de esta Politica.*
> 42. Tambien se ordena, que se solicite, que los Negros casen con Negras, porque de las dos mezclas suelen salir peores. l. 5. titulo 5. libro 7. *Recop.*[397]

Já Florencia Guzmán, bem mais recentemente, ao tratar da "población negra" da antiga região de Tucumán, observou:

> Estimar la distribución de la población negra no es una tarea fácil. Existe una constante migración de los esclavos a los grupos de color libres. Por este motivo, es importante tomar en cuenta ambos sectores a fin de determinar el impacto final del tráfico en término de distribuciones poblacionales. Este procedimiento presenta problemas en cuanto a definir qué se entiende por persona "negra". Cuando utilizo el término de hombre libre, sigo definiciones corrientes en América Latina, que por lo general se refieren a personas liberadas en algún momento de su vida, o a personas libres, cuyos antepasados fueron esclavos y aún conservan rasgos fenotípicos claramente definidos relacionados con el color.[398]

Essa observação não se aplica à América portuguesa, pelo menos de maneira geral. Não obstante, durante a segunda metade do século XX, existiu tendência (que permanece viva) de ajuntar na categoria "negros" todos os que não fossem brancos, nem índios. Como adverte Florencia Guzman, trata-se de procedimento bastante problemático, que, ao final de contas, simplifica a complexidade social construída em torno das "qualidades" e "condições" no passado ibero-americano.

No caso das regiões escravistas mais dinâmicas, o crescimento natural positivo de escravos e a grande quantidade de alforrias, principalmente de mulheres, que se tornaram mais numerosas que os homens entre os forros, provocaram o nascimento expressivo de crioulos e mestiços (v. t.) livres. Os poucos dados censitários, ainda que frágeis, os levantamentos a partir de listagens de população e as informações encontradas em relatórios, testamentos, inventários *post-mortem*, registros paroquiais, processos-crime, processos judiciais e crônicas atestam o crescimento dessa população livre, principalmente a partir do século XVII, acentuando-se durante o século XVIII.[399]

Em regiões populosas e ricas, como as Minas Gerais, em menos de cem anos o grupo de não brancos nascidos livres rivalizou com o de escravos, embora permanecesse menor, e com o de forros, cujos números foram, possivelmente, parecidos, e superou o de brancos, em um conjunto que em 1786 foi estimado em cerca de 362.000 pessoas, a maior população entre as capitanias brasileiras.[400] Não é irreal inferir que nessa mesma época o perfil populacional se repetisse em cidades importantes e regiões próximas a elas na América portuguesa, tais como o Rio de Janeiro, Salvador, Recife e Olinda, São Luis e Belém. Igualmente possível é pensá-lo semelhante para áreas de mineração em Goiás, no Mato Grosso e na Bahia. Todas elas experimentaram economias vigorosas, lastreadas no trabalho escravo, cujas dinâmicas sociais envolveram grande número de alforrias, constituição de expressiva população não branca nascida livre e camadas médias urbanas engrossadas por esses homens e mulheres.

Na América espanhola, o fenômeno social também se expressou de maneira semelhante nas áreas mais urbanizadas e dinâmicas com forte presença de escravos (negros, mulatos e *zambos*), mas também nas que predominaram índios e *mestizos*. Em Lima, por exemplo, a quantidade de negros, mulatos e *zambos* forros e "livres" chamou a atenção das autoridades já em meados do século XVI, o que significa dizer que, mesmo se considerarmos que esses "livres" eram, na verdade, forros, seus descendentes nasceriam verdadeiramente livres daí para frente. E as populações forra e livre aumentaram progressivamente na cidade, tornando-se cada vez mais importantes.[401] O processo foi muito semelhante ao desenvolvido nas regiões escravistas mais urbanizadas da América portuguesa, deve-se sublinhar.

Em outras regiões, como México, Portobelo, Cartagena de Indias, Quito, El Callao, Tucumán, Buenos Aires e em cidades de mineração, como Zacatecas, Potosí e Popayán, ainda que em menor número, houve, desde o século XVI, manumissões de negros e de seus descendentes nascidos escravos. Deles nasceram novas gerações de livres, majoritariamente mestiços (mulatos, pardos e *zambos* principalmente), além de crioulos, isto é, filhos de africanas nascidos nas Américas (a "categoria" foi usada nas áreas portuguesa e espanhola, como se verá no capítulo 5, para esses descendentes de africanos).[402]

Como se vê, as alforrias de negros e as mestiçagens, ocorridas desde o século XVI, possibilitaram o surgimento de grupos de não brancos nascidos livres, que se avolumaram nos séculos seguintes, formando junto com os europeus e seus descendentes nascidos nas Américas (*criollos*, nos domínios espanhóis e mazombos, "brancos naturais do Brasil",[403] "filho do Brazil"[404] ou natural de alguma parte do Brasil, filho de pais portugueses) e com os índios e seus descendentes (com exceção dos escravizados no Brasil, principalmente) a população "livre". Esses indivíduos portavam essa "condição" jurídica por terem assim nascido. Esse aspecto é o que os diferenciava dos que deixaram de ser escravos em algum momento de suas vidas. A "condição" desses últimos era a de forro, liberto ou manumitido.

O número de libertos foi expressivo desde o século XVI e aumentou progressivamente nos que se seguiram. No século XVIII eles foram muito numerosos em várias regiões ibero-americanas. Na América espanhola, devido ao precoce rigor da legislação contra a escravização dos índios e à repulsa que, desde o início do século XVI, a prática causou, capitaneada por religiosos, como o dominicano frei Bartolomé de las Casas, foi menos comum encontrar referências na documentação a índios forros. Já na América portuguesa, não obstante a legislação proibitiva, a situação era o contrário, como já demonstrei no capítulo 3. O grosso dos alforriados, entretanto, constituiu-se de negros, crioulos e mestiços de todas as "qualidades", e isso foi semelhante em ambas as áreas de domínio ibérico.

A prática de libertar escravos cruzou o Atlântico junto com os ibéricos e com os primeiros escravos negros introduzidos no Novo Mundo, como explicitou em 1505 o rei Don Fernando II de Aragão, em carta-resposta ao governador da Ilha Espanhola, Don fray Nicolás de Ovando y Cáceres, trecho já reproduzido anteriormente. Vale relembrar que a libertação de escravos era frequente na Península Ibérica, muito antes das conquistas no Novo Mundo, herança do período de ocupação romana e do Direito Romano (manumissão), bem como do período de domínio muçulmano e dos costumes árabes (alforria).

Nos domínios americanos a "condição" de forro foi adquirida por meio de estratégias muito semelhantes em todas as regiões. As alforrias concedidas pelos proprietários, tanto a adultos quanto a crianças, tiveram motivações de variada ordem, tais como religiosas, caritativas, afetivas e as que resultaram de negociações entre as partes (cuidados dispensados a doentes, fidelidade e lealdade), de reconhecimento de serviços prestados ao senhor e as que envolveram relações afetivas, sexuais e de parentesco. Essas manumissões foram anunciadas oralmente, por vezes, e muitas delas foram registradas em testamentos, servindo, assim, para atestar a boa índole cristã do testador, que já mirava aí o Juízo Final.[405] Várias alforrias, por exemplo, foram concedidas no batismo de crianças nascidas escravas, cujos proprietários eram, ao mesmo tempo, padrinhos ou, na verdade (nem sempre revelada), pais delas.

Outro tipo de libertação foram as compras realizadas pelos próprios escravos e/ou por terceiros. Nesse caso, os libertos tinham acumulado pecúlio durante anos, a partir de trabalhos realizados, por exemplo, longe dos domínios senhoriais, como os jornaleiros e os escravos de ganho, ou a partir de alguma atividade produtiva paralela ao trabalho diário para o proprietário, como algum tipo de comércio, faiscação de ouro e produção de alimentos para serem vendidos. Amigos, protetores e associações religiosas e leigas também pagavam as libertações ou parte delas. Entre as manumissões pagas, as coartações foram praticadas em toda a Ibero-América desde o século XVI, acentuando-se nos séculos seguintes e em algumas regiões de economia vigorosa e movimentada, como a Cidade do México e Lima e, no Setecentos, as Minas Gerais, como já indiquei nos capítulos anteriores. As alforrias também foram alcançadas por escravos que delataram ilegalidades e pelos que encontraram, por exemplo, pepitas de ouro e pedras preciosas de tamanhos excepcionais.

Assim, a "condição" de liberto tornou-se muito comum em toda a região ibero-americana. Diferentemente do que se pode imaginar, a quantidade de alforrias se intensificou em economias dinâmicas, associando-se fortemente à mobilidade social e às possibilidades de deslocamento físico dos escravos em sociedades mais urbanizadas, por exemplo. Quanto mais se avançou nos séculos, mais homens e mulheres de todas as idades, inclusive crianças, foram juridicamente enquadrados na categoria de libertos. Quanto maior o número de alforriados, mais intensas foram as redes de contatos que abarcavam gente de todas as "qualidades" e "condições" e que foram importantes mecanismos no processo de formação do léxico das mestiçagens e do mundo do trabalho.

Nesses verdadeiros circuitos ou "teias" socioculturais, os escravos, a terceira "condição", encontravam-se integrados também. Quanto mais dinâmicas as sociedades nas quais eles se inseriam, mais intensa e abrangente foi essa integração, e isso se reverteu em muitos casos em condições materiais e afetivas que propiciaram as manumissões. A população de escravos foi a maior em várias regiões ibero-americanas, e eles se transformaram em parcela substantiva das áreas mais ricas e importantes do Novo Mundo, desde as ilhas do Caribe e a Nova Espanha, até a parte mais meridional do continente. No caso da América portuguesa, muito mais do que na área espanhola, como venho afirmando, houve escravos índios em todo o período aqui enfocado, ainda que em muitos casos fossem encobertos pela subcondição de "administrados" ou até mesmo chamados genericamente de "tapuias" e de "carijós".

Em carta escrita em Seregipe del Rej (Sergipe del Rei), em 1617, destinada ao governador-geral do Brasil, Dom Luís de Souza, Cristóvão da Rocha informava sobre os acontecimentos da campanha de conquista dos sertões do Rio de São Francisco e sobre os contatos com os índios da região. Escreveu então:

> Nestas aldeias q asima diguo [dos careris] nos mandou ficar E se partio cõ seu sobrinho fran[co] dias davila donde guastou 15 dias E uendo eu a sua tardandansa[sic] fomos a outra aldeia mais adiente que era adonde elle partio E cheguando a ella achamos os negros en arma [...] E vendonos os negros nesta detriminasaõ veio hũ a nos e botou as armas no chaõ q e o seu sinal de pas [...] E q elles vinhaõ diente pelas nouas q lhe levaraõ de lhe querer dar outros negros no molherio q tinhaõ feito ligua cõ outros por serem seus contrarios E isto e falar uerdade a V.S. por q o entendo ben [...].
> Resta aguora avizar V.S. aos Reverendos padres rreColhaõ os seus tapuias q estaõ espalhados nestes lemites por naõ soseder alguã desventura E Vosa S. aCodindo a semelhantes materias faz o q ten de obriguasaõ e seruiso de deus tornarense a igreja pois saõ criados nella.[...] o Capitaõ leua hus papeis meus e Registro de hus negros tapuias meus q daquj se me aleuantaraõ q estaõ en Companhia dos de melchior dias com o Coal tiue sertas palauras sobre eles e sobre o naõ querer dar a pedra q tinha prometida [...] E asin seja V.S. seruido darme L[ca] pera os ir buscar porque saõ todos Cristaõs E estaõ idolatrando no sertaõ E estaõ E com estarem metidos cõ os de melchior dias estaõ confederados cõ os dos padres q detriminavaõ aleuantarense cõ os outros E como ahi mando os papeis V.S. ma fasa en mõs confirmar assim [...] [406]

Em pleno século XVIII, mesmo existindo legislação proibindo a escravização de índios, a prática, além de persistir, chegava a ser registrada em documentos de valor legal. No testamento feito em 1742, em Pitangui, na Capitania de Minas Gerais, a mestiça Francisca Poderoza (ou Pedrosa, como aparece em outros documentos) declarou que possuía

> [...] huma escrava por nome Roza do gentio de Angolla cazada com hum escravo do Lenceciado Domingos Maciel Aranha por nome Ventura Declaro que comprey a administração de hua carijo por nome Margarida de Bras de Souza Arzão por Cento e Secenta oitavas de ouro a qual Carijo tem coatro filhos a saber Narciza, Pascoa Bastrada[sic] João Ignacio molato e coriboca Declaro que Narciza é livre e

exzenta e adiministração porque comprei a dita mai della e não a dita Narciza que esta hera de peyto e na compra que fis se rezervou que conservandose honrada cazada e botandose ao mundo que lhe servisse encoanto fosse viva e quando a dita Narciza pella criação que há dey quizer acompanhar os meus filhos o faca e quando não queyra va pera donde quizer Declaro se a Pascoa Bastrada se conservar donzella the eu falecer pello muito amor que lhe tenho e a criar cazandosse com pessoa liver [livre] hira pera donde quizer com seu marido e não si cazando e si for má molher sempre será sugeyta a ad.ministração[sic] de meus herdeyros [...][407]

Houve índios "legalmente" escravizados nas Américas portuguesa e espanhola, sobretudo no primeiro século de ocupação ibérica, com permissão e incentivo das duas coroas. Nesses casos, os nativos eram considerados idólatras, hereges ou antropófagos e a escravização pôde ser realizada por meio da guerra justa. Essa estratégia engrossou ainda mais o contingente enquadrado na "condição" escrava, embora tenha declinado de importância a partir do século XVII. A rainha Dona Isabel de Castela, já em 1503, em documento já evocado neste capítulo, sublinhava a liberdade dos índios da Ilha Espanhola, mas expressava sua preocupação com o pouco trabalho que prestavam aos espanhóis:

> [...] ouímos mandado que los yndios vecinos e moradores de la ysla Española fuesen libres e non subjetos a servidumbre segund mas largamente en la dicha ynstrucion se contiene e agora soy informada que a causa de la mucha libertad que los dichos yndios tienen huyen e se partan de la conversacion e comunicacion de los xpianos por manera que aun queriendoles pagar sus jornales non quieren trabajar e andan vagamundos nin menos los pueden aver para los dotrinar e atraer a que se conviertan a nuestra santa fee catolica [...] [408]

Depois dos índios e de seus filhos *mestizos*/mestiços e mamelucos serem submetidos ao cativeiro, os negros africanos escravizados foram introduzidos em grande quantidade no continente e desde o século XVI se tornaram o grupo mais numeroso. A partir daí a "condição" escrava africanizou-se fortemente em toda Ibero-América. Em trezentos anos, do século XVI ao XVIII, milhões de homens e mulheres africanos entraram nas áreas espanhola e portuguesa, quase que tornando sinônimas as categorias "negro" ou "preto" e "escravo". Crioulos, mulatos, *zambos*, pardos, cabras entre outras "qualidades" ou "castas" completavam os "tipos" abarcados pela "condição".

As "grandes" categorias ou categorias gerais foram a base do sistema de distinções que organizou aquele mundo em grandes grupos humanos, os diferenciando e os hierarquizando. "Qualidade", "casta", "raça", "nação", "cor" e "condição" conformavam uma espécie de repertório geral de "grandes" categorias às quais as categorias específicas se alinhavam e se acomodavam. É o que será abordado no próximo capítulo. Antes disso, porém, é importante chamar a atenção para o fato de as "grandes" categorias aqui enfocadas integrarem o léxico ibero-americano das mestiçagens e do mundo do trabalho. Mais ainda, é fundamental compreender que elas foram operadas pelos vários grupos sociais, ainda que de maneiras diferentes, com intensidades e motivações distintas. Todos esses grupos as conheciam, as compreendiam e também as valoravam. Não se trata de arsenal classificatório exclusivamente imposto de cima para baixo e operado pelas mãos representantes de estados absolutos, ainda que essas categorias também tenham ajudado os administradores e autoridades representantes das coroas católicas a organizarem as sociedades ibero-americanas e a manterem o domínio de espanhóis e de portugueses.[409] Termos, significados e usos se espalharam rapidamente e foram incorporados pelas populações dessas áreas, que os empregaram, atribuindo-lhes, inclusive, novos significados, lastreados, muitas vezes, por percepções diferentes com relação aos outros grupos, como se pode inferir, por exemplo, com relação às "cores" de pele. Assim, as categorias "grandes" e as "específicas", como se verá à frente, transformaram-se em marcadores importantíssimos e usuais no viver cotidiano de moradores de todas as "qualidades" e "condições" na Ibero-América.

Capítulo 5

O léxico das "qualidades": aportes históricos sobre usos de termos selecionados

> *O teu cabelo não nega, mulata,*
> *Porque és mulata na cor,*
> *Mas como a cor não pega, mulata,*
> *Mulata eu quero o teu amor.*
> *Tens um sabor bem do Brasil;*
> *Tens a alma cor de anil;*
> *Mulata, mulatinha, meu amor,*
> *Fui nomeado teu tenente interventor.*
> (*O teu cabelo não nega* – Irmãos Valença e Lamartine Babo, 1929 e 1932)

As aproximações e as conexões possíveis entre História e Linguística não são tema novo e têm, ao longo do tempo, chamado a atenção de autores das duas áreas. No caso da História, entretanto, os estudos parecem ter apenas se iniciado, e o campo continua aberto. Em 1952 Lucien Fébvre já ressaltava a importância da intervenção dos "historiens des langues" ou "sémantistes", que "assinalam o aparecimento em certas datas de um contingente de palavras novas ou de novos sentidos atribuídos a velhas palavras".[410] Pouco tempo depois era a vez de Georges Duby se perguntar:

> [...] como penetrar na consciência dos homens de tal meio, como explicar sua conduta, as relações que eles mantêm, tentar ver o mundo e o outro por seus próprios olhos, sem conhecer o vocabulário que empregam – ou antes os vocabulários, pois muitos homens utilizam vários, adaptados aos diferentes grupos em que se inserem – sem dispor de um inventário sistemático e cronológico das palavras?[411]

Ainda assim, trabalhos que associem as duas áreas são escassos, embora a demanda de historiadores por significados históricos das palavras, por exemplo, venha aumentando bastante, à medida que vem crescendo a preocupação com seus empregos anacrônicos e os conceitos nos quais várias delas se transformam.

É patente a importância da linguística no campo de estudos que abrange a história do escravismo e das mestiçagens, áreas que vêm sendo aproximadas por historiadores dos períodos anterior e posterior às independências americanas. Mais especificamente, tem se tornado essencial a busca de significados emprestados a palavras, expressões e conceitos relativos às dinâmicas das mestiçagens no mundo do trabalho na Ibero-América, sobretudo no que se refere à escravidão.

O longo domínio da Península Ibérica pelos mouros e por muçulmanos de outras origens, bem como a presença ibérica em várias partes da costa africana, provocaram o surgimento de vocabulário e significados específicos antes das conquistas americanas. Essa experiência foi exponencialmente alargada no Novo Mundo, sobretudo pela maciça presença dos nativos (dos "naturais", como se dizia na época; ou seja, os índios)[412] nesse processo e pela introdução de contingente muito numeroso de escravos africanos de várias procedências e culturas. No crisol americano, desde os primeiros tempos do encontro desses povos com os europeus, as misturas biológicas e culturais foram intensas, e não tardou a surgir a primeira geração de mestiços, que foi gestada junto com um novo léxico, que expressava, justamente, aquela nova realidade multifacetada, plural e mesclada, como indiquei nos capítulos anteriores.

Um novo vocabulário para um mundo novo e para gente e culturas igualmente novas! Isso parece óbvio, mas a dimensão alcançada por essa nova realidade americana e o impacto planetário que ela gerou rapidamente (econômico, demográfico, político, biológico, cultural e, claro, linguístico) ainda não são devidamente conhecidos, nem o léxico aí conformado. Tratá-lo no singular, malgrado o risco de perder parte da diversidade que o constituiu, é um esforço de não fragmentar essa história aos moldes do que hoje fazemos com relação à história da América, separada por nacionalismos que não existiram durante a maior parte do período aqui focado. É também uma forma de sublinhar certa unidade lexical compartilhada já na Península Ibérica por portugueses e castelhanos, tanto no que tange à grafia das palavras quanto no que se refere ao seu emprego, às ideias e aos valores a elas associados. Entretanto, desde já deve ficar claro que, mesmo no seio dessa unidade, dificilmente se encontraram definições de aceitação geral e de uso completamente padronizado, o que foi uma constante também no universo americano.

Não tenho aqui a pretensão de organizar o léxico ibero-americano das mestiçagens, embora seja um projeto que acalento há anos. Interessa-me, por ora, compreender como historicamente esse léxico foi sendo constituído desde seus primórdios americanos, no fim do século XV, até o século XVIII, período em que ele se encontrava consolidado e em pleno emprego. As dinâmicas de sua constituição se confundem com as das mestiçagens biológicas e culturais engendradas e associadas às formas de trabalho, como já demonstrei, inscrevendo muitas semelhanças e outras tantas diferenças nesse tempo longo e nesse espaço ampliado. Todo o processo foi substancialmente compartilhado nas áreas espanhola e portuguesa da América e seus produtos – culturais, materiais e humanos – circularam na extensa região e mesmo fora dela, nas outras partes do mundo.

Por fim, destaque-se: trabalho neste capítulo com as principais "qualidades" às quais foram associados grupos sociais e pessoas, termos que nomearam os "tipos" humanos produzidos no mundo ibero-americano. Assim, a partir de sua problematização histórica, espero contribuir para aprofundar a análise do léxico e para enfatizar sua grande importância para o desenvolvimento atual dos estudos relativos à escravidão, às demais formas de trabalho compulsório e às mestiçagens biológicas e culturais, dimensões fortemente conectadas na história ibero-americana.

Expressar o novo

Chamar os homens, os animais, as coisas, os sentimentos, enfim, as expressões da vida por termos específicos; entender o outro e fazer-se entender; conhecer o mundo novo que se "descobria" a cada dia, tudo passava pelas formas de comunicação e pelos nomes e códigos empregados. No Novo Mundo, desde os primeiros tempos, isso passava também pelo ensinar aos naturais e a certos estrangeiros – africanos principalmente – o mundo através de línguas, nomes e valores católicos e/ou línguas associadas ao castelhano e ao português, que traduzissem os dogmas. Um amplo vocabulário foi se constituindo a partir daí, sendo compartilhado pelas populações do continente, inclusive os próprios ibéricos e seus descendentes. Tratava-se de léxico nomeador das mais variadas expressões e produtos da natureza até a fatura humana, embora, aqui, nos interesse uma parte pequena dele, como já expliquei. Entretanto, as estratégias para apreendê-lo no total ou parcialmente, muitas vezes, eram coincidentes, e não se deve esquecer que nesse verdadeiro jogo de palavras uma coisa puxava outra.

Os religiosos catequizadores de índios e posteriormente de africanos, crioulos e mestiços (v. t.) foram ases manejadores de tais ferramentas linguísticas e, portanto, importantes agentes da construção lexical americana. Instruídos por eles, adultos e crianças incorporaram terminologia nova, embora tivessem contribuído também com vocábulos e sentidos atribuídos a eles, fossem antigos ou mesmo coevos. Assim, a cada nova geração o léxico ibero-americano tornava-se mais amplo, mais disseminado e mais praticado, isto é, naturalizava-se, crescia e consolidava-se entre os muitos grupos que compunham aquelas sociedades.

Os jesuítas, imbuídos de missão evangelizadora e de ensino, se ocuparam desde o início em formar contingentes de versados nas línguas faladas na região e, portanto, de reprodutores do conjunto lexical. Em 1556-1557, o padre Manuel da Nóbrega escreveu o *Diálogo sobre a conversão do gentio*, mantido entre dois outros jesuítas, que conversavam sobre as formas de conversão dos índios. Gonçalo Alvarez e Matheus Nugueira, os irmãos jesuítas, elencavam as dificuldades e as estratégias de evangelização desses "negros"[413] [da terra] ou "brasil",[414] por vezes tratados como "bestiais",[415] "ingratos"[416] e rudes.[417] Assim, diziam um ao outro:

> Gonçalo Alvarez: Deixemos, isto! Sou tão descuidado que logo me esquece que esperais, como vos louvão, como o fio quente quando o batem! Eu me guardarei de vos dar mais martelada porque me não queime. Por amos [sic] de Deus que me digais algumas das rezões que os Padres dão pera estes gentios virem a ser christãos? Que alguns tem asertado que trabalhamos debalde, ao menos até que este gentio não venha a ser mui sogeito, e que com medo venha a tomar a fee.
> Nogueira: E isso que aproveitaria se fossem christãos por força, e gentios na vida e nos custumes e vontade?
> Gonçalo Alvares: Aos pais, dizem os que tem esta opinião, que pouco, mas os filhos, netos e dahi por diante o poderião vir a ser, e parece que tem razão.[418]

Educar e catequizar as crianças, fios quentes a serem moldados com marteladas de um cinzelador/ferreiro, era uma das estratégias adotadas pelos jesuítas para converter os nativos e engrossar o *corpus* de fiéis. Convertidos e imbuídos de vocábulos que nomeavam e designavam todo o universo que surgia dos contatos entre agentes oriundos das quatro partes do mundo! Assim formatadas, as crianças se transformariam em adultos, pais e mães, avós e parentes, peças fundamentais para a consolidação de preceitos católicos e ocidentais e do nosso léxico das "qualidades". O padre jesuíta José de Anchieta, em 1554, escreveu carta na qual deixou clara essa prática, além de mostrar sua convicção em que o presente era componente fundamental para a construção do futuro.

> [...] o nosso principal fundamento está na doutrina das crianças, às quais lhes ensino a ler, escrever e cantar. A estes trabalhamos por ter debaixo de nossa mão, para que depois venham a suceder no lugar de seus pais, formando um povo de Deus.[419]

Uma outra frente de "formatação" cultural, dessa vez das mulheres nativas (assim como, mais tarde, das mestiças, negras e crioulas, ainda que se tratasse de "via de mão dupla"), foi constituída por seus maridos portugueses (concubinos e amásios também). O primeiro bispo do Brasil, Dom Pero Fernandes Sardinha, escreveu sobre o tema em meados do século XVI:

> E os mais Portugueses que ensinem as místicas, suas mulheres, a falar português porque, enquanto não o falarem, não deixam de ser gentias nos costumes.[420]

Na América espanhola os problemas se colocavam de maneira semelhante. As línguas faladas pelos índios eram muitas e distintas, e para os religiosos era mais uma das dificuldades encontradas para que seu trabalho de catequização corresse a contento. A história da formação dessas línguas até serem todas submetidas à língua dos incas, o quéchua, interessou alguns dos missionários, que logo perceberam a necessidade de conhecê-la para saberem como melhor lidar com o problema. Um deles, inclusive, chegou a estabelecer comparações entre o processo de formação linguística na Espanha e o no Novo Mundo.

Em data próxima a 1629, Antonio Vázquez de Espinosa redigia o seu *Compendio y Descripción de las Indias Occidentales*, já tantas vezes citado neste texto. Esse carmelita espanhol dedicou o capítulo XIII ("*De la confusion y diuersidad de lenguas que ai en las Indias*") às explicações sobre como na Península Ibérica as línguas faladas naquele tempo haviam conformado-se ao longo dos séculos, a partir do contato de variados povos, línguas e culturas que marcaram a história da região. Espinosa apresentou a história linguística ibérica, intentando chegar, em seguida, ao caso americano e mostrou como os processos se pareciam. Escreveu ele então:

> Lo mismo sucedio en las Indias a los primeros pobladores dellas, que eran de los Tribus; perdieron su lengua, por lo menos la mezclaron con otros vocablos de diferentes naciones por donde passaron, a lo qual

> ayudo la inuencion de los hombres, y juntamente las manas y astucias del demonio, para causar mas confusion, para que no se entendiessen, y desta suerte tenerlos ciegos y engañados, y con el tiempo la confusion fue en tanto aumento, y diuersidad de lenguas en aquellas tan estandidas y dilatadas regiones, que passan de cincuenta mil. Y para que se entienda algo dellas de algunas dire algunos vocablos salteados, con sus significaciones, y en que Prouincias y Reinos caen.[421]

Não obstante as similitudes dos processos linguísticos entre as duas regiões, havia uma diferença fundamental que os marcava e que evidenciava a superioridade do castelhano (que se estendia ao português também na perspectiva do carmelita): as línguas ibéricas não se associavam ao demônio, como as dos naturais do Novo Mundo, anteriormente às conquistas.

> Por permision diuina, y justos juizios de Dios tenia el demonio aquellas ciegas naciones enganadas en su esclauitud debaxo de su tiranico imperio, que con la multitud de lenguas viuieron largos tiempos barbaramente, como saluages idolatras, sin Dois [sic], sin lei, ni razon.[422]

As línguas dos conquistadores e as misturas realizadas entre elas e as locais, mas sob a primazia das primeiras, eram então tomadas como instrumentos de salvação dos selvagens e bárbaros gentios americanos (embora a catequese também tenha sido realizada em línguas nativas, a partir do aprendizado delas pelos missionários, na prática cotidiana e em escolas).[423] Logrando êxito completo ou parcial, ou não conseguindo se impor aos naturais, o fato é que o uso das línguas ibéricas e de termos retirados delas espalhou-se rapidamente, atingindo grandes extensões e grande parte da população de índios e, mais tarde, de negros. A intensificação dos nascimentos de mestiços/*mestizos*, mamelucos, crioulos/*criollos* (termo também usado para os nascidos na América e filhos de africanas), mulatos, *zambos*, pardos, entre outros "americanos" ajudou a consolidar o uso do castelhano e do português, mesmo que com muitas mudanças e mesclas.

Nesse universo linguístico, vocábulos antigos – tanto europeus quanto pertencentes a culturas nativas e africanas – foram (re)empregados, por vezes com os mesmos significados e em outras vezes com sentido alterado. Aí surgiram também novos termos e muitas adaptações.

O conjunto lexical formado para explicar, definir e difundir todas as novidades que emergiam nas Américas, sobre elas e a partir do que se produzia nos extensos domínios ibéricos não foi projeto previamente formulado por autoridades espanholas e portuguesas e imposto aos súditos americanos. Entretanto, elas souberam explorá-lo ao longo dos séculos como ferramenta de domínio, controle e identificação, isto é evidente. Mas em grande medida, o léxico ibero-americano, chamemo-lo assim, conformou-se no seio das relações estabelecidas entre os vários grupos sociais presentes nas terras, o que não se deu exclusivamente por meio de imposições dos mais poderosos e de resistência dos submetidos. Foram mais complexas as dinâmicas de organização social engendradas e coproduzidas (não necessariamente na mesma proporção) por agentes de distintas origens, culturas e línguas. Claro que a perspectiva ibérica e, portanto, cristã e ocidental, foi imperativa no emprego da terminologia, lastreando-se fortemente, para tanto, em experiências anteriores. Mas ela não foi exclusiva no Novo Mundo, onde recebeu acréscimos e releituras.[424] A formulação e a apropriação desse vocabulário foram compartilhadas e dinamizadas por conquistadores, índios, africanos e crioulos, por livres, escravos e libertos, por pobres e ricos, por homens e mulheres e, muito particularmente, por mestiços (v. t.) de condições jurídicas diferentes, que, como já ressaltei, nasceram praticamente juntos com o novo universo lexical.

"Índios" – "mestiços", "mamelucos", "curibocas", "caboclos" e outras designações

Passemos aos termos propriamente ditos, e fluirá naturalmente a discussão sobre as dimensões subjacentes a eles (teóricas, jurídicas, administrativas, culturais, linguísticas, historiográficas). Quero iniciar este arrolamento parcial com uma das palavras que "inauguraram" o encontro entre europeus e nativos das terras que estavam sendo conquistadas: "índio". Embora já existisse antes,[425] seu emprego nas Américas foi intenso e precoce, transformando-se em categoria de largo emprego a partir dos últimos anos do século XV, passando, daí para frente, a ser usada mais para os nativos do Novo Mundo que para os de outras partes, como Índia e Filipinas. A palavra foi uma das que abriram o novo léxico americano.

Usado pelos primeiros espanhóis conquistadores e mesmo pelos monarcas ainda no Quatrocentos,[426] "índio" foi vocábulo mais tarde adotado por portugueses, ingleses, franceses e holandeses. O frei dominicano Bartolomé de Las Casas, que teve como fontes para sua obra coeva cartas e "el libro desta su primera navegación, que escribió [Cristóvão Colombo] para los Reys Católicos", transcreveu partes dos documentos produzidos pelo almirante conquistador genovês nas quais se emprega o termo "índio" já em 1492. Segundo Las Casas, Colombo havería escrito no tal livro: "Nunca estas canoas se hunden en el agua aunque estén llenas, y, cuando se anegan con tormenta, saltan los indios dellas en la mar, y, con unas calabazas que traen, vacían el agua y tórnanse a subir en ellas."[427]

Já nos primeiros anos depois de ocupada a Ilha Espanhola, o termo aparecia na documentação sobre ela e sobre seus moradores. Em 1509, em uma longa instrução passada por Don Fernando II de Aragão ao governador da Ilha, Don Diego Colón, ditou-se:

> [...] ansi mismo porque nos ovimos mandado al dicho comendador mayor que entendiese con mucha diligencia en que los indios de la dicha isla Española biuisen juntamente en poblaciones como los nuestros naturales biuen en estos Reynos y que cada vno tenga su casa aparte y mujeres e hijos e heredad conocida sabreys lo que esta fecho en esto y sy estuuiere algo por cumplir dello trabajad que se haga lo mas presto que pudieredes mandando hazer las poblaciones donde mejor vos pareciere para el bien de los pobladores della. [...] yten por quanto a cabsa de andar los yndios vagamundos y no querer trabajar pagandolos [...] [428]

Pedro Mártir de Anglería, capelão da rainha Dona Isabel, "A Católica", membro do Conselho das Índias e cronista das Américas, sem nunca ter pisado no continente, empregou o termo "indigena" (assim grafado em latim e também empregado na África e no Oriente) no capítulo I de seu *Décadas del Nuevo Mundo* (*De Orbe Novo, Petri Martyris ab Angleria Mediolanensis protonotarii cesaris senatoris decades*). Este capítulo está datado de 1493, mas foi (re)escrito durante anos, publicado pela primeira vez em 1511, em Sevilha.[429] De toda forma, é precoce o uso de "indigena", em paralelo ao emprego de "indio" pelos castelhanos.

No Brasil, as palavras não tardaram a prevalecer e foram empregadas já na primeira metade do século XVI.[430] O donatário da Capitania de Pernambuco, Duarte Coelho Pereira, chamou de índios os nativos delas. São conhecidas cinco cartas que ele escreveu da Nova Lusitânia (Pernambuco) para o rei Dom João III e em uma delas, datada de 1546, ele se referia aos "imdeos" que trabalhavam – de má vontade – na retirada de pau-brasil do "sertão a demtro" de sua Capitania.[431] Logo depois, em 1549, foi a vez de um dos padres jesuítas que haviam chegado nesse ano ao Novo Mundo usar o vocábulo "índio" em sua *Informações das Terras do Brasil*. Era o jesuíta Manuel da Nóbrega, que esclarecia: "há muito pescado; e também muito marisco, de que se mantêm os da terra, e muita caça de matos, e gansos que criam os Índios".[432] A partir daí o emprego do termo foi se consolidando em detrimento dos demais vocábulos empregados para designar os nativos. Além disso (e concomitantemente), o grande número de crianças nascidas dos relacionamentos mantidos entre índias e ibéricos determinou a ascensão de outro desses termos designativos ou outra "qualidade": "mestiço".

Desde os primórdios da ocupação ibérica as nativas ou índias se mesclaram biologicamente tanto com os "conquistadores" e administradores mais importantes, quanto com os forasteiros mais simples. Também houve mistura entre mulheres das elites indígenas (filhas e parentes de governantes, de chefes, caciques, curacas e principais/*principales*) e homens europeus, tanto nas áreas espanholas quanto nas portuguesas, como já mostrei no capítulo 2. Durante os primeiros anos de ocupação das terras nasceram os primeiros filhos do encontro entre esses povos, o que se transformou rapidamente em fato corriqueiro. Esse grupo, que pode ser considerado o dos primeiros "filhos" da América, foi identificado como o de *mestizos*/mestiços (sinônimos: mameluco e bastardo, como se verá a partir daqui), depois de algumas décadas passadas. Quase 150 anos mais tarde, malgrado a desconfiança em relação aos mestiços expressa em documentos de variada natureza, havia os mais otimistas com relação ao "produto" americano de primeira hora. O jurista espanhol Juan Solórzano Pereyra considerava os *mestizos* "como la mejor mezcla que hay en Indias".[433]

Novamente um vocábulo (*mestizo*/mestiço) que existia em línguas derivadas do latim desde, pelo menos, o século XII, embora de emprego pouco comum, foi usado no Novo Mundo e acabou sendo naturalizado aí, ampliando o léxico americano e articulando-se a outras categorias que também tiveram emprego frequente a partir do século XVI, por exemplo, a de cacique/cacica.[434]

Portanto, "mestiço" já era termo antigo quando se iniciou seu emprego nas conquistas americanas. Segundo Carmen Bernand e Serge Gruzinski,

> El término "mestizaje" proviene de un adjetivo latino, *mixticius*, que designa al que ha "nascido de una raza misturada". En el siglo XII Girarte del Rosellón habla ya de los *mestiz* franceses, mexclados con borgoñones.[435]

Manuel Alvar, por sua vez, escreve:

> Alfonso el Sabio [1221-1284] permite atestiguar una documentación muy antigua: "Varaio esse fijo de la ebrea e dell egipciano [...] e en la uaraia aquel *mestizo* denosto a Dios e dixo dEl balsemias e falsedad [...]"[436]

Já Restoro d'Arezzo, em "La composizione del mondo", texto datado de 1282, explicou no capítulo II:

> Troviamo... animali nascere diversi d'una spezie d'animali e d'un'altra, e non si assimiglierà bene, ned all'una spezie ned altra: come noi troviamo lo mulo nascere d'asino e di cavallo... e questi cotali animali mistici deono essere per ragione viziosi e strani, imperciò che sono composti e nati di contrarietà; e imperò hanno in se contrarietà, che contrariano quasi a ciò che l'uomo vuole fare. E di questi animali mistici troviamo lo maschio e la femmina: e non possono ingenerare insieme l'uno coll'altro, imperciò ch'elli hanno la generazione: e la cosa che non è mestieri non dee essere nel mondo, imperciò non ingenerano...[437]

Nas primeiras três décadas de ocupação do Novo Mundo o vocábulo não parece ter sido empregado frequentemente, pelo menos não é comum em documentos e crônicas desse período, nem nas áreas espanholas, nem nas portuguesas. Na extensa documentação sobre a Ilha Espanhola e a Nova Espanha desde a última década do século XV até, mais ou menos, 1530, apareciam com certa recorrência, não obstante, menções a filhos de espanhóis e índias, sem que o termo *mestizo* fosse empregado. Eram geralmente documentos que se referiam a casamentos entre espanhóis (além de portugueses, flamengos, genoveses, italianos e bretões) e índias e seus filhos bastardos (também mais tarde sinônimo de *mestizo*/mestiço, como indiquei nos capítulos 2 e 3), que ficavam com as mães em casos de ausência ou morte do pai, passando a viver entre os índios e como índios. Isso preocupava as autoridades locais e as espanholas, que consideravam inconveniente a situação, passando mesmo a incentivar a ida desses filhos de espanhóis para a Espanha. Em outros casos, delatava-se a desonestidade de tutores de filhos órfãos, desassistidos e abandonados entre os índios, enquanto a fortuna dos pais espanhóis era dilapidada pelos que deveriam cuidar da criação e da formação desses descendentes de ibéricos.[438] Em instrução datada de 1509 e passada ao governador da Ilha Espanhola, Don Diogo Colón, o regente Don Fernando II esclarecia que

> [...] ansy mismo el dicho comendador mayor de alcontara gobernador que fue desas dichas yslas me ha fecho saber que de algunos de los casados con mujeres de la tierra se ha conocido que dan a entender que les pertenescen y heredan sus mujeres e hijos las tierras que poseyan sus padres y madres e que no enbargante que algunas veces han sido sobrello rreprehendidos no se les mueven los pensamientos que sobre ello tienen e para lo rremediar diz que les haze quitar a los tales casados los indios que se le daban con los caciques parientes de sus mujeres y en lugar de aquellos les da otros e que los que hallaua que tenían

> estancias en las tierras de sus suegros o parientes se las hazia sacar a otras partes donde oluidasen sus propósitos e porque yo quiero a los tales se le quitase toda cabsa para que las tales personas no tuuiesen el pensamiento que sobresto tienen [...] [439]

A mesma situação ocorria nos domínios luso-americanos. Índias e portugueses se envolveram sexualmente desde os primeiros momentos, e ao filho nascido do relacionamento era aplicada a expressão "filho de branco", segundo Muriel Nazzari, costume que teria perdurado, como aponta a autora, até o século XVII.[440]

O vocábulo *mestizo*/mestiço só apareceria mais tarde. É impossível precisar quando o termo passou a ser usado de forma sistemática, mas isso pode ter ocorrido na década de 1530.

Quando começou a ser empregado no Novo Mundo, o vocábulo deixou de denominar o filho de casal oriundo de diferentes "qualidades" ou "nações" e passou a nomear especificamente os filhos das uniões entre índias e ibéricos. Com o passar do tempo, entretanto, o termo retomou sua origem mais ampla e foi aplicado generalizadamente aos filhos de uniões mistas. Não obstante, o emprego de "mestiço" para os rebentos de índias e brancos ou índios e brancas continuou existindo até os séculos XVIII e XIX em toda a Ibero-América.

Os "retratos" de *mestizos* reproduzidos a seguir foram realizados entre 1782 e 1785, durante as visitas pastorais do bispo Don Baltasar Jaime Martínez Compañón à região de Trujilo, no Peru, e apresentam personagens comuns nessa época. Certamente eles diferem muito do que teriam sido os primeiros *mestizos* americanos, por outro lado, indicam claramente certa ascensão socioeconômica experimentada por eles nas áreas de domínio espanhol. Pela indumentária, é possível supor que se tratasse de *mestizos* com ascendentes ricos ou remediados, tanto a parte espanhola ou *criolla* quanto a indígena. Isso foi comum na América espanhola, embora não tenha correspondência com o universo dos mestiços da América portuguesa.

Um dos primeiros registros do termo "mestiço" que encontrei está na recopilação das leis relativas às Índias Ocidentais, encomendada em 1624 pelo Consejo de Indias ao espanhol Antonio de León Pinelo, que finalizou o trabalho em 1634. León Pinelo vinha de família portuguesa judia convertida e passou parte de sua vida no Peru, onde estudou com os jesuítas na Universidade de San Marcos, em Lima. Depois voltou à Espanha, recebendo a tarefa da recopilação. Entre as leis incluídas, encontrava-se a que segue transcrita.

Figura 10 - *Mestizo*, Baltasar Jaime Martínez Compañón (1985, fol. 41).

Figura 11 - *Mestiza*, Baltasar Jaime Martínez Compañón (1985, fol. 42).

> [5] Que los mestiços sirvan o aprendan offiçios, y para ello sean entregados a sus padres
> El Emperador don Carlos en Monçon a 3 de Octubre de 1533. Nueva España 533 folio 86. Don Fhelipe II en Madrid a 15 de Enero de 1569. Tomo 4 pagina 342.
> Mandamos que los hijos de españoles que hubiere hauidos em Indias y andubieren fuera de su poder en la tierra entre los indios de ella, se recojan y aluerguen todos en las ciudades y pueblos de españoles, y assi recogidos los que de ellos constare que tubieren padres y que tienen haçienda para los sustentar, los reçiuan en su poder y los sustenten de lo neçessario, y a los que no tuuieren padres los, que de ellos fueren de hedad los nuestros uirreyes o gobernadores los hagan poner a offiçios para que los deprendan o siruan a particulares o cultiuen la tierra, y a los que de ellos siendo amonestados no los cumplieren, los echen de la tierra, y los corregidores y alcaldes mayores en sus distritos hagan y cumplan lo mismo, y a los dichos mestiços que no fueren de hedad los encarguen a las perssonas que tubieren encomiendas de indios, dando a coda uno el suyo para que los tengan y mantengan hasta tanto que sean de hedad para cumplir lo que por sta[sic] ley se ordena. ley 6, titulo 17, libro 4[441]

O termo "mestiço" já aparece na lei de 1533, salvo alguma interferência inadvertida de Pinelo. Também em 1533, como já indiquei no capítulo 2, Francisco de Barnuevo escrevia da Ilha Espanhola ao imperador Carlos V: "aquí hai muchos mestizos hijos de Españoles e Indias, que generalmente nacen en estancias y despoblados".[442] "Mestizo" apareceu alguns anos mais tarde no Vice-Reino do Peru, mais precisamente em 1539, no *Primer Libro de Bautismos de Lima*, segundo Berta Ares Queija. Ela ainda afirmou que a categoria só voltaria a aparecer no mesmo *Libro* em 1545 e que

> [...] el uso del término *mestizo* en las fuentes peruanas irrumpe con fuerza solo a partir de 1550, e en estrecha relación con un problema que inquietaba vivamente a las autoridades coloniales: la existencia de un alto número de niños indo-hispanos, huérfanos a causa de las llamadas guerras civiles, que una vez muerto el padre o bien habían quedado bastante desamparados – no olvidemos que casi todos eran ilegítimos – o en poder de sus madres indígenas.[443]

O termo também seria empregado na documentação produzida na Nova Espanha poucos anos depois da lei de 1533, compilada por León Pinelo. Em carta datada de 1541 e endereçada ao imperador Carlos V, Jerónimo López escreveu-lhe da Nova Espanha, explicando:

> [...] y de los demas que dexo, de lo que scojio se hizieron tres corregimientos que ay tres rrepartimientos para dar de comer a tres onbres / y

que es vn muchacho mestizo y hijo de vna yndia e que vale la hazienda e dineros e minas que tiene mas de ochenta mil ducados [...].⁴⁴⁴

Mas o mais provável é que o emprego do vocábulo *mestizo* tenha se intensificado em momento próximo a 1530 ou até mesmo um pouco antes. Nessa altura, a primeira geração de filhos de conquistadores e índias já contava com 30 ou quase 40 anos de idade, tempo suficiente para que se forjassem categorias identificadoras e classificadoras dos "americanos".⁴⁴⁵

Não obstante existir em Castela já no século XIII, o termo *mestizo* não foi incluído no *Vocabulario* de Nebrija, de 1495(?).⁴⁴⁶ Seria esse um indício do reaparecimento do termo na América, depois de seu desuso na Europa? Segundo Jack D. Forbes, "um novo conceito foi registrado por Hieronymo Cardoso no seu dicionário Português-Latim, preparado antes de 1569": "(Port.) Mestizo = (Lat.) Ibria, ae" [...] (Port.) mestiço, = Hybris, idis. Hibrida, ae."⁴⁴⁷

Ainda que "*mestizo*" tenha sido empregado primeiramente na Ilha Espanhola ou Nova Espanha, ao que parece, foi inserido originalmente em um dicionário de português, grafado inicialmente com "z", como em espanhol, e depois com "ç", como ficaria em português daí para frente. Nessa época, muitas palavras das duas línguas eram grafadas de maneira idêntica, e muitas palavras em espanhol eram usadas no português e vice-versa. Essas constatações provocam indagações ainda pouco esclarecidas. Seria uma tradução do castelhano para o português? Seria um indicativo da origem espanhola do vocábulo ou pelo menos do seu antigo uso em castelhano e talvez em galego? Seria termo em uso frequente na Península Ibérica, antes da conquista do Novo Mundo? Nesse caso, por que não apareceria em Nebrija? As indagações não cessam! Teria o termo aparecido em português antes de aparecer em espanhol, ou talvez surgido em paralelo, no vocabulário dos ibéricos de língua portuguesa, galega e castelhana? Teria sido introduzido na América portuguesa ou talvez entre os portugueses e os espanhóis que estavam juntos na América espanhola? As respostas dependem certamente de muito mais pesquisas sobre o tema.

O fato é que o uso mais intensivo do termo *mestizo* para identificação de seres humanos não foi corriqueiro antes da metade do século XVI. A partir daí, entretanto, passa a ser empregado cada vez mais frequentemente, mesmo porque a população de mestiços aumentava rapidamente, o que pode explicar sua maior utilidade nas áreas ibero-americanas e sua funcionalidade com relação ao léxico que aí se conformava.

Em livro publicado em 1609, o *mestizo* do Peru, o Inca Garcilaso de la Vega, testemunhou sobre a importância das distinções sociais dos grupos e dos indivíduos no Vice-Reino e sobre como elas, o vocabulário que as nomeava e as ideias e julgamentos em que se lastreavam eram compartilhados pela gente de todas as "qualidades" e "condições". Garcilaso veicula no texto vários significados das categorias sociais em uso e indica que os *mestizos* do Peru, por motivos particulares, chegaram a se autodenominar "*montañeses*", o que era sinônimo de "*salvajes*". Era o contrário, segundo o Inca, do que "*montañes*" representava na Espanha, mas no Peru o termo tomara outro significado, tendo, inclusive, seu correspondente na língua geral que se praticava na época. "*Montañes*" provavelmente era categoria originalmente aplicada aos índios das montanhas, como aparece em alguns dos quadros de castas do século XVIII[448] (talvez haja algum paralelismo com o emprego na América portuguesa desde pelo menos o século XVII, de categorias como "gente [...] do sertão", "gentio da terra [...] do sertão", "negros do sertão" e "negros de guerra", para se referir aos índios "selvagens" que viviam fora de povoados e aldeamentos).[449] Entretanto, segundo Garcilaso,

> A los hijos de español y de india – o de indio y española – nos llaman mestizos, por decir que somos mezclados de ambas naciones.
> Fue impuesto por los primeros españoles que tuvieron hijos en Indias. Y por ser nombre impuesto por nuestros padres y por su significación me lo llamo yo a boca llena y me honro con él. Aunque en Indias si a uno de ellos le dicen "sois un mestizo" o "es un mestizo" lo toman por menosprecio. De donde nasció que hayan abrazado con grandísimo gusto el nombre montañés que, entre otras afrentas y menosprecios que de ellos hizo, un poderoso les impuso en lugar del nombre mestizo. Y no consideran que aunque en España el nombre montañés sea apellido honroso, por los privilegios que se dieron a los naturales de las montañas de Asturias y Vizcaya, llamándoselo a otro cualquiera que no sea natural de aquellas provincias es nombre vituperioso. Porque en propia significación quiere decir "cosa de montaña", como lo dice en su vocabulario el gran maestro Antonio de Lebrija, acreedor de toda la buena latinidad que hoy tiene España. Y en la lengua general del Perú para decir "montañés" dicen sacharuna, que en propia significación quiere decir "salvaje". Y por llamarles, aquel buen hombre, disimuladamente "salvajes" les llamó montañés. Y mis parientes, no entendiendo la malicia del imponedor, se precian de su afrenta, debiéndola de huir y abominar y llamarse como nuestros padres nos llamaban y no recibir nuevos nombres afrentosos, etc.[450]

Também na América portuguesa, "mestiço" foi empregado desde o século XVI, e provavelmente desde cedo. Jack D. Forbes indicou a presença do vocábulo na carta de um padre jesuíta, datada de 1552, na qual ele declarava ter confessado mulheres mestiças.[451] Outro documento antigo no qual foi encontrado o termo, possivelmente produzido em 1585, é o *Summario das Armadas*, texto apócrifo atribuído, por historiadores paraibanos, ao padre jesuíta Simão Travassos, que participou da expedição de conquista da Paraíba, em 1585, segundo Carla Mary S. Oliveira. Lê-se no documento:

> [...] e asim mais segura que todas as Capitanias do Brasil porque o verdadeiro sangue e sustança de se povoar e sustentar o Brasil he com o mesmo gentio da terra ganhando por amizade que sem elle não nos valeremos nunca contra os outros e mais na Capitania no Parahiba situada entre os Pitiguares que he o maior e mais guerreiro e pratico gentio do Brasil tanto que so os Pitiguares são muito mais que todo o gentio que há do Parahiba a São vicente, e asim mui inteiros e unidos e conformes contra nós pelo que aquella Capitania depende hoje e consiste na conservacão daquelle noso gentio que ao redor della asentou e vive que sem falta he muito do mestiço aos brancos e os ajuda muito em tudo fazendo-lhes suas casas e mantimentos e finalmente servindo-os como captivos [...][452]

Apenas dois anos mais tarde, Gabriel Soares de Sousa registrou novamente o termo em seu *Tratado*.

> Deste Rio da Prata, nem de sua grandeza não temos que dizer neste lugar, porque é tão nomeado que se não pode tratar dele sem grandes informações, do muito que se pode dizer dos seus recôncavos, ilha, rios que se nele metem, fertilidade da terra e povoações que por ele acima têm feito os castelhanos que escapam da armada que se nele perdeu há muitos anos, os quais se casaram com as índias da terra, de que nasceram grande multidão de mestiços que agora tem povoado muitos lugarres...[453]

E mais à frente, dissertando sobre o ananás, explicava:

> [...] de cujo sumo, quando são maduras [sic], os índios fazem vinho, com que se embebedam; para o que os colhem mal maduros, para ser mais azedo, do qual vinho todos os mestiços e muitos portugueses são muito afeiçoados.[454]

Nos domínios portugueses, desde as primeiras décadas do século XVI, aos filhos de índias e portugueses também se deu um nome bastante peculiar, cuja origem não se sabe ao certo: "mameluco" e/ou "mamaluco"[455] (ver Figuras 2 e 3 do capítulo 2), isto é, o mesmo que "mestiço". Talvez tenha se empregado "mameluco" e a variação "mamaluco" antes mesmo de "mestiço", mas pelo menos até agora não foi possível precisar o pioneirismo de um deles.

Em 1553, o jesuíta Pedro Correia escrevia em uma carta endereçada a Simão Rodrigues:

> Há muito pouco tempo que me lembro que se perguntava a uma mamaluca quê índias e escravas são estas que traz com você; respondia ela dizendo que eram mulheres de seu marido, as quais elas sempre trazem consigo e olhavam por elas assim como uma abadessa com suas monjas.[456]

No ano seguinte, outro jesuíta, escrevendo de Porto Seguro para os irmãos em Coimbra, empregou a expressão "mamalucos desta terra".[457] Por ter observado essas formas de se referir aos índios é que Capistrano de Abreu afirmou: "Os jesuítas chamam à gente de São Paulo mamalucos, isto é, filhos de cunhãs índias, denominação evidentemente exata, pois mulheres brancas não chegavam para aquelas brenhas."[458]

Depois das primeiras missões jesuíticas os termos "mameluco" e "mamaluco" parecem ter se tornado bastante usuais em toda a América portuguesa. Pero de Magalhães de Gândavo, em torno de 1570, se referia aos que moravam em aldeamento jesuíta próximo a São Vicente, em trecho já reproduzido no capítulo 2. O cronista, inclusive, os definiu claramente: "[...] a maior parte deles são mamelucos filhos de portugueses e de índias da terra."[459]

No *Summario das Armadas*, escrito entre 1585 e 1590, menciona-se a participação de mamelucos e índios (inclusive forros) nos grupos do exército que entravam primeiramente pelos matos, abrindo os caminhos para os demais.[460] Já Ambrósio Fernandes Brandão em 1618 registra pelo personagem Brandônio certas crenças e medos dos índios que eram passados para os "mamalucos, filhos de brancos".[461] Alguns anos mais tarde, em 1639, o pastor protestante, Vicente Joaquim Soler, registrava a definição do que se entendia como "mameluco": "Neste Estado abundam os portugueses naturais, quer dizer, os que vieram de Portugal e os filhos deles [...] Dos cruzamentos de portugueses e mulheres brasilianas nascem os mamelucos [...]".[462] Já Zacharias Wagener, ao comentar sobre a imagem "Mameluca" (em português no original) que ele produzira (ver Figura 3, capítulo 2), afirmava no *Thierbuch*, escrito entre 1634 e 1641:

> Do conúbio ilícito de mulheres brasileiras tanto com portugueses quanto com holandeses, nascem muitos destes filhos de prostitutas, entre os quais não raro encontram-se tipos formosos e delicados, quer de homens quer de mulheres. Comumente, estas trajam belas e longas camisas brancas de algodão durante a semana, mas aos domingos e dias de festa enfeitam-se mui garridamente à moda

espanhola, adornando o pescoço, as orelhas e as mãos com corais e pedras falsas em profusão. Devido a sua airosa figura, algumas passam por donzelas espanholas. Os homens são inclinados a exercer toda a sorte de profissões lícitas ou a aproveitar com vantagem os nobres afazeres militares. Muitas mulheres se casam entre a gente de sua própria casta; outras, no entanto, e quase a maioria delas, são mui honesta e legitimamente cobiçadas para esposas legítimas, às vezes por portugueses bastante ricos, como também por alguns holandeses ansiosos por esposas. Em suma, os espanhóis e os portugueses, os brasileiros e tapuias, os mulatos e mamelucos vivem quase todos entre si à moda das impuras bestas lascivas, não obstante todos aqueles, que chamam a si cristãos [...][463]

Durante o século XVIII, depois da entrada de grandes levas de paulistas (e de provenientes da Bahia) nas Minas Gerais, em função do ouro descoberto na região, o termo "mameluco" foi usual. Esses paulistas bandeirantes e os que acompanhavam suas expedições eram, eles mesmos, mamelucos, e isso explica o emprego do termo, assim como deve ter resultado no uso da língua geral que se falava em São Paulo e na aplicação, nas Minas Gerais, de muitos vocábulos específicos dela. Aparentemente, depois da Guerra dos Emboabas e da saída dos paulistas, "mameluco" vai caindo em desuso, e a categoria "mestiço" torna-se muito mais frequente. Além disso, observe-se, o emprego da categoria "cabra", tão comum nessa época, como se verá mais à frente, talvez se associasse também a esses movimentos socioculturais e demográficos, ainda que indicasse aparentemente a mescla de índios e negros, e não de índios e brancos, que definia os mamelucos.

Como as categorias "mameluco" e "mamaluco" passaram a ser (e deixaram de ser) aplicadas nas conquistas portuguesas no Novo Mundo? Esse é um ponto ainda a ser estudado e envolve comparações com processos semelhantes vivenciados pelos conquistadores, navegadores, comerciantes, religiosos e administradores lusitanos na África e no Oriente, antes de 1500. É tema que demanda ainda muita atenção por parte de historiadores e linguistas. É possível que o vocábulo tenha sido aportuguesado a partir de palavras pertencentes ao árabe antigo: *malaka*, que significa possuir, *mamlouk*, que significa escravo ou homem apropriado, e '*abd mamlaka*, cuja tradução seria um homem recém-escravizado, sem ascendência servil.[464] Também foi termo empregado para designar escravos não muçulmanos que, ainda crianças, eram levados para ser preparados como guardas dos sultões, passando a receber formação esmerada. Quando adultos deveriam se converter ao islamismo e eram alforriados.[465]

Uma pista que merece ser investigada mais detalhadamente foi deixada por Francisco Adolfo de Varnhagen, eminente historiador brasileiro oitocentista. Ele observou que "mameluco" era o nome "que se dava em algumas terras da Península aos filhos de cristão e moura".[466]

Não obstante a indicação de Varnhagen, os termos "mameluco" ou "mamaluco" não aparecem na documentação relativa à América espanhola e na historiografia concernente, o que talvez seja indicativo de uso lastreado na experiência portuguesa no Oriente, que, por algum motivo ainda desconhecido, não teria se espraiado até a Espanha e a suas áreas de domínio americanas.[467] Surpreendentemente, porém, o termo, empregado para designar mestiços, existiu nas Ilhas de Guadalupe, domínio francês no Caribe, desde o século XVII. Segundo o historiador Frédéric Régent, referindo-se às Ilhas no século XVIII,

> [...] tous les hommes libres ne sont pas blancs, mais tous les esclaves ne sont pas noirs: trois esclaves sur quatre sont nés dans l´île et un sur huit – 12% - est métissé. Le système de catégorisation est complexe puisque fondé sur la couleur (nègre), le lieu de naissance (créole né en Guadeloupe ou nègre africain) et le degré de métissage (de câpre à mamelouk). Pour désigner le non-Blanc, les Blancs usent de nombreux termes: nègre, Noir, rouge, gens de couleur, esclave, mulâtre, métis, caraïbe, quarteron, câpre, mamelouk, chaque terme pouvant avoir d´une période à l´autre ou d´une personne à l´autre des sens différents.[468]

Estaríamos diante de resultados surgidos de conexões entre a América portuguesa e os domínios franceses no Novo Mundo? Seriam heranças da presença de franceses no Brasil em períodos anteriores? É difícil explicar o emprego desses termos em Guadalupe e a ausência deles em regiões com as quais se compartilharam tantos outros vocábulos, significados e processos de conformação dos grupos sociais, como é o caso das áreas de domínio português e espanhol nas Américas.

Outro termo usado para distinguir a "qualidade" dos descendentes de índias e brancos ou de "filhos de brancos"/mamelucos/mestiços, também de emprego aparentemente exclusivo na América portuguesa, foi "curiboca". No moderno *Grande Dicionário Houaiss da Língua Portuguesa* lê-se a seguinte definição:

> orig. contrv.; o tupi *kara'i 'homem branco'+ a forma do verbo 'ogwa, 'oga ou 'oka 'que sai, que se tira', correspondendo *curiboca* à noção de ‹mestiço›, como ‹o que sai do homem branco› e o tupi *kara'iwa* 'homem branco' + tupi 'oka 'casa' têm sido propostos como orig. do voc. *curiboca* 'mestiço' doc. a1687 *coriboquo*, a1696 *c(o/u)riboca*.[469]

Embora se trate de dicionário mais recente, me parece que a definição apresentada é compilação de definições etimológicas propostas por especialistas. A datação do uso do termo é semelhante, por exemplo, à que apresenta Jack D. Forbes, que a identifica no século XVII, um pouco mais cedo que Houaiss. Forbes encontrou o termo na *Historia Naturalis Brasiliae*, de Georgi Marcgravi [Marcgrave] e Guilielmi Pisonis, publicada em Amsterdam, em 1648. Nesse importante livro produzido durante a ocupação holandesa das capitanias do Norte do Brasil, segundo Forbes, "curiboca" (e "caboclo") foram aplicados aos "African-American mixed-bloods", não obstante, em seguida, registrar sua desconfiança. Forbes escreveu, então, que "curiboca" era comumente aplicado aos descendentes de brancos e americanos, enquanto "caboclo" equivalia a "índio".[470]

Em 1742 o termo "curiboca" foi empregado em testamento redigido nas Minas Gerais, já evocado no capítulo 4. Francisca Poderoza (ou Pedrosa), ela mesma filha de uma índia e um português (na documentação não foram empregados os termos mestiça, mameluca ou curiboca para identificá-la, mas, em uma devassa eclesiástica de 1737-1738 ela aparece como "bastarda",[471] sinônimo de mestiço, é importante reiterar) declarou no documento que havia comprado a administração de uma carijó, chamada Margarida de Bras de Souza Arzão, por 150 oitavas de ouro, "a qual carejó Tem coatro filhos a Saber Narceza; Pascoa Bastrada [sic] João eIgnácio Molato e Core Boca".[472]

No final do século XVIII o termo ainda era empregado, embora não fosse muito comum. Em 1799, o ouvidor da Comarca de Ilhéus, Baltasar da Silva Lisboa, mostrou-se indignado com o fato de João Gonçalves da Costa, um negro forro nascido em Portugal, como aparece na documentação, desbravador do Sertão da Conquista, na Capitania da Bahia, ter recebido a patente de Capitão-Mor. Perguntou-se então: "que efeitos eram de esperar vantajosos à execução dos sábios projetos do governador em uma tão grande distância, tendo-se dado por governador e executor do projeto a João Gonçalves, por diretor um coriboca da sua família e por pároco um pároco ignorante?" [473]

Além de "curiboca", outro termo de origem provavelmente tupi, que designava o mestiço nascido do cruzamento de branco (ou mestiço, mameluco, "filho de branco") e índia era "caboclo" (tem o mesmo étimo tupi de curiboca e de carioca: *kara'iwa* 'homem branco' e tupi *'oka* 'casa'). Esse termo é ainda muito empregado em extensa área do Brasil atual, não obstante claras alterações dos significados lhe atribuídos. O *Grande Dicionário Houaiss da Língua Portuguesa* traz a seguinte etimologia:

tupi *kara'ïwa* 'homem branco' e tupi *'oka* 'casa' têm sido propostos como orig. do voc. *caboclo* ‹índio mestiço de branco, indivíduo de cor acobreada e cabelos lisos›, doc. como *cauoucolo* em 1645, *cabocolo* em 1648, *cabocoro* em 1757 e *caboclo* a partir de 1781.[474]

Um fato raro envolveu o vocábulo e meados do século XVIII. O emprego dessa "qualidade" foi oficialmente proibido pelo Alvará Régio de 04 de abril de 1755, assinado pelo rei português Dom José I, "O Reformador". Tratava-se de decisão que integrava um conjunto de medidas adotadas nesse período, relativas aos índios do Brasil. No mesmo ano, Dom José I assinou o *Diretório que se deve observar nas Povoações dos Índios do Pará, e Maranhão, enquanto Sua Majestade não mandar o contrário*, no qual ficava proibido nomear os índios de "negros".[475]

Mas o Alvará Régio de 1755 envolvia o mestiço de índia com branco, isto é, o "caboclo". Determinava-se, então:

> [...] que considerando o quanto convém que os meus reaes domínios da America se povoem, e que para este fim póde concorrer muito a communicaçaõ com os Indios, por meio de casamentos: sou servido declarar que os meus vassallos deste reino e da America, que casarem com as Indias della, naõ ficaõ com infamia alguma, antes se faráõ dignos da minha real atençaõ; e que nas terras, em que se estabelecerem, seráõ preferidos para aquelles lugares e occupaçoens que couberem na graduaçaõ das suas pessoas, e que seus filhos e descendentes seráõ habeis e capazes de qualquer emprego, honra, ou dignidade, sem que necessitem de dispensa alguma, em razão destas alianças, em que seráõ tambem comprehendidas as que já se acharem feitas antes desta minha declaração: E outrosim proibo que os ditos meus vassallos casados com Indias, ou seus descendentes, sejaõ tratados com o nome de *Caboucolos*, ou outro similhante, que possa ser injurioso; e as pessoas de qualquer condiçaõ ou qualidade que praticarem o contrario, sendo-lhes assim legitimamente provado perante os ouvidores das comarcas em que assistirem, seráõ por sentença destes, sem apellaçaõ, nem aggravo, mandados sahir da dita comarca dentro de um mez, e até mercê minha; o que se executará sem falta alguma, tendo porém os ouvidores cuidado em examinar a qualidade das provas e das pessoas que jurarem nesta materia, para que se naõ faça violencia ou injustiça com este pretexto, tendo entendido que só haõ de admittir queixa do injuruado, e naõ de outra pessoa. O mesmo se praticara a respeito das Portuguezas que casarem com Indios: e a seus filhos e descendentes, e a todos concedo a mesma preferencia para os officios, que houver nas terras em que viverem; e quando succeda que os filhos ou descendentes destes matrimonios tenhaõ

algum requerimento perante mim, me faráõ saber esta qualidade, para em razaõ della mais particularmente os attender. E ordeno que esta minha real resoluçaõ se observe geralmente em todos os meus dominios da America.[476]

Durante os séculos XVI, XVII e XVIII, os *mestizos*/mestiços, mamelucos, curibocas e caboclos das conquistas ibéricas no Novo Mundo estiveram, assim como os índios, submetidos a formas de trabalho compulsório, incluindo a escravidão (as *Leyes Nuevas,* de 1542, mudam o cenário na América espanhola). O propósito era garantir a mão de obra necessária para a exploração mineral, a extração vegetal, os trabalhos domésticos e os serviços no geral. No caso dos mestiços, primeiros "filhos" americanos, resultantes do encontro entre antigos e novos "donos" do território, eles representaram também aporte importante ao *corpus* de defensores locais e ainda agentes desbravadores, reprodutores e povoadores dos mesmos territórios. Os índios (mesmo que nascidos depois das conquistas), usurpados pelo conquistador ibérico e tornados "gentio bárbaro" ou "gentio brabo"[477] na perspectiva deles, foram logo inferiorizados em relação aos mestiços, que rapidamente se multiplicaram. Um e outro, entretanto, nas áreas espanholas e nas portuguesas, formaram o grosso dos que produziram, defenderam e povoaram as conquistas no primeiro século de ocupação. A escravidão e as demais formas de trabalho fomentaram ajuntamentos e contatos mais estreitos entre grupos nativos antes distanciados, além da aproximação deles com europeus de variada extração e, com o correr do tempo, com os próprios mestiços.

Distintas dinâmicas de mestiçagens (biológicas e culturais) marcaram, portanto, a ocupação do Novo Mundo, inicialmente pautada em intercursos sexuais e culturais (violentos e não violentos, forçados e voluntários) entre índios e europeus. Na América portuguesa principalmente, os rebentos mestiços se tornaram frequentemente escravos, seguindo o ventre das mães. Ainda assim, eram o primeiro grupo genuinamente americano, e isso os distinguiu dos gentios e facilitou manumissões, além da ascendência materna ser evocada, em certas épocas, como impedimento de cativeiro.

Como se viu em documentos já parcialmente transcritos aqui, aos índios do Novo Mundo impunha-se frequentemente a pecha de gentios! Mesmo que ao longo do tempo essa imagem tenha perdido força, ainda assim ela vigorou entre o século XV e o XIX. É importante esclarecer: proveniente do latim, o termo "gentio" indicava paganismo e opunha-se a "cristão". Segundo Renato da Silveira, tratava-se de

> [...] um substantivo mais genérico, não delimita, mesmo que vagamente, uma população determinada, designa o estrangeiro, o "idólatra", a alteridade maldita; foi na origem um epíteto bíblico depreciativo que manteve por motivos evidentes sua funcionalidade no vocabulário político do escravismo moderno. "Gentio" é uma designação usada pelos judeus e cristãos da Antiguidade, abundantemente recorrente na Bíblia (por exemplo na "Epístola aos efésios", de São Paulo, "o apóstolo dos gentios").[478]

Muito antes das conquistas americanas, "gentio" já era a categoria na qual os viajantes portugueses costumavam enquadrar os "mouros da Guiné". Nas primeiras décadas do século XV, por exemplo, Gomes Eanes de Azurara registrou:

> E daqui se tornou Afonso Gonçalves para Portugal, sem poder haver certo conhecimento se aqueles homens eram Mouros, ou gentios, nem que vida tratavam, ou maneira de viver tinham. E foi isto no ano de Jesus Cristo de mil e quatrocentos e trinta e seis. [...] E commo quer que adefora parecessem gente barbárica e bestial [...] [479]

"Gentio" também foi aplicado aos habitantes da Ásia. Em 1552, João de Barros e Diogo de Couto deixaram registrado no livro que o primeiro iniciou e que o segundo terminou:

> [...] mas ainda foram despregar aquella divina, e real bandeira da Milicia de Christo, que elles fundáram pera esta guerra dos infeis, nas partes Orientaes da Asia, em meio das infernaes mesquitas da Arabia, e Persia, e de todolos pagodes da gentilidade da India daquém, e dalém do Gange [...] alguns Príncipes desta nossa Europa, tem nos estados, de que se intitulam dos quaes está em posse esta Barbara gente de Mouros [...] [480]

Quase que "naturalmente", o termo "gentio" passou a ser aplicado aos "selvagens" do Novo Mundo. Na documentação sobre as sociedades ibero-americanas abundam os adjetivos derivados do vocábulo, tais como "gentílico" e "gentilidade", que, com o tempo, foram estendidos também aos africanos que chegavam escravizados no continente. A associação, claro, era feita ao "bárbaro" e ao "selvagem", e novamente termos e significados atrelados a eles foram apropriados e usados corriqueiramente por não brancos das várias "qualidades" e "condições" existentes. Um exemplo esclarecedor da incorporação desses valores e dos usos do vocabulário concernente nos foi legado por uma ex-escrava. Quando ditou seu testamento, em 1771, Maria Rosária, preta forra, sumariou a dinâmica cultural na qual ela e muitos outros em situações semelhantes às vivenciadas por essa africana se achavam em toda a Ibero-América. No testamento está registrado:

> Eu Maria do Rozario preta forra achando me com saude perfeyta e em meo entendimento determiney este meo testamento e instrumento de ultima vontade sem constrangimento de pessoa alguma e todo interesse de salvar-me como tal digno de se lhe dar todo o cumprimento e validade que pesso e rogo a justiça de sua Majestade o faça inteyramente cumprir e guardar [...]
> Declaro que sou natural da costa da mina de donde vim pequena para esta terra e não tenho herdeiros alguns ascendentes ou descendentes neste ou naquelle grao porque todos ficaram na minha Patria na gentilidade e sou forra liberta de escravidão e nunca fui cazada com pessoa alguma [...] [481]

A definição de "gentio" equivalia, desde o século XV, à de "geração", que já tinha sido aplicada, por exemplo, aos habitantes do Reino de Gessa e do Reino de Fez, 1463, pelo navegador Luís de Cadamosto, que escreveu sobre eles: "[...] e desideroso de uoler intender cosse noue pur afim de sauer la generatione de li habitanti inquelli paessi per uoler affender a mori [...]".[482] No século seguinte, já no Novo Mundo, "geração" foi empregado na Nova Lusitânia (Pernambuco) de Duarte Coelho. O donatário, em carta escrita na Vila de Olinda, em 1542, aplicou a categoria aos "indeos" da região por ele governada: "jerações de mui perversa e bestiall gente e todos contrarios huns doutros".[483] E no início do século XVII, o Inca Garcilaso de la Vega também empregaria o termo, mas com o sentido um pouco distinto, pois se referia a diferentes grupos sociais, "qualidades", ou como escreveu, "naciones", nomes que "se han inventado en mi tierra para nombrar las generaciones que ha habido después que los españoles fueron a ella. Y podemos decir que ellos los llevaron con las demás cosas que no había antes." [484]

Os resultados linguísticos dos contatos mantidos entre índios, brancos e seus primeiros descendentes mestiços são bem mais abrangentes, envolvendo as variadas dimensões da vida humana e das relações entre homens e demais domínios da natureza. Mas o que nos interessa aqui é mesmo o universo das formas de trabalho e das mestiçagens. Aí se incluem os nomes dos inúmeros grupos indígenas, que, em grande parte, resultam da tradução, realizada por portugueses e espanhóis, das pronúncias originais, como, por exemplo, tupinambá, aimoré, guarani, potiguar, caribe, entre muitas outras. São dezenas de designações que passaram à posteridade e que ainda hoje empregamos. Algumas delas, entretanto, são mais significativas para os objetivos deste trabalho. Elas identificavam não apenas povos e grupos sociais, mas características deles, formas como se autodenominavam, como foram vistos pelos conquistadores e como passavam, inclusive, a se autoidentificar. Entre esses termos, que nem sempre tiveram (nem têm) definições únicas, estão incluídos vários que acabaram significando "índios" no geral ou "índios" que portavam alguma especificidade (não me refiro às "nações" específicas).

Os "botocudos", por exemplo, eram os que usavam botoques labiais e auriculares e que foram considerados antropófagos, bravios e selvagens pelos portugueses, podendo, por isso, ser escravizados. Maria Hilda Paraíso explicou que já

> [...] no século XVIII começa a aparecer uma nova denominação criada pelos portugueses – Botocudos. A denominação foi retirada da tradição grupal de uso de botoques labiais e auriculares, feitos de madeira de barriguda. [...] Essa denominação – Botocudos – generalizou-se de tal forma que passa a ser dominante até o fim do século XIX, quando contatos mais intensos e o aldeamento sistemático dos vários grupos permitiram o conhecimento dos vários subgrupos com suas variadas denominações.[485]

Na "Planta do Rio Doce: Vila Rica a 13 de maio de 1798", assinada por José Joaquim da Rocha, enfocaram-se principalmente os limites geográficos entre as capitanias de Minas Gerais e do Espírito Santo e a região do Rio Doce. Sobre a área que ficava ao norte deste rio o cartógrafo escreveu:

> Certão abitado por diferentes naçoens de Indios, que muitas vezes tem pedo [sic] Padre para os instruir nos Dogmas da fé, e os Malallîs offererão em 1782 em prezença do autor deste Mappa 600 arcos para conquistar o Barbaro Butucudo devorador de humana Carne.[486]

Eles também foram chamados de *caribes*, principalmente na América espanhola, onde estiveram associados a canibais e bárbaros, contra os quais se deveria fazer guerra, sendo legítimo escravizá-los. Na Provisão Real de Doña Joana, rainha de Castela, assinada em Burgos, em 24 de dezembro de 1511, incentivava-se a guerra contra os "carives" antropófagos que habitavam algumas das ilhas antilhanas e que haviam se rebelado contra os cristãos conquistadores e matado vários deles. Os "carives" aprisionados em guerra poderiam ser escravizados.[487] Pedro Mátir de Anglería também empregou o termo no mesmo sentido, em época próxima: "adquirieron noticias de que no lejos de aquellas islas, había otras de ciertos hombres feroces que se comem la carne humana [...] así llaman a aquellos feroces o caribes." [488]

Nos domínios espanhóis, empregaram-se as categorias "montañés" (também usada pelos *mestizos* do Peru, como explicou Garcilaso de la Vega em trecho já reproduzido neste capítulo) e "serrano" para enquadrar alguns grupos específicos de índios. Em 1770, por exemplo, o vice-rei do Peru, Don Manuel Amat Junyent, enviou ao rei Carlos III uma série de 20 quadros de castas. O primeiro era intitulado "Yndios infieles de Montaña. Iden", o segundo, "Yndios Serranos. Tributarios Civilizados. Yden" e o terceiro, "Español. Yndia Serrana o cafe[t]ada. Produce Mestizo".[489]

Outro desses termos gerais foi "tapuia", cujos significados variaram muito. Algumas das aplicações retiradas da documentação examinada já foram aqui reproduzidas; elas indicavam claramente a diversidade de entendimentos do vocábulo e de associações feitas a ele. Os "tapuias" foram tomados como bravios e perigosos e como amigos dos conquistadores. Gabriel Soares de Sousa, em 1587, por exemplo, os definiu como "[...] gente doméstica e bem acondicionada, que não come carne humana, nem faz mal à gente branca que os comunica, como são os moradores da capitania de São Vicente [...]".[490] Já em carta datada de 1617, Cristóvão da Rocha informava:

> [...] o Capitaõ leua hus papeis meus e Registro de hus negros tapuias meus q daquj se me aleuantaraõ q estaõ en Companhia dos de melchior dias com o Coal tiue sertas palauras sobre eles e sobre o naõ querer dar a pedra q tinha prometida [...][491]

Domingo do Loreto Couto, 140 anos mais tarde, engrossava a imagem de selvagem dos tapuias. Escreveu o dominicano, em 1757:

> O valor com que as referidas donzellas, e matronas souberão dar as vidas para defenderem a castidade, imitarão hũa moça de rara fermosura, e distinta nobreza, e duas famosas mestiças morrendo as maõs de bárbaros Tapuyas em defença da sua pureza.[492]

Segundo Forbes, os tapuias eram servos ou escravos.[493] E Aryon Dall´Igna Rodrigues, enfocando a etimologia do termo, afirma que ele se originou da pronúncia portuguesa do vocábulo *tapy´ýia*, da língua dos tupinambás, na qual significava "índios", mas que foi usado como sinônimo de mamelucos e mestiços e, portanto, dos que falavam a "língua geral do Brasil".[494]

"Carijó", foi outra forma geral de designação. O termo se transformou, talvez no século XVII, em sinônimo de índio e, por vezes, de índio escravizado. Segundo John Manuel Monterio, por exemplo, referindo-se ao final do século XVII, "é curiosa, portanto, a adoção do termo *carijó* para designar a população cativa nesse contexto de heterogeneidade étnica, bem posterior à diminuição do fluxo de cativos guarani. Contudo, faz sentido".⁴⁹⁵ Em 1742, por exemplo, Francisca Poderoza, uma mestiça paulista já citada em outras oportunidades, filha "natoral de Pacoal homem e Maxia Carrjos", mandou escrever seu testamento, no qual declarou que, para se casar, um tio seu a dotara "com três carigos; Remotio; Joaquim; Joze Copé".⁴⁹⁶

A expressão "administrados", como já apontei, era um eufemismo empregado para ocultar a condição de escravizado de algum índio. John Manuel Monteiro escreveu sobre o tema:

> Até os últimos anos do século XVII, o termo preferido em alusão a índios era *negro*, sendo que este cedeu lugar a outros termos em decorrência de uma crescente presença de africanos nos plantéis paulistas. Assim, surgiram expressões como: gentio do cabelo corredio, administrados (em referência à carta régia de 1696), servos, pardos e, finalmente, carijós.⁴⁹⁷

No já citado testamento da mestiça Francisca Poderoza, ela explicava que o marido a havia deixado desamparada, pois partira para os sertões e levara os três carijós "cuja ad.menestração [...] me trespasou odito Meu Tio pera Mim eMeus decendentes Bocal mente".⁴⁹⁸

Continuando o arrolamento, outra expressão frequentemente usada nos séculos XVI e XVII foi "negros da terra". Os jesuítas a empregaram desde os primeiros anos de sua atuação na América portuguesa e é possível que eles estivessem apenas reproduzindo o uso que dela faziam os moradores, que, assim, diferenciavam os nativos dos "negros de Guiné" e dos negros da Ásia.⁴⁹⁹ Jack D. Forbes cita vários jesuítas que empregaram o termo "negro" como sinônimo de "índio" do Brasil em cartas escritas entre 1549 e 1565.⁵⁰⁰ Já John Manuel Monteiro transcreve parte do testamento de Francisco Cubas Preto, de 1672, no qual o morador da Capitania de São Paulo declarava ter feito acordo com "um índio da aldeia de Marueri por nome Marcos a quem dei armação, todo aviamento e dois negros do gentio da terra para me trazer a gente que com isso adquirisse...".⁵⁰¹

Entretanto, pelo menos para a América portuguesa de meados do século XVI, o termo "negro" parece estar associado à escravidão e, por isso, os índios eram designados como "negros da terra", o que significava, de fato, escravos da terra. Essa associação seria explicitada bem mais tarde, no Diretório dos Índios, de 1755, no qual foi abertamente criticada (exclusivamente quando relacionada aos índios, sublinhe-se), o que valeu sua proibição.

> Entre os lastimosos princípios, e perniciosos abusos, de que tem resultado nos Índios o abatimento ponderado, é sem dúvida um deles a injusta, e escandalosa introdução de lhes chamarem *Negros*; querendo

talvez com a infâmia, e vileza deste nome, persuadir-lhes, que a natureza os tinha destinado para escravos dos Brancos, como regularmente se imagina a respeito dos Pretos da Costa da África. E porque, além de ser prejudicialíssimo à civilidade dos mesmos Índios este abominável abuso, seria indecoroso às Reais Leis de Sua Majestade chamar *Negros* a uns homens, que o mesmo Senhor foi servido nobilitar, e declarar por isentos de toda, e qualquer infâmia, habilitando-os para todo o emprego honorífico: Não consentirão os Diretores daqui por diante, que pessoa alguma chame *Negros* aos Índios, nem que eles mesmos usem entre si deste nome como até agora praticavam; para que compreendendo eles, que lhes não compete a vileza do mesmo nome, possam conceber aquelas nobres idéias, que naturalmente infundem nos homens a estimação, e a honra.[502]

"Brasis" (no feminino, "brasilas" ou "negras brasilas", como aparece em trecho transcrito no capítulo 2) é mais uma das categorias que compõem o rol aqui apresentado. Empregado pelos jesuítas, no século XVI, era sinônimo de índios do Brasil. Jack D. Forbes escreveu que "brasis" era o termo que designava os falantes do tupi e se opunha a "tapuyas", que indicava os grupos indígenas não falantes do tupi.[503] A expressão *Indos Brasiles*, traduzida por índios brasis, foi empregada em 1684, no documento *Apologogia pro Paulistis, in qua probatur D. Pauli et adjacentium Oppidorum íncolas, etiam si non desistant ab Indorum Brasilum invasione, neque restituta Lisdem Indis, mancipiis suis, libertate esse nihilominus Sacramentalis confessionis et absolutionis capaces*, escrito pelo padre jesuíta Jacob Roland, segundo John Manuel Monteiro.[504]

Outras categorias que integram o nosso rol designavam os mestiços nascidos dos relacionamentos entre índias e brancos (e vice-versa, embora muito menos frequentemente). No *Prosodia in Vocabularium Biligue Latinum* de Bento Pereira, datado de 1646, "cafuso" aparece como "*carafuz*, 'homo fusca facie'. *Cara fusca*" e era aplicada aos descendentes de "americanos e africanos", segundo Jack D. Forbes.[505] Duas outras qualidades, "caboclo" e "curiboca", também identificadoras de mestiços de índias e brancos, que encerram essa seção do arrolamento, já foram examinadas acima. Como se vê, o léxico americano das mestiçagens era uma junção de vocábulos que circulavam nos mundos ibéricos (que incluíam áreas na África e no Oriente, além das Américas e da Europa), mas, também, os que tinham emprego restrito a certas regiões. Nesses casos, línguas nativas e designações muito particulares (por exemplo, "brasis") quase sempre explicavam o surgimento e os usos dos termos. De toda maneira, isso abriu o léxico e o tornou mais complexo e fascinante.

A chegada dos negros e o emprego de novas "qualidades"

Se a associação entre formas de trabalho e dinâmicas de mestiçagens envolvendo majoritariamente índios e brancos já era fórmula exitosa de ocupação, povoação e defesa dos domínios ibero-americanos no primeiro século de ocupação, a intensificação da chegada dos escravos africanos fomentou ainda mais a estratégia. Ao final do século XVI eles já eram muito numerosos sobretudo nas áreas espanholas e substituíam a mão de obra indígena em várias atividades.

Em paralelo à diminuição vertiginosa da população indígena (mais em algumas áreas que em outras, devido a guerras com os conquistadores e entre grupos rivais e a doenças), já durante o século XVI, e ao crescimento da população mestiça, entraram nas Américas muitos milhares de africanos escravizados. Do século XVI ao XIX, cerca de 12.000.000 de homens e mulheres africanos chegaram aos portos americanos.[506] A migração forçada de africanos para as Américas representou novo capítulo na história das dinâmicas de mestiçagens que vinham sendo protagonizadas até então por índios, espanhóis e mestiços (v. t.) nascidos das mesclas biológicas entre esses grupos. Todas as alterações, todos os novos elementos introduzidos e os novos produtos (humanos inclusive) resultantes da inserção em massa dos africanos no Novo Mundo também se reverteram em vocábulos novos, adaptados e ressignificados, que nomearam as renovadas dinâmicas e ampliaram muito o léxico das mestiçagens associadas às formas de trabalho.

Entre as expressões empregadas nos primeiros séculos incluía-se "negros de Guiné", como sinônimo de africanos e de escravos africanos, como já pude demonstrar nos capítulos anteriores. Tratava-se de expressão mais antiga, anterior às conquistas americanas e que constava no *Vocabulario español-latino*, de Nebrija, de 1495(?): "Negro de guinea. ethiops.pis." e "Negra de guinea. ethiopissa.e.".[507] Os "negros de Guiné" começaram a entrar legalmente na América portuguesa provavelmente apenas na segunda metade do século XVI. Em 1617, relativamente pouco depois, declarava-se em um recibo sem indicação de local, mas possivelmente relativo a área próxima à Capitania de Pernambuco:

> 10.Abril 1617 O Alcaide fr° Glz E An^{to} tauares seu escrivão me entregarão dous negros do gentio de guiné por nome Clemête, E Mateus, q ficaõ em meu poder, E per así passar na uerdade lhe dei esta sertidão por mj f^{ta} E assinada aie 1o de Abril de 1617 annos. (a.) Alu° galuaõ cordovil[508]

"Guinéu" ou "guineo" eram variações encontradas frequentemente nos documentos e crônicas da época. No *Hieronymi Cardosi Lamacensis Dictionarium ex Lusitanico in latinum sermonem*, de 1562, já se registrava "guine. guinea,æ."[509] Muitas vezes, os negros africanos foram enquadrados na categoria "etíopes", que já era empregada na Europa antes das conquistas do Novo Mundo. Em texto já transcrito no capítulo 4, Gomes Eanes de Azurara, em 1448, assim descreveu alguns escravos africanos levados a Portugal: "[...] tão negros como etiópios".[510] E em outro trecho, relatou Azurara: "[...] até eu passou a terra dos Mouros, e chegou à terra dos negros, que são chamados Guinéus".[511] Nebrija, depois disso, definiria: "Negro de guinea. ethiops.pis." e "Negra de guinea. ethiopissa.e."o.[512] E Jerónimo Cardoso, na já mencionada edição de 1562, confirmaria: "negro catiuo. Aehiops, opis." e "negra. Aethiopissa, æ.".[513]

O vocábulo "negro", talvez o mais empregado em todo o período, tanto nas áreas espanholas quanto nas portuguesas, para designar os africanos escravizados, foi definido por Nebrija como "Negra cosa. niger.a.um. ater.a.um"[514] e por Cardoso como "negra cousa. níger,a,um,pullus,a,um,a-ter,a,um.", "negro catiuo. Aehiops, opis." e "negra. Aethiopissa, æ.".[515] Já o termo "*prieto*/preto" (assim como "negro", como já disse, foram usados como "qualidade" e como "cor") foi definido por de Nebrija como "Prieto aquello mesmo es que negro"[516] e por Cardoso como "preto. Niger, a, um."[517] Embora "preto" tenha sido muito comumente empregado no Brasil, "*prieto*" foi mais raramente usado na América espanhola. Não obstante, o termo surge várias vezes, aparentemente como "color" dos escravos, em arrolamento de compra e venda desses cativos, no Novo Reino de León (no Vice-Reino da Nova Espanha), durante os séculos XVII e XVIII.[518]

"Boçal/*bozal*" e "ladino" completam esse primeiro grupo de designações. Enquanto no *Vocabulario* de Nebrija "boçal" se definia como "Boçal cosa nueva en servício. novícius.a.um",[519] indicando o novo e inexperiente, no *Dictionarium* de Cardoso ficava clara sua rusticidade: "Bocal cousa. Rudis, &, e."[520] Já o "ladino", para Nebrija, significava "Ladina cosa. latinus.a.um.",[521] enquanto que para Cardoso era "Ladino seiuo. Verna, æ."[522] Fica mais claro em Nebrija, nesse caso, que "ladino" derivava de latino, o que significava dizer que não era rude nem inapto.

É interessante notar que as designações empregadas inicialmente para os nativos americanos eram mais numerosas e diversificadas. Várias se vinculavam, em alguma medida, à *naturalia* (da natureza, que seguiu o curso normal),[523] incluindo o ser natural de algum lugar específico: "índio", "indígena", "natural", "brasis", "selvagem", "*montañés*", "*serrano*". Outras se lastrearam na *mirabilia* (fenômenos naturais, embora excepcionais; objetos também),[524] como "botocudo".

Já o conjunto das categorias empregadas aos negros africanos nas Américas era, no sentido aqui enfocado, menos diversificado. Algumas delas eram ligadas ao ideário católico e foram usadas para enquadrar os índios e por vezes algum tipo de mestiço: "gentio", "gentílico", "bárbaro", "gentio bárbaro", além de "mouro", de emprego exclusivo para os africanos. A categoria principal, "escravo", também aplicada a índios, crioulos e mestiços (v. t.), evocava imediatamente o mundo do trabalho. "Negro" (que se aplicava aos índios e mamelucos escravizados também) e "preto" tornaram-se termos sinônimos de escravo, o que atravessou os séculos e chegou ao Oitocentos escravista e, em certa medida, dependendo do contexto no qual são empregados, até os nossos dias. O inverso também ocorreu: ao longo do tempo, "escravo" acabou tornando-se sinônimo de "negro", "crioulo" e "mestiço".

Nas Minas Gerais do início do século XVIII, Sebastião Pereira de Aguillar deixou, sem pretender, um registro importante sobre esses usos lexicais. Em seu testamento, ele se referia a dois escravos, Pedro Congo e Miguel Machado, que são mencionados ao final do documento como os "ditos escravos digo ditos seus negros". O erro de Aguillar, provavelmente cometido ao ditar as declarações para que alguém as escrevesse, indicava o emprego dos termos como sinônimos e a aparente confusão de definições corrobora a correspondência então existente entre os vocábulos e os significados a eles atribuídos. Aguillar ainda declarava possuir "um escravo por nome Pedro", sem que sua origem fosse indicada, contrariamente à prática corriqueira que identificava africanos, crioulos e mestições (v. t.). Entretanto, o testador, que era proprietário de vários outros escravos, parece ter se preocupado mais em registrar as origens dos africanos, mencionando apenas os nomes dos demais (talvez não conhecesse a proveniência deles, mas isso não foi comum). O fato é que o escravo Pedro foi indicado em mais dois trechos como "o ditto negro" e "este negro". O testamento de Aguillar não esclarece essas questões, ao contrário, explicita mais indefinições e suscita mais dúvidas, ao mesmo tempo que atesta a complexidade das fórmulas de classificação social em vigor.[525]

Foram poucos os termos oriundos da *naturalia* que se aplicaram exclusivamente aos africanos na Ibero-América, além, obviamente, dos relativos às "nações". Entre os que tiveram sentido generalizador e que significaram "negros", "pretos", "escravos" ou ainda "africanos" podem ser incluídos "Guiné" ("guineo"), "etíope" e "sudanês"; "natural" foi aplicado aos índios também. Da *mirabilia*, o termo "ladino" foi empregado para negros e índios[526] e por oposição, mais que por engenho maravilhoso, "boçal" e "cafre" (mais para negros). O termo "cafre" foi definido por Antonio Moraes Silva, no início do século XIX (a 1ª edição de seu *Diccionario da língua portugueza* é de 1789), como "homem rude, barbaro, desumano, como os moradores da *Cafraria*".[527]

Malgrado as variações ocorridas, "negro" e "preto",[528] pelo menos desde meados do século XVI, tornaram-se, portanto, termos sinônimos de escravos, embora nem todo escravo fosse negro africano, mesmo que a maioria dos negros africanos na Ibero-América do período em foco fossem escravos. Outro termo também envolvido nesse emaranhado de designações foi "crioulo/*criollo*", que, segundo Berta Ares Queija, passou a ser empregado no Peru em torno de 1560.[529] Por sua vez, José Juan Arrom disse ter encontrado a mais antiga referência a "*criollo*" na *Historia Natural y moral de las Indias,* do padre jesuíta José de Acosta, publicada em 1590.[530] Também nos *Comentarios Reales de los Incas* (1609), do Inca Garcilaso, encontram-se esclarecimentos importantes sobre "*criollo*" e várias outras categorias. Segundo o Inca *mestizo*, o vocábulo "*criollo*" era africano, embora não tenha indicado a língua original. Escrevendo da Espanha, mas retomando a experiência adquirida no Peru do Quinhentos, onde nascera e vivera parte de sua vida, ensinava ele:

> Nombres nuevos para nombrar diversas generaciones
> Lo mejor de lo que ha pasado a Indias se nos olvidaba, que son los españoles y los negros que desde entonces acá han llevado por esclavos, para servirse de ellos, que tampoco los había antes en aquella mi tierra. De estas dos naciones se han hecho allá otras, mezcladas de todas maneras. Y para diferenciarlas les llaman por diversos nombres para entenderse por ellos. (Y aunque en nuestra historia de la Florida dijimos algo de esto me pareció repetirlo aquí por ser este su proprio lugar.)
> Es así que al español o española que va de acá llaman español o castellano, que ambos nombres se tienen allá por uno mismo (y así ha usado yo de ellos en esta historia y en la Florida).
> A los hijos de español y de española nascidos allá dicen criollo o criolla, por decir que son nacidos en Indias. Es nombre que lo inventaron los negros – y así lo muestra la obra. Quiere decir, entre ellos, 'negro nacido en Indias'. Inventáronlo para diferenciar los que van de acá, nacidos en Guinea, de los que nacen allá. Porque se tienen por más honrados y de más calidad por haber nacido en la patria, que no sus hijos porque nacieron en la ajena. Y los padres se ofenden si les llaman criollos.
> Los españoles, por la semejanza, han introducido este nombre en su lenguaje para nombrar los nacidos allá, de manera que al español y al

guineo nacidos allá les llaman criollos y criollas. Al negro que va de acá llanamente le llaman *negro* o *guineo*.[531]

No caso da América portuguesa, o termo parece não ter sido empregado aos filhos de conquistadores que nasceram nesses domínios, aos quais se reservava o termo "mazombo" – possivelmente usado bem mais tarde.[532] "Crioulo" foi empregado, então, para designar o nascido no Brasil, filho de mãe africana ou, de forma mais genérica, como aponta Dom Raphael Bluteau, em seu *Vocabulario Portuguez e Latino*, de 1712, era o "escravo, que nasceo na casa do seu senhor",[533] isto é, o que não nascera na África. Entretanto, a definição de Bluteau é falha, uma vez que entre os escravos nascidos nas Américas houve também mestiços de todas as "qualidades", que não eram confundidos com "*criollos*" ou com "crioulos" na documentação existente. É possível, no entanto, que até mesmo o dileto dicionarista estivesse empregando a palavra "escravo" querendo dizer com ela "negro" ou "preto". O termo também chegou a ser empregado, no século XVII, aos "índios recém-introduzidos e aqueles nascidos no povoado", segundo John Monteiro.[534]

Mas há outras particularidades relacionadas à "qualidade" crioulo ou *criollo*. Como raramente se registrava na documentação o pai dos "crioulos" isso dificulta saber se eles ainda recebiam a designação quando apenas as mães eram africanas. Mas, quando apenas o pai era africano, como se verá logo à frente, os filhos também eram identificados como crioulos? Embora seja um caso em que os prováveis filhos crioulos tinham pai africano e mãe crioula, é importante frisar novamente, que houve sempre exceções na prática desse quadro taxionômico. As nomeações sempre estiveram dependentes das conveniências, das compreensões e percepções de escrivães, cronistas e testemunhos no geral, por vezes bastante particulares, e das modificações nos significados ocorridas no tempo e nos espaços.

Em Lima, em 1651, "Juana Barba, morena libre", ditou seu testamento. Entre os bens que dizia possuir, como já vimos no capítulo 4, Juana citou "una negrita, mi esclava, que nació en mi casa, nombrada María de la Cruz, criolla, que está en edad de diez años, poco más o menos".[535] Diferindo do usualmente empregado, a morena livre fundia duas "qualidades" em uma só pessoa: "*negrita*" e "*criolla*".

Outra particularidade com relação aos crioulos tem aparecido na documentação setecentista da Vila de São José del Rei, examinada por Douglas Cole Libby. Em trabalho recente, ele demonstrou que a "qualidade" era aplicada nessa Vila das Minas Gerais também aos descendentes dos crioulos, portanto, não apenas à primeira geração de filhos de africanas nascida na região, como se convencionou considerar.⁵³⁶ Um inventário *post-mortem* feito nessa mesma região mineira, em 1786, parece corroborar as observações de Libby. Foram arrolados sete escravos que haviam pertencido a Thomazia de Aguiar, nesta ordem: Manoel de nação Benguela, 60 anos; "Felisia de nasam crioulla mulher do dito de idade que mostrava ter pouco mais ou menos cincoenta e cinco anos"; Felis de nação Benguela, 50 anos pouco mais ou menos; Ignacio "de nasam Creoullo", 23 anos pouco mais ou menos; Modesta "de nasam Creoulla", 18 anos pouco mais ou menos; Joaquina "de nasam Creoulla", 11 anos pouco mais ou menos e Simão de nação angola, 40 anos pouco mais ou menos. Os três jovens de "nasam Creoullo", muito provavelmente, eram filhos do casal, cujo pai era africano e a mãe crioula.⁵³⁷

Já na Bahia do século XVIII, o "Compromisso da Irmandade do Senhor Bom Jesus com o soberano título de Senhor dos Martirios, erecta pelos homens pretos de nasção Gege, neste Convento da Villa de Nossa Senhora do Monte do Carmo da Villa de Nossa Senhora do Rozario da Cachoeira, este anno de 1765", em seu capítulo II, nos legou testemunho importante sobre o tema. Além de se registrar as divergências que havia entre os negros Geges e os crioulos, deixou-se clara a definição desses últimos: "os homens pretos nacionais desta terra a que vulgarmente chamão crioullos [...] pellas controvérsias que custumão ter semilhantes homens com os de nasção Gege e que estabelecem esta Irmandade".⁵³⁸

"Crioulo" também foi empregado como sinônimo de escravos locais, isto é, nascidos no local. Em 1744, os oficiais da Câmara da Vila de São José del Rei escreveram ao rei Dom João V protestando contra o "insoportavel onus desta capitação", um imposto então recém implantado. Na descrição foram mencionadas as escravas de tabuleiro que também sofriam para pagar o tributo, não obstante se indicar claramente que elas faiscavam e faziam circular ilegalmente o ouro em pó. Escreviam, então, os oficiais, que

> [...] a tantas calamidades se Seguem prantos, e lamentos de tantas mulheres forras pardas e negras criolas, e adventícias, que protestando nas Intendências sua pobreza e necessidade confessão no mesmo tempo o seu pecado, e ilícito meyo com que dizem forão precizadas a adquirir aquelle ouro: outras com mais lágrimas que palavras dão alguma pequena pessa de ouro de seu pobre adorno.⁵³⁹

"Negras criolas, e adventícias", expressão empregada pelas autoridades da Câmara de São José, poderia ser "traduzida" por "escravas locais e forasteiras". Isso corrobora a definição de Bluteau, de escravo nascido na casa do senhor, assim como antecede o emprego da categoria "crioulo" para filhos de mãe crioula, encontrado por Libby para a mesma Vila de São José, e a definição "homens pretos nacionais desta terra", usada pelos confrades da Bahia.

"Negros", "pretos" e "crioulos" foram as "qualidades" mais usualmente atribuídas aos homens e mulheres nascidos na África ou aos seus descendentes diretos, cujo nascimento ocorreu nas Américas. Mas houve muitas misturas biológicas entre esses grupos e os demais (incluindo os já mesclados), desde o século XVI, o que gerou dezenas de categorias de mestiços, umas mais evocadas que outras na documentação.

As mesclas entre índios e africanos produziram outra das categorias que foram usadas quase que exclusivamente na América portuguesa: "cabra". Este e outros termos (mulatos, *zambos*, *coyotes*, *lobos*) marcaram a nomeação dos mestiços com clara animalização aplicada a eles. Alguns vocábulos já existiam antes das conquistas entre os povos nativos do continente e entre os europeus. Outros foram inventados ou reinventados no Novo Mundo. "Cabra", por exemplo, era palavra comum nas línguas ibéricas, denominativa do mamífero ruminante. Existiam, entretanto, derivações do termo e do sentido atribuído a ele, que eram empregadas para depreciar pessoas, tais como "cabrón" ou "cabrão",[540] "cabrito"[541] e o próprio vocábulo "cabra".[542] O emprego do termo como uma "qualidade" foi muito comum no Brasil, principalmente durante o século XVIII. Há referências, entretanto, para outras regiões, ainda que pareçam ser muito pontuais, de pouca utilização. Assim, Carmen Bernand, referindo-se à população da Buenos Aires sob o domínio espanhol, observou:

> On trouve aussi des sang-mêle, "tous différents en couleur et en poil": les mulâtres, nés d'Espagnol et de Noire, les métis, d'Espagnol et de «souvage», les cabras, mélange de mulâtre et de «sauvage», et les zambos, de «sauvage» et de métissse.[543]

Outra referência ao emprego do vocábulo na América espanhola, mas sem se precisar o período e a região de ocorrência, foi apresentada por Manuel Alvar, em seu *Léxico del mestizaje en Hispanoamérica*. No verbete dedicado ao termo *"mestizo"* o autor explicou: "Con referencia a animales, el cruce esta atestiguado en Lucas Fernández: "iOh hi de puta *mestizo*, / Hijo de cabra y de erizo!".[544] Outra referência interessante parece ter existido na Ilha de Guadalupe, domínio francês, como ressaltei anteriormente. O termo empregado era "câpre", que significava mestiço e guardava claramente sua origem latina.[545]

Um documento da segunda metade do século XVIII, produzido nas Minas Gerais, a partir de contenda judicial entre proprietária e escrava, esclarece de maneira pormenorizada as mesclas biológicas que resultavam no emprego do termo "cabra" e explicava o que a ascendência poderia representar em termos jurídicos. A viúva Maria Antonia de Moraiz, moradora em Vila Rica, no bairro de Antonio Dias Abaixo, se dirigiu por escrito ao governador da Capitania em 1769, para contestar o que sua escrava Violante, fugida havia três anos, vinha requerendo ao governador havia dois anos. A escrava fugida se encontrava em Vila Rica e, portanto, não apenas seu paradeiro era conhecido pela proprietária, como durante dois anos ela se dirigira ao governador sem que as autoridades a prendessem ou a obrigassem a voltar ao cativeiro. Segundo a proprietária, Violante recorria ao governador e suplicava a ele que "a haja por forra por ser de nação Gentia" e denunciava a proprietária, que "a pessuihia debaixo de catibeiro malliciosa mente".[546] Maria Antonia contestava as informações e ressaltava o

> [...] gravissimo prejuizo q' lhe tem cauzado injustamte os patrocinadores de hua sua escr^a. Violante Cabra, porcoanto depoiz de lha desencaminharem, e terem oculta perto de hum anno, coando a Supe. por não ter della not^a. [notícia] recorreo a sensuras Ecleziasticas, a sugerirão perante VExca. com um falso requerimto. de q' hera forra, por ser proced^a. [procedida] de geração de Indios, coando na verd^e. [verdade] som^e. [somente] o foy da mesma geração por pt^e. [parte] paterna Catharina Mulata, e pella materna filha de Joanna Cabra, escr^a. Dos ascendentes da Sup^e. de q^m. [quem] por publicos inventarios de Orphaons lhe ficarão pertencendo; a coal Catharina Mulata avó da Supd^a. [Suplicada] pellos bons serv^{os}. [serviços] alcançou Libardade [sic] de sua Snr^a. Maria de Moraiz, may da Sup^e. e da Carta de alforria q' junta oferesse em prova consta ficando conservada em cativeyro sua filha Jozefa Mulata, may da sobred^a. [sobredita] Violante Cabra, que sem titolo, nem direyto requereo a VEx^{ca}. maleciozamt^e. a sua Liberd^e. ao coal foy serv^o. [servido] detreminar [sic] VEx^{ca}. nimguem contendesse com ella em coanto mostrava o seu direyto: E aparecendo Logo em publico com o tal despacho, requereo a Sup^e. a VEx^{ca}. p^a. q' fosse preza, ou depozitada, poiz pella ciencia serta q' tinha de seu Legitimo Cativeyro poedia com aquelle desp^o. [despacho] pasarse a paragens remotas, onde perdida da not^a. [notícia] da Sup^e ficasse izenta da servidão, o q' sendo por VEx^{ca}. atend^o. foy logo preza, e depozitada com grande trazo [atrazo?], e despeza, porque ja fugetiva foy achada longe desta villa pellos officiaiz de Just^a. debayxo do asoalho de hua caza, com despeza de vinte e tantas oitavas de Ouro [...] [547]

O documento aponta para questões importantes, tais como o acesso de escravos à Justiça (exercida pelos governadores), a ideia de "direito" dos escravos, compartilhada entre eles, os proprietários e a Justiça, e o fato de contarem com redes de informação, instrução e proteção.⁵⁴⁸ Mas o que interessa aqui é mesmo a genealogia de Violante, apresentada por sua senhora (que acessava a memória familiar sobre suas propriedades), legando-nos esquema taxionômico praticado para se identificar e se classificar as "qualidades", mais especificamente a de "cabra". O processo movido pela viúva teve continuidade, e em 1770 foi realizado no "arayal de S. Jozé da Lagoa da Frgª. de S. Mig. Commª. do Sabara" o "Sumario sobre a desendencia de Jozefa molata Escrava de Maria Antonia de Moraes viuva que ficou de Frᶜᵒ· Roiz. da Rocha", com a participação de várias testemunhas, incluindo, até mesmo, uma "Mᵉʳ. [mulher] da Terra nação India natural de S. Paulo de idᵉ. dice ter sesenta e douz annˢ. pouco mais ou menos, e q' fora escrª. adeministrada". O detalhado levantamento genealógico de Violante retornou ao século XVII e envolveu cinco gerações dessa família de escravos, registro bastante raro e muito esclarecedor sobre as dinâmicas de mestiçagens e sobre a classificação de seus "produtos" humanos.⁵⁴⁹ Os resultados do longo documento e dos vários relatos feitos pelas testemunhas foram condensados no organograma genealógico reproduzido a seguir.⁵⁵⁰

Árvore genealógica de Violante Cabra

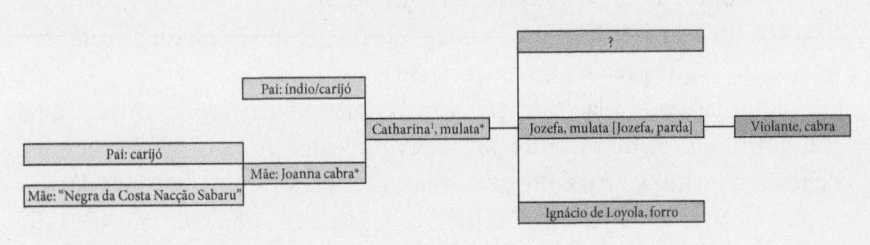

```
                                              ┌──────?──────┐
                          ┌─Pai: índio/carijó─┤             │
                          │                   Catharina¹,   Jozefa, mulata    ┌─Violante, cabra
                          │                   mulata*    ───[Jozefa, parda]───┤
    ┌─Pai: carijó─────────┤                                                    │
    │                     └─Mãe: Joanna cabra*                                 │
    └─Mãe: "Negra da Costa Nacção Sabaru"                  Ignácio de Loyola, forro
```

Fonte: APM/SG – Cx. 06/Doc. 39. Vila Rica – 06/12/1769. Documentação não encadernada da Capitania de Minas Gerais.
*"Saiu de São Paulo para Minas. 3 filhos nascidos em São Paulo, antes de ir para Minas. Carta de Alforria, de 1738, concedida pela mãe de María Antónia.
¹"Escravas 'dos ascendentes' de Maria Antonia de Morais (viúva de Franscisco Roiz da Roca).
No requerimento de Jozefa e de Violante elas se declararam "ser de nação do gentio da terra".

Embora seja o documento mais preciso sobre a classificação de "qualidades" que eu já tenha encontrado, devo advertir que ele também era expressão fiel das dubiedades de conveniência e/ou da ausência de critérios rigorosos para essas classificações. No mencionado "Sumario", Jozefa e Violante, por exemplo, se declararam "de nação do Gentio da terra" e o Juiz Ordinário de Vila Rica, diante disso, logo as classificou como índias.⁵⁵¹ Já Catharina, avó de Violante, identificada como mulata em sua carta de alforria, passada em 1738 pela mãe da proprietária Maria Antonia de Moraiz e transcrita no processo aqui analisado, aparece na margem da folha 4 do documento como "Catharina parda", em indicação feita talvez pelo escrivão, décadas mais tarde.[552] Mas o processo, que terminou com a condenação de Violante, também é expressão fiel do grande crisol de tipos e "qualidades" que se formara nas Minas Gerais, assim como em toda a Ibero-América. Em um único caso é possível identificar, em perspectiva de longa duração, os resultados de dinâmicas de mestiçagens tão intensamente processadas nas conquistas americanas, revelando enormes semelhanças taxonômicas, assim como particularidades que vigoraram nesse extenso território. Isso nos remete à circulação, igualmente intensa, de gente, culturas, objetos e de expressões e vocábulos classificatórios ocorrida no continente.

O caso da escrava Violante explicita também as alterações das categorias às quais os indivíduos eram associados, o que não era algo raro de acontecer.[553] Dependendo das circunstâncias, dos critérios usados por quem fazia os registros, das conveniências e das definições dadas e mudadas historicamente, "cabras" e "*mestizos*/mestiços" podiam virar "índios", "mulatos" virar "pardos" e vice-versa e mestiços (v. t.), sobretudo os de cor de pele mais clara, podiam deixar de ter registradas suas "qualidades" "defeituosas". Nesse caso, justamente pela ausência da qualificação na antiga fórmula nome+"qualidade"+"condição" empregada na documentação em geral, muitos desses indivíduos vêm sendo há tempos considerados "brancos" pelos pesquisadores, o que pode ter gerado resultados e análises equivocados, que precisarão ser revistos.

Abordando as relações entre brancos, mulatos e negros em área muito diferente, a Guiné dos séculos XV a XVII, Antonio de Almeida Mendes chegou a conclusões bastante próximas às aqui apresentadas. Isso corrobora a ideia de que essas dinâmicas de mestiçagens haviam constituído conexões naquele mundo em processo de integralização e que, separadas por um oceano, ainda assim desenvolveram-se em paralelo, guardando muitas similitudes. De acordo com Mendes, na Guiné,

> [...] à la fin du XVIe siècle, dans l'espace sénégambien et capverdien, les descendants des Blancs se constituèrent en tant que classe sociale créole entre les rénicoles et les assimilés d'un côté et les Africains de l'autre. Ces hommes et ces femmes constituent dans les *praças* une caste de marchands aisés, endogamique et héréditaire, dont les membres sont identifiables par leurs vêtements, leur art de vivre, leur parler et leur statut. Les *Blancs du pays* revendiquaient une part d'africanité, d'européanité et de capverdianité, ils mobilisaient une large palette de référents identitaires

à l'usage de la société, des membres du groupe et de l'extérieur: territorial (le pays), racial (la blancheur) ou religieux (christianisme). Tour à tour blancs, mulâtres ou noirs, chrétiens ou juifs, étrangers, créoles, naturels de Guinée ou descendants de Portugais, ces individus changeaient de couleur, de religion et/ou de nation en fonction des circonstances et des interlocuteurs. Leurs corps et leurs visages étaient façonnés par les usages du pays et la rudesse de leur quotidien, leur religiosité était fluide. Mais, au final, pour eux, ces référents raciaux et religieux avaient d'abord une portée sociétale. Être "Blanc" et être "Chrétien" était aussi une forme de catégorisation associée à une activité marchande (la traite) et à un territoire (la Guinée du Cap-Vert). Surtout, le nom de baptême, chrétien et portugais, était une manière de se revendiquer des origines libres dans des sociétés ouest-africaines traversées par l'ambiguïté des statuts, des races et la fragilité de la liberté.[554]

Nos sertões da América portuguesa, durante a segunda metade do século XVIII, os "homens de caminho" que passavam pela rede de registros fiscais instalados entre as capitanias da Bahia e de Minas Gerais tinham seus traços fenotípicos anotados pelos homens que fiscalizavam o intenso comércio de tropas praticado na área. Isnara Pereira Ivo examinou detidamente essas anotações e concluiu que, a cada vez que os "homens de caminho" passavam por cada um desses postos, ou quando de volta, passavam pelos mesmos postos, suas características físicas registradas pelos fiscais variavam, e algumas delas sumiam. De acordo com Ivo,

> Os homens de caminho, João dos Santos e Manoel Fernandes de Andrade, circularam entre os registros fiscais de Pitangui, Araçuaí, Inhacica, Rio Grande e Jequitinhonha, ou seja, transitaram de um a outro lado dos sertões. No registro fiscal de Pitangui, João dos Santos foi identificado pelo escrivão como preto-forro, mas quando passou pelos registros fiscais de Araçuaí e Inhacica, "perdeu" a "qualidade" e a "condição" e não só deixou ser preto, mas passou a ser "homem livre" sem qualquer adjetivo denunciador de um passado escravo. Manoel Fernandes de Andrade, apontado como preto forro no registro fiscal de Inhacica, região centro-norte da Capitania de Minas Gerais, teve que declarar seus produtos no registro fiscal do Rio Grande, quando seguia em direção ao sul. Nesse registro, ele "perdeu" o tom de pele e foi "alçado" à categoria de homem livre, sem qualquer estigma que o vinculasse a um pretérito cativeiro. Certamente sem o contraste de suas passagens noutros registros, se poderia tê-los tomado como homens livres.
> Situação similar verificou-se com o registro da passagem do "homem de caminho" Antônio da Silva Carneiro. Declarado forro pelo registro

fiscal do rio Jequitinhonha, ele foi registrado em Galheiro sem qualquer anotação relativa à sua "condição". [...]
Não muito diferente aconteceu com os trânsitos comerciais de três outros homens de caminho. José Fernandes, ao passar pelos registros fiscais de Itacambira e de Inhacica, foi considerado de cor parda pelos escrivães. Quando foi declarar suas passagens nos registros do rio Grande e de Galheiro, os escrivães não declaram sua cor, assim como o fez o escrivão do registro de Itacambira, quando por lá passou pela segunda vez. Situação similar ocorreu com o "homem de caminho" de nome Nicolau Coelho. Considerado como pardo no registro fiscal de Galheiro, no registro de Araçuaí não teve sua "qualidade" apontada pelo escrivão. Já Manoel Gonçalves, declarado pardo escravo no registro de Inhacica, não teve sua "condição" destacada nos registros fiscais de Jequitinhonha e de Itacambira. De pardo escravo em Inhacica, passou como outro homem pelos demais registros, "tornando-se" homem livre.555

Na Vila de Sabará, em 1721, a carta de alforria de Jozefa parda foi registrada em cartório a pedido dela. Na carta, seu antigo proprietário, Pedro Lafom, não apenas reconhecia que Jozefa era sua filha natural, mas a denominava "mulata". Entretanto, o tabelião que trasladou a referida carta para o livro de notas, mesmo lendo o documento e constatando que Jozefa era tratada por "mulata" pelo próprio pai/proprietário, decidiu usar outros critérios (não explicitados) e a registrou como "parda".

> Treslado de hua Carta de alforria de Jozefa molher parda escrava que foi de Pedro Lafom Saibão quantos este publico Instro mento de Carta de alforria lancada em notas Virem que no Ano do nassimento de nosso Senhor Jezus christo de mil e Setecentos e Vinte hum anos aos dezanove dias do mes de setenbro do dito ano nesta Villa Real de nossa Senhora da Conceissão em cazas de morada de mim Tabaliãoao diante nomeado aparesseo prezente Jozefa molher parda e forra e por ella me foi requerido se lancase em notas a Carta de alforria/33 que aprezentava ao que satisfis e he [f. 89 v.] E hê o que ao deante se segue Em esta por hum de nos feita e por anbos abaixo asignados atendendo o que estando em nossa conpanhia hua mulata por nome Jozefa e sendo ella filha natural e por tal Reputada em comum de mim Pedro Lafom e pela mesma cauza por dereito forra e por evitar dezencoins [sic] em meus herdeiros necessario hê Caresse de alforria dita Jozefa de Agora pera senpre muito de nossas Livres Vontades a damos por forra pera que possa em todo o tenpo e qualquer parte Vzar de sua liberdade e pedimos as Justissas de Sua Magestade [...] 556

A "qualidade", como se vê, poderia se alterar facilmente, sobretudo quando se referia a categorias que eram confusas mesmo para as pessoas que conviviam com esse esquema classificatório. Parece ter sido esse o caso de "mulato" e "pardo". Para a América espanhola, talvez mais do que para a portuguesa, essas qualidades ainda tinham outro aspecto definidor que tornava ainda mais complexo o uso das designações taxonômicas. Filhos de índias e negros (e vice-versa) ou de índias e *zambos* (idem) podiam ser considerados mulatos ou mesmo *zambos*. Joanne Rappaport trabalhou com o caso de Juan Mulato, um jovem escravo, filho de uma índia Pjao e de um negro, que morava em Santa Fé de Bogotá, em 1627. O mulato questionou na justiça sua condição ilegal de escravo, pois, como filho de índia, deveria ser livre.[557] Na América portuguesa, ele talvez fosse classificado como "cabra". Não obstante, Sérgio Buarque de Holanda, no célebre capítulo "Metais e pedras preciosas" da *História geral da civilização brasileira*, faz afirmação reveladora, novamente, da proximidade das práticas nominativas nos domínios ibéricos. Segundo o autor,

> [...] convém notar que a palavra "mulato' se aplicava, em São Paulo, a mestiços de índios tanto como de negros, e àqueles naturalmente mais do que a estes por ser então dimiuta ali a escravidão africana: mesmo durante a primeira metade do século XVIII, os registros de batizados de carijós falam em 'molatos' com tal acepção e só raramente aludem a "mamelucos".[558]

"Qualidades" que variavam de acordo com percepções contextuais, com definições particulares e com conveniências, que eram indicadas ou não em documentos oficiais, o que atinge diretamente os historiadores *a posteriori*, e "condições" que se esvaíam entre um registro e outro: eram aspectos que marcavam fortemente as dinâmicas de mestiçagens e que precisam ser considerados pela historiografia contemporânea. Esse quadro é particularmente importante para pensarmos, por exemplo, sobre como foram compostas as estatísticas e os dados censitários no período e nas áreas enfocados aqui. Ora, apenas como hipótese preliminar, embora bastante plausível, pensemos no fato de que significativa parcela do que ficou como "branco" na documentação ou que engrossou o cômputo dos "livres" (categoria equivocadamente lida como sinônimo de "brancos") era, na verdade, composta de mestiços, sobretudo de pardos e mulatos. Uma vez considerada, ainda que como hipótese, essa variável tem o poder de mudar bastante a nossa visão sobre a importância histórica das dinâmicas de mestiçagens e sobre a composição mais realista das sociedades ibero-americanas entre os séculos XVI e XVIII (e, por extensão, das nossas sociedades atuais), incluindo até mesmo os grupos de elite. Além disso, perceberemos, certamente, como e o quanto as dinâmicas de mestiçagens se reverteram em formas de mobilidade, em aportes para sociabilidades e em processos de ascensão social em contextos escravistas, por exemplo. E, note-se, não se deve simplificar essa história, nem confundi-la com um projeto de "branqueamento" ou de "europeização" desse universo ibero-americano. Mais correto seria, ao contrário, indagar se não estariam aí algumas das respostas formuladas nessa extensa área às realidades históricas aí conformadas. Nelas, afinal, conjugaram-se contornos inéditos e fenômenos sociais já observados em outras regiões, que, no entanto, alcançaram nas Américas dimensões até então desconhecidas. E não nos esqueçamos: forjaram-se, nesse contexto, novos vocábulos e/ou significados novos para categorias antigas, incrementando ainda mais o vocabulário produzido nesta quarta parte do mundo.

Nosso léxico selecionado deve, portanto, tratar mais atentamente de outros dois vocábulos, que se referem a categorias muito importantes desde o século XVI: "pardos" e "mulatos". Eram duas antigas palavras que, como outras já indicadas, integraram o universo ibero-americano, se "naturalizando" aí, recebendo novos significados, sendo associadas a novos grupos sociais. De fato, 300 anos depois das primeiras conquistas ibéricas, o grosso da população nascida nas Américas compunha-se de pardos, mulatos, *zambos* e *mestizos*/mestiços, entre escravos, libertos e livres.

Os vocábulos já eram empregados na Península Ibérica e em outras áreas ocupadas por portugueses e espanhóis antes de eles chegarem ao Novo Mundo. "Pardo" parece ter sido empregado mais largamente e mais precocemente também. António Luís Ferronha afirma que o termo queria dizer pele de animal e que teria sido usado já no século XII, em Portugal.[559] Já Gomes Eanes de Azurara, tantas vezes evocado neste texto, novamente nos serve como testemunho dos mais importantes. Em 1448, ao descrever os cativos mouros que levara ao Algarves, indicava alguns que entre os mais brancos e os demasiadamente negros "queriam semelhar pardos".[560] Décadas mais tarde, em 1500, ao descrever deslumbrado os homens que apareceram na praia das terras a que então chegara a esquadra comandada por Pedro Álvares Cabral, Caminha os tomava como pardos, a mesma cor dos papagaios que ele viu naqueles dias.[561]

A partir do século XVI, "pardo" tornou-se categoria comum, por vezes indicativa de "qualidade" (denotava alguma mistura com negros, crioulos, mulatos ou *zambos*, que poderia ter ocorrido com brancos ou índios, principalmente) e em outras vezes, mais raramente, expressando a cor de pele. Mas, como foi recorrente, houve variações de época para época e de região para região e mesmo na mesma época e na mesma região. Assim, relembremos que em 1647, depois de século e meio de conquista e do emprego do termo, Juan de Solórzano Pereyra registrou em seu *Política Indiana* uma definição instigadora de mais pesquisas:

> 36. Los hijos de Negros, y Negras libres se llaman *morenos*, ó *pardos*, y estos suelen vivir arregladamente, y en algunas partes hay Compañias milicianas de estos, que sirven muy bien en las Costas, y deben ser atendidos. l. 10. y 11. tit. 5. lib. 7. Recop.[562]

Nesse trecho, o jurista espanhol planta certa confusão. Primeiro não fica claro se ele se refere a filhos de casais compostos por negros e negras livres ou a filhos de negros ou de negras livres. Depois ele nos induz a pensar que morenos e pardos não podiam ser escravos, uma vez que eram filhos de livres: não é isso que se constata na documentação. Ser filho de negra "livre" significava também poder ser classificado como "*criollo*", como, antes do autor, explicara o Inca Garcilaso. Mais ainda: ele desloca a definição de "pardo" da dimensão das "qualidades" para a das "condições", pois é a condição de "livre" dos pais ou da mãe que pretensamente o identificava como tal. Além disso, ele transforma em sinônimos os termos "moreno" e "pardo", o que suscita dúvidas. "Moreno" foi categoria também muito usada no período aqui tratado, principalmente na América espanhola (no Brasil, o uso parece ter se disseminado a partir do século XIX), e derivava de "*moro*" ("mouro").[563] Daí também provinha "*morisco*" ("de Española y Mulato nase Morisca", Figura 1 – primeiro quadro da segunda linha ou, como define Forbes, muçulmanos forçados a se converter ao cristianismo),[564] outra categoria usual na Península Ibérica e nos domínios espanhóis. Solórzano pode ter retirado a definição do *Vocabulario* de Elio Antonio de Nebrija: "Morena cosa baça. Fuscus.a.um."[565] "Baço" se aproximava a "pardo", como cores, como os índios pardos ou de cor baça descritos por vários cronistas já citados anteriormente.[566] Daí talvez a conclusão de Solórzano de que morenos e pardos fossem iguais.

Os pardos parecem ter sido o tipo misto perfeito para o franciscano frei Antonio de Santa Maria Jaboatão, durante o século XVIII. Em 1745, eles promoveram uma festa em louvor do beato Gonçalo Garcia, também ele um "pardo", nascido na Índia, de pai português e mãe indiana. Na ocasião, o franciscano elaborou o sermão *Discurso Histórico, Geográfico, Genealógico, Político, e Encomiástico recitado em a nova celebridade que consagrarão os Pardos de Pernambuco ao Santo de sua cor: o Beato Gonçallo Garcia*. Posteriormente, em texto publicado em 1758, Jaboatão afirmaria com vigor:

> Nunca os pardos esperaram menos um santo da sua cor do que na presente ocasião, e nunca tanto como agora os apuraram, e apertaram mais as atribulações dos caluniadores de seu nome, e por isso, nunca tanto como nesta ocasião se faria neles mais apetecido um santo de sua cor. Pois agora, diz o Senhor, agora é tempo, já chegou o dia. Agora sim, que cresceram, e chegaram a seu termo as calúnias do vosso Nome [...] agora é o tempo de se publicarem as vossas glórias [...] [567]

Não obstante o entusiasmo de Jaboatão e a ascensão econômica e social experimentadas por muitos pardos (e mulatos) nas sociedades ibero-americanas entre os séculos XVI e XVIII, houve também discursos detratores deles. Quando de alguma forma sua presença ameaçou as elites brancas, as visões negativas emergiram, como venho demonstrando aqui. Alejandro E. Gómez estudou o assunto para a Venezuela do século XVIII. Embora um pouco longo, o trecho reproduzido a seguir é bastante esclarecedor.

> Un interesante ejemplo sobre la preponderancia que tenía el color legal sobre el real, lo encontramos en el criterio de selección de profesores que tenía el Colegio de Abogados de Caracas a fines del siglo XVIII: *Si saben que el pretendiente don N. sus padres y abuelos han sido tenidos y reputados por personas blancas, y luego aunque en realidad sean pardos o mulatos: si son tenidos y reputados por blancos deben ser incorporados...* Es por ello que los pardos hacían lo posible -y hasta lo imposible- por blanquear sus linajes o esconder las pruebas que delatasen su ascendencia africana. Esto lo lograban favoreciendo uniones conyugales con personas de mejor *calidad*, o valiéndose de los favores de algún cura complaciente o corruptible, que consintiese en mudar alguna partida de bautismo, convenientemente escogida, del libro de los pardos al de los blancos. En esa misma época, los pardos también podían solicitar una '*dispensa de calidad*', acudiendo a una novedosa figura jurídica introducida por las Reformas Borbónicas, a través de la llamada *Real Cédula de Gracias al Sacar* (1795). La misma permitía que una persona libre de color, con los méritos suficientes y tras el pago de una prima, pudiese aplicar a una dispensa que les liberara de sus 'defectos' y así poder aspirar a algunos de los beneficios que estaban negados a los individuos de su *calidad*.

> Esta medida fue muy mal vista por los blancos criollos, a quienes no importaba en realidad qué tanto hicieran los pardos por mejorar su *calidad*, pues ellos siempre les apreciarían -coincidiendo con el padre Navarrete- como la peor de las mezclas posibles. Un buen ejemplo de esta actitud lo constituye la postura que asumió la aristocracia colonial caraqueña (*mantuanos*), ante la llegada del decreto que declaraba el ejecútese de dicha Real Cédula en la Capitanía General de Venezuela. Al saberse la noticia, se reunió el Cabildo de Caracas, tras lo cual se aprobó una misiva de protesta que se elevó ante el Rey en 1796:
> *Los pardos o mulatos son vistos aquí con sumo desprecio, y son tenidos y reputados en la clase de gente vil, ya por su origen, ya por los pechos que vuestras reales leyes les imponen, y ya por los honores de que ellas mismas los privan. Ellos han de descender precisamente de esclavos, [y] de hijos ilegítimos, porque los que se llaman mulatos, o pardos son los que traen su origen de la unión de blancos con negras.*[568]

Junto com os pardos muitas vezes eram mencionados os mulatos: eles apareciam na documentação e nas crônicas aproximados pelos defeitos e vícios e diferenciados pela origem e/ou cor de pele, embora eu nunca tenha encontrado os critérios usados nessa distinção. "Mulato" também era termo já empregado na Península Ibérica quando se conquistaram os territórios americanos. Jack D. Forbes chama a atenção para prováveis distintas origens do vocábulo. Uma delas, a mais disseminada, o associa com o mulo ou a mula. Assim, em Valencia, em 1498, se aplicou "mulata" a fêmeas de mulas e em 1506, a mulas jovens.[569] *Há também possibilidade de "mulato" derivar do árabe muwallad*, latinizado até assumir a forma conhecida em espanhol e em português. Nesse caso, seu emprego pode retroagir ao século X, impulsionado pela presença muçulmana na Península Ibérica.[570] A referência mais antiga do uso do termo para humanos, encontrada por Forbes em língua portuguesa, encontra-se em uma carta de Afonso de Albuquerque, datada de 1513, referindo-se a um servo indiano.[571] Nessa época, "mulato" tinha pouco ou nenhum uso no Novo Mundo. O emprego regular nos domínios ibéricos ou em legislação referente a eles se iniciou provavelmente em torno de 1530, segundo Forbes também. Uma cédula real espanhola desse ano proibia a entrada nas Índias de Castela de escravos de vários tipos, entre eles, os mulatos (nascidos na Península Ibérica). Proibições como essa se repetiram ao longo dos anos, o que indica alguma ineficiência delas.[572] *Só em 1549, de acordo com o autor, é que se encontra menção aos mulatos nascidos na América.*[573]

Nessa mesma época, na Ilha de São Tomé, os mulatos, no entanto, conformavam parcela substantiva da população. Já em 1520 o rei Dom Manuel I de Portugal, "O Venturoso", mandava que os mulatos moradores da Ilha, que fossem homens de bem e casados, pudessem entrar "nos ofícios do Concelho".⁵⁷⁴ Segundo Stuart B. Schwartz, em 1554, "a população residente era composta por cerca de seiscentos brancos, talvez o mesmo número de mulatos e 2 mil escravos que trabalhavam na lavoura. Esses habitantes eram suplantados em número pelos 5 a 6 mil cativos em trânsito mantidos em barracões." Em 1539 já havia sido dada permissão régia para que os mulatos "honrados e casados" pudessem ocupar cargos e posições eminentes na municipalidade. Entretanto, poucas décadas mais tarde, os mulatos da Ilha já despertavam desconfiança e temor entre as autoridades portuguesas, que resolveram, em 1620, enviar para lá e para Cabo Verde mulheres portuguesas sentenciadas, para que "se extingam, quanto for possível, as castas de mulatos".⁵⁷⁵

A desconfiança com relação aos mulatos (e aos "*zambos*"/"*sambos*" e "*zambaigos*" que eram "qualidades" correspondentes dos nascidos de mães índias)⁵⁷⁶ logo se instalou nos domínios espanhóis e portugueses no Novo Mundo. Em 1612, negros e mulatos se rebelaram na Cidade do México, e esse movimento ecoou durante toda a centúria. Em 1692, talvez imbuído do temor que esses grupos lhe causavam, Carlos de Sigüenza y Góngora escreveu, da Cidade do México, ao rei espanhol Carlos II, "El Hechizado", e setenciou:

> [...] siendo plebe tan en extremo plebe, que sólo ella lo puede ser de la que se reputare la más infame, y lo es de todas las plebes por componerse de indios, de negros, criollos y bozales de diferentes naciones, de chinos, de mulatos, de moriscos, de Mestizos, de zambaigos, de lobos y también de españoles que, en declarándose zaramullos (que es lo mismo que pícaros, chulos y arrebatacapas), y degenerando de sus obligaciones, son los peores entre tan ruin canalla.⁵⁷⁷

A plebe ou a canalha indicada por Góngora era população que crescia rapidamente. A partir do século XVII os mulatos formaram populações importantes em toda a Ibero-América e no caso da América espanhola, *zambos* e *zambaigos* engrossavam o grupo. Seu crescimento demográfico parece ter correspondido ao aumento da desconfiança que recaía sobre eles. Esses "tipos" também foram incluídos no álbum produzido pelo bispo Compañón, já mencionado anteriormente. Vale a pena inseri-los aqui para que se tenha uma ideia de como eles podiam ser representados no Peru do século XVIII. Entretanto, de forma semelhante ao que observei sobre os "retratos" do *"mestizo"* e da *"mestiza"* reproduzidos neste capítulo, é importante atentar para certa idealização dos personagens, sobretudo no que diz respeito à indumentária, aos adereços, à postura e ao gestual. Nem todos os mulatos e *zambos* vestiam-se de maneira tão esmerada e mesmo que vários entre eles tenham ascendido econômica e socialmente, muitos outros não tiveram a mesma chance. Foram estes últimos que Góngora possivelmente incluiu em sua "ruin canalla".

Não obstante as idealizações, as imagens são fontes ricas em informações de vários tipos, que, em conjunto com testemunhos de outra natureza, permitem a nossa maior aproximação desses personagens. A cor da pele, os formatos de bocas e narizes e os tipos de cabelos estão reproduzidos de maneira a diferenciá-los dos demais grupos sociais, e isso pode nos ajudar, por exemplo, a captar percepções sociais das diferenças entre as "qualidades", um dos aspectos que subsidiaram o léxico das mestiçagens.

Jack D. Forbes, analisou vários dicionários e vocabulários antigos e concluiu que, desde o final do século XV, "mulato" vinha sendo associado a "mula" (animal nascido do cruzamento entre asno e égua ou entre cavalo e asna), a híbrido e até mesmo a bastardo.[578] A associação com mulas e, ao mesmo tempo, com híbrido, no sentido de ser um resultado de misturas, era definição que se assentava perfeitamente nos ambientes escravistas ou de trabalhos forçados e mestiços das sociedades ibero-americanas. Em que pese outras origens possíveis do termo, essa versão parece ter não apenas se encaixado bem nos mundos ibéricos, mas também parece ter sido adotada rapidamente por "dicionaristas" e por administradores letrados. Na edição de 1562 do *Hieronymi Cardosi Lamacensis Dictionarium ex Lusitanico in latinum sermonem* já constava: "mulo. mulus, i.", "mula. æ.", "mulata ou mulato. Hibrida, æ.", "mulato filho de asno & de egoa. Burdo, onis." [579]

Já no *Vocabulario Portuguez e Latino*, de 1712, Dom Raphael Bluteau apresentou as seguintes definições:

> Mû. Mulo. Animal quadrupede gérado do cavallo, & burra, ou de burro, & Egoa, & assim participa da natureza de hum & outro. Porèm não gera, como nem tam pouco a Mula; propriedades de animaes gerados de outros de differentes especies, como são alguns monstros. [...] Mulus, i. Masc. Cit. [...] Mu, filho de burra, & cavallo Hinnus; i. Masc. [...] Plínio lhe chama Hinnulus. [...] Mu, filho de burro, & egoa. Mulus, i. Masc. [...] Mu. Entre Latinos, & Gregos, era particula Monosyllaba, q. denotava Medo. [...]
> Muar. Besta muar. Com este nome Mûs, ou Mulos, & Mulas se distinguem de cavallos, & jumentos.
> Mulâta, & Mulato. Filha, & Filho de branca, & negra [sic], ou de negro, & de mulher branca. Este nome Mulato vem de Mû, ou mulo, animal gèrado de dous outros de differente especie. Nata, vel natus ex patre albo, & matre nigra, ou ex matre alba, & patre nigro. Também pode-

Figura 12 - *Mulato*, Baltasar Jaime Martínez Compañón (1985, fol. 45).

Figura 13 - *Mulata*, Baltasar Jaime Martínez Compañón (1985, fol. 46).

Figura 14 - *Sambo*, Baltasar Jaime Martínez Compañón (1985, fol. 47).

Figura 15 - *Samba*, Baltasar Jaime Martínez Compañón (1985, fol. 48).

ramos [sic] chamar ao mulato Ibrida, & Masc. à imitação de Plinio, que dà elle nome a hum animal, gèrado de duas differentes especies. Vid. O que tenho dito sobre Ibrida na palavra Mestiço. Não me parece fóra de proposito trazer aqui a erudição, com que Manoel de Faria, & Souza comenta estas palavras de Camões da Oitava 100; do canto 10. Todas da gente vaga, & baça, donde diz, Quiere dezir, que la gente dessas partes es de color ni blanca, ni negra, que em Portugal llamamos pardo, o amulatado, porque lhe llamam mulatos los hijos de negro, y blanco; a los quales a essa mescla de padres queda esse color dudoso, o neutral entre los dos; malissimo sin duda, porque hasta alli sea malo, el ser natural; cosa aborrecible. Hallo escrito, que Ana suegra de Esau [Gênesis, 36] fue la inventora desta suerte de animal, haziendo juntar el asno con la yegoa, que son los padres del mulo, que lo es de la voz mulato, respetando a la calidad de la junta de objetos contrarios.[580]

E o jurista espanhol Juan Solórzano Pereyra, no capítulo XXX "De los criollos, mestizos, y mulatos de las Indias, sus calidades, condiciones: y se deben ser tenidos por Españoles", do seu *Política indiana*, também adotou versão animalizada para "mulato". Ainda que tornando a categoria exclusiva dos filhos de índias com negros e vice-versa, afirmou:

> Y los Mulatos, aunque también por la misma razon se comprehenden en el nombre general de Mestizos, tomaron éste en particular, quando son hijos de negra, y hombre blanco, ó al rebés, por tenerse esta mezcla, por mas fea, y extraordinaria, y dár a entender con tal nombre, que le compáran la al naturaleza del mulo: como lo notó bien D. Sebastian de Covarrubias [...]
> Pero que lo mas ordinario es, que nacen de adulterio, ó de otros ilícitos, y punibles ayuntamientos: porque pocos Españoles de honra hay, que casen con Indias, ó Negras, el qual defecto de los natales se hace infames, por lo menos *infamia facti*, según la mas grave, y comun opinion de graves Autores, sobre él cae la mancha del color vario, y otros vicios, que suelen ser como naturales, y mamados en la leche, en estos hombres hállo, que por otras muchas cédulas no se les permite entrada para oficios algunos autorizados, y de República, aunque sean Protectorías, Regimientos, ó Escribanias, sin que hayan expresado este defecto, quando los impetraron, y estén particularmente dispensados en ellos, y que se les quiten los titulos á los que de otra suerte los huvieren ganado.[581]

As palavras seiscentistas de Solórzano por certo ecoaram entre letrados, administradores e leitores do período, assim como as de outros escritores. Possivelmente elas ou pelo menos as definições que encerravam chegavam também à massa dos que não sabiam ler e escrever, mas que escutavam bem, o que incluía gente de todas as "qualidades" e "condições". Essas definições também foram incorporadas pelos tipos menos qualificados na classificação social operada (com alguma padronização) nos mundos ibéricos, mormente nos domínios americanos. O desejo de perder os "defeitos" de sangue e mecânicos é exemplo da introjeção da "taxonomia" e dos valores associados a cada categoria de distinção social, a cada "qualidade" e a cada "condição" pelas populações ibero-americanas.

Mas o cotidiano das populações americanas não se pautava, pelo menos não exclusivamente, nas definições e valores de eruditos, representantes dos reis, religiosos; enfim, o dia a dia não era apenas o resultado da imposição da ordem e da empresa real. As mestiçagens ibero-americanas e o universo mestiço, biológica e culturalmente, foram expressões dessa história construída coletivamente, ainda que os grupos sociais não tivessem os mesmos poderes e as mesmas oportunidades de exercê-los. Também foi expressão dessa história o fascinante léxico que nomeou, qualificou, distinguiu e hierarquizou o mundo novo construído nas conquistas ibero-americanas. Ele resultou da atuação de agentes históricos, como os mulatos, tanto nas áreas espanholas quanto nas portuguesas, gente que não se deixou limitar por teorias, definições e qualificações atribuídas e/ou destituídas pelos que, por sua escrita, legaram à posteridade uma (apenas uma!) versão daquela realidade histórica e um retrato daqueles homens e mulheres coprodutores de sua trajetória. Volver o olhar para a formação histórica do léxico das mestiçagens associadas ao mundo do trabalho é, pretendo, focar a história dos que não puderam escrevê-la e publicá-la, mas nem por isso deixaram de registrá-la.

Conclusões

Embora não tenha sido organizado ou esboçado por algum letrado ibero-americano, nem tenha sido assim nomeado no passado tampouco publicado, o léxico das mestiçagens e do mundo do trabalho existiu efetivamente. O conjunto de termos e os significados a eles atribuídos, bem como suas formas de uso e as identificações e classificações geradas a partir deles marcaram o processo de formação das sociedades nos domínios portugueses e espanhóis no Novo Mundo. Os vocábulos, seus empregos e entendimentos circularam por toda a extensa área, muitas vezes acompanhando circuitos comerciais, constituindo dimensões compartilhadas em toda a área e ao mesmo tempo produzindo categorias particulares, de emprego restrito a regiões e contextos específicos.

Pode-se, então, afirmar que o léxico foi resultado de incorporações de antigas e novas categorias de classificação e de distinção por parte das populações ibero-americanas, uma taxonomia *avant la lettre* de tipos e grupos sociais. Em outras palavras, ele não resultou apenas de imposições de conquistadores e dos administradores dos reis, mas foi constituído e fomentado por operações compartilhadas entre todos os grupos sociais existentes, enquadrados em distintas "qualidades" e "condições". Isso não significa dizer que essa história foi harmônica e pacífica, mas que ela foi construída em contextos históricos que não se deram com base exclusivamente nos conflitos entre os vários grupos sociais. Houve também acordos, negociações, conveniências, convergências e pragmatismo entre eles, além obviamente de conflitos, formas de opressão e resistências. O léxico é fruto dessa dinâmica complexa e multifacetada e envolveu, ao longo dos três séculos aqui enfocados, desde nativos submetidos aos projetos de domínio ibéricos, escravos da terra e trazidos da África, até governadores e vice-reis, gente letrada e religiosos que muitas vezes tinham experiências vividas em outras partes daquele mundo que se integralizava completamente.

Nesse contexto de integração planetária – via ligações marítimas e terrestres, comércio e circulação livre e forçada de pessoas – não cabem histórias exclusivas e ilhadas em si, pretensamente "nacionais" (fronteiras geralmente definidas durante o século XIX, que vigoram física e culturalmente ainda hoje), generalizadoras e simplificadoras da diversidade de povos, culturas e línguas. Não procedem histórias desconectadas entre si, como se pertencessem a povos separados radicalmente por línguas, culturas e projetos políticos e não integrados por eles, mesmo que parcialmente. Pensar a história do Brasil a partir de conexões "externas" (se é que as fronteiras eram tão marcadas assim!) não é novidade historiográfica, embora continue sendo grande desafio, minorado cada vez mais pelos recursos tecnológicos à nossa disposição. Os contatos e discussões cotidianos via internet vêm alterando muito os "nacionalismos", inclusive linguísticos, nos últimos tempos. Mas talvez o mais importante nesse sentido, seja mesmo reconhecer que os acervos digitalizados e colocados *on-line* à disposição dos pesquisadores têm facilitado a tarefa integralizadora, que há pouco tempo parecia dificílima para não dizer impossível.

No entanto, faltam mudanças de perspectiva do olhar e da compreensão historiográficos no que diz respeito a pensar a história de um país a partir das comparações e das conexões com histórias de outros países, de outros povos, de outras culturas e até mesmo a partir de fontes "estrangeiras". E metodologicamente, deve-se ressaltar, continua um desafio empreender essa história ampla e articulada. Mas nas últimas décadas, período em que a diversidade, a pluralidade e a polissemia desbancaram o modelo ideal, a teoria despótica e o singular na História, caminhos novos têm sido abertos, e excelentes resultados vêm sendo produzidos. Muitos deles, sob a forma de livros, capítulos, artigos, teses e dissertações, foram indicados e explorados ao longo deste trabalho.

Mas quero retomar a afirmativa acima de que não é novidade historiográfica escrever a história do Brasil conectada à de outras partes. Aliás, não só à história do Brasil se limita a afirmativa, mas como lembra Sanjay Subrahmanyam, "the history of modernity [sixteenth and seventeenth centuries] is itself global and conjunctural".[582]

Em uma carta datada de 1648, o jesuíta padre Antonio Vieira escreveu frase que se tornou célebre e que já foi demasiadamente reproduzida, mas que neste texto assume significado especial: "sem negros não há Pernambuco, e sem Angola não há negros".[583] A máxima de Vieira pode ser entendida mais amplamente do que o próprio autor intentou fazê-lo. Naquela altura, o jesuíta conectava mundos dos dois lados do Atlântico para dizer que não se podia pensar o Brasil sem considerar Angola e que havia interdependência entre as partes. Nem a então recente história do Brasil pós-conquista, nem o seu presente de pujança existiam, na visão globalizadora de Vieira, sem que suas dimensões compartilhadas fossem devidamente compreendidas.

Passados os séculos, outros pensadores de cabal importância para o Brasil procuraram entender a história do país de forma mais ampla e verticalizada. Como observei na introdução deste livro, Freyre e Holanda buscaram na herança ibérica muito do que, para eles, havia definido a formação da sociedade brasileira e fomentado sua organização e seu desenvolvimento (o que pode facilmente ser estendido para as sociedades ibero-americanas como um todo). O terreno estava sendo preparado para que brotasse nele uma história menos arraigada em nacionalismos e regionalismos e mais atenta às conexões globais que no passado tinham produzido o Brasil. As sementes brotaram, mas o desenvolvimento ainda é lento, não obstante um crescimento concentrado nos últimos tempos.

É nesse contexto que o estudo da formação histórica de um conjunto ibero-americano de termos, seus respectivos significados e usos adquire sentido e importância. Não se trata nem se pretendeu tratar, ressalte-se, do léxico em si, mas de investigação histórica sobre o emprego de antigos e novos vocábulos, assim como sobre suas (re)significação, circulação e apropriação por gente das mais distintas "qualidades" e "condições" na Ibero-América, entre os séculos XVI e XVIII.

Ao longo dos cinco capítulos analisei os usos que se fez do vocabulário relativo às mestiçagens biológicas e culturais, demonstrando o quanto sua formação e seu desenvolvimento estiveram associados às formas de trabalho adotadas no período, mormente à escravidão de índios, negros, crioulos e mestiços (v. t.). Composto o conjunto, que nunca foi estático, busquei investigar sua circulação nos domínios portugueses e espanhóis da América, as similitudes, que eram muitas, e as particularidades do léxico. O entendimento dos vocábulos e as operações taxonômicas realizadas, a partir daí, nas várias regiões, também se revelaram procedimentos similares, que identificaram, classificaram e hierarquizaram grupos sociais e indivíduos a partir das origens, das ascendências e dos fenótipos. Semelhantemente, em português, em espanhol, em línguas gerais e mescladas, essas sociedades foram organizadas sob as perspectivas da distinção e dos privilégios, princípios igualmente apropriados e praticados generalizadamente. O léxico que classificava também ajudava a organizar ao mesmo tempo que era verbalizado no cotidiano e escrito em registros de variada natureza por diferentes agentes históricos (que muitas vezes ditaram, pois não sabiam ler e escrever). Assim, eles deram sentidos novos aos termos e expressões e mantiveram antigos significados de outras tantas palavras. Dessa forma, compartilharam valores, julgamentos, discursos e representações sobre si e sobre "o outro".

A construção do universo ibero-americano, com suas similitudes e particularidades, não prescindiu do léxico que o nomeou e que o apresentou globalmente, naquela época em que as Américas eram o novo. Nosso léxico, em português, em espanhol e em muitas misturas, nomeou o novo, atribuiu-lhe significados e seguindo o princípio do Verbo, explicou-o. Isso foi feito sob os preceitos ibéricos de hierarquia social e sob os dogmas do catolicismo romano, instrumentos fortemente ocidentalizantes. Mas não se deve minimizar as influências e heranças africanas, indígenas e "americanas" (mestiças) durante o longo tempo enfocado neste trabalho. Nosso léxico, nesse sentido, foi produto dessa história, foi também expressão dela e, como intentei tratá-lo, tornou-se hoje fonte histórica das mais ricas para que se possa compreender melhor esse longo e amplo processo de formação de nossas sociedades atuais.

Portanto, novamente, é hora de trazer o padre Antonio Vieira à baila, tomando-o como marco para pensar as conexões históricas entre áreas separadas politicamente e sob o domínio de diferentes senhores (não obstante as conquistas, reconquistas e restaurações ocorridas ao longo do período). Para ele, em última instância, o Brasil do Seiscentos, no qual vivia, não teria podido existir sem Angola e sem os homens e as mulheres que de lá foram conduzidos como escravos ao outro lado do Atlântico. E continuando com uma leitura livre do trecho, pela verve profética e futurologista que possuía e que costumava exercitar em sermões alucinantes e vaticinadores, Vieira queria dizer que possivelmente aquele Brasil não mais existiria sem Angola. Claro que ele se referia à importância daquela mão de obra importada para a empresa econômica do Brasil, mas certamente não ignorava que aquele "país" era também o resultado cultural e político da entrada dos milhares de negros e do enorme crisol produzido, composto também por índios, brancos, crioulos e mestiços de todas as "qualidades".

Ora, conclusões idênticas podem ser apresentadas se tomada grande parte das áreas espanholas nas Américas. Aliás, em 1648, a máxima de Vieira caberia bem para essas regiões. O motivo dessas similitudes são as proximidades e as continuidades dos processos de formação social ibero-americanos (não obstante as muitas diferenças) exploradas nos capítulos precedentes, ainda que tenham sido focados prioritariamente aspectos relativos às dinâmicas de mestiçagens, ao mundo do trabalho e à história lexical. É por isso que o padre Vieira surge referencial nessa finalização. Se, para ele, sem Angola Brasil não havia, nem haveria, pode-se complementá-lo lembrando que só há América portuguesa se entendida em conexão com a América espanhola. O léxico das mestiçagens e do mundo do trabalho deixou isso claro no passado e legou aos historiadores futuros muitas definições neste sentido.

Este texto termina, portanto, com certo tom de manifesto, expressando-se favorável a uma história do Brasil na qual as interseções com os mundos ibéricos e particularmente com a América espanhola sejam bases primárias sobre as quais ela se construa em perspectiva comparada.

Notas

Introdução

[1] Sobre o *mestizo* Garcilaso de la Vega ver BERNAND (2006) e SÁ (2013).

[2] HOLANDA (1969, p. 322-323).

[3] Emprego este termo, bem como uso a expressão "mestiçagens biológicas", mesmo ciente de que o vocábulo "biologia" surgiu posteriormente ao principal período enfocado neste texto – séculos XVI a XVIII. Geralmente indica-se que dois dos primeiros a empregá-lo foram o naturalista alemão Gottfried Reinhold Treviranus, em seu livro *Biologie oder Philosophie der lebenden Natur*, publicado originalmente em 1802 e o naturalista francês Jean-Baptiste Lamarck, no seu *Hydrogéologie*, de 1802, não obstante o termo já existir na segunda metade do século XVIII. Entretanto, entendo tratar-se de procedimento metodológico legítimo e não anacrônico empregar conceitos e categorias teóricas sobre um tempo que não os conheceu, contanto que respeitadas as historicidades dos acontecimentos e, de preferência, explicados o conceito e a maneira como ele será usado. Isso se aplica também ao emprego de "mestiçagem" para o mesmo período, uma vez que esse conceito é posterior, tendo aparecido, provavelmente, na segunda metade do século XIX, embora não se tenha conseguido até agora precisar sua aparição.

[4] Como se verá ao longo do texto, mestiço e *mestizo* foram termos usados inicialmente para designar filhos de índias e conquistadores portugueses e espanhóis. Entretanto, com o passar dos anos, o vocábulo também passou a ser empregado para designar generalizadamente indivíduos e grupos originados de outros tipos de mesclas biológicas – pardos, mulatos, cabras, *zambos*, entre outros. Doravante usarei "v. t." para indicar que me refiro a mestiços de vários tipos ou, melhor, de todas as "qualidades" – mestiços/*mestizos*, mamelucos, pardos, mulatos, cabras, caboclos, *zambos*, etc. Os casos específicos serão indicados.

Capítulo 1 – Do léxico consolidado ao início de tudo: uma história "de trás para a frente"

[5] As categorias/conceitos "qualidade" e "condição" foram extraídos da documentação analisada neste trabalho, como se verá ao longo do texto, especialmente no capítulo 4.

[6] NEBRIJA (1495(?), *fol. XXIIIr)*.

[7] *DEL ORIGEN Y PRINCIPIO DE LA LENGUA CASTELLANA* (1674, p. 175).

[8] CARDOSO (1562, p. 89v).

[9] BLUTEAU (1712, p. 9-12).

[10] "Clarus, a, um. Cousa clara, & excellẽte." Definição em CARDOSO (1570, p. 37v.).

[11] BLUTEAU (1712, p. 60).

[12] Segundo LOPES (2003b, p. 228), o termo se origina do quicongo *nzambu*, macaco que vive nas árvores, pulando de um galho a outro e designa o filho mestiço de negro e índia.

[13] *DEL ORIGEN Y PRINCIPIO DE LA LENGUA CASTELLANA* (1674, p. 231).

[14] Muito recentemente Márcia Amantino propôs essa quarta "condição" em texto inédito: AMANTINO (2011). Ver ainda sobre a administração de índios CASTELNAU-L'E-TOILE (2006, p. 273-301); LOPES (2003, p. 159-167) e MONTEIRO (1994, p. 129-153, 165), que indica ter sido o termo "administrado" empregado "em deferência à carta régia de 1696". KARASCH. In: Silva (2000, p. 135) sugere que os índios escravizados na Capitania de Goiás também eram chamados de "agregados". O termo, de fato, apa-

rece em documentos de variada natureza produzidos no período em Minas Gerais (e provavelmente em outras áreas), mas sem clara conotação de se tratarem de escravos e/ou índios.

[15] No início dos anos 1990 surgiram os primeiros estudos sistemáticos sobre as coartações no Brasil, antes praticamente ignoradas pela historiografia, não obstante algumas indicações pontuais. Tratava-se de acordo geralmente firmado por escrito e/ou verbalmente entre proprietário e escravo, a partir do qual este último passava a trabalhar autonomamente e geralmente afastado do senhor e a pagar parcelas semestrais ou anuais de sua alforria, cujo valor total havia sido estipulado antes. Na maior parte dos casos as coartações estendiam-se por quatro ou cinco anos e muitos desses acordos acabaram terminando em processos judiciais iniciados pelos próprios coartados ou pelos respectivos senhores, motivados pela quebra do acordo ou pelo descumprimento de alguma condição por uma das partes. As coartações existiram na Península Ibérica antes das conquistas americanas e foram muito comuns desde o século XVI na Nova Espanha e no Peru. Pelo que se estudou até hoje, na América portuguesa elas foram muito numerosas a partir do século XVIII, sobretudo nas áreas mais urbanizadas, privilegiadamente nas Minas Gerais. Há estudos relativos ao século XIX no Brasil e em Cuba também. Ver sobre a temática PAIVA (2001); PAIVA (2009). Ver também FERREIRA (2008, p. 203-206); GONÇALVES (2011, p. 143-148); GONÇALVES (1995); GONÇALVES (2006); RODRIGUES (2004); SOUSA (2000); SOUZA (1999); SCHWARTZ (1988, p. 214). Alguns princípios norteadores da prática da coartação podem ser encontrados em SUESS (1992). Para a América espanhola ver ANDRÉS-GALLEGO (2005); AYALA (1929, 2 t., p. 92-94); BERNAND (2001); LUCENA SALMORAL (2002, p. 222-231); ORTIZ (1987, p. 285-290); SCOTT (1991).

[16] Muitas obras trazem informações importantes sobre a composição, a organização e o funcionamento dos mercados ibero-americanos, enfocando variados aspectos. Entre as que informam sobre a participação de não brancos nesses mercados ver CHAVES (1999); CHAVES (1999b); DÍAZ DÍAZ (2001); FRAGOSO (1998); FURTADO (1999); GLAVE (1998); IVO (2012); KARASCH (2000); LAVALLÉ (1999); LIMA (2008); MACHADO (2008, p. 25-33); MENESES (2000); OLIVEIRA (1988); PAIVA (2001); PAIVA (2009); *PROCESO* (2002); QUIROZ (1995); RUSSELL-WOOD (2005).

[17] O mercado de mão de obra, por exemplo, mudou tradições antigas dos grupos indígenas já no século XVI. Como afirma João Azevedo Fernandes, complementando ideia de Warren Dean, a "utilização do pendor guerreiro dos nativos em função dos interesses militares e escravistas europeus ajudou a extinguir uma das instituições fulcrais dos Tupinambás: a antropofagia; aparentemente as demandas portuguesas por prisioneiros vivos alteraram 'a hierarquia de prestígio e aumentaram temporariamente a capacidade de sobrevivência daquelas tribos que colaboravam mais intimamente com o tráfico escravo'". Ver FERNANDES (2003, p. 184).

[18] THOMPSON (1981, p. 13-18). Ver também BORGES (2011, p. 483).

[19] Ver conclusões de OLIVEIRA (1997, p. 73) sobre este tema.

[20] Esses "línguas" foram comuns nas expedições portuguesas antes das conquistas no Novo Mundo. Gomes Eanes de Azurara dá um exemplo disso quando, primeiramente, escreve que o Infante Dom Henrique teria dito a Afonso Gonçalves Baldaia, antes de 1436, que fosse além do cabo do Bojador, "o mais avante que poderdes, e que vos trabalheis de haver língua dessa gente, filhando algum por que o certamente possais saber, ca não seria pequena cousa" (AZURARA, 1989, p. 63). Depois disso, relatou o que dissera Nuno Tristão, "um cavaleiro mancebo" ao capitão Antão Gonçalves, que se encontrava naquela região africana em torno de 1441: "que um alarve que ele ali trazia, que era servo do Infante seu senhor, falasse com algum daqueles cativos, para ver se entendia

sua linguagem, e que se entendessem, que aproveitaria muito para saber todo o estado e condições da gentes daquela terra." (p. 72) . João de Barros, por seu turno, em 1552, escreveu sobre um "Mouro lingua", levado pelos portugueses em expedição à Guiné, e sobre um "Mouro Azenegue", que servia de língua a Gonçalo de Sintra, em viagem feita em 1445 à Ilha de Arguim in BARROS (1778, p. 55-56, 70-71). "Lançados" ou "tangomaus", que eram aventureiros ou degredados portugueses deixados nas conquistas para se adaptarem aos costumes e línguas dos nativos, também se transformaram em intérpretes. Ver ALENCASTRO (2000, p. 48 e 393) e ALMADA (1995, p. 36, 41, 88). A experiência prévia dos ibéricos com relação aos "línguas" foi reproduzida nas Américas e eles foram essenciais para os primeiros contatos com os índios, inclusive na evangelização deles. Abria-se aí uma brecha para a atuação de crioulos e mestiços como intérpretes, dos quais os religiosos necessitavam por desconhecerem as línguas dos nativos e as línguas gerais existentes, como a "mexicana" (nahuatl), a dos incas (quéchua), a "brasílica" ou o tupi, no Brasil. Entretanto, houve os que viram essa estratégia com muito receio, como o jesuíta José de Acosta, em 1576, "porque de ordinário mantienen los resabios de la condición y costumbres de los indios, con cuya leche y trato se han criado." Ver ACOSTA (1987, p. 69). Náufragos e degredados também se tornaram línguas. Parece ter sido o caso de Francisco de Chaves, "mui gram lingua desta terra", que se achava na ilha de Cananéia, quando, em 1531, passou por lá Pero Lopes de Souza, irmão de Martim Afonso de Souza, de cuja expedição fazia parte. Ver KEATING e MARANHÃO (2011, p. 226) e ALBUQUERQUE (1989, p. 106). Foi também o caso de Diogo Alvares, o Caramuru, abordado no capítulo 2, chamado por Gabriel Soares de Sousa de "grande língua do gentio" (p. 37) e provavelmente de um castelhano que vivia no Rio Grande (hoje Rio Grande do Norte) "entre os Pitiguares, com os beiços furados como eles, entre os quais andava havia muito tempo, o qual se embarcou em uma nau para França, porque servia de língua dos franceses entre o gentio nos seus resgates." (p. 12-13) Ver SOUSA (2000). Em carta de 1553, Tomé de Souza escreveu de Salvador ao rei Dom João III, na qual demonstrava preocupação com relação à atuação dos jesuítas no sertão: "e que se quisessem entrar polla terra adentro que o facão dous ou tres com seus línguas a pregarem ao gentio, mas irem a fazer casa entre eles me não parece bem por agora senão em nossa companhia." Retirado de LEITE (1954, v. 1, p. 486). O índio Guaman Poma de Ayala fez menção ao "índio lengua" Felipe Guancabilca, que acompanhara Francisco Pizarro e Diego de Almagro na campanha contra Atahualpa, em Cajamarca, em 1533. GUAMAN POMA DE AYALA (2005, p. 289).

[21] CAMINHA (1974, p. 92).

[22] CAMINHA (1974, p. 90).

[23] CAMINHA (1974, p. 92).

[24] CAMINHA (1974, p. 93).

[25] PROCESO (2002, p. 571-593).

[26] Sobre as línguas gerais na Ibero-América ver ACOSTA (1987, p. 61-83); ACUÑA (1994, p. 172, 178); DAHER (2012); GARCILASO DE LA VEGA (1995, T. II, p. 628); HOLANDA (1999, p. 122-133); NOLL e DIETRICH (2010); SILVEIRA (2008, p. 272-280); SLENES (1992, v. 12, p. 48-67). Sobre a língua geral da Mina falada no Brasil ver CASTRO (2002; *OBRA NOVA DE LÍNGUA GERAL DE MINA* (1944); SOARES (2000, p. 117-118). Em várias biografias de jesuítas, franciscanos e mercedários se faz menção ao aprendizado das línguas nativas e das línguas gerais nas Américas. Sobre esse tema ver *BIBLIOTECA MERCEDARIA* (1875); *BIBLIOTHECA UNIVERSA FRANCISCANA* (1732); *GLORIAS DEL SEGUNDO SIGLO DE LA COMPAÑIA DE JESUS* (1734). Sobre as vantagens e desvantagens de se ordenarem padres *mestizos*, que conheciam as línguas

nativas e o castelhano, houve muita discussão e divergência de opiniões entre religiosos e autoridades eclesiásticas. Ver sobre o tema ACOSTA (1987, p. 53-71); ARES QUEIJA. In: ARES QUEIJA; GRUZINSKI (1997, p. 48-59); BOXER (2007, p. 26-36).

27 APM CMS, códice 53 - "Registros de testamentos, inventários e sizas dos bens de raiz" – 1776/1782. Testamento de Thereza Ferreira, preta forra. Arraial de São Gonçalo, 29/05/1771, f. 101 v.

28 O Vice-Reino do Rio da Prata foi instituído em 1776, ao qual se integrou a região de Tucumán. Ver, entre outros, LUNA (1994, p. 42-45). Ver também GUZMÁN (2010).

29 BOIXADÓS y FARBERMAN. In: FARBERMAN y RATTO (2009, p. 79).

30 BOIXADÓS y FARBERMAN. In: FARBERMAN y RATTO (2009, p. 79).

31 BOIXADÓS y FARBERMAN. In: FARBERMAN y RATTO (2009, p. 79-80).

32 CHAVES (1999b, p. 25).

33 CHAVES (1999b, p. 104).

34 CHAVES (1999b, p. 30).

35 CHAVES (1999b, p. 104 e 163).

36 DÍAZ. In: McKNIGHT; GAROFALO (2009, p. 138).

37 Sobre a temática ver, para a América portuguesa, ARAÚJO (1993); BOSCHI (1986); FIGUEIREDO (1993); JANCSÓ e KANTOR (2001); LARA (1988, p. 183-236); PAIVA (2001); PRIORE (1994, p. 43-87); REGINALDO (2011); REIS (1991); SOARES (2009, p. 203-241); SOUSA (2002); VENTURA (2004). Para a América espanhola ver BERNAND (2001); BERNAND; GRUZINSKI (1993); CHAVES (1999b); JOUVE MARTÍN (2005); LAVALLÉ (1999); VIDAL ORTEGA (2002).

38 Desenvolvi essa perspectiva em PAIVA. In: PAIVA; AMANTINO; IVO (2011, p. 11-31).

39 RABELL ROMERO. In: GONZALBO AIZPURU y RABELL ROMERO (1996, p. 94-95).

40 Refiro-me a famílias e grupos organizados em torno da mãe, nas quais o(s) pai(s), quando presente(s) não assume papel preponderante. Entre os estudos que trazem subsídios para a reflexão sobre o tema ver CERCEAU NETTO (2008, p. 94-100); PAIVA (2001); PAIVA (2009); PRAXEDES (2003); PRIORE (1993); SLENES (1999).

41 ZÚÑIGA. In: ARES QUEIJA; STELLA (2000, p. 119).

42 Sobre os quadros de castas ver GARCÍA BARRAGÁN (1998); KATZEW (2004); MAJLUF (1999); GARCÍA SÁIZ (2004); GARCÍA SÁIZ (1989); RUY SÁNCHEZ (1998).

43 Agradeço a Maria Eliza Borges sugestões relativas à composição dessa representação pictórica.

44 A definição de "cholo" para o Inca Gracilaso é diferente: "A los hijos de estos ['mulato y mulata'] llaman cholo. Es vocablo de las islas Barlovento. Quiere decir 'perro', no de los castizos sino de los muy bellascos gozcones. Y los españoles usan de él por infamia y vituperio." GARCILASO DE LA VEGA (1995, p. 627).

45 As indicações de origem foram retiradas de GARCÍA SÁIZ (1989, p. 24-29).

46 HALL (2005). Entre as páginas 6 e 8, 12 e 13, a autora indica possibilidades de os negros africanos designarem eles mesmos suas "etnias" (e não os traficantes), tanto depois de serem escravizados, quanto durante a viagem em direção às Américas e depois de chegarem a esse destino. Em PAIVA (1999, p. 255-256), analisei o caso do preto forro Manoel da Costa, Mina, que vivia no arraial do Paracatu, nas Minas Gerais, em 1776, quando escreveu seu testamento. Solteiro e sem filhos, deixava como herdeira universal sua irmã de "pai e mãe", a forra Roza Pinto da Trindade, e entre os bens que possuía, constava "uma chácara na paragem chamada a Costa da Mina". Ver também as séries

de testamentos e de inventários *post-mortem* de libertos africanos e de não brancos nascidos livres, assim como de portugueses e de seus descendentes brancos nascidos no Brasil, nos quais aparecem autoidentificações e designações das origens, "nações" e "qualidades" de escravos, libertos e não brancos nascidos livres em PAIVA (2001); PAIVA (2009). Ver ainda KARASCH. In: SILVA (2000); MAMIGONIAN (2004, p. 8); OLIVEIRA (1997, p. 73); OLIVEIRA (1992); PARÉS (2007, p. 25).

Capítulo 2 – Formas de trabalho compulsório e dinâmicas de mestiçagens – naturalização da associação no Novo Mundo

[47] Sobre o tema ver KONETZKE (1946, p. 10-18). Ver também ARES QUEIJA, (2005, p. 121-144); LOCKHART (1982); MARCHENA FERNÁNDEZ (1992); SCHWARTZ (2009, p. 200-204).

[48] Citado por ARES QUEIJA. In: ARES QUEIJA; GRUZINSKI (1997, p. 54).

[49] GUAMAN POMA DE AYALA (2005, p. 304).

[50] Ver sobre o tema NAZZARI. In: SILVA (2000); SILVA (1995); SILVA (1998, p. 16); SILVA (1984, p. 90). O termo aparece com o significado de mestiço no "Bando do governador Fernão de Souza Coutinho acerca de armas proibidas – Palmares", de 1670, transcrito em GOMES (2010, p. 185). Segundo MONTEIRO (1994, p. 167), no século XVIII "bastardo passava a designar, genericamente, qualquer um de descendência indígena. Assim, no censo de 1765, o bairro do Pari foi descrito como um reduto de bastardos". Para a América espanhola, ver NEBRIJA (1495(?)). O autor define "bastardo" (f. 87r) como "lo que es grossero, y no hecho con orden, razón, y regla. [...] Y bastardo, el nacido de ayuntamiento ilegitimo. Bastardia, la descendencia por el tal ayntamiento. Y dizese también de las aues, y de los animales, quando son engendrados de dos diferentes especies, ô releas; y porque estos teles degeneran de su natural, el Griego los llama nothos, à *nothia*, degenerattio, y por otro nóbre. *Lathremaos*, hechos a obscuras, y por los rincones, por otro vocablo se llaman espurios." Fica clara a aproximação entre as espécies pretensamente degeneradas de animais irracionais e os mestiços, isto é, nascidos de "diferentes espécies", que, aliás, é a definição dada por Dom Raphael Bluteau: "mestiço", termo usado para designar "animaes racionaes, & irracionaes. Animal mestiço. Nascido de pay, & mãy de differentes especies como mû [daí, mulato], leopardo, &c..." Ver BLUTEAU (1712, p. 614). Desde, pelo menos, Plínio, o híbrido, "nascido de pais de diferentes nações", esteve registrado nos textos. Sobre *mestizo* tornar-se sinônimo de ilegítimo na América espanhola ver CASTAÑO RODRÍGUEZ (2003). A autora, referindo-se genericamente aos processos de mestiçagem biológica na América espanhola, a partir dos estudos de MÖRNER (1969) e OLAECHEA LABAYEN (1992), afirma que no período enfocado "las palabras mestizo e ilegítimo se convirtieron entonces en sinónimos". MARCHENA FERNÁNDEZ (1992, p. 366): "Es decir, constituirán la característica más importante del grupo conocido como 'hijos de conquistadores' que permanecen en la tierra después de 1540-1550. Ello no indica que fueran los únicos. Precisamente después de estas fechas, los hijos blancos de madre española serán tan numerosos que el término *mestizo* comenzará a asimilarse con *ilegítimo*, consideración que antes no existía, al menos en correlación directa." Ver também ARES QUEIJA, (2005, p. 129-134) e BERNAND (2001, p. 131), trecho no qual examina os significados do termo "borde" em dicionários antigos e demonstra ser a expressão da superposição de híbridos e bastardos, tradição medieval, associando a ideia de degenerado e vil à de cria de égua e asno, algo bastardo e grosseiro.

[51] Ver MARCHENA FERNÁNDEZ (1992, p. 366-389). O autor demonstra como os "hijos de conquistadores" (incluídas as filhas *mestizas*, muitas das quais casadas com espanhóis) conformaram importante e poderoso agrupamento no Peru e na Nova

Espanha e como as *Leyes Nuevas* de 1542 impuseram várias e novas dificuldades a eles, sobretudo no que diz respeito às heranças das *encomiendas* e *repartimientos*. Ver também GARCILASO DE LA VEGA (1995).

[52] Muitos autores trataram do tema sob vários aspectos. Ver entre outros BANDEIRA (2000, p. 55-135); BERNAND (2006); BERNAND; GRUZINSKI (1993); ELLIOTT (2006); GARCILASO DE LA VEGA (1995); GRUZINSKI (2004); GUAMAN POMA DE AYALA (2005); JABOATÃO (1859); MARCHENA FERNÁNDEZ (1992, p. 333-354); MÖRNER (1969); PITA (1976, p. 39-41); RAMINELLI (2009); SÆTHER (2005); *POLITICA INDIANA* (1776); SOLÓRZANO PEREYRA (1996); VASCONCELLOS (1865, p. 26-27, v. 1); VILLELA (2011).

[53] Entre os séculos XVI e XVII houve longos e acalorados debates sobre o direito ou não de escravizar os índios, envolvendo teólogos e juristas na Europa (em universidades como Salamanca e Évora, por exemplo) e no Novo Mundo. São leituras referenciais o jesuíta ACOSTA (1588); o dominicano LAS CASAS (1552); LAS CASAS (1908); LAS CASAS (1875); o jesuíta MOLINA (1593); o jurista SEPULVEDA (1544-1545); o dominicano SOTO (1995); o dominicano VITORIA (1538-1539); VITORIA (2006). Um panorama de escravização de índios na América espanhola pode ser consultado em SACO (2009, p. 349-443).

[54] KONETZKE (1946, p. 18-19).

[55] Com relação às várias leis sobre a proibição e a permissão de escravizar índios na América portuguesa ver LOPES (2003, p. 162-167); PERRONE-MOISÉS. In: CUNHA (2009, p. 115-132) e PERRONE-MOISÉS. In: CUNHA (2009b, p. 529-558).

[56] Ver sobre o tema LOPES (2003, p. 166) e MONTEIRO (1994, p. 152-153).

[57] KONETZKE (1946, p. 21-22).

[58] KONETZKE (1946, p. 22). Ver também VALENZUELA MÁRQUEZ. In: ARAYA ESPINOZA y VALENZUELA MÁRQUEZ (2010, p. 86-91), BERNAND; GRUZINSKI (1993, p. 222-224); SOLÓRZANO PEREYRA (1996, p. 203). Em discussão informal, a historiadora argentina Constanza GONZÁLES NAVARRO (Universidad Nacional de Córdoba e CONICET), a quem agradeço as informações, advertiu-me que os anaconas, em Córdoba de Tucumán e em Tucumán, eram fundamentalmente índios fiéis aos espanhóis, diferentemente do que ocorria no Peru. Eram também vistos como índios forasteiros, algo culturalmente mestiçados, que gerenciavam as *encomiendas* dos espanhóis; isso nos séculos XVI e XVII. Ver BIXIO, Beatriz y GONZÁLES NAVARRO (2009, p. 386).

[59] Fez parte dos acordos de coartação em Minas Gerais, por exemplo, o costume – reconhecido e respeitado por proprietários e pela Justiça – de não se vender, alugar, legar ou alienar o escravo durante o período de vigência da coartação. Descumprimentos desse costume e de regras acordadas entre as partes geraram processos judiciais que escravos iniciaram contra seus senhores. Sobre o tema ver PAIVA (2004).

[60] Sobre "escravidão voluntária" ver EISENBERG (2000, p. 125-166). Diz EISENBERG sobre a "escravidão voluntária": os "colonos do Novo Mundo diziam que os índios muitas vezes escolhiam se submeter à escravidão, vendendo voluntariamente sua liberdade e a de seus parentes para os colonos. Tal explicação não era mais do que uma desculpa para a escravização dos nativos, mas não devemos esquecer que, para os índios, a submissão voluntária às vezes representava uma maneira conveniente de se proteger contra os ataques dos colonos, além de evitar a integração forçada às Aldeias, onde teriam que viver segundo os modos e a moral cristãos. Os nativos que se tornavam escravos voluntários nas fazendas dos colonos podiam preservar seus costumes. Desde que fossem obedientes e trabalhassem, os colonos permitiam aos nativos que levassem sua vida

da maneira que lhes conviesse" (p. 138). O autor chama a atenção ainda para o fato de a primeira menção à existência da escravidão voluntária aparecer na carta do jesuíta Antônio Blásquez, datada de 1555, na qual denunciava que os índios "vendense unos a otros estimando más una cuña o podón que la libertad de un sobrino o pariente más cercano que truecan por hierro, y es tanta su misseria que a las vezes [s]e lo cambian por un poco de hariña" (p. 138), vinculando a opção à miséria e à necessidade.

61 Categoria muito celebrada na década de 1980, a "brecha camponesa" encampava os acordos entre proprietários e escravos, a partir dos quais os primeiros concediam terras e instrumentos de trabalho aos cativos para que pudessem produzir para subsistência e para a comercialização do excedente. O tempo empregado também era uma concessão dos senhores, geralmente um dia por semana ou parte de um dia. Aos poucos, as pesquisas documentais comprovavam uma infinidade de acordos negociados entre ambas as partes, que resultavam em ganhos diretos dos escravos, envolvendo atividades econômicas, alforrias, mobilidade e autonomia deles, o que ampliava enormemente essas práticas comuns nas sociedades escravistas, descredenciando o caráter excepcional da "brecha" e negando a transformação do escravo em "camponês" (assalariado). Sobre a temática ver CARDOSO (1987). Ver também REIS e SILVA (1989). Em uma representação assinada por donos de engenhos em Havana, em 1790, esses proprietários explicavam às autoridades reais como seus escravos trabalhavam por conta própria em períodos do ano e durante parte das duas horas diárias de almoço que eles tinham, esquema semelhante ao que se chamou outrora de "brecha camponesa". Ver GARCÍA RODRÍGUEZ (1996, p. 73).

62 MONTOTO (1927, Tomo I, p. 102). Berta Ares Queija indica preocupações parecidas com os *mestizos* no Peru e intenta refletir sobre os significados da substituição da expressão "hijos de españoles e indias", usada nos primeiros tempos pós-conquista, pelo termo *mestizo*, a partir dos anos 1530. Ver ARES QUEIJA, (2005, p. 122, 137-142).

63 GARCÍA (1975, p. 149).

64 MONTOTO (1927, Tomo I, p. 45).

65 MONTOTO (1927, Tomo I, p. 48).

66 MONTOTO (1927, Tomo I, p. 48).

67 KONETZKE (1946, p. 23).

68 KONETZKE (1946, p. 23).

69 BERNAND; GRUZINSKI (1993, p. 41). Ver também GUAMAN POMA DE AYALA (2005, p. 288-304). A poligamia entre os índios da América portuguesa foi tema de observação de Gândavo: "[...] somente em cada aldeia tem um principal que é como capitão, ao qual obedecem por vontade e não por força; morrendo esse principal, fica seu filho no mesmo lugar; [...] Esse principal tem três, quatro mulheres, a primeira tem em mais conta, e faz dela mais caso que das outras. Isto tem por estado e por honra" GÂNDAVO (1995, p. 25).

70 MELLO; ALBUQUERQUE (1997, p. 81) – carta endereçada ao rei, escrita em Olinda, em 1549.

71 MELLO; ALBUQUERQUE (1997, p. 45) – carta endereçada ao rei, escrita em Olinda, em 1546.

72 MELLO; ALBUQUERQUE (1997, p. 41) – carta endereçada ao rei, escrita em Olinda, em 1542 – e p. 79 – carta endereçada ao rei, escrita em Olinda, em 1549.

73 GÂNDAVO (1995, p. 13).

74 SOUSA (2000).

[75] Referência obrigatória sobre esse personagem, que até hoje merece atenção dos historiadores, é o poema de frei José de Santa Rita Durão, publicado em 1781, em Lisboa, intitulado *Caramuru. Poema Épico do Descubrimento da Bahia*. Ver também AMADO (2000); BANDEIRA (2000, p. 55-135); VASCONCELLOS (1865, p. 26-27, v. 1).

[76] SOUSA (2000, p. 37).

[77] HOLANDA (1969, p. 46-47).

[78] SOUSA (2000, p. 49).

[79] SALVADOR (1889, p. 93).

[80] SALVADOR (1889, p. 93).

[81] JABOATÃO (1859, p. 75).

[82] JABOATÃO (1859, p. 75).

[83] Nos sertões da Bahia e de Minas Gerais, na margem do rio São Francisco. Ver SILVA (2007, p. 107-109). Ver também MORAES. In: RESENDE; VILLALTA (2008, p. 55-85, v. 1).

[84] JABOATÃO (1859, p. 77-76).

[85] Ver sobre o tema BANDEIRA (2000); JABOATÃO (1859, p. 72-80); SILVA (2007, p. 11-18).

[86] Ver ANASTASIA (2005); ANASTASIA (1998); NEVES (2005, p. 113-159); NEVES (2008); PAIVA. In: LIBBY; FURTADO (2006, p. 113-129); ROMEIRO (2009); SILVA (2007, p. 18).

[87] SILVA (1998, p. 16).

[88] SALVADOR (1889, p. 50). Segundo o autor, Jerônimo de Albuquerque assumira o governo da Capitania de Pernambuco na ausência de Duarte Coelho, e o gentio não tinha razões para se inquietar, pois sabia que em relação ao substituto "por sua natural brandura, e boa condição, como por ter muitos filhos das filhas dos principaes, os tratava a elles com respeito."

[89] SILVA (1998, p. 16-17). Dessa união também nasceu Jerônimo de Albuquerque (Maranhão), mestiço que lutou contra os franceses na reconquista do Rio Grande, assumindo o forte dos Reis Magos e fundando a Cidade do Natal. Capistrano de Abreu escreveu sobre ele: "Nas veias de Jerônimo de Albuquerque circulava sangue potiguar de sua mãe, Maria do Arco Verde, e disto não se envergonhava, antes o vemos em mais de uma conjuntura proclamando a sua extração" ABREU (1998, p. 104).

[90] JABOATÃO (1859, p. 76-77). Ver também ALMEIDA (2012, p. 150-151).

[91] Sobre os registros imagéticos produzidos durante o período de ocupação holandesa das capitanias do Norte do Brasil ver BERLOWICZ; DUE; PENTZ; WAEHLE (2002); BUBELOT (2004); HERKENHOFF (1999); LAGO (2010); LAGO; LAGO (2006); LAGO; DUCOS (2005); WAGENER (1997).

[92] Uma rápida biografia dessa índia, esposa de João Ramalho, foi produzida no capítulo "Isabel Dias (1493-1580): Bartira, símbolo da miscigenação" em RAMOS e MORAIS (2010, p. 33-53).

[93] Ver sobre esse personagem MONTEIRO. In: SILVA (1994, p. 682); MONTEIRO (1994, p. 29-36); SILVA (1998, p. 17); VAINFAS. In: VAINFAS (2000, p.332-334).

[94] SOUSA (2000, p. 86).

[95] BARCO DE CENTENERA (1602, Canto vigésimo tercio).

[96] BERNAND (2001, p. 105).

[97] Sobre os casamentos de Dona Beatriz Clara Coya e de sua filha e sobre os contextos históricos nos quais ocorreram as bodas ver GARCILASO DE LA VEJA (1617). Ver também BERNAND; GRUZINSKI (1993, p. 54-106).

[98] Sobre Cortés e o contexto da conquista do México ver ACOSTA (2002); BERNAND; GRUZINSKI (1993); CORTÉS (1971); ELLIOTT (2006, p. 81-82); GRUZINSKI (1991); GRUZINSKI (2001); LÓPEZ DE GÓMARA (1922); ROJAS (1986); *POLITICA* INDIANA (1776); ZAVALA (1988).

[99] BERNAND (2006, p. 18, 63). Segundo o pesquisador finlandês Martti Pärssinen, "Tawantinsuyu, estaba dividido en cuatro sectores principales: Chinchaysuyu, Antisuyu, Collasuyu y Cuntisuyu. El centro de toda esa división era el Cuzco. (...) Esta división fue hecha posiblemente por Pachacuti en la misma época en la que se instituyó el sitema de *ceques* y en la que fue creada la nueva ordenación y organización sociopolítica." Ver PÄRSSINEN (2003, p. 211).

[100] LÓPEZ DE GÓMARA (1922, p. 13-30, v. 2).

[101] Sobre Pizarro e o contexto da conquista do *Tawantinsuyu* ver ACOSTA (2002); APU SAHUARAURA INCA (2001); BERNAND (2006); BERNAND; GRUZINSKI (1993); ELLIOTT (2006); GARCILASO DE LA VEGA (1995); GARCILASO DE LA VEGA (1617); GUAMAN POMA DE AYALA (2005); LÓPEZ DE GÓMARA (1922); PÄRSSINEN (2003); *POLITICA* INDIANA (1776); VARÓN GABAI (1977).

[102] "De su parte, el sacerdote y sus fiscales y sacristanes y cantores, y los demás alguaciles como ven esto, hacen otro tanto en todo el reino, y no hay remedio, y hallando al amancebado le depositan a casa del padre adonde pare mestizo y entre ellos son pan y agua, y se defienden entre ellos, lo cual no usa esta ley en toda Castilla y Roma, en tierra de cristianos. GUAMAN POMA DE AYALA (2005, p. 389).

[103] ARES QUEIJA, (2005, p. 142). Sobre as repúblicas no Peru e na Nova Espanha ver SÁNCHEZ-CONCHA BARRIOS. In: HAMPE MARTÍNEZ (1999).

[104] Luis Miguel Glave resumiu assim o quadro peruano: "resultado del encuentro cotidiano entre las repúblicas, una extensa capa de mestizos y mestizas se convirtió en factor de cambio en la sociedad. El mestizaje atravesó todos los estamentos, cruzando a los españoles con los indios y los negros que en gran cantidad llegaron en condición de esclavos a trabajar en haciendas e en el servicio doméstico". Ver GLAVE (1998, p. 227).

[105] Ver sobre o tema BICALHO. In: FRAGOSO; BICALHO; GOLVEIA (2001, p. 189-221).

[106] ALENCASTRO (2000, p. 201).

[107] Sobre a atuação de Salvador Correia de Sá e Benevides, sua vida e o contexto no qual se inseria ver ALENCASTRO (2000, p. 199-203 e 365-366); GRUZINSKI (2004, p. 267-269; 277-278); HOLANDA (1960, Tomo I, v. 2, p. 9-15).

[108] GRUZINSKI (2004, p. 277).

[109] ARES QUEIJA (1990, p. 259).

[110] O documento encontra-se integralmente transcrito em BORREGO PLÁ (1973, p. 122).

[111] BERNAND (2001); BERNAND; GRUZINSKI (1993); GÓMEZ DANNÉS. In: MONTIEL (1997, p. 199-258); RIQUELME KORDIC; GOIC (2005); LAVALLÉ (1996, p. 36-37); PAIVA (2001); PAIVA (2009); SOARES (2009).

[112] Documento citado por CHÁVEZ CARBAJAL. In: MONTIEL (1997, p. 112).

[113] APM CMOP, códice 35 – "Registro de editais, cartas, provisões e informações do Senado de petições e despachos" – 1735-1736, f. 118-118v.

[114] ARAÚJO. In: LIBBY (2010, p. 44).

[115] Sobre o tema ver AMANTINO. In: PAIVA, AMANTINO; IVO (2011); AMANTINO. In: PAIVA; IVO; MARTINS (2010); SILVA (1984, p. 83-155). Ver também *CONCILIO III* (1859); *CONCILIO PROVINCIAL* (1898); *CONCILIOS PROVINCIALES* (1555); *CONSTITUCIONES SINODALES* (1864); *CONSTITUIÇÕES PRIMEIRAS* (2007); GUERRERO; UGARTE (1987).

[116] Ver ARMENTEROS MARTÍNEZ (2012); FERNÁNDEZ CHAVES y PÉREZ GARCÍA (2009); FERRER I MALLOL i MUTGÉ I VIVES (2000); HERNANDO (2003); CORTÉS LÓPEZ (1989); MENDES (2007); SALICRÚ I LLUCH (1998).

[117] Expressão de uso frequente entre cronistas, viajantes, geógrafos e escritores nos séculos XIV e XV, é, aparentemente anterior, talvez já empregada no século XII. Ver entre os que a empregaram AFRICANO (2004, p.88-93); ALMADA (1995, p. 90); AZURARA (1989, p. 101 ["... Guiné, que é a terra dos negros"], 109, 132, 133, 165 ["é chamada terra dos Negros, ou terra de Guiné, por cujo azo os homens e mulheres dela são chamados Guinéus, que quer tanto dizer como negros"], 204); BATTUTA (2006, p. 803); *DA ÁSIA* (1778, p. 70); IDRÎSÎ (1999, p.79); KHALDÛN (2007, p. 92); *PROCESO* (2002, p. 217); SANDOVAL (1987, p. 74); *VIAGEM* (2000, p. 88); *VIAGENS* (1988, p. 26 ["terre de negri" e "paexe di negri"], 115 ["terra de negros" e "país dos Negros"], 124). Sobre as áreas de monopólio lusitano acordado com os espanhóis – o Rio do Ouro, a Etiópia, a Guiné – região que compreendia a área subsaariana, ver PERES (1992); SANDOVAL (1987); SANTOS (1999).

[118] Mais recentemente ainda foram identificadas em Zurique outras duas pinturas da mesma época, provavelmente do mesmo pintor anônimo, que retratam a rua Nova dos Mercadores, na Lisboa quinhentista. Há nelas muitos personagens negros também, e são registrados a mesma dinâmica cultural e o mesmo frenesi urbano encontrados na Figura 5.

[119] Retirado de RODRIGUES (1999, p. 105).

[120] Citação traduzida por CORTÉS LÓPEZ (1989, p. 45). Sobre escravidão negra em Évora ver FONSECA (1997). Ver também FONSECA (2010), FONSECA (2002) e SAUNDERS (1994).

[121] "R. C. a Ovando, sobre esclavos, acarreos de mantenimientos a cuestas, sal, etc., etc. Segovia, septiembre 15 de 1505." In: CHACÓN Y CALVO (1929, p. 129-130). Fernando Ortiz afirma que em 1501 os Reis Católicos nomearam Nicolás de Ovando como governador da Ilha Espanhola e recomendaram a ele que impedisse a entrada de escravos mouros e estimulasse a de escravos negros. Ver ORTIZ (1987, p. 80). Ver também LUCENA SALMORAL (2002, p. 119) e SACO (2009, p. 254-255). Há ainda uma boa compilação de dados relativos à introdução de escravos negros na América espanhola, sobretudo no Peru, nas primeiras décadas do século XVI em BOWSER (1977, p. 20-39).

[122] SACO (2009, p. 258).

[123] SACO (2009, p. 263-264).

Capítulo 3 – Os "colonizadores" negros do Novo Mundo e a "africanização" do trabalho

[124] RODRIGUES (1982, p. 7 ["Abstraindo, pois, da condição de escravos em que os negros foram introduzidos no Brasil, e apreciando as suas qualidades de colonos como faríamos com os de qualquer outra procedência..."] e 18 ["Mas no Brasil não nos temos limitado a desprezar o conhecimento dos povos negros que tanto concorreram para a colonização do país e a manter a mais completa ignorância sobre tudo o que lhes diz respeito..."]). Um pouco mais tarde, em 1933, foi a vez de Gilberto Freyre empregar a expressão "colonizadores africanos do Brasil" em Casa Grande & senzala – FREYRE (1990, p. 285). Para a América espanhola ver GÓMEZ (2005, p. 139-179); RESTALL (2000).

[125] Sobre este aspecto ver PAIVA (2013).

[126] "R. C. a Ovando, sobre esclavos, acarreos de mantenimientos a cuestas, sal, etc., etc. Segovia, septiembre 15 de 1505." In: CHACÓN Y CALVO (1929, p. 129-133).

[127] GÓMEZ (2005, p. 159). Outros autores abordaram o tema: BERNAND (2001, p. 29-30); JOUVE MARTÍN (2005, p. 39); KLEIN (1987, p. 40-41). Sobre a regularidade da chegada dos escravos africanos no início do século XVI ver LUCENA SALMORAL (2002, p. 118-120).

[128] Ver o verbete "Garrido, Juan (c. 1480-c.1550)", em Online Encyclopedia of Significant People and Places in Global African History. Matthew Restall organizou um quadro de "black conquistadors" no Novo Mundo e dedicou atenção a Garrido. Ver RESTALL (2000, p. 174, 176-181).

[129] Sobre Juan Beltrán ver VÁZQUEZ DE ESPINOSA (1628-1629, p. 1968-1969). Ver também RESTALL (2000, p. 194-195).

[130] KLEIN (1987, p. 45). Ver também BOWSER (1977, p. 339-341); JOUVE MARTÍN (2005, p. 21-51). Sobre a dinâmica da vida de negros, crioulos e mestiços em Lima ver BERNAND (2001, p. 29-53).

[131] Sobre o regime de *asientos* e sobre o domínio dos comerciantes portugueses ver SACO (2009, p. 263-297); VENTURA (1999); VILA VILAR (1977). Fernando Ortiz diz que "o governo metropolitano" outorgou o primeiro *asiento de negros*, em 1528, a dois favoritos: os alemães Eyneger e Sayller. Ver ORTIZ (1987, p. 81). O autor dedica os capítulos IV e V ao tema; ver p. 79-102.

[132] Sobre o domínio português do comércio de escravos nesse período ver ALENCASTRO (2000); BERNAND (2001, p. 62); BERNAND; GRUZINSKI (1993, p. 13-22, 292); BORREGO PLÁ (1983, p. 437-438); BOWSER (1977, p. 52-81); BOXER (1952, p. 229-231); VIDAL ORTEGA (2002, p. 117-165).

[133] Vários autores sublinharam a presença desses portugueses em uma ou mais dessas localidades. Ver BARCO DE CENTENERA (1602, Canto cuarto); BERNAND (1997, p. 21, 42, 62); CEBALLOS (2008); GRUZINSKI (2004, p. 254-255); MARTÍNEZ DÍAZ (2002); POSSAMAI (2006); SUÁREZ (2001, p. 249); TEJADO FERNANDEZ (1954, p. 21, 28); VENTURA (1997, p. 160-162); VENTURA (1999, p. 36); VENTURA (2000); VIDAL ORTEGA (2002, p. 128-149); VIDAL ORTEGA. In: ARES QUEIJA; STELLA (2000, p. 90); VILA VILAR (1977, p. 93-123); WANDERLEY. In: PAIVA; AMANTINO e IVO (2011).

[134] Ver definições apresentadas por OLIVEIRA (1997).

[135] Stuart Schwartz afirma que "os primeiros africanos trazidos para o Brasil eram chamados de *tapamunhos*, uma palavra de origem tupi utilizada como uma designação 'quase-tribal'. Ambos os termos, 'negros da terra' e 'tapamunhos', desapareceram na medida em que a escravidão indígena foi sendo substituída pela africana e um grande número de africanos passou a ser sistematicamente deportado para a colônia." Ver SCHWARTZ (2003, p. 16)

[136] MELLO; ALBUQUERQUE (1997, p. 43).

[137] Sobre o tráfico de escravos africanos para Pernambuco ver SILVA e ELTIS. In: ELTIS; RICHARDSON (2008, p. 95-129).

[138] Alexandre Vieira Ribeiro cita Affonso de Escragnolle Taunay, que afirmou ter sido Jorge Lopes Bixorda, um contratador do comércio de pau-brasil, em 1538, quem inaugurou o tráfico de escravos negros para o Brasil, trazendo alguns à Bahia. Riberio cita também Maurício Goulart, para quem um grupo de escravos da África teria chegado a Salvador em 1550. Ver RIBEIRO. In: ELTIS; RICHARDSON (2008, p. 150).

[139] Sobre o trânsito entre as regiões durante os séculos XV e XVI ver BERNAND (1997, p. 21) BRANDÃO (1997, p. 17-19, 42) e HOLANDA (1969, p. 65-103). Sobre a viagem de Francisco de Orellana pelo grande rio que viria a ser conhecido como o das Amazonas, saindo do rio Coca e chegando ao Oceano Atlântico, em 1542, ver *DESCUBRIMIENTO DEL RÍO DE LAS AMAZONAS* (1942) e FERNÁNDEZ DE OVIEDO (1852).

[140] Os números relativos ao Brasil foram retirados, respectivamente, de ELTIS; RICHARDSON. In: ELTIS; RICHARDSON (2008, p. 49-50) e de ALENCASTRO (2000, p. 69) ["Tabela I Estimativa do número de africanos desembarcados em cada região – em milhões de indivíduos"]. O número frequentemente citado pelos historiadores do tráfico atlântico de escravos é 50.000 e foi originalmente proposto por CURTIN (1969). Já as estimativas para a América espanhola foram retiradas, respectivamente, de ALENCASTRO (2000, p. 69) e dos dados apresentados por ELTIS; RICHARDSON. In: ELTIS; RICHARDSON (2008, p. 14).

[141] Em 1541 os irmãos portugueses Afonso, Diogo e Gaspar Torres concluíram *asiento* com a Casa de Contratação de Sevilha, responsabilizando-se pelo transporte de 300 escravos negros (200 homens e 100 mulheres) para Trujillo, na Província de Honduras, solicitação dos moradores da região, mediada pelo bispo de Honduras. Ver VENTURA (1999, p. 38-42). A autora, no entanto, não indica claramente se essa carga humana chegou ao destino.

[142] BRANDÃO (1997, p. 52-53).

[143] Dados retirados, respectivamente, da Tabela I "Estimativa do número de africanos desembarcados em cada região – em milhões de indivíduos", de ALENCASTRO (2000, p. 69), e da Tabela 1.3 "Slave Carried fron Africa to Non-Spanish American Destinations on Portuguese and Brazilian Vessels, Major Importing Regions by Decade, 1561-1860: TSTD2 Sample Compared to Our Estimed Totals", de ELTIS; RICHARDSON. In: ELTIS; RICHARDSON (2008, p. 16-17).

[144] Tabela 1.8 "Arrivals of Slaves in Major Atlantic Markets", de ELTIS; RICHARDSON. In: ELTIS; RICHARDSON (2008, p. 49-50). O uso dos resultados dessa tabela, opção que fiz neste texto tanto para a área espanhola quanto para a portuguesa, traz um problema: eles estão subestimados. Não entraram os números relativos a viagens realizadas por negreiros para essas áreas, "especialmente antes de 1700", sem nenhuma indicação do porto ou região de destino, como se explica em nota nas páginas 50-51. Não obstante, os números que ficaram de fora não são tão expressivos e, por isso, não comprometem os objetivos desta parte do texto: demonstrar *grosso modo* as diferenças quantitativas entre os contingentes de africanos existentes nessas áreas, por século. Daí eu ter decidido usar os resultados apresentados na Tabela.

[145] Tabela I "Estimativa do número de africanos desembarcados em cada região – em milhões de indivíduos", de ALENCASTRO (2000, p. 69).

[146] Herbert Klein calcula que a América espanhola importou entre 350.000 e 400.000 africanos entre 1500 e 1700. Como se vê, autores de estudos menos ou mais recentes apresentam, por motivação variada, números muito discrepantes entre si, o que dificulta a utilização deles com grau de confiabilidade aceitável. O "Caribe não ibérico", segundo Klein, importara 450.000 negros no mesmo período. Ver KLEIN (1987, p. 66).

[147] Inicialmente a região pertenceu à Capitania do Rio de Janeiro. Em 1709, como resultado da chamada Guerra dos Emboabas, desmembraram-se os territórios e criou-se a Capitania de São Paulo e Minas do Ouro, que durou assim até 1720, quando, em decorrência da Sedição de Vila Rica ou Revolta de Felipe dos Santos, se criou a Capitania de Minas Gerais. Ver RESENDE; VILLALTA (2008).

[148] Ver ALENCASTRO (2000, p. 108-116); ELTIS; RICHARDSON. In: ELTIS; RICHARDSON (2008, p. 46-47); MAXWELL (1978, p. 290-291); PAIVA (2001, p. 71). Mesmo que enfoque o século XIX, ver KARASCH (2000, p. 45).

[149] Ver COELHO (1994, p. 105).

[150] Tabela 1.8 "Arrivals of Slaves in Major Atlantic Markets", em ELTIS; RICHARDSON. In: ELTIS; RICHARDSON (2008, p. 49-50).

[151] Tabela I "Estimativa do número de africanos desembarcados em cada região – em milhões de indivíduos", em ALENCASTRO (2000, p. 69).

[152] BOXER (2000).

[153] Apresentei essa hipótese para as Minas Gerais do século XVIII em PAIVA (2001, p. 70).

[154] PAIVA (2001, p. 68-70). Ver também sobre esses números MAXWELL (1978, p. 300-302).

[155] BRANDÃO (1997, p. 31).

[156] BRANDÃO (1997, p. 13-14).

[157] BRANDÃO (1997, p. 213).

[158] PERRONE-MOISÉS. In: CUNHA (2009b).

[159] Desenvolvi esse tema em PAIVA (2005).

[160] Sínteses esclarecedoras sobre a temática podem ser encontradas em ELLIOTT (2006); MIRA CABALLOS (1997) e RAMINELLI (2013).

[161] VÁZQUEZ DE ESPINOSA (1628-1629, p. 98).

[162] VÁZQUEZ DE ESPINOSA (1628-1629, p. 104).

[163] VÁZQUEZ DE ESPINOSA (1628-1629, p. 120).

[164] VÁZQUEZ DE ESPINOSA (1628-1629, p. 256).

[165] VÁZQUEZ DE ESPINOSA (1628-1629, p. 293).

[166] VÁZQUEZ DE ESPINOSA (1628-1629, p. 330).

[167] VÁZQUEZ DE ESPINOSA (1628-1629, p. 436-437).

[168] VÁZQUEZ DE ESPINOSA (1628-1629, p. 607).

[169] VÁZQUEZ DE ESPINOSA (1628-1629, p. 692).

[170] VÁZQUEZ DE ESPINOSA (1628-1629, p. 692).

[171] VÁZQUEZ DE ESPINOSA (1628-1629, 1124).

[172] VÁZQUEZ DE ESPINOSA (1628-1629, p. 1294).

[173] VÁZQUEZ DE ESPINOSA (1628-1629, p. 1226).

[174] Embora apresentando números de negros e mulatos bem menos impressionantes que os de Vázquez de Espinosa, José Romón Jouve Martín se referiu à cidade como "Lima negra", dada a superioridade de sua população negra e mulata em relação à branca. Ver JOUVE MARTÍN (2005, p. 21-51).

[175] JOUVE MARTÍN (2005, p. 1258).

[176] LUCENA SALMORAL (2002, p. 146).

[177] Documento parcialmente transcrito em ORTIZ (1987, p. 401-402). Ver também LUCENA SALMORAL (2002, p. 147).

[178] LUCENA SALMORAL (2002, p. 148).

[179] LUCENA SALMORAL (2002, p. 148).

[180] Entre 1614 e 1623, índios *mitayos* e escravos negros trabalharam juntos na mina de prata Nuestra Señora del Rosario, em Mariquita, Nova Granada, existindo outras em iguais condições segundo VALENCIA VILLA (2003, p. 81, 119-121). Ver também RUEDA NOVOA (2001, p. 143-157); WERNER CANTOR (2000, p. 181-187).

[181] SOLER. In: FERRÃO; SOARES (1997, p. 41).

[182] Os estudos de Kalina Vanderlei sobre as "vilas açucareiras" de Pernambuco demonstram para todo o século XVI tanto a proximidade cotidiana de trabalhadores de todas as "qualidades" e "condições", quanto a disputa de ocupações, incluindo ofícios mecânicos, existente entre eles, principalmente em Recife e Olinda. Ver SILVA (2010b, p. 41-64).

[183] É extensa a historiografia que abordou a história das duas localidades. Uma boa coletânea sobre Potosí, abordando inúmeros aspectos históricos, é MARCHENA FERNÁNDEZ (2000). Para Ouro Preto ver entre outros ÁVILA (2006); FONSECA (2011) e VASCONCELOS (1977).

[184] BRITO (1732, p. 18).

[185] ANTONIL (1982, p. 169).

[186] ANTONIL (1982, p. 173).

[187] ANTONIL (1982, p. 202).

[188] SILVA (1995, p. 224 e 240).

[189] O termo "mistura" já aparece na documentação do século XVI relativa às Américas e tinha significado amplo, podendo indicar mistura de coisas, de situações e de gente também. Foi largamente empregado por espanhóis, portugueses e americanos. Em carta de 1537, Lope de Samaniego dirigiu-se ao imperador Carlos V e opinou sobre "la conveniencia de mudar de sitio la fortaleza de Méjico", pois andava preocupado com rebeliões iminentes, "como pocos dias ha estuvo muy cerca por la traycion que los negros tuvieron ordenada que tiengo y se tiene por ymposible poderse rremediar [...]", prevendo muito mais danos se "estos yndios se levantasen en especial con mistura de negros [...]" MONTOTO (1927, Tomo I, p. 86). Em 1585, o reitor do Colégio dos Jesuítas de Cuzco escreveu em carta enviada para o rei espanhol: "En todo este reino es mucha la gente que hay de negros, mulatos, mestizos y otras muchas misturas de gentes y cada día crece más el número déstos [...]", trecho citado por ARES QUEIJA. In: ARES QUEIJA; GRUZINSKI (1997, p. 44). No Brasil do último quartel do século XVI, na documentação relativa à campanha da conquista da Paraíba dizia-se da demanda por índios e mestiços: "porque no tempo das pazes erão estes Pitiguares o melhor gentio desta terra e costas mas a cobiça dos maiores principalmente das misturas do Brazil da Nação mameluca [...]". Ver *SUMMARIO DAS ARMADAS* (1983, Capítulo 1º). Já as *Constituciones sinodales del arzobispado de Lima*, de 1613, previam intervenções dos padres em "Pueblos de Indios, en que se residen algunos Españoles, ó Mulatos, ó Mestizos, ó de otras misturas, ocupadas en Obrajes, ó Estancias, ó en otras cosas" (p. 42 - Libro Primero. Tit. V. Cap. XXIIII) e ordenava não dar "favor á los mestizos, negros, mulatos, ni otras misturas, para que vivan entre Indios" (p. 89-89 - Libro Primero – Titulo VIII - Cap. II). Ver *CONSTITUCIONES SINODALES* (1864). Na primeira década do Setecentos, o jesuíta Antonil informava sobre as Minas Gerais: "Cada ano, vêm nas frotas quantidade de portugueses e de estrangeiros, para passarem às minas. Das cidades, vilas, recôncavos e sertões do Brasil, vão brancos, pardos e pretos, e muitos índios, de que os paulistas se servem. A mistura é de toda a condição de pessoas: homens e mulheres, moços e velhos, pobres e ricos, nobres e plebeus, seculares e clérigos, e religiosos de diversos institutos, muitos dos quais não têm no Brasil convento nem casa." Ver ANTONIL (1982, p. 167). Duas décadas mais tarde, o governador das Minas Gerais, o Conde das Galveas escreveu ao rei português, como já citei antes, e chamava

a atenção para insolência, soberba e vaidade dos mulatos, provocada pela "mistura que têm de brancos". Ver APM CMOP, códice 35 – "Registro de editais, cartas, provisões e informações do Senado de petições e despachos" – 1735-1736, f. 118.

[190] SOLER. In: FERRÃO e SOARES (1997, p. 43).

[191] Os "prazos da Coroa" e as "Donas do Zambezi" em Moçambique do século XVII e XVIII são exemplos dessa política de alianças. Sobre o tema ver CAPELA (1995); RODRIGUES (2002). Nas regiões de Ardra e Ajudá, na antiga Costa dos Escravos africana, o sistema de casamento com mulheres da elite foi aproveitado pelo ex-escravo Antônio Vaz Coelho, que se transformou em traficante de escravos, e pelo famoso Francisco Félix de Souza, mestiço baiano que depois de casado com mulher da elite local foi transformado em chefe pelo rei do Daomé, no raiar do século XIX. Ver SILVA (2004, p. 24). Desde o século XIII, pelo menos, muçulmanos se casaram com filhas de governantes africanos. Ver sobre o tema HEERS (2007, p. 102-104).

[192] Rocío Rueda Novoa chama a atenção para o "uso frecuente, en las fuentes administrativas coloniales referentes a Esmeraldas, del término 'mulato' como sinónimo de zambo o zambaigo." RUEDA NOVOA (2001, p. 47). Berta Ares Queija escreveu que somente a partir de 1560 os termos *zambaigo* ou *zambo* (em menor escala) começaram aparecer no Peru como sinônimos de "hijo de africano y amerindio" e que antes disso mulato foi o termo empregado para denominar "la mezcla de africano tanto con europeo como con nativo americano". ARES QUEIJA (2005, p. 137). Ver ainda ARES QUEIJA. In: ARES QUEIJA; STELLA (2000, p. 83-84).

[193] Sobre esses personagens ver RUEDA NOVOA (2001, p. 71-87).

[194] VÁZQUEZ DE ESPINOSA (1628-1629, p.1121)

[195] MELLO; ALBUQUERQUE (1997, p. 75 e 79) – carta de 1549.

[196] Citado por BERNAND (2001, p. 49-50).

[197] Ver COBO (1892, t. III, p. 5).

[198] COBO (1892, t. III, p. 5).

[199] BRANDÃO (1997, p. 212).

[200] BRANDÃO (1997, p. 213).

[201] Lembre-se da instalação dos tribunais da Inquisição na América espanhola – em 1570, em Lima; em 1571, no México e em 1610, em Cartagena de Indias – e das visitações do Santo Ofício ocorridas no Brasil, em 1591, 1618 e 1763-68, além das visitas eclesiásticas que ocorriam constantemente. Ver o quadro "Constituição do aparelho inquisitorial" incluído em SOUZA (1986, p. 381).

[202] Citado por SCHWARTZ (2009, p. 210).

[203] "R. C. a Ovando, sobre esclavos, acarreos de mantenimientos a cuestas, sal, etc., etc. Segovia, septiembre 15 de 1505." In: CHACÓN Y CALVO (1929, p. 129-130).

[204] A condição jurídica de forro foi incluída no título XXIII da Quarta Partida de Dom Alfonso X, "O Sábio". A coleção de leis do Reino de Castela foi redigida por uma comissão de juristas, entre 1256 e 1265, datas geralmente aceitas pelos estudiosos. Ver *LAS SIETE PARTIDAS* (1807, Partida IV, p. 128-130).

[205] Sobre manumissões no mundo antigo consultar FINLEY (1991); JOLY (2005); SACO (2009). Já sobre a alforria no mundo árabe e mulçumano ver CHEBEL (2007); DIAKHO (2004); ENNAJI (2007).

[206] "R. C. a Ovando, sobre esclavos, acarreos de mantenimientos a cuestas, sal, etc., etc. Segovia, septiembre 15 de 1505." (p. 129) e "R. C. a los Oficiales reales de Sevilla, sobre

envíos de esclavos a la Española, Enero 22 de 1510." (p. 217) In: CHACÓN Y CALVO (1929).

[207] É extensa a documentação sobre o emprego de mão de obra indígena na exploração de ouro nas ilhas Espanhola, San Juan e Cuba nas décadas iniciais do século XVI. Em alguns casos se empregaram escravos indígenas, sobretudo os caribes, considerados selvagens, antropófagos e idólatras. Ver, por exemplo, "R. C. a Diego Colón, ordenándole, entre otras cosas, ponga toda diligencia en el descubrimiento del oro de dicha Isla. Burgos, febrero 23 de 1512". In: CHACÓN; CALVO (1929, p. 417-424).

[208] ORTIZ (1987, p. 81): "Diego Velázquez, el primer gobernador de Cuba, en 1515 pedía el envío de esclavos negros para los trabajos de las fortalezas".

[209] VIDAL ORTEGA (2002, p. 263).

[210] BERNAND (2001, p. 35).

[211] LUCENA SALMORAL (2002, p. 129-130); VÁZQUEZ DE ESPINOSA (1628-1629).

[212] BERNAND (2001, p. 38-39, 108-113). Ver também sobre a temática ANDRÉS-GALLEGO (2005, p. 94-101); DÍAZ DÍAZ (2001, p. 169-174); GUZMÁN (2010, p. 114); JOUVE MARTÍN (2005, p. 21-39); LAVALLÉ (1999); LUCENA SALMORAL (2002, p. 153); LUCENA SALMORAL (2000, p. 10); MALLO. In: PINEAU (2011, p. 205-221); ORTIZ (1987, p. 281-293); QUIROZ (1995, p. 62); ROSAL (2009, p. 41-59); SCHÁVELZON (2003, p. 93-94); VALENCIA VILLA (2003, p. 119-153); VIDAL ORTEGA (2002, p. 263-266); VIDAL ORTEGA. In: ARES QUEIJA; STELLA (2000).

[213] Os escravos de ganho foram marcantes no ambiente urbano de cidades, vilas e arraias do Brasil, principalmente a partir do século XVIII e durante o século XIX. Entre os trabalhos sobre o tema que devem ser consultados ver ALGRANTI (1988); ARAÚJO (1993, p. 83-109); BELLINI. In: REIS (1988, p. 73-86); DIAS (1984); FIGUEIREDO (1993); FARIA (1998); KARASCH (2000); LIMA (2008, p. 109-122); MATTOSO (1988, p.140-143); OLIVEIRA (1988, P. 11-21); PAIVA (2001); PAIVA (2009); REIS (2000); REIS (2003, p.350-370); SILVA (2010b, p. 20-21, 50); SILVA (1988); SOARES (1988).

[214] TARDIEU (2002, p. 169-170).

[215] Entre os muitos trabalhos que apresentam subsídios para o estudo dessa "camada média ou intermediária urbana, situada entre a riqueza dos grandes proprietários, comerciantes, mineradores e administradores e a miséria dos cativos e da maior parcela da população liberta", como expliquei em PAIVA (2001, p. 67), devo sugerir a leitura de ALVES (2011); BERNAND (2001); BERNAND; GRUZINSKI.(1993); CHAVES (1999b); FLORENTINO (1997); LARA (2007); PAIVA (2009); OLIVEIRA (1988); REIS (1988); RUSSELL-WOOD(2005); SOARES (2000).

[216] GÂNDAVO (1995, p. 6).

[217] GÂNDAVO (1995, p. 16).

[218] *SUMMARIO DAS ARMADAS* (1983, Capítulo 9º).

[219] SOUSA (2000, p. 33).

[220] SOUSA (2000, p. 34).

[221] SCHWARTZ (1988, p. 58). Sobre índios forros e escravos no Brasil do século XVI ver também RICUPERO (2009, p. 207-219), assim como as observações sobre o "gentio forro" feitas por MONTEIRO (1994, p. 54).

[222] As séries de testamentos e de inventários *post-mortem* setecentistas existentes para Minas Gerais permitiram-me estudar esses aspectos para a Capitania. Infelizmente nem todas as regiões brasileiras contam com séries semelhantes e acervos compostos por esses preciosos documentos ainda aguardam estudos mais verticalizados em

alguns casos. Entretanto, as práticas de concubinagem e mancebia existentes nas Minas também eram comuns em todas as outras regiões brasileiras no período. Isto me permite inferir que os resultados mineiros eram similares à realidade existente nas outras capitanias da América portuguesa, o que, de resto, pode ser dito para a América espanhola no mesmo período. A bibliografia sobre esses aspectos comportamentais é extensa para ambas as regiões e já vem sendo indicada ao longo deste trabalho. Para Minas Gerais ver PAIVA (2001) e PAIVA (2009). Ver ainda GÓMEZ DANNÉS. In: MONTIEL (1997, p. 227-230); RIQUELME KORDIC; GOIC (2005); O'TOOLE. In: McKNIGHT; GAROFALO (2009, p. 142-153); POLONI-SIMARD (2000, p. 114-130); TARDIEU (1998, p. 170-174).

[223] Ver ANDRÉS-GALLEGO (2005, p. 140-144); CHAVES (1999b); PAIVA (2001); PAIVA (2009).

[224] AYALA, Don Manuel Josef de. *Diccionario de gobierno...* op. cit., p. 92-94.

[225] APM/SG–DNE, caixa 06, documento 33. Requerimento de Cosme Teixeira Pinto de Lacerda, crioulo escravo. Vila Rica, 09/08/1769. O caso foi estudado em PAIVA (2001, p. 79-84) e PAIVA (2009, p. 82-83, 99-100). Sobre o acesso de escravos à Justiça na América espanhola ver ANDRÉS-GALLEGO (2005, p. 194- 228); CHAVES (1999b); GUZMÁN (2010, p. 116); LAVALLÉ (1999, p. 221-232) e LAVALLÉ (1996, p. 23-28).

[226] Segundo TARDIEU (2002, p. 168), o manuscrito se encontra na Biblioteca Nacional de España, intitulado *Copia del memorial de abisso que el capitán Cristóbal de Lorenzana vezino de la ciudad de Santiago de Guatemala de las Indias dio a su Majestad para rreparo de las turbaciones que los rreynos de las indias pueden tener en lo venidero ocasionadas por los negros y mulattos que ay en ellos que es como sigue*. Não está datada, segundo o mesmo TARDIEU, que, de acordo com as referências feitas no texto pelo capitão, presumiu ter sido escrita proximamente a 1642.

[227] TARDIEU (2002, p. 167).

[228] TARDIEU (2002, p. 169).

[229] Reproduzido em ORTIZ (1987, p. 402).

[230] SCHWARTZ (1988, p. 213).

Capítulo 4 – As grandes categorias de distinção e os grupos sociais no mundo ibero-americano

[231] THOMPSON (1981, p. 59).

[232] HESPANHA (2010, p. 47). Um dos pensadores clássicos sobre essa temática foi o dominicano espanhol Domingo de Soto, "uma das figuras de proa da teologia moral e jurídica da Segunda Escolástica ibérica", segundo HESPANHA (2010, p. 62). Ver SOTO (1995).

[233] HESPANHA (2010, p. 52-53).

[234] APM SC, códice 5 – "Registro de cartas, ordens, decretos e cartas régias. Carta de S. Majestade do ano de 1726", f.115-116. Citado por IVO (2012, p. 108). O tema do acesso de não brancos aos cargos que deveriam ser ocupados pela nobreza da terra e pelos "homens bons" foi trabalhado por BICALHO. In: PAIVA; ANASTASIA (2003, p. 307-322); LARA (2007, p. 137-138); RUSSELL-WOOD (2000).

[235] NEBRIJA (1495(?), *fol. XXIIIr).*

[236] ESTEVES (1993, v. I, p. 45-46).

[237] ESTEVES (1993, v. I, p. 161).

[238] CARDOSO (1562, p. 89v).

[239] CARDOSO (1592, p. 183v).

[240] BLUTEAU (1712, p. 60).

[241] "P. R. para que los indios de la Española sirvan a los cristianos. Medina del Campo, diciembre 20 de 1503." In: CHACÓN Y CALVO (1929, p. 85).

[242] GUAMAN POMA DE AYALA (2005, p. 389).

[243] GUAMAN POMA DE AYALA (2005, p. 12). Sobre o índio Guaman Poma ver SÁ (2013).

[244] GÓMEZ (2005, p. 173).

[245] "1º. 7^{bro}. 1611. Registro da ley de Sua Mg^{de} sobre os Indios em q há p naõ sejaõ catiuos" In: *LIVRO PRIMEIRO* (1958, p. 73).

[246] "1º. 7^{bro}. 1611. Registro da ley de Sua Mg^{de} sobre os Indios em q há p naõ sejaõ catiuos" In: *LIVRO PRIMEIRO* (1958, p. 74).

[247] BRANDÃO (1997, p. 52).

[248] BRANDÃO (1997, p. 56).

[249] ESTEVES (1993, v. I, p. 40).

[250] ESTEVES (1993, v. I, p. 170).

[251] ESTEVES (1993, v. I, p. 171).

[252] Jack D. Forbes observou sobre "loro": "Of some 67 *loros* in the registration lists, almost half (30) can be identified with certainly as Muslims from Mauritania, Marocco, Alferia or Tunisia. Another six can definitely be identified as Spanish Muslims, while seven were *canarios* and three were from India. Only four are known to be the mixed children of *negras* and *blancos*, while some 17 are of unknown origin (but in many cases appearing to be baptized ex-Muslims). Thus it would appear that the majority of *loros* were simply brownish-skinned people from North Africa, the Canary Islands, the Americas or India. A certain percentage were mixed-bloods of recent origin but it cannot be demonstrated that many *loros* were of that type." Ver FORBES (1988, p. 110). Ver LAS CASAS (1951, p. 204), livro no qual se encontra reproduzido o trecho atribuído a Cristóvão Colombo: "de la color de los canarios, ni negros ni blancos".

[253] RIQUELME KORDIC; GOIC (2005, p. 49-51).

[254] RIQUELME KORDIC; GOIC (2005, p. 89).

[255] *PROCESO* (2002, p. 49-533).

[256] FORBES (1988, p. 110) e GÓMEZ DANNÉS. In: MONTIEL (1997, p. 240, 252, 253, 257).

[257] JOUVE-MARTÍN. In: McKNIGHT; GAROFALO (2009, p. 110-112).

[258] VAINFAS (1997, p. 75).

[259] "Recado de Cristóvão da Rocha ao condestável, sobre os diversos indígenas que deveria levar, e um que deveria prender. (s. d.)" In: *LIVRO PRIMEIRO* (1958, p. 168).

[260] GOMES (2010b, p. 161). Sobre a "guerra dos bárbaros" ver PUNTONI (2002). Situações com alguma semelhança parecem ter ocorrido na Ilha de São Tomé, nos séculos XVII e XVIII, envolvendo os "moradores principais que servem na República", entre os quais havia ampla variedade de cores de pele, segundo CALDEIRA. In: MENESES (2012, p. 110). Para Cabo Verde dos séculos XVI e XVII ver MENDES In: BOTTE; STELLA (2011).

[261] SALLES (1992, p. 291).

[262] LAPA (1978, p. 216).

[263] LAPA (1978, p. 81).
[264] LAPA (1978, p. 224).
[265] LAPA (1978, p. 215).
[266] LAPA (1978, p. 158).
[267] LAPA (1978, p. 182).
[268] LAPA (1978, p. 262-263).
[269] LAPA (1978, p. 266-268).
[270] MR INV, caixa 153 – Inventário *post-mortem* do capitão João de Matos. São João del Rei, 15/12/1757, f. 14 v.
[271] MR INV, caixa 154 – Inventário *post-mortem* do doutor Antonio Martins Couto de Meireles. São João del Rei, 23/08/1753, f. 2.
[272] APM CMOP, códice 06 – Edital que o Senado da Câmara mandou publicar sobre as vendagens no Morro. Vila Rica, 09/09/1733, f. 173-174.
[273] APM CMOP, caixa 03, documento 21 - "Termo de ajuntada". Vila Rica, 18/02/1732, f. 2.
[274] NEBRIJA (1495(?), *fol.* XXV v).
[275] "Carta de don Fray Juan de Zumárraga al Emperador. México, 17 de abril de 1540." In: GARCÍA (1975, p. 104).
[276] CARDOSO (1562, p. 31).
[277] SOUSA (2000, p. 26).
[278] BERNAND (1997, p. 85-86). Tradução livre: "O termo *casta* designava as nuanças que separavam os grupos de mestiços, uma décima parte deles tinha condição livre".
[279] GÓMEZ (2005, p. 169). O autor consultou o *Diccionario de la Lengua Castellana*. Madrid: Imprenta de la Real Academia Española, 1729, p. 219.
[280] GUAMAN POMA DE AYALA (2005, p. 579).
[281] Embora na edição de 1627 apareça indicado que o jesuíta era natural de Toledo, Enriqueta Vila Vilar explica convincentemente que ele havia nascido em Sevilha, em 1576. (SANDOVAL, 1987, p. 26-27 e 35).
[282] Ver a explicação apresentada por Enriqueta Vila Vilar em SANDOVAL (1987, p. 35).
[283] SANDOVAL (1987, p. 71).
[284] SANDOVAL (1987, p. 141).
[285] GOMES (2010b, p. 22).
[286] SALVADOR (1889, p. 24).
[287] "Real Cedula dada por Carlos II ordenando la reducción de los negros apalencados de Cartagena" Aranjuez, 3 de mayo de 1688, transcrita em BORREGO PLÁ (1973, p. 119).
[288] BOXER (2007, p. 33).
[289] RESENDE (2001).
[290] "Correspondências" de Antônio Rolim de Moura. Trecho reproduzido em SILVA (1995, p. 165).
[291] MARTÍNEZ DÍAZ (2002, p. 86).
[292] NEBRIJA (1495(?), *fol. LXXXVIr)*.
[293] CARDOSO (1562, p. 90 v).
[294] *DEL ORIGEN Y PRINCIPIO DE LA LENGUA CASTELLANA (1674).*

[295] *DEL ORIGEN Y PRINCIPIO DE LA LENGUA CASTELLANA (1674, fol. 154r.)*

[296] *DEL ORIGEN Y PRINCIPIO DE LA LENGUA CASTELLANA (1674, fol. 155v.)*

[297] QUEVEDO (Libro I, capítulo II)

[298] BLUTEAU (1712, p. 86).

[299] BLUTEAU (1712, p. 113).

[300] GÓMEZ (2005, p. 149).

[301] Informações retiradas do link "Bibliofilia novohispana Espacio dedicado al mundo del libro novohispano" - http://marcofabr.blogspot.com/2009/09/real-cedula-y-pragmatica-sancion-sobre.html - consulta realizada em 20 de fevereiro de 2012. Ver também GÓMEZ (2005, p. 171) e LAVALLÉ (1999, p. 115).

[302] ACOSTA (1987, p. 64-65).

[303] Reflexão instigante sobre traduções de termos "étnicos", sobre as alterações de significados originais e sobre as leituras históricas dessas traduções pode ser encontrada em STALLAERT (2006).

[304] O geneticista Sérgio Danilo Pena tem chamado a atenção para esse problema em seus trabalhos recentes. Sua ideia fica clara em um livro de divulgação, que, ao mesmo tempo, veicula uma série de aspectos históricos e culturais apresentados de maneira ingênua e frágil. Ver PENA (2008). Ver também PENA (2009). Ver ainda GILROY (2000); GILROY (2007); GUIMARÃES (2002); GUIMARÃES (2006); MAGGIE. In: MAIO; SANTOS (1996); SANTOS; MAIO. In: MAIO; SANTOS (2010).

[305] "Mission en la Canada" In: *GLORIAS DEL SEGUNDO SIGLO DE LA COMPAÑIA DE JESUS* (1734, Tomo I, p. 675).

[306] ARMENTEROS MARTÍNEZ (2011, p. 11).

[307] *VIAGENS* (1988, p. 6).

[308] GARCILASO DE LA VEGA (1995, T. II, p. 627).

[309] IBRAM CBG CPO-TEST, códice 13 – Testamento de Gaspar Moteyro. Rio das Velhas Abaixo, 25/09/1739, f. 64v.

[310] IBRAM CBG CPO-TEST, caixa 06(12) – Testamento de Luis Francisco de Araujo Castro. Sabará, 07/08/1745, f. 107v.

[311] "Carta 4 Sobre el influjo de la Imaginación materna, respecto del feto". In: *CARTAS ERUDITAS, Y CURIOSAS* (1777, Tomo primero, Carta 4).

[312] *SUMMARIO DAS ARMADAS* (1983, Capítulo 1º).

[313] SOUSA (2000, p. 296).

[314] VÁZQUEZ DE ESPINOSA (1628-1629, Capítulo I).

[315] GOMES (2010b, p. 160).

[316] MR INV, caixa 2 – Inventário *post-mortem* de Thomazia de Aguiar. Palmital, freguesia da Senhora Santa Ana do Arraial das Lavras do Funil, 23/05/1785, f. 3.

[317] ALMADA (1995, p. 46).

[318] *CINCO LIVROS DA DECADA DOZE DA HISTORIA DA INDIA* (1645, capítulo XI, p. 195).

[319] Exceção à indicação feita por ARMENTEROS MARTÍNEZ (2011, p. 11) sobre a documentação cartorária da Barcelona tardo-medieval, na qual aparentemente empregou-se a expressão em latim *natio nigra*.

[320] Designação específica do Brasil, com raras indicações para outras regiões na América, como se verá no Capítulo 5. Ver CERCEAU NETO (2010, p. 217).

[321] *SUMMARIO DAS ARMADAS* (1983, Capítulo 1º).

[322] SANDOVAL (1987, p. 136-137). Sobre as diversas nações de africanos ver principalmente o "Libro Primero". Para o jesuíta, essas nações, na África, congregavam cada uma várias castas e diferentes línguas, não obstante várias delas se entenderem entre si. Sandoval, que não esteve na África, explanava detalhadamente sobre as nações a partir das perguntas que fazia aos africanos recém-chegados no porto de Cartagena, das respostas que recolhia e, também, de informações retiradas de cronistas e viajantes.

[323] HALL (2005, p. 5). Ver também KARASCH. In: SILVA (2000); MAMIGONIAN (2004, p. 8); PARÉS (2007, p. 24-25, 29); SOARES (2000, p. 109-127); SOUSA (2002, p. 138-139).

[324] REIS (2003, p. 311). Ver sobre o tema OLIVEIRA (1992); SILVEIRA (2008); SOARES (2000, p. 109-127); THORTON (1999).

[325] Tratei desses aspectos em PAIVA. In: PAIVA; ANASTASIA (2002).

[326] *PROCESO* (2002, p. 322).

[327] LARA (1980, p. 239).

[328] GÂNDAVO (1995, p. 25).

[329] SOUSA (2000, p. 7).

[330] SOUSA (2000, p. 296).

[331] JOUVE-MARTÍN. In: McKNIGHT; GAROFALO (2009, p. 118-122).

[332] MR INV, caixa 87 – Inventário *post-mortem* de Manoel Gomes Ferreira. Santo Antonio de Itaberava, 26/04/1780, f. 7v.

[333] MR INV, caixa 104 – Inventário *post-mortem* de Jeronimo Ferreyra Guimarães. São João del Rei, 23/11/1780, f. 6.

[334] APM CMS, códice 20 – "Testamentos". Testamento de Ignacio Pinto, preto forro. Arraial de São Gonçalo, 05/11/1754.

[335] O testamento da preta forra Theresa Teyxeyra foi transcrito integralmente em CERCEAU NETO (2010, p. 217).

[336] Uma exceção: no Compromisso da Irmandade do Senhor Bom Jesus de Cachoeira, na Bahia, os crioulos foram definidos como "os homens pretos nacionais desta terra", em 1765. O documento foi citado por OLIVEIRA (1997, p. 70).

[337] Desde a carta de Pêro Vaz de Caminha, os cabelos pretos corredios e longos dos naturais da terra ou índios foi traço fenotípico quase sempre indicado em crônicas, relatos, cartas e outros tipos de documentos. Ver CAMINHA (1974, p. 39) e BRANDÃO (1997); GÂNDAVO (1995, p. 99); MONTEIRO (1994, p. 95) e SOUSA (2000, p. 17). Duarte Barbosa destacou características semelhantes para descrever os habitantes da cidade de Bisnaga, na Índia: "são homens baços, quase brancos, e de cabelos compridos, corredios e pretos." Ver *O LIVRO* (2000, p. 60).

[338] BRANDÃO (1997, p. 47-52).

[339] Na carta conhecida como Mundus Novus e atribuída a Américo Vespúcio, aparecida em Paris, em 1503, já se encontrava o registro da cor de pele dos moradores da "zona tórrida da linha equinocial para o setentrião, a qual é habitada por gentes e povos negros" e, depois, da cor avermelhado dos moradores da nova terra recém-conquistada pelos portugueses no Novo Mundo, como se verá à frente. Ver VESPÚCIO (2003, p. 36 e 40).

[340] Já em *DA ÁSIA* (1778, p. 38), cuja 1ª edição da Primeira Década data de 1552, João de Barros reproduzia trecho de crônica sobre o tema (não identificava o autor, mas dizia que era alguém "de mais qualidade" que os mareantes: "Cá, segundo os antigos escrevêram das partes do Mundo, todos affirmão que esta, per que o Sol anda, a que elles chamam tórrida Zona, não he habitada. Ora onde o Infante manda descobrir, he já tanto dentro do fervor do Sol, que de brancos que os homens são, se lá for algum de nós, ficará, (se escapar,) tão negro, quanto são os Guineos vizinhos a esta quentura." A temática atravessou os séculos. Na sessão de 12 de abril de 1760 da Academia dos Renascidos, na Bahia, duas das apresentações apresentavam indagações sobre a cor avermelhada dos índios e sobre os motivos dos etíopes serem negros, segundo LIMA (1980, p. 170), ALMEIDA (2001, p. 57) e ALMEIDA (2012, p. 140-148).

[341] O termo foi empregado por Cristóvão Colombo em 1492, segundo a transcrição de seu *Diario,* feita por LAS CASAS (1951, p. 204).

[342] LAS CASAS (1951, cap. XL, p. 296).

[343] CAMINHA (1974, p. 34-35).

[344] CAMINHA (1974, p. 37).

[345] BANDINI (1745, p. 103-104). A tradução desta carta, da "versão latina" para o português, foi feita por Janaína Amado e Luiz Carlos Figueiredo, que advertem ter sido perdido o original em italiano, mas ter sido traduzido para o latim logo depois do fim da viagem de Vespúcio, ocorrida em 1501-1502 – AMADO e FIGUEIREDO (2001, p. 325). Lê-se, então: "no dia sete de agosto de 1501, baixamos âncoras nos litorais das mesmas regiões [atual Brasil], dando graças a nosso Deus [...] Ali soubemos que a mesma terra não era ilha, mas continente, porque se estende por longuíssimos litorais que não a cercam e porque está repleta de infinitos habitantes." AMADO e FIGUEIREDO (2001, p. 311) e VESPÚCIO (2003, p. 37). Ver também sobre o tema NEVES (2009, p. 39) e VESPÚCIO (1984).

[346] BANDINI (1745, p. 106-107). Na tradução feita por Janaína Amado e Luiz Carlos Figueiredo: "Primeiro, pois, sobre os povos. Encontramos naquelas regiões tanta multidão de gente quanto ninguém poderá enumerar, como se lê no *Apocalipse*, gente, digo, mansa e tratável. Todos, de ambos os sexos, andam nus, sem cobrir nenhuma parte do corpo; como saem do ventre materno, assim vão até a morte. Com efeito, têm os corpos grandes, quadrados, bem dispostos e proporcionais, com cor tendendo para o vermelho, o que lhes acontece, julgo, porque, andando nus, são bronzeados pelo sol. Têm o cabelo amplo e negro; são ágeis no andar e nos jogos, de rosto afável e bonito, que, contudo, eles mesmos destroem. Com efeito, eles perfuram as maçãs do rosto, os lábios, as narinas e as orelhas. Nem julgues que aqueles furos sejam pequenos ou que tenham apenas um." AMADO; FIGUEIREDO (2011, p. 313-314) e VESPÚCIO (2003, p. 40).

[347] PERES (1992, p. 142).

[348] KEATING; MARANHÃO (2011, p. 222).

[349] AZURARA (1989, p. 97).

[350] ESTEVES (1993, v. I, p. 170-171).

[351] *COLECCIÓN DE DOCUMENTOS INÉDITOS PARA LA HISTORIA DE HISPANO-AMÉRICA* (1997, p. 472).

[352] SANTOS (1999, p. 111).

[353] ALMADA (1995, p. 63).

[354] ALMADA (1995, p. 64).

[355] ALMADA (1995, p. 79).

[356] ALMADA (1995, p. 84).

[357] ALMADA (1995, p.115).

[358] GÂNDAVO (1995, p. 9).

[359] Em CARDOSO (1562, p. 23), lê-se: "Baça cousa. Fuscus, a, um". Em NEBRIJA (1495(?), fol. XVIIv). lê-se: "Baço cosa un poco negra. fuscus.a.um." *Em DEL ORIGEN Y PRINCI-PIO DE LA LENGUA CASTELLANA (*1674, p. 259) lê-se: "Color BAçA, es color pardilla que tira a negra, porque el baço tiene aquella color, causada del humor terrestre y cólera adusta. Embaçar, pasmarse, turbarse" e p. 293, "BAZO [...] Vide supra Baço. Color Baça, la que tiene el baço, que tira entre pardillo y negro, qual la suelen tener los mestizos, hijos de blanco y negra, o al contrario." [Assim publicado na edição de 1611, segundo ARES QUEIJA (2004, p. 193-218 - 208)]. Em BLUTEAU (1712, p. 9), lê-se: "BAC,O. Adjectivo. Cousa de cor parda, que tira a negro. *Subniger, gra, grum. Varr. Nigricans, tis. Omn. gen. Plin. Hist. Fuscus, a, um. Columel. Obater, tra, trum, & obniger, gra, grum. Plin. Hist.* Saõ os de a quella Ilha gẽ-,te *Baça.* Barros 4. Dec. pag. 380. Baço. Escuro. Pouco transparente. Espelho, ou vidro baço."

[360] SOUSA (2000, p. 17).

[361] SOUSA (2000, p. 24).

[362] SOUSA (2000, p. 59).

[363] BRANDÃO (1997, p. 16-17).

[364] SALVADOR (1889, p. 24).

[365] SALVADOR (1889, p. 28).

[366] KONETZKE (1946, p. 33-34).

[367] TORIBIO MEDINA (1908, p. 555). Ver também COSTA (1999, p. 39).

[368] "[...] un niño de color negro, como los de Etiopia", SANDOVAL (1987, p. 70). Na p. 136 do mesmo texto: "Y aunque es verdad, que a todas estas naciones llamamos comúnmente Negros, no todos son atezados; antes entre si mismas ay en casi todas grand variedad; unas son mas negras que otras: otras no tanto: otras de color de membrillo cocho, que dizen; otros loros, o zambos, o de color bazo, medio amulatados, y de color tostado". Há vários casos de venda de escravos e escravas de "color negra" entre os documentos transcritos e publicados em ESTEVES (1993). Todos os documentos são do século XV.

[369] Por exemplo, BRANDÃO (1997, p. 52-53).

[370] "Carta 4 Sobre el influjo de la Imaginación materna, respecto del feto". In: *CARTAS ERUDITAS, Y CURIOSAS* (1777, Tomo primeiro, Carta 4). Histórias semelhantes de filhos "de color negro, como los de Etiópia", cuja mãe era branca e, o contrário também, "Etiopes Cafres, parir hijos muy blancos, que no parecian sino Flamencos, siendo sus padres negros como la pez" foram registradas por SANDOVAL (1987, p. 70-75).

[371] DÍAZ. In: McKNIGHT; GAROFALO (2009, p. 138), cita o caso do "pardo de color blanco y libre". Entretanto, não se aplicava a um homem de "qualidade" "branco".

[372] SOUSA (2000, p. 42).

[373] SOUSA (2000, p. 85).

[374] *SUMMARIO DAS ARMADAS* (1983, Capítulo 1º).

[375] Não se aplica no documento o termo "mazombo", possivelmente de uso posterior. A "qualidade" "brancos naturais do Brasil" dificilmente poderia estar abrangendo tipos mesclados, uma vez que são empregados no *SUMMARIO* o termo "mestiço" e a

categoria "nação mameluca", como já sublinhei antes. Arlindo Caldeira, referindo-se à Ilha de São Tomé nos séculos XVII e XVIII, explica que sob a usual designação de "brancos da terra" era "enorme a variedade de cores de pele, sendo alguns dos seus membros tão negros como qualquer africano acabado de desembarcar na ilha." Ver CALDEIRA. In: MENESES (2012, p. 110). Ainda que referente a outro contexto, a observação feita por Caldeira suscita dúvidas sobre o significado da categoria "brancos naturais do Brasil", empregada no *SUMMARIO*. Talvez comparável ao que se passou em São Tomé, aí também estivessem incluídos, por exemplo, índios, além dos filhos brancos de portugueses. Para questões semelhantes e relativas a Cabo Verde dos séculos XVI e XVII ver MENDES In: BOTTE et STELLA (2011).

[376] Ver sobre essa temática FORBES (1988, p. 95-96).

[377] ARES QUEIJA (2004, p. 207-208).

[378] *Relaciones histórico-geográficas de la Audiencia de Quito (siglos XVI-XIX).* Madrid: CSIC, 1991, p. 262-264, citado por BERNAND (2001, p. 51-52).

[379] *Solicitudes* civiles, 31/10/1795, citado por BERNAND (2001, p. 81). SANDOVAL (1987, p. 477-503) emprega o termo "moreno", em subtítulos, mais para o final de seu *De instauranda Aethiopum Salute,* para se referir a "negros"; "negros bozales"; "negros brutos"; "los rusticos y esclavos"; "gente prieta [...] criollos, y de los de Guinea"; esclavos "rudos y bozales" de diversas origens, sobre os quais faz menção, dentro de cada um destes subtítulos do tratado escrito no início do século XVII. Só a partir do fim do *libro tercero* é que ele começa a empregar "moreno" no texto, e não apenas nos subtítulos. Já o jurista Solorzano Pereira em 1647 definiu "morenos, ó pardos" como os filhos de "negros y negras libres". Ver *POLITICA* INDIANA (1776, p. 222).

[380] DÍAZ. In: McKNIGHT; GAROFALO (2009, p. 138).

[381] Na carta de Pero Vaz de Caminha, lê-se sobre os homens que aparecem no litoral do território onde a esquadra de Cabral chega: "A feição deles é serem pardos, maneira d'avermelhados". Neste caso, parece-me que a referência se faz à cor parda e não à "qualidade" dos homens, embora não se utilize, em momento algum, a palavra "cor". (CAMINHA, 1974, p. 37)

[382] Ver sobre o tema BERNAND (2001, p. 21-24). Na p. 131 a autora, como já indiquei anteriormente, examina os significados do termo "borde" em dicionários antigos e demonstra ser a expressão da superposição de híbridos e bastardos, tradição medieval, associando a ideia de degenerado e vil à de cria de égua e asno, algo bastardo e grosseiro. Bluteau define "Mû. Mulo. Animal quadrupede gérado do cavallo, & burra, ou de burro, & Egoa, & assim participa da natureza de hum & outro. Porèm não gera, como nem tam pouco a Mula" (p. 614) e "Mulâta, & Mulato. Filha, & Filho de branca, & negra (sic), ou de negro, & de mulher branca. Este nome Mulato vem de Mû, ou mulo, animal gèrado de dous outros de differente especie." (p. 628). BLUTEAU (1712).

[383] APM SC, códice 61 – "Registro de cartas do governador ao vice-rei, a Gomes Freire e a diversas autoridades, destas ao governador e instruções 1737", f. 113-114. Citado por IVO (2012, p. 5).

[384] MR INV, caixa 105 – Inventário *post-mortem* de Mathias da Costa Homem. São João del Rei, 20/08/1763, f. 5.

[385] CAMINHA (1974, p. 40, 66-68).

[386] "Requisitória do capitão Pedro Gutierrez, tenente do governador e justiça-mor de Buenos Aires, solicitando a prisão e remessa do mestre de navio Luís Vaz de Rezende, acusado de ter transportado àquele porto, em 1617, alguns passageiros portugueses que

sem licença pretenderam internar-se rumo ao Peru, apesar das proibições vigentes." La ciudad de la Trinidad, 15/02/1618. In: *LIVRO PRIMEIRO* (1958, p. 211-215).

[387] MR INV, caixa 105 – Inventário *post-mortem* de Mathias da Costa Homem. São João del Rei, 20/08/1763, f. 5v.

[388] MR INV, caixa 263 – Inventário *post-mortem* de João Batista Sobral. Cachoeira do Brumado, termo da Vila de São José del Rei, 24/09/1753, f. 4-6.

[389] Como já expliquei no capítulo 1, recentemente, Marcia Amantino propôs que se pensasse no "administrado" (eufemismo para ocultar a escravização ilegal de índios) como uma outra "condição". A autora apresentou a ideia em texto ainda inédito: AMANTINO (2011). Aos filhos de índias e negros parece ter sido aplicada a expressão "administrados pardos", segundo NAZZARI. In: SILVA (2000, p. 37).

[390] Sobre a temática ver MONTEIRO (1994, p. 129-153). Em documento feito em Vila Rica, datado de 1769, que será explorado no capítulo 5, consta a testemunha de uma "M^{er}. [mulher] da Terra nação India natural de S. Paulo de id^e. dice ter sesenta e douz ann^s. pouco mais ou menos, e q' fora escr^a. adeministrada". APM SG-DNE, caixa 06, documento 39 – Requerimento de Maria Antonia de Moraiz. Vila Rica, 06/12/1769, f. 6-10.

[391] Tratei dessa temática em PAIVA (2004).

[392] Embora não fosse usual empregar "criollo" para esses rebentos das africanas, o jesuíta Alonso de Sandoval o fez em seu tratado de 1623: "Solo adviero, que seria importantissimo para venir al cumplimiento perfecto [comulgar cada dia] del, y para que no se les hiziesse de mal, y aun tan nuevo comulgar por Pascua, y en el articulo de la muerte, que a una fuessemos todos abituando a esta gente prieta, a que comulgasse entre año algunas vezes, pues ay tantos criollos, y de los de Guinea tantos, y tan entendidos, que podrian recebir este satissimo y divinissimo Sacramento cada mes una vez, que es el termino, y tiempo que señala el Cardenal Toledo, para que se dé el Sacramento a los rusticos y esclavos". SANDOVAL (1987, p. 480).

[393] SANDOVAL (1987, p. 480).

[394] SANDOVAL (1987, p. 493).

[395] SANDOVAL (1987, p. 494).

[396] VÁZQUEZ DE ESPINOSA (1628-1629, p. 285-286).

[397] *POLITICA* INDIANA (1776, p. 222).

[398] GUZMÁN (2010, p. 96).

[399] É extensa a historiografia que usa essas fontes e que, a partir delas, abordam a temática. Ver entre tantos outros FERREIRA (2008, p. 88-125); GUZMÁN (2010, p. 96-118); LARA (2007, p. 126-172); PAIVA (2001); PAIVA (2009); SOARES (2009, p. 203-24).

[400] Ver compilação de estatísticas e estimativas populacionais sobre a região em PAIVA (2001, p. 68-70) e PAIVA (2009, p. 67-77).

[401] JOUVE MARTÍN (2005, p. 21-51).

[402] Há informações sobre essas populações apresentadas por BERNAND (2001, p.49-57); BERNAND; GRUZINSKI (1993, p. 269-294); GUZMÁN (2010, p. 95-118); VIDAL ORTEGA (2002, p.268-274).

[403] *SUMMARIO DAS ARMADAS* (1983, capítulo 1º).

[404] APM CMS, códice 111, "Copia do Testamento com que faleceu o Te. Coronel Bazilio Malheiro do Lago". Villa Real de Nossa Senhora da Conceição do Sabará, 12/08/1809, f. 85 v–88 v.

[405] Trabalhei essa temática em PAIVA (1999, p. 22-65).

[406] "Carta de Cristóvão da Rocha ao governador D. Luís de Souza, sôbre seu novo encontro com Melchior Dias Moréia, ida de ambos ao sertão dos cariris, desconfiança daquele quanto às mercês desejadas pela revelação das minas de prata; sobre o salitre que há muitos anos descobrira, etc." Sergipe del Rei, 05/12/1617. In: *LIVRO PRIMEIRO* (1958, p. 163-166).

[407] IBRAM CBG CPO-TEST, códice 13 – Testamento de Francisca Poderoza. Pitangui, 06/08/1742, f. 90v-95v. (f. 92 v.) A transcrição integral do documento e a reprodução fac-símile dele podem ser consultadas em PAIVA (2009, p. 264-281). Ver também PAIVA; CERCEAU NETTO. In: CATÃO (2011).

[408] "P. R. para que los indios de la Española sirvan a los cristianos. Medina del Campo, diciembre 20 de 1503." In: CHACÓN Y CALVO (1929, p. 85-86).

[409] Perspectiva semelhante foi apresentada em VALENZUELA MÁRQUEZ. In: ARAYA ESPINOZA y VALENZUELA MÁRQUEZ (2010, p. 83-84).

Capítulo 5 – O léxico das "qualidades": aportes históricos sobre usos de termos selecionados

[410] FEBVRE (1992, p. 218).

[411] DUBY. In: SAMARAN (1961, p. 953). Ver sobre a temática geral ROBIN (1973) e sobre a importância de uma "lexicologia sócio-histórica" ver CAMBRAIA (2013).

[412] O uso do termo "natural" remonta aos séculos anteriores às conquistas americanas e era empregado genericamente para qualquer povo quando se falava sobre seu lugar de origem – cidade, província, reino, região. O antônimo era o termo "estrangeiro". Em carta de 1451, da chancelaria do rei português Dom Afonso V, escrevia-se: "[...] rroubos tomadias nem outra algũa cousa que per os naturaaes dos rregnos de Castella sseja fecta aos nossos sobreditos naturaaes per contra os castellãaos devamos proceder [...]". (p. 33) Em 1472, o mesmo Dom Afonso declarava: "E se elles ou alguun delles parçaria algũua tomar com alguun que morador na verdade nom seja na dita ylha [Cabo Verde] quer seja nosso naturall quer estramgeyro queremos e mandamos que se se poder provar que comtra nossa defesa por emgano do dito prvillegio [...]". (p. 168) ESTEVES (1993, v. I, p. 33 e 168).

[413] NÓBREGA (2006, p. 3).

[414] NÓBREGA (2006, p. 2).

[415] NÓBREGA (2006, p. 2).

[416] NÓBREGA (2006, p. 3).

[417] NÓBREGA (2006, p. 2).

[418] NÓBREGA (2006, p. 7).

[419] Citado por DAHER (2012, p. 54-55).

[420] DAHER (2012, p. 63).

[421] VÁZQUEZ DE ESPINOSA (1628-1629, p. 74).

[422] VÁZQUEZ DE ESPINOSA (1628-1629, p. 75).

[423] Sobre esse tema ver DAHER (2012, p. 42, 64-65).

[424] Ver sobre o tema SCHWARTZ (1988, p. 58).

[425] Sobre o Infante Dom Henrique e suas conquistas, escreveu-se em 1469: "[...] eicelente e comprido de muitas vertudes o infane dom Henrique que foy governador e ministrador

da Ordem de Nosso Senhor Jesu Cristo ducque de Viseu e senhor de Covilhaan o qual achou e notificou todalas ilhas da Madeira e dos Açores com toda a costa de Guinea atee os indios filho do muy nobre Rey dom Joham o primeiro e da rainha dona Philipa [...]" ESTEVES (1993, v. I, p. 158). Em torno de 1516-1518, Duarte Barbosa chamou de índios os habitantes da região do rio do Betele, na costa do Malabar, em *O LIVRO* (2000, p. 15). Mais tarde, em 1627, Alonso de Sandoval escreveu sobre a obra de seu colega jesuíta Francisco Xavier no Oriente, onde teria catequisado e batizado mais de 600.000 pessoas: "de los cuales, los mas es cierto fueron de negros, pues el tiempo que entre ellos anduvo, fue mucho mas largo, que el que estuvo entre Indios" Ver SANDOVAL (1987, p. 548).

[426] Ver LUCENA SALMORAL (2002, p. 49-50).

[427] LAS CASAS (1951, p. 204). Para consultar documentação produzida por Cristóvão Colombo e dirigida a ele ver ARRANZ MÁRQUEZ (2009); ARRANZ MÁRQUEZ (2009b); COLÓN (2005); COLÓN (2002); PÉREZ DE TUDELA Y BUESO (1994).

[428] "La ynstruccion que se enbio al almirante e gobernador. Valladolid a 3 de mayo de 1509" In: CHACÓN Y CALVO (1929, p. 144-145).

[429] ANGLERÍA (1989, p. XXX-XXXIII e 11).

[430] No primeiro documento sobre as terras encontradas e sobre os nativos delas, a célebre carta de Pero Vaz de Caminha, datada de 1500, os vocábulos "índio" ou "indígena" não foram empregados. O escrivão português, ao descrever os nativos da Terra de Vera Cruz, disse: a "feição deles é serem pardos, maneira d'avermelhados, de bons rostos e bons narizes, bem feitos." Ver CAMINHA (1974). Poucos anos mais tarde, em 1519, o português Fernando de Magalhães, que realizou a primeira viagem de circunavegação da terra, em nome do imperador Carlos V, aportou na baía hoje chamada de Guanabara. Integrava a expedição de Magalhães o venetense Antonio Pigafetta (ou Antonio Lombardo), que redigiu a *Relazione del primo viaggio intorno al mondo* (escrita entre 1519 e 1522) e que identificou os nativos da América portuguesa como "popoli", não obstante edições modernas em espanhol traduzirem indevidamente o termo por "indígenas". Ver SEBASTIÁN DE ELCANO, PIGAFETTA, TRANSILVANO, ALBO, MAFRA y otros. (2003, p. 198-199) e PIGAFETTA (s/d, p. 54). Na documentação seiscentista usava-se com frequência outros vocábulos correspondentes a índio, que já apareceram em trechos transcritos neste capítulo e nos anteriores, tais como "selvagem", "bárbaro", "gentio", "brasis", "negros da terra".

[431] MELLO e ALBUQUERQUE (1997, p. 45).

[432] NÓBREGA. In: LEITE (1938-1950, v. I, p. 147-148) citado por ASSUNÇÃO (2000, p. 186-187).

[433] *POLITICA* INDIANA (1776, p. 222).

[434] Em carta escrita em Medina del Campo, em 20 de dezembro de 1503, a rainha Isabel, a Católica, escreveu: "[...] que deviere aver mandado a cada cacique que tenga cargo que cierto numero de los dichos yndios para que los haga yr a trabajar donde fuere menester e para que las fiestas e días que pareciere se junten a oyr e ser dotrinados en las cosas de la fe en los lugares diputados e para que cada cacique acuda con el numero de yndios que vos le señalardes a la persona o personas que vos nombrardes para que trabajen en lo que las tales personas le mandaren pagandoles el jornal que por vos fuere tasado lo qual hagan e cumplan como personas libres como lo son e no como siervos [...]". "P. R. para que los indios de la Española sirvan a los cristianos. Medina del Campo, diciembre 20 de 1503." In: CHACÓN Y CALVO (1929, p. 86). Há outras referências a caciques no mesmo volume, como na p. 310, em documento datado de 1511. Ver também PAIVA (2010, p. 121-122), sobre a etimologia do termo cacique.

[435] BERNAND; GRUZINSKI (1993, p. 7-8). Serge Gruzinski ainda lembra que Carmen Bernand, em texto não publicado, advertia que originalmente a noção de mestiço não se referia à mistura biológica, mas a uma escolha política: "dans l´Espagne médiévale, les *mistos* ou 'métis' sont les chrétiens qui ont prefere s´allier aux musulmans contre le roi Rodrigo". Ver GRUZINSKI (1999, p. 37, nota 11).

[436] ALVAR (1987, p. 162).

[437] D'AREZZO (1282). Agradeço a Federico Faloppa a indicação do trecho citado e da obra.

[438] Esses filhos de espanhóis e de índias, nomeados mestizos em datas posteriores a 1530, apareciam com alguma frequência nas listas de passageiros que se deslocavam entre a Espanha e as Índias Ocidentais e vice-versa. Ver sobre isso RUBIO Y MORENO (s.d., tomos IX e XIII).

[439] "La ynstruccion que se enbio al almirante e gobernador. Valladolid a 3 de mayo de 1509" In: CHACÓN Y CALVO (1929, p. 152).

[440] NAZZARI. In: SILVA (2000, p. 33).

[441] *RECOPILACION DE LAS INDIAS* (1992, p. 1248-1249).

[442] KONETZKE (1946, p. 23).

[443] ARES QUEIJA. In: ARES QUEIJA; STELLA (2000, p. 82).

[444] "Carta de Jerónimo López a Carlos V. (Da noticias curiosas del repartimiento de Méjico.) Año 1541." In: MONTOTO (1927, Tomo I, p. 102).

[445] Stuart Schwartz afirma que o termo "mestizo" já era empregado no Caribe em torno de 1520, ainda que de forma rara, e deixa subentendido que era usado pejorativamente, ocorrendo o mesmo paralelamente no Peru e no Paraguay. Entretanto, o autor não cita nenhum documento de onde tenha tirado essas informações. Ver SCHWARTZ (1997, p. 10).

[446] NEBRIJA (1495(?)).

[447] FORBES (1988, p. 100). Juan Solórzano Pereyra escreveu em 1646: "donde los Latinos los llamaron *Varios*, é *Hibridas*". SOLÓRZANO PEREYRA (1996, p. 220).

[448] Ver KATZEW (2004, p. 21). Em carta de 1687, o bispo do Paraguai, Don Fray Faustino de Casas, referia-se aos nativos como "indios monteses". Ver PÉREZ (1927, p. 157).

[449] Ver exemplos sobre o tema em MONTEIRO (1994, p. 66, 87) e *LIVRO PRIMEIRO* (1958, p. 168).

[450] GARCILASO DE LA VEGA (1995, p. 627-628).

[451] FORBES (1988, p. 128-129).

[452] *SUMMARIO DAS ARMADAS* (1983, Capítulo Ultimo). A nota da professora Carla Mary S. Oliveira sobre o caráter apócrifo do documento encontra-se no fim do texto.

[453] SOUSA (2000, p. 86)

[454] SOUSA (2000, p. 163).

[455] Já em 1516-1518, em capítulo inserido no livro de Duarte Barbosa, Francisco Múcio Camerte empregara o termo "mamaluco" para indicar a composição da armada que o "Grão-Soldão" (sultão) mandara partir do porto de Suez para combater os portugueses em Diu, na Índia. Eram "3.000 homens, a saber: 700 mamalucos e 300 turcos e 1000 moçarabes de Tunez e Granada e falavam espanhol." Ver *O LIVRO* (1996, p. 203).

[456] Carta de Pedro Correia a Simão Rodrigues, 10 de março de 1553. Citado por MONTEIRO (1994, p. 34).

[457] FORBES (1988, p. 70). Nesta carta, datada de 1554, segundo o autor, os termos "mamalucos desta terra", "negros" e "índios" são tomados como sinônimos.

[458] ABREU (1998, p. 143).

[459] GÂNDAVO (1995, p. 13).

[460] *SUMMARIO DAS ARMADAS* (1983, capítulo 9º).

[461] BRANDÃO (1997, p. 33).

[462] SOLER. In: FERRÃO; SOARES (1997, p. 43).

[463] WAGENER (1997, p. 181). [Tradução feita por Álvaro Alfredo Bragança Júnior a partir de original reproduzido na p. 182.]

[464] ENNAJI (2007, p. 104-105). Ver também AKBARNIA. In: AKBARNIA; CANBY; BARRY; NANJI; VALDÉS (2009). O autor, na p. 125, escreve: "Resulta irónico que el ocaso final de los ayyubíes corriera a manos de uno de los miembros de su casta militar de esclavos de élite, un mameluco (palabra que en árabe significa 'esclavo') llamado Baybars."

[465] DENOIX. In: BERNAND; STELLA (2006).

[466] ODÁLIA (1979, p. 68). Ver VARNHAGEN (1854, p. 172).

[467] É possível, entretanto, que o termo correspondente na Espanha e na América espanhola fosse "jenízaro". No *Diccionario de la lengua española* de la Real Academina Española (22.ª edición, 2001) o vocábulo é assim definido: "Se decía del descendiente de cambujo y china, o de chino y cambuja", para o México. "Se decía del hijo de padres de diversa nación; como de española y francés, o al contrario." "Soldado de infantería, y especialmente de la Guardia Imperial turca, reclutado a menudo entre hijos de cristianos." No início do século XVII, o carmelita Jerónimo Gracián de la Madre de Dios, em seu *Tratado de la redención de cautivos*, se referiu varias vezes aos "jenízaros" da Berberia como algozes dos cativos cristãos. Ver GRACIÁN DE LA MADRE DE DIOS (2006).

[468] RÉGENT (2004, p. 15). "Nem todos os homens livres são brancos, mas nem todos os escravos são negros: em cada quatro escravos, três são nascidos na Ilha e um em cada oito – 12% - é mestiçado. O sistema de categorização é complexo e fundado sobre a cor (negro), o lugar de nascimento (crioulo nascido em Guadalupe ou negro africano) e o grau de mestiçagem (de *câpre* a mameluco). Para designar o não branco, os brancos usam numerosos termos: nègre (cor negra, preto), *Noir* (negro), vermelho, gente de cor, escravo, mulato, mestiço, caribe, quarterão, *câpre*, mameluco, cada termo podendo assumir, de um período a outro ou de uma pessoa a outra, significados diferentes." O termo "câpre", que significa alcaparra em português, também era sinônimo de mestiço na época. Além disso, fica evidente a semelhança com a matriz latina *caprínus, a, um*, da qual deriva cabra, que era um dos termos usados, principalmente no Brasil, para designar um tipo específico de mestiço, como se verá à frente.

[469] HOUAISS (2001). Varnhagen escreveu: "Os nascidos das raças cruzadas diziam-se em fraze tupi *curibocas*, porêm o uso fez preferir o nome de *mamelucos*, se que dava em algumas terras da Península aos filhos de christão e moura." Ver VARNHAGEN (1854, p. 172) e ODÁLIA (1979, p. 68).

[470] FORBES (1988, p. 166 e 172).

[471] PAIVA; CERCEAU NETTO. In: CATÃO (2011, p. 147).

[472] IBRAM CBG CPO-TEST, códice 13 – Testamento de Francisca Poderoza. Pitangui, 06/08/1742, f. 90v-95v. (f. 92 v.) A transcrição integral do documento e a reprodução fac-símile dele podem ser consultadas em PAIVA (2009, p. 264-281). Ver também PAIVA; CERCEAU NETTO. In: CATÃO (2011).

473 "Ofício do ouvidor da comarca dos Ilhéos Balthasar da Silva Lisboa para Dom Rodrigo de Sousa Coutinho, no qual lhe communica uma interessante informação sobre a comarca de Ilhéos, a sua origem, a sua agricultura, commercio, população e preciosas mattas. Cairú, 20.03.1799", citado por IVO (2012, p. 108).

474 HOUAISS (2001). VARNHAGEN (1854, p. 101) escreveu, ainda que sem citar documentação: "Se a isto ajuntarmos que os colonos chamam umas vezes aos da terra *Caboclos*, e outras *Bugres*, confirmaremos quanto são de pouca confiança taes denominações recolhidas ligeiramente por escriptores pouco observadores ou acaso ignorantes. Bugre não quer dizer mais que escravo; Caboclo foi expressão que os colonos adoptaram por antithese á de *Emboaba* ou Perni-vestido, digamos assim, dado pelos Indios aos Europeos, por trazerem calças. Caboclo quer dizer pelado, alludindo-se ao uso dos Indios de se arrancarem o cabello do corpo e da cara."

475 DIRETÓRIO *que se deve observar nas Povoações dos Índios* (1755).

476 ALVARÁ *Régio de 4 de abril de 1755.*

477 Essas expressões aparecem na "Carta que se escreveu a dom Pedro de Almeida governador de Pernambuco sobre a conquista dos Palmares", de 1674 (p. 205), e no "Parecer do Conselho Ultramarino sobre a fortificação da capitania de Pernambuco", de 1675 (p. 209), transcritas em GOMES (2010). Expressões semelhantes a essas, que tomavam os índios dos domínios português e espanhol como povos selvagens, rústicos, inábeis, incapazes e/ou perigosos povoaram a documentação do período. Entretanto, muito antes das conquistas no Novo Mundo essas expressões já eram usadas para designar os mouros na África. Gomes Eanes de Azurara, em 1448, os representou como "gente barbárica e bestial" e comentou ainda: "[...] ca segundo lhe o mouro afirmava, o menos que por si dariam seriam dez Mouros, e que melhor era saolvar dez almas que três, ca pero negros fossem, assim tinha almas como os outros, quanto mais que estes negros não vinham da linhagem de Mouros, mas de gentios, pelo que seriam melhores, de trazer ao cominho da salvação e pelos negros podia ainda saber novas da terra muito mais longe [...]" AZURARA (1989, p. 74 e 79).

478 SILVEIRA (2008, p. 270).

479 AZURARA (1989, p. 65-66, 74).

480 DA ÁSIA (1778, p. 11-12).

481 MR INV, caixa 223 – Inventário *post-mortem* de Maria Rosária, preta forra. São João del Rei, 03/10/1771, f. 4-4v.

482 Ver *VIAGENS* (1988, p. 5). Na p. 85 encontra-se a tradução: "E desejando conhecer coisas novas, também com o fim de saber da geração dos habitantes naqueles países, por querer atacar os Mouros..."

483 MELLO; ALBUQUERQUE (1997, p. 41).

484 GARCILASO DE LA VEGA (1995, p. 628).

485 PARAÍSO. In: CUNHA (1992, p. 428).

486 APM SI 007(05) – Planta do Rio Doce: Vila Rica a 13 de Maio de 1798. O mapa pode ser visto em http://www.siaapm.cultura.mg.gov.br/modules/grandes_formatos_docs/photo.php?lid=1412 e os dados sobre o documento podem ser consultados em http://www.siaapm.cultura.mg.gov.br/modules/grandes_formatos/brtacervo.php?cid=1444&op=1. Agradeço a Adriano Toledo Paiva a indicação dessa fonte.

487 "Provisión Real sobre hacer guerra a los indios caribes y tomarlos por esclavos. Burgos, diciembre 24 de 1511." In: CHACÓN Y CALVO (1929, p. 411-414). É importante atentar para a proximidade do termo caribe com "caraíba", usado no Brasil, onde é

tido, geralmente, como sinônimo de homem branco. A região do Caribe (ou Antilhas) é denominada em francês, como exemplo, de Caraïbes e o Oceano Atlântico nessa região também é chamado de Mar das Caraíbas.

[488] ANGLERÍA (1989, p. 12). Texto do capítulo 1 da Década Primeira, escrito entre c. 1493 e 1511.

[489] MAJLUF (1999, p. 27).

[490] SOUSA (2000, p. 85).

[491] "Carta de Cristóvão da Rocha ao governador D. Luís de Souza, sôbre seu novo encontro com Melchior Dias Moréia, ida de ambos ao sertão dos cariris, desconfiança daquele quanto às mercês desejadas pela revelação das minas de prata; sobre o salitre que há muitos anos descobrira, etc. (de 5 de dezembro de 1617)." In: *LIVRO PRIMEIRO* (1958, p. 163-166).

[492] COUTO (1904, p. 465).

[493] FORBES (1988, p. 58-59).

[494] RODRIGUES. In: NOLL; DIETRICH (2010, p. 38-39).

[495] Ver MONTEIRO (1994, p. 165-166).

[496] PAIVA (2009, p. 277). Ver também NAZZARI. In: SILVA (2000, p. 28-44).

[497] MONTEIRO (1994, p. 165). Ver também NAZZARI. In: SILVA (2000) e SILVA (2010, p. 158).

[498] PAIVA (2009, p. 277).

[499] Ainda que realizadas no início do século XVII, há descrições detalhadas sobre os negros Paravas, os Papuas ou "nueva Guinea", os Filipinos e os de Maluco em várias passagens do tratado escrito por Alonso de Sandoval, em 1627. Ver SANDOVAL (1987). Em passagem sobre os Paravas "de la costa de la Pesqueira, cabo de Comorin" (p. 548), que fica no extremo sul da Índia, o jesuíta observava: "[...] provamos ser todos estos Paravas negros (como tambiém los de Travancor, Manar y Ceilan: de cuyas castas he visto algunos en la Provincia del Perú, y en esta tierra firme de Cartagena; y son tan negros y atezados como los de Guinea, anque el cabello no es de todo retortijado)". Em outra parte, registrava o autor: "[...] lo que comunmente dizen los que escriven de las costas de la India Oriental, que sus naturales todos, o son negros, o mulatos, de cuyas naciones he visto yo muchos en le Perú, y en esta tierra firme de Cartagena" (p. 563).

[500] FORBES (1988, p. 69-73).

[501] MONTEIRO (1994, p. 90).

[502] *DIRETÓRIO que se deve observar nas Povoações dos Índios* (1755).

[503] FORBES (1988, p. 103). Segundo o autor, "brasis" era o termo que designava os falantes do tupi, opondo-se a "tapuyas", que indicava os grupos indígenas não falantes do tupi.

[504] Ver APOLOGIA PRO PAULISTIS (2008). O documento original, datado de 1684, pertence à Biblioteca Nazionale Centrale Vittorio Emmanuele, Roma.

[505] FORBES (1988, p. 171). Segundo o autor, o *Prosodia in Vocabularium Biligue Latinum* foi publicado em 1750.

[506] Compilei dados sobre a entrada de africanos nas Américas portuguesa e espanhola no capítulo 3. Sobre o total de escravos entrados nas Américas, geralmente, são números próximos a 12.000.000 os aceitos por especialistas, cujos cálculos diferem por vezes devido às fontes usadas por cada um e à metodologia adotada. No entanto, a estimativa aqui apresentada tem boa aceitação entre os estudiosos. Consultar, entre outros, CURTIN (1969); ELTIS; RICHARDSON (2008) e KLEIN (1978).

[507] NEBRIJA (1495(?), *fol.* LXXIVv.).
[508] *LIVRO PRIMEIRO* (1958, p. 149).
[509] CARDOSO (1562, p. 65v.).
[510] AZURARA (1989, p. 97).
[511] AZURARA (1989, p. 409).
[512] NEBRIJA (1495(?), *fol.* LXXIVv.).
[513] CARDOSO (1562, p. 79).
[514] NEBRIJA (1495(?), *fol.* LXXIVv.).
[515] CARDOSO (1562, p. 79).
[516] NEBRIJA (1495(?), *fol.* LXXXIVr.).
[517] CARDOSO (1562, p. 88v.).
[518] GÓMEZ DANNÉS. In: MONTIEL (1997, p. 240, 252, 253, 257). Ver também FORBES (1988, p. 110).
[519] NEBRIJA (1495(?), *fol.* XIXv.).
[520] CARDOSO (1562, p. 26).
[521] NEBRIJA (1495(?), *fol.* LXIIIv.).
[522] CARDOSO (1562, p. 63v.).
[523] VERBERCKMOES; THOMAS. In: STOLS; THOMAS; VERBERCKMOES (2006, p. VI).
[524] VERBERCKMOES; THOMAS. In: STOLS; THOMAS; VERBERCKMOES (2006, p. VI-VII e IX).
[525] IBRAM/MO-CBG/CPO-LT 01(1) Testamento de Sebastião Pereira de Aguillar, 26/10/1716. O documento foi citado em ANGELO (2013, p. 135).
[526] Índios "plenamente adaptados ao regime", segundo MONTEIRO (1994, p. 156).
[527] SILVA (1813, p. 319). Antes deste dicionário, os de Nebrija, Cardoso e Bluteau não incluíram o vocábulo "cafre". Relembrando: em 1609, o dominicano frei João dos Santos, nascido em Évora, que missionava na África Oriental, os definiu assim: "os mais destes cafres são pretos como azeviche, de cabelo crespo, e gentis homens, e mais particularmente o são os mocarangas que vivem nas terras do Quiteve." SANTOS (1999, p. 111).
[528] Sobre "preto" como sinônimo de escravo ver LARA (2007, p. 132-135).
[529] ARES QUEIJA. In: ARES QUEIJA; GRUZINSKI (1997, p. 42). Segundo a autora, o mesmo teria ocorrido com o termo *zambaigo*.
[530] ARROM (1951, p. 172).
[531] GARCILASO DE LA VEGA (1995, p. 627).
[532] Termo originário do quimbundo, que significa "iletrado, grosseiro, bruto, atrasado", segundo LOPES (2003b, p. 147). Capistrano de Abreu indica o significado do termo, mas nada diz sobre a origem de seu emprego. Ver ABREU (1998, p. 115). Já Francisco Adolfo de Varnhagen escreveu que os "descendentes dos primeiros colonizadores começaram a designar com a expressão africana *mazombos* os filhos dos chegados da Europa", mas também não apresentou nenhuma evidência documental sobre isso. Ver ODÁLIA (1979, p. 68).
[533] BLUTEAU (1712, p. 613).
[534] MONTEIRO (1994, p. 90-91, 156, 165).

[535] JOUVE-MARTÍN. In: McKNIGHT; GAROFALO (2009, p. 112).

[536] LIBBY. In: PAIVA, IVO; MARTINS (2010, p. 49). Sobre o emprego de "crioulo" restrito à primeira geração de filhos de africanas nascidos no Brasil ver SOARES (2000, p. 100).

[537] MR INV, caixa 2 – Inventário *post-mortem* de Thomazia de Aguiar. São João del Rei, 08/11/1786, f. 2v.

[538] OLIVEIRA (1997, p. 70).

[539] Impostos na Capitania Mineira (1897, p. 294). Citado por OLIVEIRA (2013, p. 180).

[540] *DEL ORIGEN Y PRINCIPIO DE LA LENGUA CASTELLANA (1674, p. 114v-115)* – "[...] CABRON, Latin. Caper. animal conocido. simbolo de la luxuria, por lo que hemos dicho, verbo Cabrito. [...] Es simbolo del demonio, y en su figura cuentan aparecerse a las bruxas, y querer ser reverenciado dellas. [...] Llamar a uno cabron en todo tiempo, y entre todas naciones, es afrentarle. Vale lo mesmo que cornudo, a quien su muger no le guarda lealtad, como no la guarda la cabra, que de todos los cabrones se dexa tomar. [...] Y también porque el hombre se lo consiëte, de donde se seguio llamarle cornudo, por serlo el cabron (según algunos.)"; BLUTEAU (1712, p. 21) – "Cabrão. Cornudo, consentidor." Esse sentido não aparece nos vocabulários mais antigos em português e em espanhol, entre os quais os já citados NEBRIJA (1495(?)) e CARDOSO (1562).

[541] *DEL ORIGEN Y PRINCIPIO DE LA LENGUA CASTELLANA (1674, p. 114 v)* – "[...] El cabrito es símbolo del moçuelo, que apenas (como dizen) ha salido del cascaron, quando ya anda en zelos, y prefume de enamorado. y valiente, como lo significò Horacio, lib. 3. carminum, ode 13...".

[542] *DEL ORIGEN Y PRINCIPIO DE LA LENGUA CASTELLANA (1674, p. 114)* – "[...] tal es el estrago que haze la mala muger en los moços poco experimentados, gastándoles la hazienda, la salud, y la honra." BLUTEAU (1712, p. 21) – "Cabra. Derão os Portuguezes este nome a alguns Indios, porque os acharão ruminando, como cabras, a erva Betel, que quase sempre trazem na boca."

[543] BERNAND (1997, p. 48). "Existem também os mestiços, "todos diferentes na cor e na pele": os mulatos, nascidos de espanhol e de negro, os mestiços, de espanhol e de "selvagem", os cabras, mistura de mulatos e de "selvagem" e os zambos, de "selvagem" e de mestiço."

[544] ALVAR (1987, p. 161).

[545] RÉGENT (2004, p. 15).

[546] APM SG-DNE, caixa 06, documento 39 – Requerimento de Maria Antonia de Moraiz. Vila Rica, 06/12/1769, f. 1.

[547] APM SG-DNE, caixa 06, documento 39 – Requerimento de Maria Antonia de Moraiz. Vila Rica, 06/12/1769, f. 2.

[548] Sobre o tema ver PAIVA (2004).

[549] Arquivo Público Mineiro-APM/Secretaria de Governo-SG – Documentação não encadernada da Capitania de Minas Gerais – Cx. 06/Doc. 39. Vila Rica – 06/12/1769, f. 6-10.

[550] Agradeço a Douglas Lima de Jesus pela elaboração dessa genealogia.

[551] Arquivo Público Mineiro-APM/Secretaria de Governo-SG – Documentação não encadernada da Capitania de Minas Gerais – Cx. 06/Doc. 39. Vila Rica – 06/12/1769, f. 10.

[552] Arquivo Público Mineiro-APM/Secretaria de Governo-SG – Documentação não encadernada da Capitania de Minas Gerais – Cx. 06/Doc. 39. Vila Rica – 06/12/1769, f. 4.

[553] Ver ARES QUEIJA. In: ARES QUEIJA; STELLA (2000, p. 82); BOIXADÓS y FARBERMAN. In: FARBERMAN y RATTO (2009, p. 80); FERREIRA (2008); GUZMÁN (2010, p. 42, 60-61); IVO (2012); LIBBY. In: PAIVA, IVO; MARTINS (2010); PAIVA; CERCEAU NETTO. In: CATÃO (2011).

[554] MENDES In: BOTTE; STELLA (2011). "No final do século XVI, no espaço da Senegâmbia e de Cabo Verde, os descendentes de brancos se constituíram como classe social crioula entre os reinóis e os assimilados, de um lado, e os africanos, de outro. Esses homens e mulheres constituem nessas praças uma casta de mercadores abastados, endogâmica e hereditária, cujos membros são identificáveis pela vestimenta, por sua forma de viver, sua fala e seu *status*. Os *brancos do país* reivindicavam uma parte de africanidade, de europeu e de caboverdianidade, eles mobilizavam uma larga paleta de referências identitárias sob o uso da sociedade, dos membros do grupo e do exterior: territorial (o país), racial (a brancura) ou religiosa (cristianismo). Pouco a pouco, mulatos ou negros, cristãos ou judeus, estrangeiros, crioulos, naturais da Guiné ou descendentes de portugueses, esses indivíduos mudavam de cor, de religião e/ou de nação em função das circunstâncias e dos interlocutores. Seus corpos e seus rostos eram moldados pelos costumes do país e pela rudeza do cotidiano e sua religiosidade era fluida. Mas, ao final, para eles, essas referências raciais e religiosas tinham implicações societais. Ser "branco" e "cristão" era também uma forma de categorização associada a uma atividade mercantil (o tráfico) e a um território (a Guiné do Cabo Verde). Sobretudo o nome de batismo, cristão e português, era uma maneira de reivindicar as origens livres nessas sociedades do oeste africano, atravessadas pela ambiguidade dos *status* e das raças e pela fragilidade da liberdade." Sobre questões semelhantes para São Tomé dos séculos XVII e XVIII ver CALDEIRA. In: MENESES (2012, p. 110).

[555] IVO (2012, p. 272-273).

[556] IBRAM CGB LN CPON, livro 3(2) – 1721-1722 – Carta de Alforria de Josefa parda. Vila de Nossa Senhora da Conceição [Sabará], 19/09/1721, f. 89-89v. Agradeço a Douglas Lima de Jesus a indicação desse documento.

[557] RAPPAPORT (2011, p. 602).

[558] HOLANDA (1960, Tomo I, v. 2, op. cit., p. 9-15).

[559] António Luís Ferronha foi responsável pela leitura, introdução, modernização e pelas notas da edição de 1995 do *Tratado breve dos rios de Guiné do Cabo-Verde feito pelo Capitão André Álvares d'Almada Ano de 1594*. A referência sobre o termo "pardo" encontra-se na nota 27, p. 138 de ALMADA (1995). O autor, entretanto, não cita a fonte da informação.

[560] AZURARA (1989, p. 97).

[561] CAMINHA (1974, p. 35, 37 e 40). O rei português Dom João III, em 1546, depois de um levante de pardos contra brancos, ocorrido na Ilha de São Tomé, resolveu conceder aos "pardos filhos das ilhas" a igualdade de direitos no que se referia à ocupação de cargos na administração e nas milícias. Ver CALDEIRA. In: MENESES (2012, p. 107).

[562] SOLÓRZANO PEREYRA (1996, p. 222).

[563] Além de "moreno", derivam de "*moro*"/"mouro" nomes próprios, como Mauro, Maura e Maurício, sobrenomes, como Moreno e Mourão, que com o passar dos séculos se tornaram muito comuns inclusive no Brasil, onde inicialmente as categorias "mouro", "mourisco", "moreno" não foram tão frequentes.

[564] FORBES (1988, p. 140).

[565] NEBRIJA (1495(?), *fol.* LXXIIv.).

⁵⁶⁶ Entretanto, houve variações relativas a essa compreensão, que merecem ser registradas. Duarte Barbosa, por exemplo, em torno de 1516/1518, descreveu os habitantes da cidade de Bisnaga, na Índia, como "homens baços, quase brancos". Ver *O LIVRO* (2000, p. 60).

⁵⁶⁷ Trata-se do *Jaboatão mystico em correntes sacras dividido. Corrente primeira panegyrica, e moral, offerecida, debaixo da proteção da milagrosa imagem do Senhor Santo Amaro, venerada na sua igreja matriz do Jaboatão, ao ilustrissimo e excelentissimo senhor Luiz José Correa de Sá, governador de Pernambuco*. Lisboa: Na offic. de Antonio Vicente da Silva, 1758, citado por DIAS e ALMEIDA. In: *Anais Eletrônicos* (2007, p. 7). Ver também ALMEIDA (2012) e SILVA (2014).

⁵⁶⁸ GÓMEZ (2005, p. 173).

⁵⁶⁹ FORBES (1988, p. 151-152).

⁵⁷⁰ FORBES (1988, p. 140-148).

⁵⁷¹ FORBES (1988, p. 152). A propósito, "indiano" foi o termo empregado em Sevilha, durante o período aqui enfocado, para designar os espanhóis que voltavam ricos da América. Os que voltavam especificamente do Peru eram chamados de "peruleros". Devo essas informações a Berta Ares Queija. Ver os termos no *DICCIONARIO DE AUTORIDADES* (1969).

⁵⁷² Ver, por exemplo, LUCENA SALMORAL (2002, p. 124-126), que indica proibição de passarem ladinos e mulatos às Índias Ocidentais em 1543.

⁵⁷³ FORBES (1988, p. 160-161).

⁵⁷⁴ Carta de privilégio aos povoadores de São Tomé, 10/08/1520, citada por CALDEIRA. In: MENESES (2012, p. 106).

⁵⁷⁵ SCHWARTZ (1988, p. 28).

⁵⁷⁶ Em documentos de 1576, produzido em Quito, aparece a definição: "[…] hay muchos mulatos hijos de negros y de indias que llaman çambayiyos [...]" já transcrita no capítulo 3 e citada por BERNAND (2001, p. 51-52).

⁵⁷⁷ A denúncia de Góngora está em seu *Alboroto y Motín de los indios de México*, citado por GÓMEZ (2005, p. 126).

⁵⁷⁸ FORBES (1988, p.131-140). A associação com bastardo, segundo Forbes, aparece no *Vocabulario de las Dos Lenguas Toscana y Castellana*, de Cristóbal de las Casas, publicado em Venesa, em 1600.

⁵⁷⁹ CARDOSO (1562, p. 78 v).

⁵⁸⁰ BLUTEAU (1712, p. 614-615 e 628).

⁵⁸¹ SOLÓRZANO PEREYRA (1996, p. 220-221).

Conclusões

⁵⁸² SUBRAHMANYAM (2005, p. 28) – "a história da modernidade [séculos XVI e XVII] é em si global e conjuntural".

⁵⁸³ VIEIRA (1951, p. 126, v. I).

Anexo

⁵⁸⁴ Os termos e as expressões incluídos neste arrolamento ainda bastante lacunar integrarão o *Dicionário das Mestiçagens na Ibero-América*, cujos trabalhos encontram-se em andamento. Este foi o principal projeto do Acordo de Cooperação Interinstitucional firmado entre a Universidade Federal de Minas Gerais e a Escuela de Estudios Hispano-Americanos/CSIC, Sevilla (2008-2013), coordenado por mim e pela Dra.

Berta Ares Queija. Uma parte do arrolamento aqui apresentado resultou de pesquisas conjuntas realizadas pelos dois coordenadores e de contribuições pontuais de outros pesquisadores, que gentilmente indicaram vocábulos ausentes. No entanto, a parte mais substancial da listagem é produto das pesquisas que venho desenvolvendo nos últimos anos junto a acervos documentais, bibliotecas e museus no Brasil e no exterior. O projeto do Dicionário foi amplamente reformulado após a finalização do primeiro período do Acordo de Cooperação e hoje se encontra vinculado exclusivamente ao Grupo de Pesquisa CNPq-UFMG *Escravidão, mestiçagem, trânsito de culturas e globalização - séculos XV a XIX* e ao Centro de Estudos sobre a Presença Africana no Mundo Moderno-CEPAMM-UFMG. As denominações dos grupos "étnicos" africanos, aqui considerados "matrizes" de mesclas biológicas e culturais ocorridas na Ibero-América, foram retiradas de fontes manuscritas e impressas e de arrolamentos e estudos realizados por inúmeros pesquisadores e já publicados. Foram incluídos neste Anexo apenas os mais recorrentes.

Acervos, fontes e bibliografia

Acervos consultados e abreviaturas

Brasil

APM CMOP - Arquivo Público Mineiro (Belo Horizonte, MG). Câmara Municipal de Ouro Preto (Fundo Arquivístico).

APM CMS - Arquivo Público Mineiro (Belo Horizonte, MG). Câmara Municipal de Sabará (Fundo Arquivístico).

APM SC - Arquivo Público Mineiro (Belo Horizonte, MG). Seção Colonial (Fundo Arquivístico).

APM SG-DNE - Arquivo Público Mineiro (Belo Horizonte, MG). Secretaria de Governo. Documentação não encadernada (Fundo Arquivístico).

APM SI - Arquivo Público Mineiro (Belo Horizonte). Secretaria do Interior (Fundo Arquivístico).

Biblioteca da Faculdade de Ciências Econômicas (FACE) da Universidade Federal de MG (UFMG). Belo Horizonte (MG).

Biblioteca da Faculdade de Filosofia e Ciências Humanas (FAFICH) da Universidade Federal de MG (UFMG). Belo Horizonte (MG).

IBRAM CBG - Instituto Brasileiro de Museus Casa Borba Gato. Sabará (MG).

IBRAM CBG CPO-TEST - Instituto Brasileiro de Museus Casa Borba Gato. Cartório do Primeiro Ofício. Testamentos. Sabará. MG).

IBRAM CBG LN CPON - Instituto Brasileiro de Museus Casa Borba Gato. Livros de Notas Cartório do Primeiro Ofício de Notas Sabará. (MG).

MR INV - Museu Regional de São João del Rei Inventários *post-mortem*. São João del Rei. (MG).

Exterior

AGI - Archivo General de Indias. (Sevilla, Espanha).

Biblioteca da Escuela de Estudios Hispano-Americanos. Consejo Superior de Investigaciones Científicas (EEHA-CSIC). (Sevilla, Espanha).

Biblioteca de la Universidad de Sevilla (Espanha). Fondo Antiguo.

Bibliothèque de la Fondation Maison des Sciences de l'Homme (Paris, França).

Bibliotheek Letteren. Katholieke Universiteit Leuven (KUL). (Leuven, Bélgica)

Maurits Sabbe Library Faculty of Theology and Religious Studies – Katholieke Universiteit Leuven (KUL) [Antiga biblioteca dos Jesuítas].

Museo de América. Madrid (Espanha). KADOC - Katholieke Universiteit Leuven (KUL). (Leuven, Bélgica)

Tabularium Central Bibliotheek Katholieke Universiteit Leuven (KUL). (Leuven, Bélgica)

Acervos eletrônicos consultados

Archivos de España <http://www.mcu.es/archivos/index.html>.

Biblioteca de la Universidad de Sevilla. Fondo Antiguo Digital. <http://bib.us.es/nuestras_colecciones/fondo_antiguo/fondo_antiguo_digital-ides-idweb.html>.

Biblioteca Nacional de Portugal. Coleções digitalizadas <http://purl.pt/index/livro/PT/index.html>.

Biblioteca Nacional Digital Brasil <http://bndigital.bn.br/pesquisa.htm>.

Biblioteca Virtual de Filosofía Mexicana <http://bibliotecavirtual.sitioafm.org/Catalogo.html>.

Biblioteca Virtual Miguel de Cervantes <http://www.cervantesvirtual.com>.

Internet Archive <http://www.archive.org>.

Fontes

Documentos manuscritos

APM CMOP, caixa 03, documento 21 - "Termo de ajuntada". Vila Rica, 18/02/1732.

APM CMOP, códice 06 - "Registro de cartas do Governador e mais autoridades do Senado, de bandos, ordens, provisões, portarias, propostas, requerimentos ou petições" - 1717-1733. Edital que o Senado da Câmara mandou publicar sobre as vendagens no Morro. Vila Rica, 09/09/1733.

APM CMOP, códice 35 - "Registro de editais, cartas, provisões e informações do Senado de petições e despachos" - 1735-1736.

APM CMS, códice 20 - "Testamentos". Testamento de Ignacio Pinto, preto forro. Arraial de São Gonçalo, 05/11/1754.

APM CMS, códice 53 - "Registros de testamentos, inventários e sizas dos bens de raiz" - 1776-1782.

APM CMS, códice 111 - "Testamentos". "Copia do Testamento com que faleceu o Te. Coronel Bazilio Malheiro do Lago". Villa Real de Nossa Senhora da Conceição do Sabará, 12/08/1809.

APM SG-DNE, caixa 06, documento 33 - Requerimento de Cosme Teixeira Pinto de Lacerda, crioulo escravo. Vila Rica, 09/08/1769.

APM SG-DNE, caixa 06, documento 39 - Requerimento de Maria Antonia de Moraiz. Vila Rica, 06/12/1769.

APM SI 007(05) - Planta do Rio Doce: Vila Rica a 13 de maio de 1798.

IBRAM CBG CPO-TEST, caixa 06(12) -Testamento de Luis Francisco de Araujo Castro. Sabará, 07/08/1745.

IBRAM CBG CPO-TEST, códice 13 - Testamento de Francisca Poderoza. Pitangui, 06/08/1742.

IBRAM CBG CPO-TEST, códice 13 - Testamento de Gaspar Moteyro. Rio das Velhas Abaixo, 25/09/1739.

IBRAM CGB LN CPON, livro 3(2), 1721-1722. Carta de Alforria de Josefa parda. Vila de Nossa Senhora da Conceição, Sabará, 19/09/1721.

MR INV, caixa 02 - Inventário *post-mortem* de Thomazia de Aguiar. Palmital, freguesia da Senhora Santa Ana do Arraial das Lavras do Funil, 23/05/1785.

MR INV, caixa 87 - Inventário *post-mortem* de Manoel Gomes Ferreira. Santo Antonio de Itaberava, 26/04/1780.

MR INV, caixa 104 - Inventário *post-mortem* de Jeronimo Ferreyra Guimarães. São João del Rei, 23/11/1780.

MR INV, caixa 105 - Inventário *post-mortem* de Mathias da Costa Homem. São João del Rei, 20/08/1763.

MR INV, caixa 153 - Inventário *post-mortem* do capitão João de Matos. São João del Rei, 15/12/1757.

MR INV, caixa 154 - Inventário *post-mortem* do doutor Antonio Martins Couto de Meireles. São João del Rei, 23/08/1753.

MR INV, caixa 223 - Inventário *post-mortem* de Maria Rosária, preta forra. São João del Rei, 03/10/1771.

MR INV, caixa 263 - Inventário *post-mortem* de João Batista Sobral. Cachoeira do Brumado, termo da vila de São José del Rei, 24/09/1753.

Documentos transcritos e impressos

ALVARÁ Régio de 4 de abril de 1755. <http://www.nacaomestica.org/alvara_regio_04_abril_1755_cabouclos.htm>.

AMADO, Janaína; FIGUEIREDO, Luiz Carlos. *Brasil 1500. Quarenta documentos*. Brasília: Editora da Universidade de Brasília; São Paulo: Imprensa Oficial do Estado de São Paulo, 2001.

APOLOGIA PRO PAULISTIS (1684). *Clio Revista de Pesquisa Histórica*, Recife, n. 27-1, p. 362-416, 2008. (Transcrito por Carlos Alberto de M. R. Zeron e traduzido por Rafael Ruiz).

ARRANZ MÁRQUEZ, Luis (Ed.). *Diario de a bordo. Cistóbal Colón*. Madrid: Dustin, 2009.

ARRANZ MÁRQUEZ, Luis (Ed.). *Historia del Almirante*. Madrid: Dustin, 2009b.

BANDINI, Angelo Maria. *Vita e lettere di Amerigo Vespvcci: gentilvomo fiorentino, raccolte e illvstrate dall'abate Angelo Maria Bandini*. Firenzi: Nella Stamperia All'Insegna di Apollo, 1745. Disponível em: <http://goo.gl/uZzDtk>.

CAMINHA, Pêro Vaz de. *Carta a el-rei d. Manuel sobre o achamento do Brasil* (1 de maio de 1500). Lisboa: Imprensa Nacional; Casa da Moeda, 1974.

CARTAS ERUDITAS, Y CURIOSAS en que, por la mayor parte, se continúa el designio del Teatro Crítico Universal, impugnando, o reduciendo a dudosas, varias opiniones comunes. Escritas por el muy ilustre señor D. Fr. Benito Jerónimo Feijoo y Montenegro, Maestro General del Orden de San Benito, del Consejo de S. M. &c. Madrid: Imprenta Real de la Gazeta, 1777, 5 t. [1ª edição em 1742]. Disponível em: <http://www.filosofia.org/bjf/bjfc100.htm>.

CHACÓN Y CALVO, José María. (D.). COLECCIÓN DE DOCUMENTOS INÉDITOS PARA LA HISTORIA DE HISPANO-AMÉRICA. Tomo VI. Cedulario Cubano (Los Orígenes de la Colonización) I (1493-1512). Por D. José Ma. Chacón y Calvo Académico electo de la Nacional de Artes y Letras, de La Habana, correspondiente de la Academia de la Historia de Cuba y de las Reales Academias Española y de la Historia. Madrid: Compañía Ibero-Americana de Publicaciones, S. A., 1929.

COLECCIÓN DE DOCUMENTOS INÉDITOS PARA LA HISTORIA DE HISPANO-AMÉRICA. Tomo X. Catálogo de los Fondos Americanos del Archivo de Protocolos de Sevilla. Tomo I - Siglo XVI (con XX apéndices documentales). Sevilla: Instituto Hispano Cubano de Historia de América, 1997.

COLÓN, Cristobal. *Relaciones, cartas y otros documentos, concernientes a los cuatro viajes que hizo el Almirante D. Cristobal Colon para el descubrimiento de las Indias Occidentales.* Valladolid: Maxtor, 2005.

COLÓN, Hernando. *Cuarto viaje colombino; la ruta de los huracanaes (1502-1504).* Madrid: Dustin, 2002.

CONCILIO III PROVINCIAL MEXICANO, CELEBRADO EN MEXICO EL AÑO DE 1585, CONFIRMADO EN ROMA POR EL PAPA SIXTO V Y MANDADO OBSERVAR POR EL GOBIERNO ESPAÑOL EN DIVERSAS REALES ÓRDENES / PUBLICADO POR MARIANO GALVÁN RIVERA. México: Eugenio Maillefert, 1859. Disponível em: <http://cdigital.dgb.uanl.mx/la/1080015403/1080015403.html>.

CONCILIO PROVINCIAL MEXICANO CUARTO: CELEBRADO EN LA CIUDAD DE MÉXICO EL AÑO DE 1771. Querétaro: Imprenta de la Escuela de Artes, 1898. Disponível em: <http://cdigital.dgb.uanl.mx/la/1020000241/1020000241.html>.

CONCILIOS PROVINCIALES, PRIMERO Y SEGUNDO, CELEBRADOS EN LA MUY NOBLE Y MUY LEAL CIUDAD DE MÉXICO, *presidiendo el illmo. y rmo. señor D. Fr. Alonzo de Montúfar en los años de 1555 y 1655: dalos a luz el illmo. Sr. D. Francisco Antonio Lorenzana, arzobispo de esta santa metropolitana iglesia.* México: Imprente de el Superior Gobierno, de Joseph Antonio de Hogal, 1555. Disponível em: <http://cdigital.dgb.uanl.mx/la/1080012141/1080012141.html>.

CONSTITUCIONES SINODALES DEL ARZOBISPADO DE LIMA: *Edición hecha conforme a la de 1754.* Lima: Huerta Y Cª Impresores-Editores, 1864. Disponível em: <http://goo.gl/basiF4>.

CONSTITUIÇÕES PRIMEIRAS do Arcebispado da Bahia feitas, e ordenadas pello illustrissimo, e reverendíssimo senhor D. SEBASTIÃO MONTEIRO DA VIDE, 5º Arcebispo do dito Arcebispado, e do Conselho de Sua Magestade: propostas, e aceitas em o synodo diocesano, que o dito senhor celebrou em 12 de junho do anno de 1707. Impressas em Lisboa no anno de 1719, e em Coimbra em 1720 com todas as Licenças necessarias, e ora reimpressas nesta Capital. São Paulo: Na Typographia 2 de Dezembro de Antonio Louzada Antunes, 1853. [Edição fac-símile Brasília: Senado Federal, Conselho Editorial, 2007]

COMPAÑÓN, Baltasar Jaime Martínez. *Trujillo del Perú. Apéndice III.* Madrid: Ediciones de Cultura Hispanica, 1985, 9 v. [Imagens e textos produzidos entre 1782 e 1785].

CORTÉS, Hernán. *Cartas de relación.* México: Porrua, 1971.

DÍAZ, María Elena. To live as a pueblo: a contentious endeavor, El Cobre, Cuba, 1670s--1790s. In: McKNIGHT, Kathryn Joy; GAROFALO, Leo J. (Ed.) *Afro-latino voices; narratives from the early modern Ibero-Atlantic World, 1550-1812.* Indianapolis/Cambridge: Hackett Publishing Company, 2009, p. 126-141.

DIRETÓRIO que se deve observar nas Povoações dos Índios do Pará, e Maranhão, enquanto Sua Majestade não mandar o contrário. 1755. Disponível em: <http://www.nacaomestica.org/diretorio_dos_indios.htm>.

ESTEVES, Maria Luísa Oliveira (Cord.). *Portugaliae Monumenta Africana.* Lisboa: Comissão Nacional para as Comemorações dos Descobrimentos Portugueses/Imprensa Nacional--Casa da Moeda, 1993, 2 v.

GARCÍA, Genaro (Dir.). *Documentos inéditos del siglo XVI para la Historia de México colegidos y anotados por el P. Mariano Cuevas, S. J.* 2. ed. México: Editorial Porrúa S. A., 1975. [1ª edição no México, em 1914].

GARCÍA RODRÍGUEZ, Gloria. *La esclavitud desde la esclavitud. La visión de los siervos.* México: Centro de Investigación Científica "Ing. Jorge L. Tamayo", A. C., 1996, p. 73.

GUERRERO, Bartolomé Lobo; UGARTE, Fernando Arias de (Orgs.). Sínodos de Lima de 1613 y 1636. Madrid: Centro de Estudios Históricos del Consejo Superior de Investigaciones Científicas; Salamanca: Instituto de Historia de la Teología Española de la Universidad Pontificia, 1987. Disponível em: <http://goo.gl/AOvlzG>.

IMPOSTOS NA CAPITANIA MINEIRA. Exposição dos Oficiais da Câmara de Vila de São José del Rei, 30 set. 1744. *Revista do Archivo Publico Mineiro*. Ouro Preto, Imprensa Official de Minas Geraes, v. 2, f. 2, 1897, p. 292-296. Disponível em: <http://www.siaapm.cultura.mg.gov.br/modules/rapmdocs/photo.php?lid=609>.

JOUVE-MARTÍN, José R. Death, Gender, and Writing: Testaments of Women of African Origin in Seventeenth-Century Lima, 1651-1666. In: McKNIGHT, Kathryn Joy; GAROFALO, Leo J. (Ed.). *Afro-latino voices; narratives from the early modern Ibero-Atlantic World, 1550-1812*. Indianapolis/Cambridge: Hackett Publishing Company, 2009. p. 105-125.

LAPA, José Roberto do Amaral (Org.). *Livro da Visitação do Santo Ofício da Inquisição ao Estado do Grão-Pará (1763-1769)*. Petrópolis: Vozes, 1978.

LAS SIETE PARTIDAS DEL REY DON ALFONSO EL SABIO, cotejadas con varios códices antiguos por la Real Academia de la Historia. Madrid: La Imprenta Real, 1807. [escritas entre 1256 e 1265]. Disponível em: <http://www.cervantesvirtual.com/buscador/?f[cg]=1&q=las+siete+partidas&x=0&y=0>.

LEITE, Serafim S. J. *Cartas dos primeiros jesuítas do Brasil*. São Paulo: Comissão do IV Centenário da cidade de São Paulo, 1954, 4 v.

LIVRO PRIMEIRO do governo do Brasil 1607-1633. Rio de Janeiro: Departamento de Imprensa Nacional, Seção de Publicações do Serviço de Documentação, 1958.

MELLO, José Antônio Gonsalves de; ALBUQUERQUE, Cleonir Xavier de (Orgs.). *Cartas de Duarte Coelho a El Rei*. Recife: Fundação Joaquim Nabuco/Editora Massangana, 1997.

MONTOTO, Santiago. (Recopil.) *Colección de documentos inéditos para la Historia de Ibero--América*. Madrid: Editorial Ibero-Africano-Americana, 1927, tomo I.

NÓBREGA, Manuel. Informações das Terras do Brasil. [Baia agosto? 1549]. In: LEITE, Serafim. S. J. *História da Companhia de Jesus no Brasil*. Lisboa: Portugália, Rio de Janeiro: Instituto Nacional do Livro, 1938-1950, 10 v.

O'TOOLE, Rachel Sarah. The Making of a Free Lucumí Household: Ana de la Calle's Will and Coods, Northern Peruvian Coast, 1719. In: McKNIGHT, Kathryn Joy; GAROFALO, Leo J. (Ed.) *Afro-latino voices; narratives from the early modern Ibero-Atlantic World, 1550-1812*. Indianapolis/Cambridge: Hackett Publishing Company, 2009. p. 142-153.

OBRA NOVA DE LÍNGUA GERAL DE MINA de António da Costa Peixoto. Manuscrito da Biblioteca Pública de Évora. Publicado e apresentado por Luís Silveira. Lisboa: Agência Geral das Colónias, 1944. [Escritos em 1731 e 1741]. Disponível em: <http://purl.pt/16608>.

OPUS EPISTOLARUM PETRI MARTYRIS ANGLERII MEDIOLANENSIS - Protonotarii Apostolici, Prioris Archiepiscopatus Granatensis, atque à Consiliis Rerum Indicarum Hispanicis, tanta cura excusum, ut præter styli venustatem quoque fungi possit vice Luminis Historiæ superiorum temporum. Cui accesserunt EPISTOLÆ FERDINANDI de PULGAR Coætanei Latinæ pariter atque Hispanicæ cum Tractatu Hispanico de Viris Castellæ Illustribus. Paris: Fredericum Leonard. Typogrphum Regium, 1670. [1ª edição em 1530, em Alcalá de Henares]. Disponível em: <http://goo.gl/txXCDs>.

PÉREZ, Fray Pedro N. *Los Obispos de la Orden de la Merced en America (1601-1926) Documentos del Archivo General de Indias*. Santiago de Chile: Imprenta Chile, 1927.

PÉREZ DE TUDELA Y BUESO, Juan. *Colección documental del descubrimiento (1470-1506)*. Madrid: Real Academia de la Historia, Consejo Superior de Investigaciones Científicas, Fundación MAPFRE América, 1994, 3 v.

PROCESO de beatificación y canonización de san Pedro Claver. Bogotá: Centro Editorial Javeriano (CEJA), 2002. [Depoimentos recolhidos em 1696].

RIQUELME KORDIC, Raïssa; GOIC, Cedomil. *Testamentos coloniales chilenos.* Madrid/Frankfurt: Iberoamericana/Vervuert, 2005.

RUBIO Y MORENO, Luis. *Colección de Documentos Inéditos para la Historia de Hispano América. Pasajeros a Indias. Catálogo Metodológico de las Informaciones y Licencias de los que allí pasaran, existentes en el Archivo General de Indias. Siglo primero de la colonización de Américas. 1492-1592.* Madrid: Compañía Ibero-Americana de Publicaciones S. A., s.d., tomos IX e XIII.

SUMMARIO DAS ARMADAS que se fizeram, e guerras que se deram na conquista do rio Parahyba; escripto e feito por mandado do muito reverendo padre em Christo, o padre Christovam de Gouveia, visitador da Companhia de Jesus, de toda a província do Brasil. 5. ed. Campina Grande: Fundação Universidade Regional do Nordeste/Universidade Federal da Paraíba, 1983. [Escrito c. 1585-1590]. Disponível em: <http://cms-oliveira.sites.uol.com.br/1585_sumario_das_armadas.html>.

VAINFAS, Ronaldo (Org.). *Confissões da Bahia: santo ofício da inquisição de Lisboa.* São Paulo: Companhia das Letras, 1997. [Registradas entre 1591 e 1592].

WAGENER, Zacharias. *Livro dos Animais No qual há vários diferentes tipos de peixes, aves, quadrúpedes, vermes, frutos da terra e árvores, como se pode ver e encontrar pelos domínios da Companhia das Índias Ocidentais no Brasil e que são todos exóticos e desconhecidos nas terras da Alemanha. Foram figurados de forma exata em suas cores naturais, junto com seus próprios nomes e seguidos de uma breve descrição. Todos foram obviamente desenhados por mim mesmo para agradar e obsequiar as mentes inquisitivas no Brasil. Sob o honorável governo do muito honrado Mestre e Senhor João Maurício, Conde de Nassau etc., Capitão Governador e Almirante Geral por ZACHARIAS WAGENER de Dresden.* Rio de Janeiro: Editora Index, 1997. [Escrito c. 1634-1641]

Crônicas, debates, descrições, diálogos, discursos, instruções, literatura, poemas, relatórios, relatos antigos, tratados

ACOSTA, José de. *De Procuranda Indorum Salute.* Madrid: Consejo Superior de Investigaciones Científicas, 1987. [1ª edição em Salamanca, em 1588. Finalizado em Lima, em 1576].

ACOSTA, José de. *Historia natural y moral de las Indias.* Madrid: Dastin, 2002. [1ª edição em Sevilla, em 1590].

ACUÑA, Cristóbal de. *Novo descobrimento do Rio Amazonas* (ed. bilíngue e trad.) Montevideo: Embajada de España en Brasil, Oltaver S. A. Buenos Libros Activos, 1994. [Finalizado em 1639. 1ª edição em Madrid, em 1641].

ALBUQUERQUE, Luís (Dir.). *Martim Afonso de Souza.* Lisboa: Publicações Alfa, 1989.

ALMADA, André Álvares d'. *Tratado breve dos rios de Guiné do Cabo-Verde feito pelo Capitão André Álvares d'Almada Ano de 1594.* Lisboa: Editorial do Ministério da Educação, 1995.

ANGLERÍA, Pedro Mártir de. *Décadas del Nuevo Mundo.* Madrid: Ediciones Polifemo, 1989. [1ª edição, em Alcalá de Henares, em 1516].

AZURARA, Gomes Eanes de. *Crónica do descobrimento e conquista da Guiné.* Mira-Sintra. Mem Martins: Publicações Europa-América, 1989. [Finalizado em 1448].

AFRICANO, Juan León. *Descripción general del África y de las cosas peregrinas que allí hay* (Trad.). Granada: Fundación El Legado Andalusí, 2004. [Finalizado em 1526]

ANTONIL, Andre João [João Antônio Andreoni] *Cultura e opulência do Brasil*. 3. ed. Belo Horizonte; São Paulo: Itatiaia; Editora da Universidade de São Paulo, 1982. [1ª edição em Lisboa, em 1711].

ARES QUEIJA, Berta (Ed.). *Tomás López Medel. De los tres elementos. Tratado sobre la naturaleza y el hombre del Nuevo Mundo*. Madrid: Alianza, 1990. [Finalizado em 1570].

BARCO DE CENTENERA, Martín. *Argentina y conquista del Río de la Plata con otros acaecimientos de los reinos del Perú, Tucumán y el Estado del Brasil*. Lisboa: Pedro Crasbeeck, 1602. Disponível em: <http://es.wikisource.org/wiki/La_Argentina_%28Barco_Centenera%29>.

BATTUTA, Ibn. *A través del Islam* (Trad.). Madrid: Alianza Literaria, 2006. [Viagem realizada entre 1325 e 1354].

BIBLIOTECA MERCEDARIA, ó sea escritores de la celeste, real y militar orden de la merced, redencion de cautivos, con indicacion de sus obras, tanto impresas como manuscritas, su patria, títulos, dignidades, hechos memorables, época y provincia en que florecieron y murieron, y dos copiosos índices uno de escritores y otro de las obras y escritos, por el M. R. P. Fr. José Antonio Garí y Siumell, historiador general de la misma Orden y socio correspondiente de la Real Academia de Buenas Letras de Barcelona. Barcelona: Imprenta de los Herederos de la Viuda Pla, 1875.

BIBLIOTHECA UNIVERSA FRANCISCANA, sivè alumnorum trium ardinum S.P.N. Francisci, qui ab ordine seraphico condito, vsque ad præsentem diem, latina, sivè alia quavis lingua scripto aliquid consignarunt, Encyclopædia Uvilloti Athenæo, et Syllabo Uvadingiano loclupetior, in tres distribura tomos, adjectis necessarijs Indicibus, ac Materiarum Bibliotheca; ex præscrito reverendissimi patris nostri Fr. Joannis de Soto, lectoris jubilati, pro regali immaculatæ Conceptionis Congressu Catholicæ Majestatis Theologi, ac totius Ordinis Ministri Generalis, concinnata a R. P. F. Joanne A S. Antonio, salmantino, ex Discalceata S. Pauli Provincia, Theologo, Ex-Diffinitore, ac Custode, Supremi Tribunalis S. Inquisitionis in Hispania Censore, duarum Provinciarum Ex-Commissario Visitatore, & Praside, sua Provincia, necnon totius Ordinis Minorum generali Historico, &c. tomus primus. nunc primo in lucem prodiens superiorum permissu. Matriti: Ex Typographia Causa V. Matris de Agreda, 1732.

BRANDÃO, Ambrósio Fernandes. *Diálogos das grandezas do Brasil*. 3. ed. Recife: Editora Massangana, 1997. [Finalizado em 1618].

BRITO, Francisco Tavares de. *Itinerario geografico com a verdadeira descripção dos Caminhos, Estradas, Rossas, Citios, Povoaçoens, Lugares, Villas, Rios, Montes, e Serras, que ha da cidade de S. Sebastião do Rio de Janeiro atè as Minas do Ouro*. Sevilha: Officina de Antonio da Sylva, 1732. Disponível em: <http://purl.pt/150/1/P1.html>.

CINCO LIVROS DA DECADA DOZE DA HISTORIA DA INDIA por Diogo do Covto Chronista & Guarda mor da Torre do Tombo do Estado da India. Tirados a luz pello Capitão M^el Frz de Villa Real Cavalleiro fidalgo da casa do serenissimo Dom JOAO IV. Rey de Portugal nosso senhor, residente na corte de Pariz e Consul da Nação Portugueza nos Reynos de França. Paris: s. ed., 1645.

COBO, Bernabé. *Historia del Nuevo Mundo*. Sevilla: Imp. de E. Rasco, 1892, 3 t. [Finalizado em 1653].Disponível em: <http://www.archive.org/stream/historiadelnuev00andagoog#page/n8/mode/2up>.

COELHO, José João Teixeira. *Instrução para o governo da Capitania de MG*. Belo Horizonte: Fundação João Pinheiro, 1994. [Finalizado em 1780].

COUTO, Domingo do Loreto. *Desaggravos do Brasil e glória de Pernambuco*. Rio de Janeiro: Officina Typográphica da Bibliotheca Nacional, 1904.

CINCO LIVROS DA DECADA DOZE DA HISTORIA DA INDIA por Diogo do Covto Chronista & Guarda mor da Torre do Tombo do Estado da India. Tirados a luz pello Capitão M^el Frz de Villa Real Cavalleiro fidalgo da casa do serenissimo Dom JOAO IV. Rey de Portugal nosso senhor, residente na corte de Pariz e Consul da Nação Portugueza nos Reynos de França. Paris: s. ed., 1645. [Escrito entre c. 1602 e 1628]. Disponível em: <http://goo.gl/Cn2SLQ>.

DA ÁSIA DE JOÃO DE BARROS E DE DIOGO DE COUTO. Nova edição oferecida a Sua Magestade D. Maria I. Rainha Fidelissima &c. &c. &c. Lisboa: Na Regia Officina Typografica, 1778. [1ª edição da Primeira Década em 1552]. Disponível em: <http://purl.pt/7030/3/l-79443-p/l-79443-p_item3/index.html>.

DESCUBRIMIENTO DEL RÍO DE LAS AMAZONAS. Relación de Fr. Gaspar de Carvajal. Expoliada de la obra de Jose Toririo Medina - Edición de Sevilla, 1894 - por Juan B. Bueno Medina. Bogota: Prensas de la Biblioteca Nacional, 1942. Disponível em: <http://www.cervantesvirtual.com/obra-visor/descubrimiento-del-rio-de-las-amazonas--0/html/>.

DURÃO, Fr. José de Santa Rita. *Caramuru. Poema Épico do Descubrimento da Bahia*. Lisboa: Regia Officina Typografica, 1781.

FERNÁNDEZ DE OVIEDO, Gonzalo. *Historia general y natural de las Indias, islas y tierra-firme del mar océano*. Madrid: Imprenta de la Real Academia de la Historia, 1852. [Finalizado c. 1559. 1ª edição em 1855]. Disponível em: <http://www.cervantesvirtual.com/buscador/?f<cg>.=1&q=fern%C3%A1ndez+de+oviedo&x=0&y=0>.

GÂNDAVO, Pero de Magalhães de. *Tratado da terra do Brasil*. 5. ed. *História da Província de Santa Cruz a que vulgarmente chamamos Brasil, 1576*. 12. ed. Recife: FUNDAJ; Editora Massangana, 1995.

GARCILASO DE LA VEGA, Inca. *Comentarios Reales de los Incas*. México: Fundo de Cultura Económica, 1995, 2 t. [1ª edição em Lisboa, em 1609].

GARCILASO DE LA VEGA, Inca. *Historia general del Perv. Trata el descvbimiento del; y como lo ganaron los Españoles. Las guerras ciuiles que huuo entre Piçarros, y Almagros, sobre la partija de la tierra. Castigo y leuantamiẽto de tiranos: y otros sucessos particulares que en la Historia se contienen. Escrita por el inca Garcilasso de la Vega, Capitan de su Magestad*. Cordoba: Por la viuda de Andres Barrera, 1617. Disponível em: <http://goo.gl/B7iM72>.

GLORIAS DEL SEGUNDO SIGLO DE LA COMPAÑIA DE JESUS, DIBUXADAS EM LAS VIDAS, Y ELOGIOS DE ALGUNOS DE SUS VARONES ILUSTRES EN VIRTUD, LETRAS, Y ZELO DE LAS ALMAS, QUE HAN FLORECIDO DESDE EL AÑO DE 1640. primero del segundo Siglo, desde la aprobacion de la Religion. ESCRITAS POR EL P. JOSEPH CASSANI, DE LA MISMA COMPAÑIA. TOMO I. Y VII. EN EL ORDEN DE VARONES ILUSTRES, OBRA, QUE EMPEZÒ EL V. P. JUAN EUSEBIO NIEREMBERG. DEDICASE AL VENERABLE AUGUSTO SOBERANO SACRAMENTO, que debaxo de veinte y quatro milagrosamente incorruptas Formas, se venera en el Colegio de la misma Compañia de Alcalà, Y COMUNMENTE SE NOMBRA LAS SANTISSIMAS FORMAS DE ALCALA. CON LICENCIA. Madrid: Por Manuel Fernandez, Impressor de Libros, 1734, 3 v.

GOMEZ, Dionisio (Ed.). *Crónica de la Provincia de la Visitacion de NTRA. SRA. DE LA MERCED, redencion de cautivos, de la Nueva España. Primera Edicion ampliada á expensas del P. Mtro. De Número de Cátedra en Sagrada Teología, Definidor y Secretario de esta Provincia, Fr. Dionisio Gomez, quien la dedica al Rmo. P. Mtro. General de la Misma Órden, Fr. Pedro Armengol Valenzuela*. México: Tip. Barbedillo Y Comp., 1885, 2 v. [*Crónica de la Provincia de la Visitacion de NTRA. SRA. DE LA MERCED, redencion de cautivos, de la Nueva España. Su autor el M. R. P. Mtro. Fr. Francisco de Pareja hijo de la misma Provincia, en que ha sido dos veces Provincial y otras dos veces Comendador del Convento de México y primer Rector del Colegio de San Ramon Nonnato y Calificador del Santo Oficio por el Supremo Consejo de la Inquisicion y Decano de la Facultad de Sagrada Teologia en la Real Universidad de México. Escrita en 1688.* 1ª ed. México: Imprenta de J. R. Barbedillo Y Cª, 1882 – Tomo Primero / 1ª ed. México: Imprenta de J. R. Barbedillo Y Cª, 1883. Tomo Segundo]

GRACIÁN DE LA MADRE DE DIOS, Jerónimo. *Tratado de la redención de cautivos en que se cuentan las grandes miserias que padecen los cristianos que están en poder de infieles, y cuán santa obra sea la de su rescate.* Sevilla: Ediciones Espuela de Plata, 2006. [1ª edição em Bruselas, em 1609].

GUAMAN POMA DE AYALA, Felipe. *Nueva corónica y buen gobierno.* Lima: Fondo de Cultura Económica, 2005. [Finalizado em 1615].

IDRÎSÎ. *La première géographie de l'occident.* (Trad.). Présentation, notes, index, chronologie et bibliographie par Henri Bresc et Annliese Nef. Traduction du chevalier Jaubert, revue par Annliese Nef. Paris: Flammarion, 1999.

JABOATÃO, Fr. Antonio de Santa Maria. *Novo Orbe Serafico Brasilico, ou Chronica dos frades menores da Província do Brasil. Por Fr. Antonio de Santa Maria Jaboatam. Parte Segunda (inédita).* Rio de Janeiro: Typ. Brasiliense de Maximiano Gomes Ribeiro, 1859, 2 v. [Escrito provavelmente na década de 1760].

KEATING, Vallandro; MARANHÃO, Ricardo. *Diário de navegação. Pero Lopes e a expedição de Martim Afonso de Souza (1530-1532).* São Paulo: Terceiro Nome, 2011.

KHALDÛN, Ibn. *Discours sur l'Histoire universelle. Al-Muqaddima.* (Trad.). Arles: Actes Sud, 2007. [Finalizado em 1377. 1º exemplar oferecido ao príncipe de Tunis, em 1382].

LAS CASAS, Bartolomé de. *Brevíssima relación de la destruyción de las Indias. Colegida por el Obispo don Bartolomé de las Casas o Casaus de la orden de Santo Domingo,* 1552. [Edición digital a cargo de José Luis Gómez-Martínez. Disponível em: <http://www.ensayistas.org/antologia/XVI/lascasas/index.htm>. <http://www.leaopelado.org/downloads/publications/FrayBartolomeDeLasCasas-BrevisimaRelacionDeLaDestruccionDeLasIndias.pdf>].

LAS CASAS, Bartolomé de. *Historia de las Indias escrita por fray Bartolomé de las Casas Obispo de Chiapas ahora por primera vez dada á luz por el Marqués de la Fuensanta del Valle y D. José Sancho Rayon.* Madrid: Imprenta de Miguel Ginesta, 1875. [Escrita em 3 partes, entre 1552 e 1561; 1ª edição em 1875]. Disponível em: <http://bib.cervantesvirtual.com/bib_autor/bartolomedelascasas/pcuartonivel.jsp?conten=obra>.

LAS CASAS, Bartolomé de. *Historia de las Indias, por Fray Bartolomé de Las Casas.* México: Fondo de Cultura Económica, 1951.

LAS CASAS, Bartolomé de. *Fray Bartolomé de Las Casas, disputa o controversia con Ginés de Sepúlveda contendiendo acerca de la licitud de las conquistas de las Indias.* Madrid: Revista de Derecho Internacional y Política Exterior, 1908. [Reproduccida literalmente de la edición de Sevilla de 1552 y cotejada con la de Barcelona de 1646]. Disponível em: <http://bib.cervantesvirtual.com/servlet/SirveObras/p244/68093408906351839600080/index.htm>.

LÓPEZ DE GÓMARA, Francisco. *Historia General de las Indias.* Madrid: Calpe, 1922, 2 v. [1ª edição em Zaragoza, em 1552]. [Tomo I - <http://www.archive.org/stream/historigeneralde01lprich#page/n5/mode/2up>] [Tomo II - <http://www.archive.org/stream/historigeneralde02lprich#page/n11/mode/2up>].

MARTÍNEZ DÍAZ, Nelson (Ed.). *Noticias sobre el Río de la Plata: Montevideo en el siglo XVIII.* Madrid: Dastin, 2002. [Transcrição do anônimo *Noticias de los campos de Bueno Aires y Montevideo para su arreglo.* 1ª edição em 1794].

MOLINA, Luis de. *De Iustitia et Iure.* Cuenca: 1593, 3 v.

NÓBREGA, Manuel da. *Diálogo sobre a conversão do gentio.* Interlocutores: Gonçal'Alvares e Matheus Nugueira. São Paulo: Metalibre, 2006. Disponível em: <http://www.ibiblio.org/ml/libri/n/NobregaM_ConversaoGentio_p.pdf>.

O LIVRO DE DUARTE BARBOSA. Lisboa: Instituto de Investigação Científica Tropical, 1996, v. I. [Finalizado entre 1516 e 1518].

O LIVRO DE DUARTE BARBOSA. Lisboa: Instituto de Investigação Científica Tropical, 2000, v. II. [Finalizado entre 1516 e 1518].

PERES, Damião. (Org.). *Os mais antigos roteiros da Guiné.* Lisboa: Academia Portuguesa da História/Comissão Nacional para as Comemorações dos Descobrimentos Portugueses, 1992.

PIGAFETTA, Antonio. *Primer viaje alrededor del mundo.* Madrid: Dastin, s/d.

PITA, Sebastião da Rocha. *História da América Portuguesa.* Belo Horizonte: Itatiaia; São Paulo: Editora da Universidade de São Paulo, 1976. [1ª edição em Lisboa, em 1730].

POLITICA INDIANA, COMPUESTA POR EL SEÑOR DON JUAN DE SOLORZANO Y PEREYRA, Cavallero del Orden de Santiago, del Consejo de su Magestad en los Supremos de Castilla, é Indias. Dividida en seis libros, En los que, con gran distinction, y estudio, se trata, y resuelve todo lo relativo al Descubrimiento, Description, Adquisicion, y Retencion de las mismas Indias, y su Gobierno particular, asi cerca de las personas de los Indios, y sus Servicios, Tributos, Diezmos, y Encomiendas, como de lo Espiritual, y Eclesiástico cerca de su Doctrina: Patronazgo Real, Iglesias, Prelados, Prebendados, Curas Seculares, y egulares, Inquisidores, Comisarios de Cruzada, y de las Religiones. Y en lo Temporal cerca de todos los Magistrados Seculares, Virreyes, Presidentes, Audiencias, Consejo Supremo, y Junta de Guerras de ellas, con inserción, y declaración de las muchas Cédulas Reales, que para esto se han despachado. Obra de sumo trabajo, importancia, y utilidad, no solo para los de las Provincias de las Indias, sino de las de España, y otras Naciones (de qualquier profesion que sean) por la gran variedad de cosas que comprehende, adornada de todas letras, y escrita con el método, claridad, y lenguaje, que por ella parecerá. Madrid: Imprena Real de la Gazeta, 1776, 2 tomos. [Finalizado em 1646. 1ª edição em 1647]. Disponível em: <http://bibliotecavirtual.sitioafm.org/juandesolorzano/index.html>.

QUEVEDO, Francisco de. *Historia de la vida del Buscón llamado don Pablos, ejemplo de vagamundos y espejo de tacaños.* [Finalizado c. 1620. "Edición digital a partir del manuscrito de la obra *Manuscrito Bueno*. Depositado en la Biblioteca de la Fundación Lázaro Galdiano (Madrid)"]. Disponível em: <http://www.cervantesvirtual.com/obra-visor/historia-de-la--vida-del-buscon--0/html/>.

RAMUSIO, Giovan Battista. *Delle navigazioni et viaggi.* Venezia: Tommaso Giunti lettori, 1550.

RECOPILACION DE LAS INDIAS por Antonio de León Pinelo. México: Escuela Libre de Derecho, 1992.

SALVADOR, Fr. Vicente do. *História do Brazil.* Rio de Janeiro: Publicação da Bibliotheca Nacional/Typ. de G. Leuzinger & Filhos, 1889. [Finalizado em 1627]. Disponível em: <http://purl.pt/154/1/index.html>.

SANDOVAL, Alonso de. *Un tratado sobre la esclavitud.* (Introducción, transcripción y traducción de Enriqueta Vila Vilar). Madrid: Alianza Editorial, 1987. [*Naturaleza, policía sagrada i profana, costumbres i ritos, disciplina i catecismo evangélico de todos los etíopes, por el padre Alonso de Sandoval, natural de Toledo, de la Compañía de Jesús, rector del Colegio de Cartagena de la Indias.* Finalizado em 1623. 1ª edição *De instauranda Aethipum salute*, em Sevilla: Francisco de Lyra, em 1627].

SANTOS, Fr. João dos. *Etiópia Oriental e Vária História de Cousas Notáveis do Oriente.* Lisboa: Comissão Nacional para as Comemorações dos Descobrimentos Portugueses, 1999. [1ª edição em 1609].

SEBASTIÁN DE ELCANO, Juan, PIGAFETTA, Antonio, TRANSILVANO, Maximiliano, ALBO, Francisco, MAFRA, Ginés de y otros. *La primera vuelta al mundo*. Madrid: Miraguano/Polifemo, 2003.

SEPULVEDA, Juan Ginés de. *Genesii Supulvedae Cordubensis Democrates alter, sive de justis belli causis apud Indos*. 1544-1545. Disponível em: <http://www.cervantesvirtual.com/servlet/SirveObras/12593394228031524198624/p0000001.htm#I_0_>.

SOLER, Vicente Joaquim. "Breve e curioso relato de algumas singularidades do Brasil". Um panfleto seiscentista de 1639. (Trad.) In: FERRÃO, Cristina; SOARES, José Paulo Monteiro. (Eds.). *Brasil holandês*. v. I. *Documentos da Biblioteca Universitária de Leiden*. Rio de Janeiro: Editora Index, 1997, p. 38-48.

SOLÓRZANO PEREYRA, Juan. *Política indiana*. Madrid: Fundación José Antonio de Castro, 1996, 3 v. [Finalizado em 1646. 1ª edição em 1647].

SOTO, Domingo de. O. P. *Relecciones y Opúsculos I Introducción general De Dominio – Sumario – Fragmento: An liceat...* Salamanca: San Esteban, 1995.

SOUSA, Gabriel Soares de. *Tratado descritivo do Brasil em 1587. Edição castigada pelo estudo e exame de muitos códices manuscritos existentes no Brasil, em Portugal, Espanha e França, acrescentada de alguns comentários por Francisco Adolfo de Varnhagem*. 9. ed. Recife: Fundação Joaquim Nabuco, Editora Massangana, 2000.

SUESS, Paulo. (Ed.). *Manoel Ribeiro Rocha. Etíope resgatado, empenhado, sustentado, corrigido, instruído e libertado. Discurso sobre a libertação dos escravos no Brasil de 1758*. Petrópolis, São Paulo: Vozes, CEHILA, 1992.

VALERA, Cipriano de. *Tratado para confirmar los pobres cautivos de Berbería en la católica y antigua fe y religión Cristiana, y para los consolar, con la palabra de Dios, en las aflicciones que padecen por el Evangelio de Jesucristo*. Sevilla: Ediciones Espuela de Plata, 2004. [1ª edição em Londres, em 1594].

VASCONCELLOS, Simão de. *Chronica da Companhia de Jesu do estado do Brasil e do que obraram seus filhos n'esta parte do Novo Mundo. Em que se trata da entrada da Companhia de Jesu nas partes do Brasil e do que obraram seus filhos n´esta parte do Novo Mundo. Em que se trata da entrada da Companhia de Jesu nas partes do Brasil, dos fundamentos que n´ellas lançaram e continuaram seus religiosos, e algumas noticias antecedentes, curiosas e necessarias das cousas d´aquelle Estado. Pelo Padre Simão de Vasconcellos, da mesma Companhia*. 2. ed. Lisboa: Em casa do Editor A. J. Fernandes Lopes, 1865, 2 v. [1ª edição em Lisboa, em 1663]. Disponível em: <http://www.archive.org/details/chronicadacompan00vasc>.

VÁZQUEZ DE ESPINOSA, Antonio. "*Compendio y Descripción de las Indias Occidentales*". [finalizado em 1628-1629]. Disponível em: <http://www.archive.org/stream/smithsonianmisce1081948smit/smithsonianmisce1081948smit_djvu.txt>.

VESPÚCIO, Américo. *Novo Mundo. As cartas que batizaram a América*. São Paulo: Editora Planeta do Brasil, 2003.

VESPÚCIO, Américo. *Novo Mundo. Cartas de viagens e descobertas*. Porto Alegre: L & PM, 1984.

VIAGENS de Luís de Cadamosto e de Pedro de Sintra. (Trad.). Lisboa: Academia Portuguesa da História, 1988. [Finalizado em 1463. 1ª edição em 1507].

VIAGEM de um piloto português do século XVI à costa de África e a São Tomé. Introdução, tradução e notas por Arlindo Manuel Caldeira. Lisboa: Comissão Nacional para as Comemorações dos Descobrimentos Portugueses, 2000. [Escrito provavelmente entre 1540 e 1541. 1ª edição em Veneza, em 1550].

VITORIA, Francisco de. *De Relectiones de Indiis*. Salamanca, 1538-1539.

VITORIA, Francisco de. *Os índios e o direito da guerra*. Ijuí: Unijuí, 2006.

WAGENER, Zacharias. *Livro dos Animais No qual há vários diferentes tipos de peixes, aves, quadrúpedes, vermes, frutos da terra e árvores, como se pode ver e encontrar pelos domínios da Companhia das Índias Ocidentais no Brasil e que são todos exóticos e desconhecidos nas terras da Alemanha. Foram figurados de forma exata em suas cores naturais, junto com seus próprios nomes e seguidos de uma breve descrição. Todos foram obviamente desenhados por mim mesmo para agradar e obsequiar as mentes inquisitivas no Brasil. Sob o honorável governo do muito honrado Mestre e Senhor João Maurício, Conde de Nassau, etc., Capitão Governador e Almirante Geral por ZACHARIAS WAGENER de Dresden*. Rio de Janeiro: Editora Index, 1997. [Finalizado c. 1634-1641].

Álbuns, altas, catálogos, dicionários, enciclopédias, léxicos, revistas, vocabulários

ALVAR, Manuel. *Léxico del mestizaje en Hispanoamérica*. Madrid: Ediciones Cultura Hispánica; Instituto de Cooperación Iberoamericana, 1987.

AYALA, Don Manuel Josef de. *Diccionario de gobierno y legislacion de Indias*. Madrid: Compañia Ibero-Americana de Publicaciones, S. A. 1929, 2 t. [Escrito no fim do século XVIII].

BLUTEAU, D. Raphael. *Vocabulario Portuguez e Latino Aulico, Anatomico, Architectonico, Bellico, Botanico, Brasilico, Comico, Crítico, Chimico, Dogmatico, Dialectico, Dendrologico, Ecclesiastico, Etymologico, Economico, Florifero, Forense, Fructifero, Geographico, Geometrico, Gnomonico, Hydrographico, Homonymico, Hierologico, Ichtyologico, Indico, Isagogico, Laconico, Liturgico, Lithologico, Medico, Musico, Meteorologico, Nautico, Numerico, Neoterico, Ortographico, Optico, Ornithologico, Poetico, Philologico, Pharmaceutico, Quidditativo, Qualitativo, Quantitutivo (sic), Rethorico, Rústico, Romano, Symbolico, Synonimico, Syllabico, Theologico, Terapteutico, Technologico, Uranologico, Xenophonico, Zoologico, AUTORIZADO COM EXEMPLOS DOS MELHORES ESCRITORES PORTUGUEZES, E LATINOS; E OFFERECIDO A EL REY DE PORTUGUAL, D. JOÃO V, PELO PADRE D. RAPHAEL BLUTEAU CLERIGO REGULAR, DOUTOR NA SAGRADA Theologia, Prêgador da Raynha de Inglaterra, Henriqueta Maria de França, & Calificador no sagrado Tribunal da Inquisição de Lisboa*. Coimbra: No Collegio das Artes da Companhia de JESU Anno de 1712. Com todas as licenças necessarias. Disponível em: <http://www.brasiliana.usp.br/dicionario/edicao/1>.

CARDOSO, Jerónimo. *Dictionarium latino lusitanicum et vice versa lusitanico latinum: cum adagiorum feré omnium iuxta seriem alphabeticam perutili expositione: Ecclesiasticarum vocabulorum interpretatione: item de monetis, ponderibus, et mensuris, ad presentem usum accommodatis / per Hieronymum Cardosum Lusitanum congesta; recognita vero omnia per Sebast. Stokhamerum Germanum. Qui libellum etiam de propriis nominibus regionum, populorum, illustrium virorum... adiecit. - Adhuc noui huic ultimae impressioni adjuncti sunt varij loquendi modi ex praecipuis auctoribus decerpti praesertim ex Marco Tullio Cicerone*. Olyssipone: excussit Alexander de Syqueira: expensis Simonis Lopezij, bybliopolae, 1592. Disponível em: <http://purl.pt/index/geral/aut/PT/28302.html>.

CARDOSO, Jerónimo. *Hieronymi Cardosi Lamacensis Dictionarium ex Lusitanico in latinum sermonem*. Ulissypone: ex officina Ioannis Aluari, 1562. Disponível em: <http://purl.pt/index/geral/aut/PT/28302.html>.

CARDOSO, Jerónimo. *Dictionarium latinolusitanicum & vice versa lusitanico latinũ: cum adagiorum feré omnium iuxta seriem alphabeticam perutili expositione, ecclesiasticorum etiam vocabulorum interpretatione. Item de monetis, ponderibus, & mensuris, ad præsentem usum accommodatis. Noué omnia per Hieronymũ Cardosum Lusitanum congesta; recognita vero omnia per Sebast. Stockhamerum Germanum. Qui libellum etiam de propriis nominibus regionũ populo-*

rum, illustrium virorum, fluuiorum, montium, ac aliorum complurium nominum & rerum feitu dignarum, historijs & fabulis poëticis refertum, in usum & gratiam Lusitanicæ púbis concinnauit & exintegroadiecit. Cũ Sancta Inquisitiõis Magistratus approbaatione. Excussit Joan. Barrerius Conimbricae. 12. Kal. Iulij 1570. Disponível em: <http://purl.pt/index/geral/aut/PT/28302.html>.

D'AREZZO, Restoro. *La composizione del mondo.* 1282.

DEL ORIGEN Y PRINCIPIO DE LA LENGUA CASTELLANA, O ROMANCE QUE OY SE VSA EN ESPAÑA / compuesto por el Doctor Bernardo Aldrete... [Parte primera del Tesoro de la lengua castellana, o española; Parte Segunda.../ compuesto por el Licenciado Don Sebastian de Covarruvias Orozco...; añadido por el Padre Benito Remigio Noydens... de los PP. Clerigos Regulares Menores...], Madrid, por Melchor Sánchez, a costa de Gabriel León, 1674. [1ª edição em Madrid, em 1611]. Disponível em: <http://www.cervantesvirtual.com/FichaAutor.html?Ref=9402&idGrupo=Facsimil>.

DICCIONARIO DE LA LENGUA CASTELLANA. Madrid: Imprenta de la Real Academia Española, 1729. Disponível em: <http://buscon.rae.es/ntlle/SrvltGUIMenuNtlle?cmd=Lema&sec=1.4.0.0.0.>.

DICCIONARIO DE LA LENGUA ESPAÑOLA. 22. ed. Madrid: Real Academia Española, 2001. Disponível em: <http://www.rae.es/>.

DICCIONARIO DE AUTORIDADES. Madrid: Editorial Gredos S. A., 1969, 3 v. [Edición Facsímil]. [1ª edição, em Madrid, em 1726].

ELTIS, David; RICHARDSON, David. *Atlas of the Transatlantic Slave Trade.* New Haven: Yale University Press, 2010.

GARCÍA SÁIZ, Concepción (Dir.). *Un arte nuevo para un Nuevo Mundo. La colección virreinal del Museo de América de Madrid en Bogotá.* TF Editores, 2004.

GARCÍA SÁIZ, María Concepción. *Las castas mexicanas; un género pictórico americano.* México: Olivetti, 1989.

HOUAISS, Antonio. *Grande Dicionário Houaiss da Língua Portuguesa.* Rio de Janeiro: Objetiva, 2001.

JESUS, Nauk Maria de. (Org.). *Dicionário de História de Mato Grosso. Período colonial.* Cuiabá: Carlini & Coniato, 2011.

JULIÃO, Carlos. *Riscos illuminados de figurinhos de brancos e negros dos uzos do Rio de Janeiro e Serro do Frio.* Rio de Janeiro: Biblioteca Nacional, 1960. (Texto de Lygia da Fonseca Fernandes da Cunha) [43 aquarelas reunidas na obra *Notícia Sumária do Gentilismo na Ásia com Dez Riscos Iluminados / Ditos de Vasos e Tecidos Peruvianos,* editada entre 1776 e 1779].

LOPES, Nei. *Novo Dicionário Banto do Brasil contendo mais de 250 propostas etimológicas acolhidas pelo Dicionário Houaiss.* Rio de Janeiro: Pallas, 2003b.

MAJLUF, Natalia (Ed.). *Los cuadros de mestizaje el Virrey Amat; la representación etnográfica en el Perú colonial.* Lima: Museo de Arte de Lima, 1999.

MARTÍNEZ SAURA, Fulgencio. *Diccionario de zoología en el mundo clásico.* Castellón: Ellago Ediciones, 2007.

MONTEIRO, John Manuel. Ramalho, João. In: SILVA, Maria Beatriz Nizza da. (Coord.). *Dicionário da História da colonização portuguesa no Brasil.* Lisboa: Verbo, 1994.

NEBENZAHL, Kenneth. *Atlas de Christophe Colomb et des grandes découvertes.* (Trad.). Paris: Bordas, 1991.

NEBRIJA, Elio Antonio de. *Vocabulario español-latino.* Salamanca, 1495(?). Disponível em: <http://www.cervantesvirtual.com/servlet/SirveObras/07032774389636239647857/index.htm>.

ONLINE ENCYCLOPEDIA of Significant People and Places in Global African History. Disponível em: <http://www.blackpast.org/?q=gah/garrido-juan-c-1480-c-1550>.

RUY SÁNCHEZ, Alberto (Ed.). *Artes de México – La pintura de Castas*. 2. ed. México: Artes de México y del Mundo, n. 8, 1998.

SILVA, Antonio de Moraes. *Diccionario da lingua portugueza - recompilado dos vocabularios impressos ate agora, e nesta segunda edição novamente emendado e muito acrescentado, por ANTONIO DE MORAES SILVA natural do Rio de Janeiro oferecido ao muito alto, e muito poderoso Principe Regente Nosso Senhor*. Lisboa: Typographia Lacerdina, 1813. [1ª edição em Lisboa, Oficina de Simão Tadeu Ferreira, em 1789, 2 v.]. Disponível em: <http://www.brasiliana.usp.br/dicionario/edicao/2>.

TESORO DE LA LENGVA CASTELLANA, O ESPAÑOLA. Compvesto por el licenciado Don Sebastian de Cobarruvias Orozco Capellam de sa Magestad Mastresencia y Canonigo de la santa Iglesia de Cuenca, y Consultor del santo Oficio de la Inquisicion. Dirigido a la Magestad Catolica del Rey Don Felipe III nuestro señor. Madrid: Luis Sanchez, 1611.

VAINFAS, Ronaldo. João Ramalho. In: VAINFAS, Ronaldo (Dir.). *Dicionário do Brasil colonial* (1500-1808). Rio de Janeiro: Objetiva, 2000.

Bibliografia

Artigos, dissertações, teses e textos

ALMEIDA, Marcos Antonio de. *Introduction à l'étude du "Novo Orbe Seráfico, Brasilico" de frère Antônio de Santa Maria Jaboatão*. Mémoire D. E. A. presenté à l'École des Hautes Études en Sciences Sociales. Paris, 2001.

ALMEIDA, Marcos Antonio de. *"L'Orbe Serafico, Novo Brasilico": Jaboatão et les franciscains à Pernambouc au XVIIIe siècle*. Thèse de doctorat présentée à l'École des Hautes Études en Sciences Sociales. Paris, 2012.

ALVES, Rogéria Cristina. *Mosaico de forros: formas de ascensão econômica e social entre alforriados (Mariana, 1727-1838)*. 2011. 179 f. Dissertação (Mestrado em História) - Faculdade de Filosofia e Ciências Humanas, Universidade Federal de Minas Gerais. Belo Horizonte, 2011.

AMADO, Janaína. Diogo Álvares, o Caramuru, e a fundação mítica do Brasil. *Estudos Históricos*. CPDOC/FGV. Rio de Janeiro, n. 25, v. 14, p. 3-39, 2000.

AMANTINO, Marcia. A condição de *Índios administrados* na América portuguesa, séculos XVI-XVIII. Texto apresentado no *Workshop Grupo de Pesquisa Escravidão, mestiçagem, trânsito de culturas e globalização - séculos XV a XIX - Qualidade, Condição, Nação, Raça, Etnia, Diáspora - conceitos e documentos na História*, Sabará, 2011. (Texto inédito).

ANGELO, Fabrício Vinhas Manini. "Pelo muito amor que lhe tenho": a família, as vivências afetivas e as mestiçagens na Comarca do Rio das Velhas (1716-1780). 2013. 177 f. Dissertação (Mestrado em História do Brasil) - Faculdade de Filosofia e Ciências Humanas, Universidade Federal de Minas Gerais. Belo Horizonte, 2013.

ARES QUEIJA, Berta. Las categorías del mestizaje: desafíos a los constreñimientos de un modelo social en el Perú colonial temprano. *HISTORICA*. Pontificia Universidad Católica del Perú. Lima, v. XXVIII, n. 1, 2004, p. 193-218.

ARMENTEROS MARTÍNEZ, Ivan. De hermandades y procesiones. La cofradía de esclavos y libertos negros de *Sant Jaume* de Barcelona y la asimilación de la negritud en la Europa premoderna (siglos XV-XVI). *Clio - Revista de Pesquisa Histórica*. UFPE. Recife, n. 29.2, 2011, p. 1-23. Disponível em: <http://www.revista.ufpe.br/revistaclio/index.php/revista/article/viewFile/234/130>.

ARROM, José Juan. Criollo: definición y matices de un concepto. *Hispania*, v. 34, n. 2, p. 172-176, 1951.

BIXIO, Beatriz y GONZÁLES NAVARRO, Constanza. Dominación, resistencia y autonomía en el extremo sur del Virreinato del Perú (siglos XVI y XVII). *Diálogos*. UEM. Maringá, v. 13, n. 2, p. 371-399, 2009.

BORGES, Maria Eliza Linhares. Cultura dos ofícios patrimônio cultural, história e memória. *VARIA Historia*. UFMG. Belo Horizonte, n. 46, p. 481-508 (483), 2011.

CAMBRAIA, César Nardelli. Da lexicologia social a uma lexicologia sócio-histórica: caminhos possíveis. *Revista de Estudos da Linguagem*. UFMG. Belo Horizonte, n. 1, v. 21, p. 157-188, 2013.

CASTAÑO RODRÍGUEZ, Paola. Tres aproximaciones al mestizaje en América Latina colonial. *Historia Crítica*. Bogotá, n. 23, p. 115-134, 2003. Disponível em: <http://historiacritica.uniandes.edu.co/view.php/388/index.php?id=388>.

CAVALCANTE, Eduardo de Queiroz. Tecendo redes: a prática do compadrio de escravos da Freguesia de Nossa Senhora dos Milagres/PB – 1862. In: *Anais do V Encontro de História: a invenção do Brasil – cultura, escravidão e mestiçagens/ II Colóquio Nacional do GEAC/ I Colóquio PIBID História*. Maceió: UFAL, 2013, p. 364-377.

CEBALLOS, Rodrigo. Uma Buenos Aires lusitana: a presença portuguesa no Rio da Prata (século XVII). *Mneme - Revista de Humanidades*. UFRN. Caicó (RN), v. 9, n. 24, 2008. Disponível em: <http://www.cerescaico.ufrn.br/mneme/anais/st_suma_pg/st11.html>.

CERCEAU NETO, Rangel. Theresa Teyxeyra de Souza: Uma Africana na América Setecentista. *POLITEIA: História e Sociedade*. UESB. Vitória da Conquista, n. 1, v. 10, p. 203-220, 2010.

DIAS, Andrea Simone Barreto e ALMEIDA, Suely Creuza Cordeiro de. Atuação franciscana em Pernambuco colonial - o caso da festa dos pardos no Livramento - 1745. In: *Anais Eletrônicos I Colóquio de História da Universidade Federal Rural de Pernambuco. Brasil e Portugal: nossa história ontem e hoje*. Recife: UFRPE, 2007.

DOSSIÊ COMPARAÇÃO. *Leituras: Revista da Biblioteca Nacional*. Lisboa, n. 3, 1998.

FERREIRA, Roquinaldo. "Ilhas Crioulas": o significado plural da mestiçagem cultural na África Atlântica. *Revista de História*. USP. São Paulo, n. 155, p. 17-41, 2006. Disponível em: <http://www.revistasusp.sibi.usp.br/scielo.php?pid=S0034-83092006000200003&script=sci_arttext#tx61>.

GÓMEZ, Alejandro E. El estigma africano en los mundos hispano-atlánticos (siglos XIV al XIX). *Revista de História*. USP. São Paulo, n. 153, 2005, p. 139-179. Disponível em: <http://www.revistasusp.sibi.usp.br/scielo.php?pid=S0034-83092005000200007&script=sci_abstract>.

GONÇALVES, Andréa Lisly. "Cartas de liberdade": registros de alforrias em Mariana no século XVIII. In: *Anais do VII Seminário sobre a economia mineira*. Belo Horizonte: CEDEPLAR/UFMG, 1995, p. 197-218, v. 1.

GONÇALVES, Jener Cristiano. *Justiça e direitos costumeiros: apelos judiciais de escravos, forros e livres em MG (1716-1815)*. 2006. 185 f. Dissertação (Mestrado em História do Brasil) - Faculdade de Filosofia e Ciências Humanas, Universidade Federal de Minas Gerais. Belo Horizonte, 2006.

GOVERNO DE MINAS GERAES PERIODO COLONIAL. *Revista do Archivo Publico Mineiro*. Ouro Preto, ano 1, fascículo 1º, p. 3-8, 1896.

GRUZINSKI, Serge. Les mondes mêlés de la monarchie catholique et autres "connected histories". *Annales Histoire, Sciences Sociales*. EHESS. Paris, n. 1, p. 85-117, 2001.

GUIMARÃES, Antonio Sérgio Alfredo. Depois da Democracia Racial. *Tempo Social, Revista de Sociologia da USP*. São Paulo, n. 2, v. 18, p. 269-287, 2006.

HALL, Gwendolyn Midlo. Cruzando o Atlântico: etnias africanas nas Américas. *Topoi*. UFRJ. Rio de Janeiro, n. 10, v. 6, p. 29-70, 2005.

IVO, Isnara Pereira. *Homens de caminho: trânsitos, comércio e cores nos sertões da América portuguesa - século XVIII*. 2009. 374 f. Tese (Doutorado em História do Brasil) - Faculdade de Filosofia e Ciências Humanas, Universidade Federal de Minas Gerais. Belo Horizonte, 2009.

KONETZKE, Richard. El mestizaje y su importancia en el desarrollo de la población hispanoamericana durante la época colonial. *Revista de Indias*. Instituto de Historia-CSIC. Madrid, año 7, n. 23-24, p. 7-44, 215-237, 1946.

LIMA, Yêdda Dias. *Academia Brasílica dos Acadêmicos Renascidos: fontes e textos*. 1980. 316 f. Tese (Doutorado em Literatura Brasileira) - Faculdade de Filosofia, Letras e Ciências Humanas, Universidade de São Paulo. São Paulo, 1980.

LOBATO, Manuel. "Mulheres alvas de bom parecer": políticas de mestiçagem nas comunidades luso-afro-asiáticas do Oceano Índico e Arquipélago Malaio (1510-1750). *Perspectivas. Portuguese Journal of Political Science and International Relations. Special Issue - Mestiçagens e identidades intercontinentais nas sociedades lusófonas*. Universidade do Minho, Braga, Universidade de Évora, v. 10, p. 89-113, 2013.

MAMIGONIAN, Beatriz. África no Brasil: mapa de uma área em expansão. *Topoi*. UFRJ. Rio de Janeiro, n. 9, v. 5, p. 33-53, 2004.

MARCHENA FERNÁNDEZ, Juan. Los hijos de la guerra: modelo para amar. *Actas del Congreso de Historia del Descubrimiento (1492-1556)*. Madrid: Real Academia de la Historia, Confederación Española de Cajas de Ahorros, 1992, 4 v., p. 311-420. Disponível em: <http://goo.gl/XMPte9>.

MENDES, Antonio de Almeida. *Esclavages et traites modernes: le temps des empire Ibériques entre Moyen Age et Modernité, entre Méditerranée et Atlantique (XVe XVIIIe siècles)*. Thèse de doctorat mention "Histoire et civilisations" présentée à l'Ecole des Hautes Etudes en Sciences Sociales (EHESS), Paris, 2007.

NEVES, Ivânia dos Santos. *A invenção do índio e as narrativas orais Tupi*. 2009. 300 f. Tese (Doutorado em Linguística) - Instituto de estudos da linguagem, Universidade Estadual de Campinas, 2009.

OLIVEIRA, Maria Inês Côrtes de. Quem eram os "Negros da Guiné"? A origem dos africanos na Bahia. *Afro-Ásia*. CEAO-UFBA. Salvador, n. 19/20, p. 37-73, 1997.

OLIVEIRA, Pablo Menezes e. *Cartas, pedras, tintas e coroação: as casas de câmara e a prática política em MG (1711-1798)*. 2013. 274 f. Tese (Doutorado em História) - Faculdade de Filosofia e Ciências Humanas, Universidade Federal de Minas Gerais. Belo Horizonte, 2013.

PAIVA, Eduardo França. *Dar nome ao novo: uma história lexical das Américas portuguesa e espanhola, entre os séculos XVI e XVIII (as dinâmicas de mestiçagem e o mundo do trabalho)*. 2012. 286 f. Tese (Professor Titular em História do Brasil) - Faculdade de Filosofia e Ciências Humanas, Universidade Federal de Minas Gerais. Belo Horizonte, 2012.

PAIVA, Eduardo França. Escravidão, dinâmicas de mestiçagens e o léxico ibero-americano. *Perspectivas. Portuguese Journal of Political Science and International Relations. Special Issue - Mestiçagens e identidades intercontinentais nas sociedades lusófonas*. Universidade do Minho, Braga, Universidade de Évora, v. 10, p. 11-24, 2013.

PAIVA, Eduardo França. *Por meu trabalho, serviço e indústria: histórias de africanos, crioulos e mestiços na Colônia- MG, 1716-1789*. 1999. 357 f. Tese (Doutorado em História do Brasil) - Faculdade de Filosofia, Letras e Ciências Humanas, Universidade de São Paulo, 1999.

PAIVA, Eduardo França. Revendications de droits coutumiers et actions en justice des esclaves dans les MG du XVIII⁰ siècle. *Cahiers du Brésil Contemporain*. EHESS. Paris, v. 53-54, p. 11-29, 2004.

PAIVA, Eduardo França. Travail contraint et esclavage: utilisation et définitions aux différents époques. *Cahiers d'Études Africaines*. EHESS. Paris, v. XLV, n. 179-180, p. 1123-1141, 2005.

PRADO, Maria Ligia Coelho. Repensando a história comparada da América Latina. *Revista de História*, USP, São Paulo, n. 153, p. 11-33, 2005.

PRAXEDES, Vanda Lúcia. *A teia e a trama da "fragilidade humana": os filhos ilegítimos em MG, 1770-1840*. 2003. 247 f. Dissertação (Mestrado em História do Brasil) - Faculdade de Filosofia e Ciências Humanas, Universidade Federal de Minas Gerais, 2003.

RAMINELLI, Ronald. Nobreza indígena na Nova Espanha. Alianças e conquistas. *Tempo*. UFF. Niterói, n. 27, p. 68-81, 2009.

RAPPAPORT, Joanne. "Asi lo paresce por su aspeto": Physiognomy and the Construction of Difference in Colonial Bogotá. *Hispanic American Historical Review*. Duke University. Durham, v. 91, n. 4, p. 601-631, 2011.

REIS, João José. De olho no canto: trabalho de rua na Bahia na véspera da Abolição. *Afro-Ásia*. CEAO-UFBA. Salvador, n. 24, p. 199-242, 2000.

REIS, João José. Magia Jeje na Bahia: a invasão do Calundu do Pasto de Cachoeira, 1785. *Revista Brasileira de História*. ANPUH. São Paulo, n. 16, p. 57-81, 1988.

RESTALL, Matthew. Black Conquistadors: Armed Africans in Early Spanish America. *The Americas*. Drexel University. Philadelphia, n. 57.2, p. 171-205, 2000.

RESENDE, Maria Leônia Chaves de. Brasis coloniales: o gentio da terra na MG setecentista (1730-1800). In: *Latin American Studies Association (LASA)*. Washington: LASA, 2001. p. 1-20.

RODRIGUES, Maria Eugénia Alves. *Portugueses e africanos nos rios de Sena - Os prazos da coroa nos séculos XVII e XVIII*. 2002. 721 f. Tese (Doutorado em História) - Faculdade de Ciências Sociais e Humanas, Universidade Nova de Lisboa. Lisboa, 2002.

RODRIGUES, Tiago de Godoy. *Sentença de uma vida: escravos nos tribunais de Mariana, MG, no século XIX*. 2004. 161 f. Dissertação (Mestrado em História do Brasil) - Faculdade de Filosofia e Ciências Humanas, Universidade Federal de Minas Gerais. Belo Horizonte, 2004.

RUSSELL-WOOD, J. A. R. Ambivalent Authorities: The African and Afro-Brazilian contribution to local governance in Colonial Brazil. *The Americas*. Drexel University. Philadelphia, n. 57, v. 1, p. 13-36, 2000.

SCHWARTZ, Stuart B. Spaniards, *Pardos*, and the Missing Mestizos: Identities and Racial Categories in the early Hispanic Caribbean. *New West Indian Guide/ Nieuwe West-Indische Gids*. Leiden, n. 1/2, v. 71, p. 5-19, 1997.

SCHWARTZ, Stuart B. Tapanhuns, negros da terra e curibocas: causas comuns e confrontos entre negros e indígenas. *Afro-Ásia* UFBA, Salvador, n. 29/30, p. 13-40, 2003. Disponível em: <http://www.afroasia.ufba.br/pdf/afroasia_n29_30_p13.pdf >.

SILVA, Gian Carlo de Melo. *Na cor da pele o negro: conceitos, regras, compadrio e sociedade escravista na Vila do Recife (1790-1810)*. 2014. 236 f. Tese (Doutorado em História do Brasil) - Centro de Filosofia e Ciências Humanas, Universidade Federal de Pernambuco, 2014.

SILVEIRA Renato da. Nação africana no Brasil escravista: problemas teóricos e metodológicos. *Afro-Ásia*. CEAO-UFBA. Salvador, n. 38, p. 245-301, 2008.

SLENES, Robert Wayne Andrew. Malungu, Ngoma Vem!: África coberta e descoberta no Brasil. *Revista USP*. São Paulo, v. 12, p. 48-67, 1992.

SOARES, Luiz Carlos. *Os escravos de ganho no Rio de Janeiro do século XIX*. Revista Brasileira de História. ANPUH. São Paulo, n. 16, p. 107-142, 1988.

SUBRAHMANYAM, Sanjay. On World Historians en the Sixteenth Century. *Representations,* Berkeley, University of California Press, v. 91, n. 1, p. 26-57, 2005.

VILLELA. Peter B. "Pure and Noble Indians, Untainted by Inferior Idolatrous Races": Native Elites and the Discourse of Blood Purity in Late Colonial Mexico. *Hispanic American Historical Review.* Duke University. Durham, n. 91, p. 633-663, 2011.

Livros e capítulos

ABREU, Capistrano de. *Capítulos de história colonial.* 7. ed. Belo Horizonte: Itatiaia; São Paulo: Editora da Universidade de São Paulo, 1998. [1ª edição em 1907].

AKBARNIA, Ladan. La ruta de los viajeros Egipto y Siria Los mamelucos. In: AKBARNIA, Landan; CANBY, Sheila; BARRY, Michael; NANJI, Azim; VALDÉS, Fernando. *Los mundos del Islam en la colección del Museo Aga Khan.* Barcelona: Fundación "la Caixa", 2009.

ALENCASTRO, Luiz Felipe de. *O trato dos viventes; formação do Brasil no Atlântico Sul séculos XVI e XVII.* São Paulo: Companhia das Letras, 2000.

ALGRANTI, Leila Mezan. *O feitor ausente: estudo sobre a escravidão urbana no Rio de Janeiro 1808-1822.* Petrópolis: Vozes, 1988.

AMANTINO, Marcia. A fazenda jesuítica de São Cristóvão: espaços e sociabilidades cativas e mestiças - Rio de Janeiro, século XVIII. In: PAIVA, Eduardo França; AMANTINO, Marcia; IVO, Isnara Pereira (Orgs.). *Escravidão, mestiçagens, ambientes, paisagens e espaços.* São Paulo: Annablume; Belo Horizonte: PPGH-UFMG, 2011. p. 139-164.

AMANTINO, Marcia. Jesuítas, negros e índios: as mestiçagens nas fazendas inacianas do Rio de Janeiro no século XVIII. In: PAIVA, Eduardo França; IVO, Isnara Pereira; MARTINS, Ilton Cesar (Orgs.). *Escravidão, mestiçagens, populações e identidades culturais.* São Paulo: Annablume; Belo Horizonte: PPGH-UFMG, 2010. p. 81-100.

ANASTASIA, Carla Maria Junho. *A geografia do crime; violência nas Minas Setecentistas.* Belo Horizonte: Editora UFMG, 2005.

ANASTASIA, Carla Maria Junho. *Vassalos rebeldes; violência coletiva nas Minas na primeira metade do século XVIII.* Belo Horizonte: C/Arte Editora, 1998.

ANDRÉS-GALLEGO, José. *La esclavitud en la América española.* Madrid: Ediciones Encuentro/Fundación Ignacio Larramendi, 2005.

ARAÚJO, Emanuel. *O teatro dos vícios. Transgressão e transigência na sociedade urbana colonial.* Rio de Janeiro: José Olympio; Brasília: EdUnB, 1993.

ARAÚJO, Renata Malcher de. As vilas pombalinas da Amazônia: as cidades que tiveram ordem para serem mestiças. In: LIBBY, Douglas Cole. (Org.).*Cortes, cidades, memórias: trânsitos e transformações na modernidade.* Belo Horizonte: Centro de Estudos Mineiros--UFMG, 2010. p. 40-50. Disponível em: <http://www.fafich.ufmg.br/cem/Livro.pdf>.

ARES QUEIJA, Berta. El papel de mediadores y la construcción de un discurso sobre la identidad de los mestizos peruanos (siglo XV). In: ARES QUEIJA, Berta; GRUZINSKI, Serge (Coord.). *Entre dos mundos; fronteras culturales y agentes mediadores.* Sevilla: Escuela de Estudios Hispano-Americanos de Sevilla, 1997. p. 37-59.

ARES QUEIJA, Berta. Mestizos, mulatos y zambaigos (Virreinato Del Perú, siglo XVI). In: ARES QUEIJA, Berta;; STELLA, Alessandro. (Coord.) *Negros, mulatos, zambaigos - Der-*

roteros africanos en los mundos ibéricos. Sevilla: Escuela de Estudios Hispano-Americanos/CSIC, 2000. p. 75-88.

ARES QUEIJA, Berta. "Un borracho de chicha y vino"; la construcción social del mestizo (Perú, siglo XVI). In: *Mezclado y sospechoso; movilidad e identidades, España y América (siglos XVI-XVIII).* Madrid: Collection Casa de Velázquez, 2005. p. 121-144.

ARMENTEROS MARTÍNEZ, Iván. *Cataluña en la era de las navegaciones. La participación catalana en la primera economía atlántica (c. 1470-1540).* Barcelona: Fundación Ernest Lluch; Lleida: Editorial Milenio, 2012.

ASSUNÇÃO, Paulo de. *A terra dos brasis: a natureza da América portuguesa vista pelos primeiros jesuítas (1549-1596).* São Paulo: Annablume, 2000.

ÁVILA, Affonso. *Resíduos seiscentistas em Minas. Textos do século do Ouro e as projeções do mundo barroco.* 2. ed. Belo Horizonte: Secretaria de Estado da Cultura de Minas Gerais; Arquivo Público Mineiro, 2006.

BANDEIRA, Luiz Alberto Moniz. *O feudo: a Casa da Torre de Garcia d'Ávila: da conquista dos sertões à independência do Brasil.* 2. ed. Rio de Janeiro: Civilização Brasileira, 2000.

BARBOSA FILHO, Rubem. *Tradição e artifício: iberismo e barroco na formação americana.* Belo Horizonte: UFMG, 2000.

BELLINI, Ligia. Por amor e por interesse: a relação senhor-escravo em cartas de alforria. In: REIS, João José (Org.). *Escravidão & invenção da liberdade; estudos sobre o negro no Brasil.* São Paulo: Brasiliense/CNPq, 1988. p. 73-86.

BERLOWICZ, Barbara; DUE, Berete; PENTZ, Peter; WAEHLE, Espen (Eds.). *Albert Eckhout volta ao Brasil 1644-2002.* Copenhagen: Nationalmuseet, 2002.

BERNAND, Carmen. *Histoire de Buenos Aires.* Paris: Fayard, 1997.

BERNAND, Carmen. *Negros esclavos y libres en las ciudades hispanoamericanas.* Madrid: Fundación Histórica Tavera, 2001.

BERNAND, Carmen. *Un inca platonicien; Garcilaso de la Vega, 1539-1616.* Paris: Fayard, 2006.

BERNAND, Carmen; GRUZINSKI, Serge. *Historia del Nuevo Mundo. Los mestizages, 1550-1640.* México: Fondo de Cultura Económica, 1993.

BICALHO, Maria Fernanda. As câmaras ultramarinas e o governo do Império. In: FRAGOSO, João;; BICALHO, Maria Fernanda; GOUVEIA, Maria de Fátima (Orgs.). *O antigo regime nos trópicos: a dinâmica colonial portuguesa (séculos XVI-XVIIII).* Rio de Janeiro: Civilização Brasileira, 2001. p. 189-221.

BICALHO, Maria Fernanda Baptista. Medição, pureza de sangue e oficiais mecânicos. As Câmaras, as festas e a representação do império português. In: PAIVA, Eduardo França; ANASTASIA, Carla Maria Junho (Orgs.). *O trabalho mestiço; maneiras de pensar e formas de viver, séculos XVI a XIX.* 2. ed. São Paulo: Annablume; Belo Horizonte: PPGH-UFMG, 2003. p. 307-322.

BIXIO, Beatriz; GONZÁLES NAVARRO, Constanza (Dir.). *Mestizaje y configuración social. Córdoba (Siglos XVI y XVII).* Córdoba: Brujas, 2013.

BLOCH, March. Pour une histoire comparée des sociétés européennes. In: *Mélanges historiques.* Paris: Editions del'EHESS, 1963. v. 1, p. 16-40.

BOIXADÓS, Roxana; FARBERMAN, Judith. Clasificaciones mestizas. Una aproximación a la diversidad étnica y social en Los Llanos riojanos del siglo XVIII. In: FARBERMAN,

Judith; RATTO, Silvia (Coord.). *Historias mestizas en el Tucumán Colonial y las pampas (siglos XVII-XIX)*. Buenos Aires: Biblos, 2009.

BORREGO PLÁ, María del Carmen. *Cartagena de Indias en el siglo XVI*. Sevilla: Publicaciones de la Escuela de Estudios Hispano-Americanos de Sevilla, 1983.

BOSCHI, Caio César. *Os leigos e o poder (Irmandades leigas e política colonizadora em MG)*. São Paulo: Ática, 1986.

BOWSER, Frederick P. *El esclavo africano en el Perú colonial (1524-1650)*. (Trad.). Mexico, DF: Siglo Veintiuno, 1977.

BOXER, Charles R. *A idade de ouro do Brasil; dores de crescimento de uma sociedade colonial*. (Trad.). 3. ed. Rio de Janeiro: Nova Fronteira, 2000.

BOXER, Charles R. *A igreja militante e a expansão ibérica 1440-1770*. (Trad.). São Paulo: Companhia das Letras, 2007.

BOXER, Charles R. *Salvador de Sá and the struggle for Brazil and Angola 1602-1686*. London: University of London, 1952.

BUBELOT, Quentin (Ed.). *Albert Eckhout a dutch artist in Brazil*. Zwolle (Holanda): Waanders Publishers, 2004.

CALDEIRA, Arlindo Manuel. Elite local, poder municipal e autonomia política na Ilha de São Tomé nos séculos XVI a XVIII. In: MENESES, Avelino de Freitas de (Coord.). *Das autonomias à autonomia e à independência. O Atlântico político entre os séculos XV e XXI*. Ponta Delgada, Açores: Letras Lavadas Edições, 2012. p. 93-121.

CAPELA, José. *Donas, senhores e escravos*. Porto: Edições Afrontamentos, 1995.

CASTAÑEDA DELGADO, Paulino. *El mestizaje en Indias. Problemas canónicos*. Madrid: Editorial Deimos, 2008.

CASTELNAU-L'ETOILE, Charlotte. *Operários de uma vinha estéril. Os jesuítas e a conversão dos índios no Brasil - 1580-1620*. (Trad.). Bauru: Edusc, 2006.

CASTRO, Yeda Pessoa de. *A língua Mina-Jeje no Brasil. Um falar africano em Ouro Preto do século XVIII*. Belo Horizonte: Fundação João Pinheiro; Secretaria de Estado da Cultura, 2002.

CERCEAU NETTO, Rangel. *"Um em casa de outro" concubinato, família e mestiçagem na Comarca do Rio das Velhas, 1720-1780*. São Paulo: Annablume, Belo Horizonte: PPGH-UFMG, 2008.

CHAVES, Cláudia Maria das Graças. *Perfeitos negociantes; mercadores das Minas setecentistas*. São Paulo: Annablume, 1999.

CHAVES, María Eugenia. *La estrategia de libertad de una esclava del siglo XVIII; las identidades de amo y esclavo en un Puerto colonial*. Quito: Ediciones Abya-Yala, 1999b.

CHÁVEZ CARBAJAL, María Guadalupe. La gran negritud en Michoacán, época colonial. In: MONTIEL, Luz María Martínez (Coord.). *Presencia africana en México*. México: Consejo Nacional para la Cultura y las Artes, 1997.

CHEBEL, Malek. *L'esclavage en terre d'Islam. Un tabou bien gardé*. Paris: Fayard, 2007.

CORTÉS LÓPEZ, José Luis. *La esclavitud negra en la España Peninsular del siglo XVI*. Salamanca: Ediciones Universidad de Salamanca, 1989.

CURTIN, Philip D. *The Atlantic Slave Trade: A Census*. Madison: Wisconsin, 1969.

COSTA, Maria de Fátima. *História de um país inexistente; o Pantanal entre os séculos XVI e XVIII*. São Paulo: Estação Liberdade; Kosmos, 1999.

COTTA, Francis Albert. *Negros e mestiços nas milícias da América Portuguesa*. Belo Horizonte: Crisálida, 2010.

DAHER, Andrea. *A oralidade perdida. Ensaios de história das práticas letradas*. Rio de Janeiro: Civilização Brasileira, 2012.

DENOIX, Sylvie. La servilité, une condition nécessaire pour devenir prince: les Mamlûks (Ègipte, Syrie, 1250-1517). In: BERNAND, Carmen; STELLA, Alessandro (Org.). *D'Esclaves à soldats. Miliciens et soldats d'origine servile XIIIe-XXIe siècles*. Paris: L'Harmattan, 2006. p. 39-51.

DETIENNE, Marcel. *Comparar o incomparável*. (Trad.). Aparecida, SP: Idéias e Letras, 2004.

DIAKHO, Muhammad. *L'esclavage en Islâm. Entre les traditions arabes et les principes de l'Islâm*. Beyrouth: Dar Albouraq, 2004.

DIAS, Maria Odila Leite da Silva. *Quotidiano e poder em São Paulo no século XIX*. São Paulo: Brasiliense, 1984.

DÍAZ DÍAZ, Rafael Antonio. *Esclavitud, región y ciudad; El sistema esclavista urbano-regional en Santafé de Bogotá, 1700-1750*. Bogotá: CEJA, 2001.

DUBY, Georges. L'histoire des mentalités. In: SAMARAN, Georges (Dir.). *L'Histoire et ses méthodes*. Paris: Gallimard, 1961. p. 937-966.

EISENBERG, José. *As missões jesuíticas e o pensamento político moderno. Encontros culturais, aventuras teóricas*. Belo Horizonte: Editora UFMG, 2000.

ELLIOTT, John Huxtable. *Empires of the Atlantic World. Britain and Spain in America 1492-1830*. New Haven: Yale University Press, 2006.

ELTIS, David and RICHARDSON, David. A New Assessment of the Transatlantic Slave Trade. In: ELTIS, David; RICHARDSON, David (Eds.). *Extending the Frontiers. Essays on the new Transatlantic Slave Trade Database*. New Haven: Yale University Press, 2008. p. 1-60.

ENNAJI, Mohammed. *Le sujet et le mamelouk; esclavage, pouvoir et religion dans le monde arabe*. Paris: Mille et une nuits, 2007.

FARIA, Sheila de Castro. *A colônia em movimento*. Rio de Janeiro: Nova Fronteira, 1998.

FEBVRE, Lucien. Combats pour l'Histoire. Paris: Librairie Armand Colin, 1992. p. 218. [1ª edição em Paris, em 1952].

FERNANDES, João Azevedo. *De cunha a mameluca. A mulher tupinambá e o nascimento do Brasil*. João Pessoa: Editora Universitária/UFPB, 2003.

FERNÁNDEZ CHAVES, Manuel F.; PÉREZ GARCÍA, Rafael M. *En los márgenes de la ciudad de dios. Moriscos en Sevilla*. València: Publicacions de la Universitat de València, Editorial Universidad de Granada, Servicio de Publicaciones de la Universidad de Zaragoza, 2009.

FERREIRA, Roberto Guedes. *Egressos do cativeiro: trabalho, família, aliança e mobilidade social (Porto Feliz, São Paulo, c.1798-c.1850)*. Rio de Janeiro: Mauad/FAPERJ, 2008.

FERRER I MALLOL, Maria Teresa; MUTGÉ I VIVES, Josefina (Eds.). *De l'esclavitud a la llibertat. Esclaus i lliberts a l'Edat Mitjana*. Barcelona: Consell Superior D'Investigacions Científiques Institució Milà I Fontanals, 2000.

FIGUEIREDO, Luciano de A. F. *O avesso da memória: cotidiano e trabalho da mulher em MG no século XVIII*. Rio de Janeiro: José Olympio; Brasília: EdUnB, 1993.

FINLEY, Moses. *Escravidão antiga e ideologia moderna*. (Trad.). Rio de Janeiro: Graal, 1991.

FLORENTINO, Manolo. *Em costas negras; uma história do tráfico de escravos entre a África e o Rio de Janeiro (séculos XVIII e XIX)*. São Paulo: Companhia das Letras, 1997.

FONSECA, Cláudia Damasceno. *Arraiais e vilas d'el rei; espaço e poder nas Minas setecentistas*. Belo Horizonte: Editora UFMG, 2011.

FONSECA, Jorge. *Escravos e senhores na Lisboa quinhentista*. Lisboa: Colibri, 2010.

FONSECA, Jorge. *Escravos no sul de Portugal. Séculos XVI-XVII*. Lisboa: Vulgata, 2002.

FONSECA, Jorge. *Os escravos em Évora no século XVI*. Évora: Câmara Municipal de Évora, 1997.

FORBES, Jack D. *Black Africans & Native Americans. Color, Race and Caste in the Evolution of Red-Black Peoples*. Oxford: Basil Blackwell Ltd., 1988.

FRAGOSO, João Luís Ribeiro. *Homens de grossa aventura: acumulação e hierarquia na praça mercantil do Rio de Janeiro (1790-1830)*. 2. ed. Rio de Janeiro: Civilização Brasileira, 1998.

FREYRE, Gilberto. *Casa Grande & senzala; formação da família brasileira sob o regime da economia patriarcal*. 27. ed. Rio de Janeiro: Record, 1990. [1ª edição em 1933].

FREYRE, Gilberto. *Sobrados e mucambos: Introdução à história da sociedade patriarcal no Brasil*. 9. ed. Rio de Janeiro: Editora Record, 1996. [1ª edição em 1936].

FURTADO, Júnia Ferreira. *Homens de negócio: a interiorização da metrópole e do comércio nas Minas setecentistas*. São Paulo: Hucitec, 1999.

GARCÍA BARRAGÁN, E. *José Augustin Arrieta, lumbres de lo cotidiano*. México, 1998.

GILROY, Paul. *Against Race: imagining political culture beyond the color line*. Cambridge: Harvard University Press, 2000.

GILROY, Paul. *Entre campos. Nações, culturas e o fascínio da raça*. (Trad.) São Paulo: Annablume, 2007.

GLAVE, Luis Miguel. *De rosa y espinas. Economía, sociedad y mentalidades andinas, siglo XVIII*. Lima: Instituto de Estudios Peruanos (IEP); Banco Central de Reserva de Perú (BCRP), 1998.

GOMES, Flávio. (Org.). *Mocambos de Palmares; histórias e fontes (séculos XVI-XIX)*. Rio de Janeiro: 7Letras, 2010.

GOMES, José Eudes. *As milícias d'el Rey. Tropas militares e poder no Ceará setecentista*. Rio de Janeiro: Editora FGV, 2010b.

GÓMEZ DANNÉS, Pedro. Los negros en el Nuevo Reyno de León, siglos XVII y XVIII. In: MONTIEL, Luz María Martínez (Coord.). *Presencia africana en México*. México: Consejo Nacional para la Cultura y las Artes, 1997. p. 199-258.

GONÇALVES, Andréa Lisly. *As margens da liberdade. Estudo sobre a prática de alforrias em Minas colonial e provincial*. Belo Horizonte: Fino Traço, 2011.

GRUZINSKI, Serge. *La pensée métisse*. Paris: Fayard, 1999.

GRUZINSKI, Serge. *L'Amérique de la conquête painte par les Indiens du Mexique*. Paris: Unesco/Flammarion, 1991.

GRUZINSKI, Serge. *Le destin brisé de l'empire aztèque*. Paris: Gallimard, 2001.

GRUZINSKI, Serge. *Les quatre parties du monde; histoire d'une mondialisation*. Paris: Éditions de La Martinière, 2004.

GUIMARÃES, Antonio Sérgio Alfredo. *Classes, raças e democracia*. São Paulo: Editora 34, 2002.

GUZMÁN, Florencia. *Los claroscuros del mestizaje: negros, indios y castas en la Catamarca colonial*. Córdoba: Encuentro Grupo Editor, 2010.

HEERS, Jacques. *Les négriers en terres d'islam, VIIe-XVIe siècles*. Paris: Perrin, 2007.

HERKENHOFF, Paulo. (Org.). *O Brasil e os holandeses (1630-1654)*. Rio de Janeiro: Sextante Artes, 1999.

HERNANDO, Josep. *Els esclaus islàmics a Barcelona: blancs, negres, llors i turcs. De l'esclavitut a la llibertat (s. XIV)*. Barcelona: Consell Superior D'Investigacions Científiques Institució Milà I Fontanals, 2003.

HESPANHA, António Manuel. *Imbecilitas. As bem-aventuranças da inferioridade nas sociedades de Antigo Regime*. São Paulo: Annablume, Belo Horizonte: PPGH-UFMG, 2010.

HOLANDA, Sérgio Buarque de (Dir.). *História Geral da Civilização Brasileira*. São Paulo: Difusão Europeia do Livro, 1960. Tomo I A época colonial, 2 v.

HOLANDA, Sérgio Buarque de. *Raízes do Brasil*. 26. ed. São Paulo: Companhia das Letras, 1999. [1ª edição em 1936].

HOLANDA, Sérgio Buarque de. *Visão do paraíso; os motivos edênicos no descobrimento e colonização do Brasil*. 2. ed. São Paulo: Companhia Editora Nacional, 1969. [1ª edição em 1959].

IVO, Isnara Pereira. *Homens de caminho: trânsitos culturais, comércio e cores nos sertões da América portuguesa. Século XVIII*. Vitória da Conquista: Edições UESB, 2012.

JANCSÓ, István; KANTOR, Iris (Orgs.). *Festa. Cultura e sociabilidade na América Portuguesa*. São Paulo: Hucitec; Editora da Universidade de São Paulo; FAPESP; Imprensa Oficial, 2001, 2 v.

JOLY, Fábio Duarte. *A escravidão na Roma antiga. Política, economia e cultura*. São Paulo: Alameda, 2005.

JOUVE MARTÍN, José Ramón. *Esclavos de la ciudad letrada; esclavitud, escritura y colonialismo en Lima (1650-1700)*. Lima: Instituto de Estudios Peruanos (IPE), 2005.

KARASCH, Mary C. *A vida dos escravos no Rio de Janeiro (1808-1850)*. (Trad.). São Paulo: Companhia das Letras, 2000.

KARASCH, Mary. "Minha Nação": identidades escravas no fim do Brasil colonial. In: SILVA, Maria Beatriz Nizza da. (Org.). *Brasil. Colonização e escravidão*. Rio de Janeiro: Nova Fronteira, 2000. p. 1217-1241.

KATZEW, I, *Casta Paiting, Images of Race in Eighteenth-Century Mexico*. New Haven: Yale, 2004.

KLEIN, Herbert S. *A escravidão Africana - América Latina e Caribe*. (Trad.) São Paulo: Brasiliense, 1987.

KLEIN, Herbert S. *The Atlantic slave trade*. 10 pr. Cambridge: Cambridge University Press, 2007.

KLEIN, Herbert S. *The middle Passage: Comparative Studies in the Atlantic Slave Trade*. Princeton: Princeton University Press, 1978.

KOSELLECK, Reinhart. *Futuro Passado: contribuição à semântica dos tempos históricos*. (Trad.). Rio de Janeiro: Contraponto; Ed. PUC Rio, 2006.

LAGO, Bia Corrêa do. *Frans Post e o Brasil holandês na coleção do Instituto Ricardo Brennand*. Rio de Janeiro: Capivara, 2010.

LAGO, Pedro Corrêa do; LAGO, Bia Corrêa do. *Frans Post {1612-1680} Obra completa*. Rio de Janeiro: Capivara, 2006.

LAGO, Pedro Corrêa do; DUCOS, Blaise (Dir.). *Frans Post. Le Brésil à la cour de Louis XIV.* Milano: 5 Continents, 2005.

LARA, Lucas G. Castillo. *Los mercedarios y la vida política y social de Caracas en los siglos XVII y XVIII.* Caracas: Academia Nacional de la Historia, 1980.

LARA, Silvia Hunold. *Campos da violência; escravos e senhores na capitania do Rio de Janeiro, 1750-1808.* Rio de Janeiro: Paz e Terra, 1988.

LARA, Silvia Hunold. *Fragmentos setecentistas; escravidão, cultura e poder na América portuguesa.* São Paulo: Companhia das Letras, 2007.

LAMARCK, Jean-Baptiste. *Hydrogéologie ou RECHERCHES sur l'influence qu'ont les eaux sur la surface du globe terrestre; sur lescauses de l'existence du bassin des mers, de son déplacement et de son transport successifsur les différens points de la surface de ce globe; enfin sur les changemens que les corpsvivans exercent sur la nature et l'état de cette surface. 1802.* Paris: CRHST/CNRS, 2003. Disponível em: <http://www.lamarck.cnrs.fr/ouvrages/docpdf/Hydrogeologie.pdf>.

LAVALLÉ, Bernard. *Amor y opresión en los Andes coloniales.* Lima: Instituto de Estudios Peruanos (IEP); Instituto Francés de Estudios Andinos (IFEA); Universidad Particular Ricardo Palma (UPRP), 1999.

LAVALLÉ, Bernard. *El cuestionamiento de la esclavitud en Quito colonial.* Guaranda (Ecuador): Universidad Estatal de Bolívar, 1996.

LEITE, Serafim. S. J. *História da Companhia de Jesus no Brasil.* Lisboa: Portugália, Rio de Janeiro: Instituto Nacional do Livro, 1938-1950, 10 v.

LIBBY, Douglas Cole. A empiria das cores: representações identitárias nas MG dos séculos XVIII e XX. In: PAIVA, Eduardo França; IVO, Isnara Pereira; MARTINS, Ilton Cesar (Orgs.). *Escravidão, mestiçagens, populações e identidades culturais.* São Paulo: Annablume; Belo Horizonte: PPGH-UFMG, 2010. p. 41-62.

LIMA, Carlos A. M. *Artífices do Rio de Janeiro (1790-1808).* Rio de Janeiro: Apicuri, 2008.

LOCKHART, James. *El mundo hispanoperuano (1532-1560).* México: Fondo de Cultura Económica, 1982.

LOPES, Fátima Martins. *Índios, colonos e missionários na colonização da Capitania do Rio Grande do Norte.* Mossoró: Fundação Vingt-un Rosado, Instituto Histórico e Geográfico do Rio Grande do Norte, 2003.

LUCENA SALMORAL, Manuel. *La esclavitud en la América española.* Warszawa (Varsovia): CESLA, 2002.

LUCENA SALMORAL, Manuel. *Los códigos negros de la América espanhola.* 2. ed. s. l. Ediciones Unesco/Universidad de Alcalá, 2000.

LUNA, Felix. *Breve historia de los argentinos.* Buenos Aires: Planeta, 1994.

MACHADO, Cacilda. *A trama das vontades. Negros, pardos e brancos na construção da hierarquia social do Brasil escravista.* Rio de Janeiro: Apicuri, 2008.

MAGGIE, Yvonne. "Aqueles a quem foi negada a cor do dia": as categorias cor e raça na cultura brasileira. In: MAIO, Marcos Chor; SANTOS, Ricardo Ventura (Orgs.). *Raça, ciência e sociedade.* Rio de Janeiro: FIOCRUZ/CCBB, 1996. p. 225-234.

MAIO, Marcos Chor; SANTOS, Ricardo Ventura (Orgs.). *Raça, ciência e sociedade.* Rio de Janeiro: FIOCRUZ/CCBB, 1996.

MALLO, Silvia. Vida cotidiana y conflicto: la población afrodescendiente ante la Justicia. In: PINEAU, Marisa (Ed.) *La ruta del esclavo en el Río de la Plata. Aportes para el diálogo intercultural.* Caseros (Argentina): EDUNTREF, 2011. p. 205-221.

MARCHENA FERNÁNDEZ, Juan (Comp.). *Potosí. Plata para Europa*. Sevilla: Universidad de Sevilla, 2000.

MATTOS, Hebe Maria. *Das cores do silêncio: os significados da liberdade no sudeste escravista - Brasil, século XIX*. Rio de Janeiro: Nova Fronteira, 1998.

MATTOSO, Kátia M. de Queirós. *Ser escravo no Brasil*. (Trad.). São Paulo: Brasiliense, 1988.

MAXWELL, Kenneth R. *A devassa da devassa; a Inconfidência Mineira: Brasil e Portugal - 1750-1808*. (Trad.). Rio de Janeiro: Paz e Terra, 1978.

M'BOKOLO, Elikia. *África negra história e civilizações*. (Trad.). Salvador: EDUFBA/Casa das Áfricas, 2009.

MENDES, António de Almeida. Les "Portugais noirs" de Guinée: destins mêlés (XVe-XVIIe siècles). In: BOTTE, Roger; STELLA, Alessandro (Éd.). *L'esclavage en Noir et Blanc*. Paris: Belles Lettres, 2011.

MENESES, José Newton Coelho. *O continente rústico; abastecimento alimentar nas MG setecentistas*. Diamantina: Maria Fumaça, 2000.

MIRA CABALLOS, Esteban. *El Indio Antillano: repartimiento, encomienda y esclavitud (1492-1542)*. Sevilla: Muñoz Moya editor; Bogotá: Ediciones ALFIL, 1997.

MONTEIRO, John Manuel. *Negros da terra. Índios e bandeirantes nas origens de São Paulo*. São Paulo: Companhia das Letras, 1994.

MONTEIRO, Rodrigo Bentes; FEITLER, Bruno; CALAINHO, Daniela Buono; FOLRES, Jorge (Orgs.). *Raízes do privilégio. Mobilidade social no mundo ibérico do Antigo Regime*. Rio de Janeiro: Civilização Brasileira, 2011.

MOORE JR., Barrington. *As origens sociais da ditadura e da democracia. Senhores e camponeses na construção do Mundo Moderno*. (Trad.). São Paulo: Martins Fontes, 1983.

MORAES, Fernanda Borges de. De arraiais, vilas e caminhos: a rede urbana das MG. In: RESENDE, Maria Efigênia Lage de; VILLALTA, Luiz Carlos (Orgs.). *História de MG; as Minas Setecentistas*. Belo Horizonte: Autêntica, 2008. p. 55-85, v. 1.

MOREIRA, Paulo Roberto Staudt; MUGGE, Miquéias Henrique. *Histórias de escravos e senhores em uma região de imigração europeia*. São Leopoldo (RS): Oikos, 2014.

MÖRNER, Magnus, *La mezcla de razas en la historia de América Latina*. Buenos Aires: Paidós, 1969.

NAZZARI, Muriel. Da escravidão à liberdade: a transição de índio administrado para vassalo independente em São Paulo Colonial. In: SILVA, Maria Beatriz Nizzada (Org.). *Brasil: colonização e escravidão*. Rio de Janeiro: Nova Fronteira, 2000. p. 28-44.

NEVES, Erivaldo Fagundes. *Estrutura fundiária e dinâmica mercantil: Alto Sertão da Bahia, séculos XVIII e XIX*. Salvador: EDUFBA; Feira de Santana: UEFS, 2005.

NEVES, Erivaldo Fagundes. *Uma comunidade sertaneja. Da sesmaria ao minifúndio (um estudo de história regional e local)*. 2. ed. Salvador: EDUFBA; Feira de Santana: UEFS, 2008.

NOLL, Volker; DIETRICH, Wolf (Orgs.). *O português e o tupi no Brasil*. São Paulo: Contexto, 2010.

ODÁLIA, Nilo. (Org.).*Varnhagen: História*. São Paulo: Ática, 1979.

OLAECHEA LABAYEN, Juan B. *El mestizaje como gesta*. Madrid: Mapfre, 1992.

OLIVEIRA, Maria Inês Côrtes de. *O liberto: o seu mundo e os outros; Salvador, 1790-1890*. São Paulo, Corrupio/CNPq, 1988.

ORTIZ, Fernando. *Los negros esclavos.* La Habana: Editorial de Ciencias Sociales, 1987. [1ª edição em 1916].

PAIVA, Adriano Toledo. *Os indígenas e os processos de conquista dos sertões de MG (1767-1813).* Belo Horizonte: Argumentvn, 2010.

PAIVA, Eduardo França. Bateias, carumbés, tabuleiros: mineração africana e mestiçagem no Novo Mundo. In: PAIVA, Eduardo França; ANASTASIA, Carla Maria Junho (Orgs.). *O Trabalho mestiço: maneiras de pensar e formas de viver - séc. XVI a XIX.* São Paulo: Annablume; Belo Horizonte: PPGH-UFMG, 2002. p. 187-207.

PAIVA, Eduardo França. De corpo fechado: gênero masculino, milícias e trânsito de culturas entre a África dos Mandingas e as MG da América, no início do século XVIII. In: LIBBY, Douglas Cole; FURTADO, Júnia Ferreira (Orgs.). *Trabalho livre, trabalho escravo. Brasil e Europa, séculos XVIII e XIX.* São Paulo: Annablume; Belo Horizonte: PPGH-UFMG, 2006. p. 113-129.

PAIVA, Eduardo França. *Escravos e libertos nas MG do século XVIII; estratégias de resistência através dos testamentos.* 3. ed. São Paulo: Annablume; Belo Horizonte: PPGH-UFMG, 2009.

PAIVA, Eduardo França. *Escravidão e universo cultural na Colônia; MG, 1716-1789.* Belo Horizonte: Editora UFMG, 2001.

PAIVA, Eduardo França. Histórias comparadas, histórias conectadas: escravidão e mestiçagem no mundo ibérico. In: PAIVA, Eduardo França; IVO, Isnara Pereira (Orgs.). *Escravidão, mestiçagem e histórias comparadas.* São Paulo: Annablume; Belo Horizonte: PPGH-UFMG, 2008. p. 13-25.

PAIVA, Eduardo França. Territórios mestiços e urbe escravista colonial ibero-americana. In: PAIVA, Eduardo França; AMANTINO, Marcia; IVO, Isnara Pereira (Orgs.). *Escravidão, mestiçagens, ambientes, paisagens e espaços.* São Paulo: Annablume; Belo Horizonte: PPGH--UFMG, 2011. p. 11-31.

PAIVA, Eduardo França. Três pensadores e uma nação mestiça na Coleção Brasiliana. In: Eliana de Freitas Dutra. (Org.). *O Brasil em dois tempos: história, pensamento social e tempo presente.* Belo Horizonte: Autêntica, 2013. p. 341-356.

PAIVA, Eduardo França; ANASTASIA, Carla Maria Junho (Orgs.). *O trabalho mestiço; maneiras de pensar e formas de viver, séculos XVI a XIX.* 2. ed. São Paulo: Annablume; Belo Horizonte: PPGH-UFMG, 2003.

PAIVA, Eduardo França; CERCEAU NETTO, Rangel. Uma mamaluca poderosa entre Itu e Pitangui, no início do século XVIII. In: CATÃO, Leandro Pena. *Pitangui colonial. História & memória.* Belo Horizonte: Crisálida, 2011. p. 133-154.

PARAÍSO, Maria Hilda B. Os botocudos e sua trajetória histórica. In: CUNHA, Manuela Carneiro da (Org.). *História dos índios no Brasil.* São Paulo: Companhia das Letras, 1992. p. 413-430.

PARÉS, Luis Nicolau. *A formação do candomblé. História e ritual da nação jeje na Bahia.* 2. ed. Campinas: Editora UNICAMP, 2007.

PÄRSSINEN, Martti. *Tawantinsuyu. El estado inca y su organización política.* (Trad.) Lima: IFEA Instituto Francés de Estudios Andinos, Fondo Editorial de la Pontificia Universidad Católica del Perú, Embajada de Finlandia, 2003.

PENA, Sérgio Danilo Junho. *Humanidade sem raça?* São Paulo: Publifolha, 2008.

PENA, Sérgio Danilo Junho. *Igualmente diferentes.* Belo Horizonte: Editora UFMG, 2009.

PERRONE-MOISÉS, Beatriz. Índios livres e índios escravos: os princípios da legislação indigenista no período colonial (séculos XVI a XVIII). In: CUNHA, Manuela Carneiro da (Org.). *História dos índios no Brasil.* 2. ed. São Paulo: Companhia das Letras, 2009. p. 115-132.

PERRONE-MOISÉS, Beatriz. Inventário da legislação indigenista: 1500-1800. In: CUNHA, Manuela Carneiro da (Org.). *História dos índios no Brasil*. 2. ed. São Paulo: Companhia das Letras, 2009b. p. 529-558.

PIERONI, Geraldo Magela. *Os excluídos do reino*. Brasília: Editora da Universidade de Brasília, 2000.

POLONI-SIMARD, Jacques. *La mosaïque indiene. Mobilité, stratification sociale et métissage dans le corregimiento de Cuenca (Équeteur) du XVIe au XVIIIe siècle*. Paris: Éditions de l'École des Hautes Études en Sciences Sociales, 2000.

POSSAMAI, Paulo César. *A vida quotidiana na Colónia do Sacramento. Um bastião português em terras do futuro Uruguai*. Lisboa: Livros do Brasil, 2006.

PRIORE, Mary del. *Ao sul do corpo; condição feminina, maternidades e mentalidades no Brasil Colônia*. Rio de Janeiro: José Olympio; Brasília: Edunb, 1993.

PRIORE, Mary del. *Festas e utopias no Brasil colonial*. São Paulo: Brasiliense, 1994.

PUNTONI, Pedro. *A guerra dos bárbaros: povos indígenas e colonização do sertão nordeste do Brasil (1650-1720)*. São Paulo: Edusp; Hucitec, 2002.

QUIROZ, Francisco. *Gremios, razas y libertad de industria. Lima colonial*. Lima: Facultad de Ciencias Sociales, Universidad Nacional Mayor de San Marcos, 1995.

RABELL ROMERO, Cecilia. Trayectoria de vida familiar, raza y género en Oxaca colonial. In: GONZALBO AIZPURU, Pilar; RABELL ROMERO, Cecilia (Coord.). *Familia y vida privada en la historia de Iberoamérica*. México: El Colegio de México: Centro de estudios Históricos/Universidad Autónoma de México, Instituto de Investigaciones Sociales, 1996. p. 75-118.

RAMINELLI, Ronald. *A era das conquistas. América espanhola, séculos XVI e XVII*. Rio de Janeiro: Editora FGV, 2013.

RAMOS, Fábio Pestana; MORAIS, Marcus Vinícius de. *Eles fundaram o Brasil*. São Paulo: Contexto, 2010.

REDONDO, Brígido. Negritud en Campeche. De la Conquista a nuestros días. In: MONTIEL, Luz María Martínez (Coord.). *Presencia africana en México*. México: Consejo Nacional para la Cultura y las Artes, 1997. p. 337-421.

RÉGENT, Frédéric. *Esclavage, métissage, liberté. La Révolution française en Guadeloupe 1789-1802*. Paris: Bernard Grasser, 2004.

REGINALDO, Lucilene. *Os rosários dos angolas. Irmandades de africanos e crioulos na Bahia setecentista*. São Paulo: Alameda, 2011.

REIS, João José. *A morte é uma festa; ritos fúnebres e revolta popular no Brasil do século XIX*. São Paulo: Companhia das Letras, 1991.

REIS, João José. *Rebelião escrava no Brasil; a história do levante dos Malês em 1835*. São Paulo: Companhia das Letras, 2003.

REIS, João José; SILVA, Eduardo. Negociação e conflito: a resistência negra no Brasil escravista. São Paulo: Companhia das Letras, 1989.

RESENDE, Maria Efigênia Lage de; VILLALTA, Luiz Carlos (Orgs.). *História de MG; as Minas Setecentistas*. Belo Horizonte: Autêntica, 2008.

RIBEIRO, Alexandre Vieira. The Transatlantic Slave Trade to Bahia, 1582-1851. In: ELTIS, David; RICHARDSON, David (Eds.). *Extending the Frontiers. Essays on the new Transatlantic Slave Trade Database*. New Haven: Yale University Press, 2008. p. 130-154.

RICUPERO, Rodrigo. *A formação da elite colonial. Brasil c. 1530 - c. 1630*. São Paulo: Alameda, 2009.

ROBIN, Régine. *História e lingüística*. (Trad.). São Paulo: Cultrix, 1973.

RODRIGUES, Ana Maria (Coord.). *Os negros em Portugal - sécs. XV a XIX*. Lisboa: Comissão Nacional para as Comemorações dos Descobrimentos Portugueses, 1999.

RODRIGUES, Aryon Dall'Igna. Tupi, tupinambá, línguas gerais e português do Brasil. In: NOLL, Volker; DIETRICH, Wolf (Orgs.). *O português e o tupi no Brasil*. São Paulo: Contexto, 2010. p. 27-47.

RODRIGUES, Nina. *Os africanos no Brasil*. 8. ed. Brasília: Editora Universidade de Brasília, 2004. [1ª edição em 1906 - parcial].

ROJAS, José Luis de. *México Tenochtitlán. Economia y sciedad en el siglo XVI*. México, FCE, El Colegio de Michoacán, 1986.

ROMEIRO, Adriana. *Paulistas e emboabas no coração das Minas: ideias, práticas e imaginário político no século XVIII*. Belo Horizonte: Editora UFMG, 2009.

ROSAL, Miguel Ángel. *Africanos y afrodescendientes en el Río de la Plata. Siglos XVIII-XIX*. Buenos Aires: Dunken, 2009.

RUEDA NOVOA, Rocío. *Zambaje y autonomía. Historia de la gente negra de la Provincia de Esmeraldas. Siglos XVI-XVIII*. Quito: Abya-Yala, 2001.

RUSSELL-WOOD, A. J. R. *Escravos e libertos no Brasil colonial*. (Trad.). Rio de Janeiro: Civilização Brasileira, 2005.

SÁ, Eliane Garcindo de. *Mestiço: entre o mito, a utopia e a História - reflexões sobre a mestiçagem*. Rio de Janeiro: Quartet; FAPERJ, 2013.

SACO, José Antonio. *Historia de la esclavitud*. Salamanca: Espuela de Plata, 2009. [Publicados os vários volumes entre 1875 e 1883 em Paris, Barcelona e Havana].

SÆTHER, Steinar A. *Identidades e independencia en Santa Marta y Riohacha, 1750-1850*. (Trad.). Bogotá: Instituto Colombiano de Antropología e Historia, 2005.

SALICRÚ I LLUCH, Roser. *Esclaus i propietaris d'esclaus a la Catalunya del segle XV. L'assegurança contra fugues*. Barcelona: Consell Superior d'Investigacions Científiques Institució Milá i Fontanals, 1998.

SALLES, Gilka V. F. de. *Economia e escravidão na Capitania de Goiás*. Goiânia: CEGRAF/UFG, 1992.

SÁNCHEZ-CONCHA BARRIOS, Rafael. La tradición política y el concepto de "cuerpo de república" en el Virreinato. In: HAMPE MARTÍNEZ, Teodoro. (Comp.). *La tradición clásica en el Perú virreinal*. Lima: Fondo Editorial Universidad Nacional Mayor de San Marcos, 1999. p. 101-114. Disponível em: <http://goo.gl/7qAvFM>.

SANTOS, Ricardo Ventura; MAIO, Marcos Chor. Antropologia, raça e os dilemas das identidades na era da genômica. In: MAIO, Marcos Chor; SANTOS, Ricardo Ventura (Orgs.). *Raça como questão: história, ciência e identidades no Brasil*. Rio de Janeiro: Editora FIOCRUZ, 2010. p. 171-196.

SAUNDERS, A. C. de C. M. *História social dos escravos e libertos negros em Portugal (1441-1555)*. (Trad.). Lisboa: Imprensa Nacional;Casa da Moeda, 1994.

SCHÁVELZON, Daniel. *Buenos Aires negra. Arqueología histórica de una ciudad silenciada*. Buenos Aires: Emecé, 2003.

SCHWARTZ, Stuart B. *Cada um na sua lei. Tolerância religiosa e salvação no mundo atlântico ibérico*. (Trad.). São Paulo: Companhia das Letras; Bauru: EDUSC, 2009.

SCHWARTZ, Stuart B. *Segredos internos; engenhos e escravos na sociedade colonial - 1550-1835*. (Trad.). São Paulo: Companhia das Letras; CNPq, 1988.

SCOTT, Rebecca J. *Emancipação escrava em Cuba; a transição para o trabalho livre - 1860-1899*. (Trad.). Rio de Janeiro/Campinas, Paz e Terra; Ed. UNICAMP, 1991.

SILVA, Alberto da Costa e. *Francisco Félix de Souza, mercador de escravos*. Rio de Janeiro: Nova Fronteira, 2004.

SILVA, Célia Nonata. *Territórios de mando; banditismo em MG, século XVIII*. Belo Horizonte: Crisálida, 2007.

SILVA, Daniel Barros Domingues da; ELTIS, David. The Slave Trade to Pernambuco, 1561-1851. In: ELTIS, David; RICHARDSON, David (Eds.). *Extending the Frontiers. Essays on the new Transatlantic Slave Trade Database*. New Haven: Yale University Press, 2008. p. 95-129.

SILVA, Gian Carlo de Melo. *Um só corpo, uma só carne. Casamento, cotidiano e mestiçagem no Recife colonial (1790-1800)*. Recife: Ed. Universitária da UFPE, 2010.

SILVA, Jovam Vilela da. *Mistura de cores (política de povoamento e população na Capitania de Mato Grosso - século XVIII)*. Cuiabá: Editora da UFMT, 1995.

SILVA, Kalina Vanderlei. *Nas solidões vastas e assustadoras. A conquista do sertão de Pernambuco pelas vilas açucareiras nos séculos XVII e XVIII*. Recife: CEPE, 2010b.

SILVA, Maria Beatriz Nizza da. *História da família no Brasil Colonial*. Rio de Janeiro: Nova Fronteira, 1998.

SILVA, Maria Beatriz Nizza da. *Sistema de casamento no Brasil colonial*. São Paulo: T. A. Queiroz; Ed. da Universidade de São Paulo, 1984.

SILVA, Marilene Rosa Nogueira da. *Negro na Rua: a nova face da escravidão*. São Paulo: Hucitec, 1988.

SLENES, Robert. *Na senzala, uma flor; esperanças e recordações na formação da família escrava - Brasil Sudeste, século XIX*. Rio de Janeiro: Nova Fronteira, 1999.

SOARES, Márcio de Sousa. *A remissão do cativeiro: a dádiva da alforria e o governo dos escravos nos Campos dos Goitacases, c. 1750-c.1830*. Rio de Janeiro: Apicuri, 2009.

SOARES, Mariza de Carvalho. *Devotos da cor. Identidade étnica, religiosidade e escravidão no Rio de Janeiro, século XVIII*. Rio de Janeiro: Civilização Brasileira, 2000.

SOUZA, Laura de Mello e. Coartação - problemática e episódios referentes a MG no século XVIII. In: SILVA, Maria Beatriz Nizza da (Org.). *Brasil: colonização e escravidão*. Rio de Janeiro: Nova Fronteira, 2000. p. 275-295.

SOUZA, Laura de Mello e. *Norma e conflito; aspectos da História de Minas no século XVIII*. Belo Horizonte: Editora UFMG, 1999.

SOUZA, Laura de Mello e. *O diabo e a Terra de Santa Cruz; feitiçaria e religiosidade popular no Brasil colonial*. São Paulo: Companhia das Letras, 1986.

SOUZA, Marina de Mello e. *Reis negros no Brasil escravista. História da festa de coroação de Rei Congo*. Belo Horizonte: Editora UFMG, 2002.

STALLAERT, Christiane. *Ni una gota de sangre impura. La España inquisitorial y la Alemania nazi cara a cara*. Barcelona: Galaxia Gutenberg, 2006.

SUÁREZ, Margarita. *Desafíos transatlánticos. Mercaderes, banqueros y el estado en el Perú virreinal, 1600-1700*. Lima: Pontificia Universidad Católica del Perú; Fondo de Cultura Económica; Instituto Francés de Estudios Andinos, 2001.

SUBRAHMANYAM, Sanjay. Connected Histories: Notes Towards a Reconfiguration of Early Modern Eurasia. In: LIEBERMAN, V. (Org.). *Beyond Binary Histories. Re-imagining Eurasia to c. 1830*. Michigan: The University of Michigan Press, 1997. p. 289-315.

TARDIEU, Jean-Pierre. *De l'Afrique aux Amériques Espagnoles (XVe –XIXe siècles). Utopies er réalités de l'esclavage*. Paris: L'Harmattan, 2002.

TARDIEU, Jean-Pierre. *El negro en Cuzco. Los caminos de la alienación en la segunda mitad del siglo XVII*. Lima: Pontificia Universidad Católica del Perú-Instituto Riva-Agüero, Banco Central de Reserva del Perú, 1998.

TEJADO FERNANDEZ, Manuel. *Aspectos de la vida social en Cartagena de Indias durante el seiscientos*. Sevilla: Publicaciones de la Escuela de Estudios Hispano-Americanos de Sevilla, 1954.

THOMPSON, E. P. *A miséria da teoria ou um planetário de erros; uma crítica ao pensamento de Althusser*. (Trad.). Rio de Janeiro: Zahar, 1981.

THORTON, John. *Africa and Africans in the Making of the Atlantic World, 1400-1800*. New York: Cambridge University Press, 1999.

TORIBIO MEDINA, José. *El veneciano Sebastián Caboto, al servicio de España y especialmente de su proyectado viaje á las Molucas por el Estrecho de Magallanes y al reconocimiento de la costa del continente hasta la gobernación de Pedrarias Dávila*. Santiago de Chile: Imprenta y Encuadernación Universitaria, 1908. Disponível em: <http://www.archive.org/stream/elvenecianosebas01medirich/elvenecianosebas01medirich_djvu.txt>.

TREVIRANUS, Gottfried Reinhold. *Biologie oder Philosophie der lebenden Natur für Naturforscher und Aerzte*. Göttingen: Johann Friedrich Röwer, 1818. Disponível em: <http://www.archive.org/stream/biologieoderphil05trev#page/n3/mode/2up>.

VALENCIA VILLA, Carlos Eduardo. *Alma en boca y huesos en costal. Una aproximación a los contrastes socio-económicos de la esclavitud Santafé, Mariquita y Mompox 1610-1660*. Bogotá: Instituto Colombiano de Antropología e Historia, 2003.

VARÓN GABAI, Rafael. *La ilusión del poder. Apogeo y decadencia de los Pizarro en la conquista del Perú*. Lima: Instituto de Estudios Peruanos (IEP), Instituto Francés de Estudios Andinos (IFEA), 1977.

VASCONCELOS, Sylvio de. *Vila Rica formação e desenvolvimento - residências*. São Paulo: Perspectiva, 1977.

VENTURA, Maria da Graça A. Mateus. *A União Ibérica e o mundo atlântico*. Lisboa: Colibri, 1997.

VENTURA, Maria da Graça A. Mateus. *Negreiros portugueses na rota das Índias de Castela (1541-1556)*. Lisboa: Edições Colibri, 1999.

VENTURA, Maria da Graça A. Mateus (Coord.). Os espaços de sociabilidade na Ibero-América (sécs. XVI-XIX)/Nonas Jornadas de História Ibero-Americana. Lisboa: Edições Colibri-Instituto de Cultura Ibero-Atlântica, 2004.

VENTURA, Maria da Graça A. Mateus. *Portugueses no descobrimento e conquista da Hispano-América. Viagens e expedições (1492-1557)*. Lisboa: Colibri, 2000.

VIDAL ORTEGA, Antonio. Entre la necesidad y el temor: negros y mulatos en Cartagena de Indias a comienzos del siglo XVII. In: ARES QUEIJA, Berta & STELLA, Alessandro (Coord.). *Negros, mulatos, zambaigos - Derroteros africanos en los mundos ibéricos*. Sevilla: Escuela de Estudios Hispano-Americanos/CSIC, 2000. p. 89-104.

VIDAL ORTEGA, Antonio. *Cartagena de Indias y la región Histórica del Caribe, 1580-1640*. Sevilla: CSIC/EEHA-Universidad de Sevilla, 2002.

VIEIRA, António. *Obras escolhidas*. Lisboa: Livraria Sá da Costa, 1951, 12 v.

VILA VILAR, Enriqueta. *Hispano-América y el comercio de esclavos. Los asientos portugueses.* Sevilla: EEHA/CSIC, 1977.

WANDERLEY, Marcelo da Rocha. Vidas mescladas. Mulatos livres e hierarquias na Nova Espanha (1590-1740). In: PAIVA, Eduardo França; AMANTINO, Marcia; IVO, Isnara Pereira (Orgs.). *Escravidão, mestiçagens, ambientes, paisagens e espaços.* São Paulo: Annablume; Belo Horizonte: PPGH-UFMG, 2011, p. 81-94.

WERNER CANTOR, Erik. *Ni aniquilados, ni vencidos. Los Emberá y la gente negra del Atrato bajo el dominio español. Siglo XVIII.* Bogotá: Instituto Colombiano de Antropología e Historia, 2000.

ZAVALA, Silvio. *Las instituciones jurídicas en la conquista de América.* México: Porrúa, 1988.

VALENZUELA MÁRQUEZ, Jaime. Inmigrantes en busca de identidad: los indios *cuzcos* de Santiago de Chile, entre clasificación colonial y estrategia social. In: ARAYA ESPINOZA; VALENZUELA MÁRQUEZ (Ed.). *América colonial. Denominaciones, clasificaciones e identidades.* Santiago: RIL editores, 2010. p. 81-118.

VARNHAGEN, Francisco Adolfo de. *Historia Geral do Brazil, isto é do descobrimento, colonisação, legislação e desenvolvimento deste Estado, hoje imperio independente, escripta em presença de muitos documentos autenticos recolhidos nos archivos do Brazil, de Portugal, da Hespanha e da Hollanda, por um socio do Instituto Historico do Brazil, natural de Sorocaba.* Madrid: Imprensa da V. de Dominguez, 1854-1857, 2 v. Disponível em: <http://books.google.com.br/books?id=MWoCAAAAYAAJ&printsec=frontcover&hl=pt-BR&source=gbs_ge_summary_r&cad=0#v=onepage&q&f=false>.

VERBERCKMOES, Johan y THOMAS, Werner. Introducción. In: STOLS, Eddy, THOMAS, Werner; VERBERCKMOES, Johan (Orgs.). *Naturalia, Mirabilia & Monstruosa en los Imperios Ibéricos (siglos XV-XIX).* Louvain: Leuven University Press, 2006, p. V-X.

ZÚÑIGA, Jean-Paul. "Morena me llaman..." Exclusión e integración de los afroamericanos en Hispanoamérica: el ejemplo de algunas regiones del antiguo virreinato del Perú (siglos XVI-XVIII). In: ARES QUEIJA, Berta; STELLA, Alessandro (Coord.). *Negros, mulatos zambaigos; derroteros africanos en los mundos ibéricos.* Sevilla: Escuela de Estudios Hispano-Americanos/Consejo Superior de Investigaciones Científicas, 2000. p. 105-122.

ANEXO

Arrolamento de termos e expressões relativas a "qualidade", "nação", "cor", categorias "matrizes" e dinâmicas de mestiçagens[584]

Açoriano
Administrado
África
Africano
Ahí te estás
Albarazado/Albarasado
Albino
Ambaca
Americano
Amestiçado ["amestissado"]
Amulatado
Angico
Angola
Anticristiano
Arda
Arrendero
Atezado
Avermelhado

Baço
Bacongo
Bamba
Banba
Baquiano
Bárbaro/Barbaro
Barcino
Basa
Bastardo
Bemba
Benguela
Bérbere
Berberisco
Besta

Bestial
Bestialidade
Biafara
Bique
Boçal/Bozal
Bode
Botocudo
Bran
Branco/Blanco
"Brancos da terra" [São Tomé]
"Brancos naturais do Brasil"
Branquelo
Brasila
Brasileiro
Brasiliano
Brasílico
Brasiliense
Brasileiro
Brasis
Bravio
Bravo/Brabo
Bruto
Bugre

Cabinda
Cabo Verde
Caboclo
Caboré/Caburé
Cabra
Cabrito
Cabrocha
Cachéu/Cacheo
Caconda

Cacongo
Caeté
Cafraria
Cafre
Cafrealizado
Cafus
Cafuso
Calabar
Camba
Cambudá
Cambujo
Camondongo
"Campa mulato"
Canarins
Canário
Canível
Câpre
Carabalí
Caraíba
Caribe
Carijó
Carioca
Carapinha
Casado [Goa]
Casanga
Cassange
Casta
Castelhano
Castiço/Castizo
Cativo/Cautivo/Captivo
Católico
Chapetón
Chino/China
Cholo
Chusma
Cimarrón
Coartação/Cuartación
Coartado
Cocho ["¿café claro?"]
"Cocho blando"
Cobreado
Cobu/Kobu
"Color quebrado" [mulato]
Conchavado
Condição/Condición
Congo
Convertido/Converso
Cor/Color
"Cor baça"
"Cor de burro fugido"
"Cor fula"
"Cor preta"
Coran
Costa da Mina
Costa do Marfim
Courano
Coyote
"Criados e espravos" [sic]
"Crioula fusca"
Crioulo/Criollo
Crioulização
Cristão/Cristiano
"Cristão Novo"/"Cristiano Nuevo"
"Cristão Velho"/"Cristiano Viejo"
Cuarterón
"Cuarterón de mulato"
Cuatralbo
Culemba
Curiboca/Cariboca/Cariboco/Coriboca/Ariboco

Degredado
Desencardido
Dom/Don
Domba/Ndombe/Candumbe
Dona/Doña

Emboaba
Encardido
Escravo/Esclavo
"Escravo de Guiné"
"Escravo dos de Angola"
"Escravos índios"
Espanhol/Español
"Español de mestizo"
Estante [São Tomé]
Estrangeiro/Estranjero
Etíope
"Etíope cafre"
"Etíope de Guinea"/"Etíope guineos"
"Etíopes de los Reinos de Congo y de Angola"
Etiópia

Fam
Fera
Fidalgo/Hidalgo
"Filho d´algo"/"Hijo d´algo"/"Hijo de algo"
"Filho de branco"
Forasteiro/Forastero
Formiga
Forro/Horro
Fula
Fulupo
Fusco

Gabão
Gamguella
Gaúcho/Gaucho
Gege
Genízaro/Jenízaro
"Gente branca"/"Gente blanca"
"Gente branca desta ilha" [São Tomé]
"Gente de cor"/"Gente de color"
"Gente de razón"
"Gente decente"
"Gente [...] do sertão" [índios]
"Gente parda"
"Gente preta"/"Gente prieta"
"Gentiles cafres"
Gentilidade
Gentio
"Gentio baço de cor"/"Gentio cor baça"
"Gentio barbaro"
"Gentio brabo"
"Gentio da terra"
"Gentio da terra [...] do sertão"
Gachupín
Galego
Geração/Generación
Gomba
Guarani
Guiné
Guinéu/Guineo

Herege /Hereje
Híbrido
Hispanización
"Hombre de color indiano"
"Homem bom"
"Homem branco peão"
"Homeës da terra"

Huachinango

Idólatra
Indiano
Índio
"Indio españolado"
"Indio mestizo"
"Índios brasis"
"Indios monteses"
Infiel
Inhambane

Jalofo/Jolofo/Yolofo/Wolof/Xolofe
Jarocho
Jíbaro
Jinga
Judeu/Judío

Ladano
Ladinización
Ladino
Lançado
Larantuqueiro [Ásia portuguesa]
Liberado
Liberto
Livre/Libre
Loanda
Loango
Lobo
Loro
Lucumí
Lungo

Macaco
Magunza/Gunza
Malanba
Malandro
Malê
Malemba
Mameluco/Mamaluco
"Mamalucos, filhos de brancos"
Mancebo
"Mancebo de la tierra"
Mandinga
Manumisso/Manumiso
Maometano/Mahometano
Mardica [Ilha de Amboino]
Marrano
Massangano

Matamba
Matutero
Matuto
Mazombo
Membrillo
Mescla/Mezcla
Mesclado/Mezclado
Mestiço/Mestizo
"Mestiza limpia"
"Mestizo real"
"Meyo atapuyado"
Mina
Mineiro
Misti
Misto/Mixto
Mistura/Mixistura
Misturado
Moçambique/Mozambique
Moçárabe/Mozárabe
Moconco
Mogollón
Moleque/Muleque
Moniconco
Monjolo/Mojolo
Montañes
Monxiolo
Moreno
Mossange/Mossangue
Mossorongo
Mourisco/Morisco
Mouro/Moro
Mozárabe
Muçulmano/Musulmán
Mudéjar
Muemba
Muhembé
"Mujer color samba"
Muladí
Mulato
Mulungo [luso-africano, costa oriental africana]
Mutemo
Mututa/Matuta
Muzungo [luso-africano, costa oriental africana]

Nação/Nación
Nacional
Nagô
Natural
Natureza/Naturaleza
Negão
Nêgo
"Negras brasilas"
Negro
"Negro aço"
"Negro da terra"
"Negro de Angola"
"Negro de Guiné"/"Negro Guinéu"
"Negro españolado"
"Negro formiga"
"Negro nacido en Indias"
"Negros de guerra"
"Negros de Maluco"
"Negros do gentio da terra"/"Negro da terra"
"Negros do sertão"
"Negros Filipinos"
"Negros tapuias"
"No te entiendo"

Ochavón
Olivastro
Originarios [sinônimo de índios – Paraguai, século XVII]

Pagão/Pagano
Palangana
Palenquero
Parava
Pardavasco
Pardo
"Pardo avermelhado"
"Pardo desfarçado"
"Pardos filhos da ilha" [São Tomé]
"Pardo trigueiro"
Párvulo
Patrício
Paulista
Peão/Peón
Pechero
Pernambucano
Perulero
Pixaim
Plebe
Plebeu/Plebeyo
Popo
Português
"Português preto" [Zwarte Portugesen]
"Portugueses de S. Pablo"

Potiguar
Povo/Pueblo
"Preta africana"
Preto/Prieto
 "Preto de Guiné"
"Pretos cativos africanos"
"Pretos da Costa"
"Pretos nacionais desta terra" [crioulos]

Quadrarão
Qualidade/Calidad
Quarterão/Quarteirão/Cuarterón
Quicongo
Quilombero
Quilombola
Quinterón
Quiçamá/Quissama

Raça/Raza
Rebolo
"Recuarterona de mulatos"
Reformado
Reinol
Remido
Renegado
Resgatado/Rescatado
Retinto
Rossezza [tradução do italiano: vermelho]
Rústico

Sabaru
Samba/Cassamba
Sambo
Sambohigos
Saltatrás /"Salto atrás"
São Tomé
Sarará
Sarraceno
Selvagem/Salvaje
Semibranco
Semicaboclo
"Semi tapuya"

Serrano
Servo/Siervo
Sinhá/Inhá/Inhazinha/Iaiá
Sinhô/Inhô/Inhozinho/Ioiô
Solteira [Goa]
Sosos
Soyo
Sudanês
Sudão

Tapamunho
Tapanhuno/Tapanhun
Tapuia
"Tente en el aire"
Tercerón
Topaz [Ásia portuguesa]
Tornatrás
Tresalbo
"Tribo portuguesa" [Jacarta]
Trigueiro
Triguenho/Trigueño
Tupi
Tupinaê
Tupinambá
Tupiniquin

Vermelho

Xamba
Xara
Xolofe

Zambaigo
Zambo
Zape
Zombo/Zumbo
"Zwarte Portugesen" [tradução do holandês: "português preto" – Batávia]

Imagens usadas na capa

Yndio de Montaña Ynfiel, Baltasar Jaime Martínez Compañón (1985, fol. 202).

Yndia Yden, Baltasar Jaime Martínez Compañón (1985, fol. 203).

Mestizo, Baltasar Jaime Martínez Compañón (1985, fol. 41).

Española con trage à lo antiguo, Baltasar Jaime Martínez Compañón (1985, fol. 3).

Samba, Baltasar Jaime Martínez Compañón (1985, fol. 48).

El mismo Yndio con carga, Baltasar Jaime Martínez Compañón (1985, fol. 34).

Negro de Cartola, levando uma Rosa; Moleque de Recados, Joaquim Cândido Guillobel, c. 1814, Candido Guinle de Paula Machado, fotógrafo desconhecido.

Vendedor de Lenha com Marimba no Dedo, Joaquim Cândido Guillobel, c. 1814, Candido Guinle de Paula Machado, fotógrafo desconhecido

Vendedor ambulante (JULIÃO, 1960, Pl. XVIII, detalhe).

Vendedoras (JULIÃO, 1960, Pl. XXXI).

Vendedoras (JULIÃO, 1960, Pl. XXXI).

Mulher Africana (detalhe). Albert Eckhout, 1641, Museu Nacional de Copenhagen.

Guerreiro africano (detalhe). Albert Eckhout, 1641, Museu Nacional de Copenhagen.

Mulher mameluca (detalhe). Albert Eckhout, 1641, Museu Nacional de Copenhagen.

Este livro foi composto com tipografia Minion Pro e impresso em papel Pólen Soft 80 g/m² na Formato Artes Gráficas.